Wolfgang Hädecke

Novalis

Wolfgang Hädecke

Novalis

Biographie

Lizenzausgabe
für die Wissenschaftliche Buchgesellschaft

ISBN 978-3-534-24929-9

Satz: Greiner & Reichel, Köln
Druck und Bindung: CPI – Ebner & Spiegel, Ulm
Printed in Germany

www.wbg-wissenverbindet.de

Inhalt

Prolog

Das Porträt-Bildnis hängt an einer weißen Wand; es zeigt einen jungen Mann. Er hat den Kopf leicht nach rechts gewandt und schaut uns nicht an; er blickt aus dem Bild heraus. Wache Augen mit auffallend dunklen Pupillen und halbrunden Brauen unter einer hellen, hohen Stirn beherrschen ein feines Gesicht mit sanften, faltenlosen Zügen. Die vollen Lippen sind rot, die Wangen rosig; braunes, leicht gewelltes Haar fällt bis auf die Schultern; es scheint, als habe der junge Mann eben noch still gelächelt. Er trägt eine fast schwarze Jacke mit rotem Reverskragen und V-förmig angeordneten Knöpfen, darunter eine nur am Silberrand erkennbare Weste und ein weiß-graues, mehrfach geknotetes Halstuch, das die obere Brust bedeckt und mit dem dunklen Rock wirkungsvoll kontrastiert. Die Statur des jungen Mannes läßt sich allenfalls erahnen: Er ist schlank, feingliedrig und hochgewachsen, insofern auffällig unter seinen Zeitgenossen.

Das Ölgemälde, über dessen Schöpfer Uneinigkeit herrscht, ist das einzige aus seinen Lebzeiten überlieferte Erwachsenenbildnis des Georg Friedrich Philipp Freiherrn von Hardenberg, der sich als Dichter Novalis nannte. Geboren 1772 im südlichen Harz als Landadliger aus uraltem Geschlecht, dort und später in der Saalestadt Weißenfels aufgewachsen als zweites von elf Kindern eines religiösen und strengen Verwaltungsfachmanns und einer feinfühligen, bescheidenen Mutter, nach Jura- und Bergbaustudium bei der Salinenverwaltung tätig, für wenige Jahre im Mittelpunkt der literarischen und philosophischen Frühromantik, jung gestorben mit knapp 29 Jahren.

Sein Leben ist getragen von einer ganz eigenen Spannung: Einerseits teilt er fundamentale Erfahrungen mit der großen Mehrheit seiner Altersgenossen gleicher oder ähnlicher Herkunft: Regionale Begrenztheit des Lebensraumes, gesicherte gesellschaftliche Stellung, familiäre Einbindung, Schulbildung, Studium, Sorge um die Gesundheit, Streben nach »Brautnacht, Ehe und Nachkommenschaft«, wie er 22jährig dem Dichter-Freund Friedrich Schlegel gesteht. Andererseits ersehnt, erfährt und schafft er Außerordentliches, nicht nur in der Dichtung, die ihn postum berühmt macht, sondern auch auf dem Feld der praktischen und administrativen Berufstätigkeit.

Noch nicht neunjährig erkrankt er lebensgefährlich an Ruhr, ist monatelang ans Bett gefesselt, hat schmerzhafte Behandlungen durchzustehen – und gesundet, erstarkt körperlich, wird der geistige Lenker seiner Geschwister. Weniger exakt datierbar, dafür aber weittragend und Voraussetzung für den späteren Ruhm: Der Junge beginnt zu schreiben. Dafür muß er, lernend, enorm gelesen haben. Die Novalis-Forschung hat inzwischen den sogenannten Jugendnachlaß Hardenbergs aufgearbeitet, in der Historisch-kritischen Ausgabe ediert und kommentiert – über dreihundert Gedichte, Übersetzungen klassischer Lyrik und Epik aus dem Griechischen und Lateinischen, Prosatexte erzählender und essayistischer Art und lose Dramen-Szenen. Nachweislich hat Hardenberg schon als Gymnasiast fast die gesamte zeitgenössische Literatur studiert und Vorbilder in eigenen Versuchen umgesetzt. Die Basis für das Werk ist damit gelegt. Wie viele und welche Leute bereits zu dieser Zeit wissen, daß er dichtet, ist nicht bekannt: immerhin begegnet er 1789 in Weißenfels erstmals einem bekannten Dichter: Gottfried August Bürger, der ihn übrigens vor der wohl schwierigsten Gedichtform warnt: vergebens – der Jüngling huldigt dem Poeten mit einem Sonett.

Ein Jahr später gelangt Friedrich von Hardenberg in die unmittelbare Nähe eines Genies. Ende Oktober 1790 auf Weisung des Vaters als Student der Jurisprudenz in der angesehenen Universität Jena immatrikuliert, aber mit diesem Fach eher beiläufig befaßt, lauscht er hingerissen den historischen Vorlesungen Friedrich Schillers, des nur dreizehn Jahre älteren Vorbilds, dessen erste dramatische Werke bis zum »Don Karlos« er gelesen hat und bewundert.

Die Briefe aus diesem ersten Studienjahr bezeugen Hardenbergs enthusiastische Verehrung, man kann auch sagen: Vergötterung des berühmten Dichters wie auch des heroisch um seine Gesundheit ringenden Schwerkranken; zugleich sind sie aber auch das Dokument einer Sprache gewordenen Selbstfindung.

Nach dem Jurastudium in Jena, Leipzig und Wittenberg überzeugt ihn der Vater von Sinn und Notwendigkeit einer gründlichen Verwaltungs-Ausbildung und -Praxis. Die überraschendste, schönste, geheimnisvollste Begegnung seines Lebens, die über seinen Tod hinaus weiterwirken wird, widerfährt ihm am 17. November 1794, wo eine Viertelstunde ausreicht, daß er dem bezaubernden Gesicht der jungen Sophie von Kühn verfällt, die an diesem Tage genau zwölf Jahre und acht Monate alt ist, seine Zuneigung bald erwidert und sich zwei Tage vor ihrem 13. Geburtstag mit ihm verlobt.

Zugleich zeigt sich, daß Friedrich von Hardenbergs ganze Lebenswirklichkeit in dieser euphorischen Zeit auch noch von anderen Seiten her reich und vielfältig bestimmt wird: Denn er versinkt nicht, blind für alles andere, in dieser Liebe. Gleichzeitig mit ihr entfalten sich gewichtige Phänomene, Tätigkeiten, Bestrebungen, Innovationen samt den entsprechenden Personen: Neue poetische Produktionen, vor allem Lyrik; die Vertiefung des Anfang 1792 begonnenen Verhältnisses zu Friedrich Schlegel und damit das Fortschreiten in frühromantischen Spuren, auch zur Dichtungstheorie; die intensive Auseinandersetzung mit dem schwierigen Philosophen Johann Gottlieb Fichte, den er im März 1795 persönlich kennenlernt; schließlich der Eintritt in die kursächsische Salinenwirtschaft als erste Berufsstellung.

Diesen Schritt vollzieht Hardenberg jedoch erst Anfang 1796 nach einem schlimmen Schicksalsschlag: Sophie erkrankt an einer schmerzhaften Leberentzündung; das von ihr mit größter Tapferkeit ertragene Leiden erweist sich als unheilbar. Der über sechzehn Monate währende Kampf des außergewöhnlichen, seelenstarken Mädchens gegen eine Krankheit, vor der die Ärzte die Waffen strecken müssen, endet zwei Tage nach Sophies 15. Geburtstag. Während ihrer langen Leidenszeit gelingt es Hardenberg, am Mit-Leiden nicht selbst zu zerbrechen und seine Tätigkeiten fortzusetzen; neun Tage vor ihrem Tod aber weicht er aus: »Es war über meine Kräfte, die entsetzlichen Kämpfe der blühenden Jugend, die fürchterlichen Beängstigungen des himmlischen Geschöpfes ohnmächtig mitanzusehen.«

In der Trauerzeit nach Sophies Tod führt er mit dem »Journal« ein schonungsloses Tagebuch, in dem er die Fragen des Todes umkreist und seinen »Entschluß« ihr nachzusterben formuliert. Ab hier ist sein ganzes dichterisches Hauptwerk geprägt von der Vision des Todes als Tor zum ewigen Leben.

Auch in den düstersten Tagen, da die Geliebte stirbt, hat Novalis niemals die Sprache verloren. Und weder vor noch nach dem schwersten Verlust in seinem selbst noch jungen Leben hat er je erwogen, als freier Schriftsteller zu arbeiten wie seine Romantiker-Freunde Friedrich Schlegel und Ludwig Tieck. Das Montanwissenschafts-Studium, das Hardenberg in der unglaublich kurzen Zeit von knapp anderthalb Jahren mit Bestnoten absolviert, erlegt ihm eine riesige Arbeitslast auf, unter anderem durch die Praktika unter Tage und die breite naturwissenschaftliche Stoff-Bewältigung bis zur modernsten Chemie, zur Mineralogie und zur theoretischen und praktischen Geognostik.

Um so erstaunlicher, daß er zur gleichen Zeit seine literarische Laufbahn mit zwei größeren Publikationen unter dem nun stets verwendeten Namen »Novalis« beginnt: Den Brüdern Schlegel übergibt er die Fragmentensammlung »Vermischte Bemerkungen«, die um Ostern 1798 unter dem Titel »Blüthenstaub« im ersten Heft ihrer neu gegründeten Zeitschrift »Athenaeum« erscheint; im Sommer desselben Jahres veröffentlichen die »Jahrbücher der Preußischen Monarchie unter der Regierung von Friedrich Wilhelm III.« auf Vermittlung Friedrich Schlegels die zweite Fragmentensammlung »Glauben und Liebe oder Der König und die Königin«, die beträchtliches Aufsehen erregt.

Von diesem Zeitpunkt an steht die Persönlichkeits- und Schaffens-Struktur von Novalis fest: Er ist zugleich Dichter und Techniker, zugleich Philosoph und Naturwissenschaftler. Das wird ein Jahr nach den beiden ersten Publikationen unvermittelt deutlich: Nach glänzend bestandenem Examen kehrt er aus Freiberg nach Weißenfels zurück, wo er Mitglied des Salinendirektoriums wird. Parallel zur beruflichen Karriere entstehen bis zu seinem frühen Tod 1801 die dichterischen Hauptwerke: Die »Geistlichen Lieder« und die »Hymnen an die Nacht«, der Essay »Die Christenheit oder Europa«, die Romane »Die Lehrlinge zu Saïs« und »Heinrich von Ofterdingen« gleichzeitig mit den sogenannten »Salinen-Schriften«, mehrere hundert Seiten Beschreibungen, Schilderungen, Berichte, Gutachten, Protokolle, Gesuche, Appelle, Forderungen und Warnungen, Texte, die in ihren besten Stücken Modelle nichtfiktionaler Poesie darstellen.

Im Jahr 1930 gab die Familie von Hardenberg alle in ihrem Besitz befindlichen veröffentlichten und unveröffentlichten Novalis-Handschriften zur Versteigerung frei. Die Berliner Staatsbibliothek erwarb den Jugendnachlaß und die Salinenschriften; sie wurden im Zweiten Weltkrieg ausgelagert und galten nach 1945 als für immer verloren. 1983 aber geschah das Unvorhersehbare: Nach langer Suche fand der Mitherausgeber der Historisch-kritischen Ausgabe Hans-Joachim Mähl beide Handschriften-Konvolute so gut wie vollständig und unversehrt in der Biblioteka Jagiellońska in Krakau wieder. Der Fund hat in der Tat einen symbolischen Charakter, umspannt er doch die frühesten und die spätesten Schriften des Dichters.

Die Krakauer Wiederentdeckung erforderte und ermöglichte eine umfangreiche und wertvolle Erweiterung der Historisch-kritischen Ausgabe, die bereits vor dem Fund in zwei Bänden unter dem etwas vereinfachenden Titel »Das philosophische Werk« Hunderte von Seiten mit thematisch enzyklopädischen Aufzeichnungen, beginnend mit den »Fichte-Studien« über »Das Allgemeine Brouillon« bis zu den »Fragmenten und Studien 1799–1800«, aufgenommen hatte.

Oberwiederstedt, der Geburtsort, heute mit Novalis-Museum und Forschungsstätte für Frühromantik im Familien-Schloß, und Weißenfels mit Novalis-Schätzen im Stadtmuseum/Schloß Neu-Augustusburg, mit dem Literaturkreis Novalis und einer Dauerausstellung im Wohn- und Sterbehaus des Dichters sind die wichtigsten Orte im Leben Hardenberg. Seine Studien-Städte waren Jena, Leipzig, Wittenberg und Freiberg, oft besucht wurde Dresden. Wichtig die Salinenstandorte Artern, Kösen und Dürrenberg, die Bauten der beiden letzteren sind erhalten. Tennstedt und Grüningen gehören zu Kursachsens Thüringischem Kreis. Punktuell erscheinen Giebichenstein bei Halle, Schulpforta, wo Hardenbergs Vater, sein Bruder Erasmus und Fichte lernten, Gut Schlöben bei Jena und Siebeneichen bei Meißen. Die »entlegensten« Plätze sind Schloß Lucklum im Braunschweigischen, wo der herrschsüchtige Onkel Friedrich Wilhelm von Hardenberg residierte, und Teplitz, einziger Auslandsort von Novalis mit einmaligem Kuraufenthalt.

Die Aufzählung macht Fundamentales deutlich: Der Lebens-, Arbeits- und Schaffens-Raum Hardenbergs ist regional und lokal klar eingegrenzt, ohne weite Reisen, ohne Besuche und Aufenthalte in Metropolen, ohne Erfahrungen mit nicht-deutschen Sprachgebieten – bei übrigens exzellenten eigenen Fähigkeiten im Griechischen, Lateinischen und Französischen. Kontakte zum Landesherrn und zur Regierung entstehen nur durch die Berufsarbeit und ausschließlich in Kursachsen. Zur Regionalität und zur festen Verankerung im Lokalen gehört unbedingt die Hingabe an die Familie in einem sehr persönlichen Sinne, vor allem als liebevolle Fürsorge für die Geschwister.

Es gehört zur ganz eigenen Spannung dieses besonderen Lebens, daß Novalis seiner Regionalität eine unbegrenzt weite, alle Schranken überschreitende, wahrhaft außergewöhnliche geistig-künstlerische Universalität gegenüberstellt. Inmitten deutscher Klein- und Mittelstädte errichtet Novalis Denk- und Dichtungs-Gebäude mit Welthorizont; in der Beschäftigung mit dem holländischen Philosophen Hemsterhuis stellt er der privaten lokalen Familie eine seiner feinsten Wortschöpfungen zur Seite: »Die Poesie bildet die schöne Gesellschaft oder das innere Ganze – die Weltfamilie – die schöne Haushaltung des Universi.« Die Poesie, die er schuf, hob ihn, freilich erst postum, in die Weltfamilie derer, denen für ihr Werk die höchste Ehrung zuteil wird: Unsterblichkeit.

Erstes Kapitel

Das Salinenamt in Weißenfels – Streng-religiöser Vater, sanfte Mutter – Krankheit, Genesung, Hochbegabung – Moderner Unterricht in alten Sprachen – Porträts

Am 9. November 1784 bewirbt sich der 46jährige Gutsherr, Jurist und Berghauptmann Heinrich Ulrich Erasmus Freiherr von Hardenberg aus Oberwiederstedt, Grafschaft Mansfeld, in einem Handschreiben an den Kurfürsten Friedrich August III. von Sachsen um die »Gnädigste Conferirung des vacanten Salzdirectoriats« der Salinen Artern, Kösen und Dürrenberg. Bereits am 18. Dezember erhält er positiven Bescheid. Hardenberg, der Vater des künftigen Dichters Novalis, der in Artern bereits Salinenerfahrungen gemacht hat, wird Nachfolger des Kammerherrn Leopold Grafen von Beust als Direktor des 1763, nach Ende des Siebenjährigen Krieges begründeten kursächsischen Salinenamtes. Er erhält ein festes Jahresgehalt von 650 Talern, dazu ein jährliches Deputat von 24 Klaftern Holz und 2 Pfennigen Einzel-Nebeneinnahmen für maximal 100 000 Stück verkauften Salzes; zugleich wird er verpflichtet, »seinen beständigen Aufenthalt in der Nähe von Dürrenberg zu nehmen.«

Das Gut Oberwiederstedt, mit seinem kleinen Schloß im Tal des Flüßchens Wipper am südlichen Harzrand gelegen, konnte die vielköpfige Familie – das Ehepaar Hardenberg hatte 1784 bereits drei Töchter und vier Söhne – nicht dauerhaft ernähren. Ohnehin hatte der Freiherr als jüngster von vier Brüdern die Landwirtschaft nur übernommen, weil die drei älteren kein Interesse dafür zeigten.

Die Hardenbergs sind ein uraltes, seit dem 12. Jahrhundert bezeugtes Adelsgeschlecht. Ihr Stammsitz war die seit dem späten 17. Jahrhundert unbewohnbare, als Ruine heute noch erhaltene Burg Hardenberg bei Nörten nördlich von Göttingen. 1694 hatte Georg Anton von Hardenberg, der Urgroßvater des Dichters, das säkularisierte Wiederstedter Marienkloster für Nonnen bezogen. Der künftige Salinendirektor soll übrigens 1779 jegliche Bemühung um den Grafentitel verworfen haben: Der alte Freiherr sei ihm lieber als der neugebackene Graf.

Adelsstolz, so scheint es, konnte in mancherlei Gestalt auftreten; nach außen glänzend wie sein zehn Jahre älterer Bruder Gottlob Friedrich Wilhelm zeigte sich der angehende Salinendirektor zwar nie, aber er übte eine strenge und starrsinnige, zuweilen tyrannische Herrschaft über seine engere Familie aus. 1738 geboren, von 1752 bis 1756 in der berühmten, durch Moritz von Sachsen begründeten Fürstenschule Schulpforta ausgebildet, wo seine lateinische Valediktionsarbeit mit der Unterschrift »Henricus Ulricus Erasmus ab Hardenberg, Mansfeld« aufbewahrt ist, studierte er Rechte und Montanwissenschaft in Göttingen, war Praktikant der Mansfelder Silber- und Kupferbergwerke, danach Auditor an der Hofkanzlei Hannover und 1761–63 Offizier der Hannoverschen Legion im preußischen Kriegsdienst, bevor er das ererbte Landgut übernahm.

Seit 1764 führte er eine kinderlose Ehe mit Caroline Friederike von Olshausen; Sophie von Hardenberg, seine Enkelin, schreibt dazu 1873 in ihrem Buch »Friedrich von Hardenberg (genannt Novalis). Eine Nachlese aus den Quellen des Familienarchivs«: »Er liebte seine Gattin über Alles und die kluge Frau übte einen sehr günstigen sänftigenden Einfluß auf sein lebhaftes leidenschaftliches Temperament; ihr Tod ward der Wendepunkt seines Lebens.« Sie starb 1769 in einer Blatternepidemie. Ihr Tod stürzte den Witwer in eine schwere seelisch-moralische Krise, die sich in bitteren Selbstanklagen und tiefer Zerknirschung niederschlug und zu einer dichten Annäherung an Spenersche und Zinzendorfsche Religiosität führte. »Nach einem wüsten wilden Leben«, so überliefert es ein einzelnes autobiographisches Blatt, »erwachte ich im Ernst 1769 durch eine heftige Erschütterung bei dem Tode meiner Frau, u. empfand eine heftige Unruhe meines Herzens, über den Zustand meines Herzens. Die fromme Erziehung meiner seeligen Mutter, hatte mir principia eingeflös't, welche mir schon in meinen zarten Jahren starke Eindrücke in meiner Seele gemacht, u. diese hatte mir der langmüthige Gott auch in dem Wust von Lastern erhalten, welchen ich mich so lange überlassen.«Hardenberg deutete den Tod seiner Frau als Strafe Gottes für sein Lasterleben und versprach, sich zu bessern. Seine Enkelin Sophie, die Tochter von Novalis' jüngerem Bruder Anton, wird ein Jahrhundert später in ihrem Buch »Nachlese« diese radikale Selbstanklage, wohl aus Scham für ihren Großvater, an mehreren Schlüsselstellen abmildern. Der schloß am 11. Februar 1770 ein schriftliches Bündnis mit Gott, das zwar absurde Züge trägt, dessen subjektive, emotionale Aufrichtigkeit aber nicht anzuzweifeln ist: »Ich weiß es wohl«, schrieb der Bekenner, der das Bündnis zwischen 1772 und 1778 achtmal schriftlich erneuerte, »wie unwürdig ein solcher sündiger Wurm ist, vor der Allerheiligsten Majestät des Himmels, dem König aller Könige, und Herrn aller Herren zu erscheinen, besonders bey einer solchen Gelegenheit, wie diese ist, da ich mit Dir eben einen förmlichen Bund errichten will.«

Auf der einen Seite steht also die tiefe Demut des Bittenden vor Gott; auf der anderen Seite erscheint ein dem Schreibenden womöglich gar nicht bewußter Hochmut, ein auf Du-und-Du-Stehen mit Gott, eine per Handschlag bekräftigte Gegenseitigkeit, wo beide Paktierende gleichermaßen in die Pflicht genommen werden.

Inmitten der zerreißenden Gewissenskonflikte ging der Vater eine zweite Ehe ein. Er hatte Auguste Bernhardine von Böltzig im Geraer Haus seiner Mutter kennengelernt, wo man sie verarmt aufgenommen hatte. Auguste von Hardenberg, Jahrgang 1749, gebar dem Gatten elf Kinder. Sie stehen hier mit Geburts- und Sterbejahren; mit Ausnahme des berühmten Sohnes sind nur die Rufnamen der Geschwister verzeichnet. Es sind Caroline (1771–1801), Georg Friedrich Philipp/Novalis (1772–1801), Erasmus (1774–1797), Karl (1776–1818), Sidonie (1779–1801), Anton (1781–1825), Auguste (1783–1804), Bernhard (1787–1800), Hans (1790–1814), Amalie (1793–1813) und Christoph (1794–1816). Die Mutter brachte also den jüngsten Sohn mit 45 Jahren zur Welt, nur drei Söhne überlebten den 1814 verstorbenen Vater, und nur Anton starb nach der 1818 heimgegangenen Mutter. Mit Ausnahme von Bernhard erreichten zwar alle das Erwachsenenalter, starben allerdings jung, zwischen 20- und 34jährig.

Die wenigen erhaltenen Abbildungen von Novalis' Mutter, auf denen sich ein feines, stilles, zurückhaltendes Gesicht unter Ponyfrisur und verhüllendem Kopfschmuck zeigt, lassen von den Strapazen vielfacher Mutterschaft nicht unbedingt etwas erkennen. Eine Ausnahme bildet ihr abgehärmtes, trauriges Antlitz auf einem Gemälde mit Enkel Erasmus, Carolines Sohn, auf dem Schoß. Und man weiß auch, daß die Freifrau nach der vorzeitigen Geburt der Tochter Auguste in Depressionen abstürzte, so daß für längere Zeit Caroline den Haushalt führen mußte. Immer wieder ist vermutet worden, daß der herrische Ehemann eine Mitschuld daran trug, das ist aber nirgends belegt und auch wenig wahrscheinlich: Welchen Grund sollte der Patriarch gehabt haben, eine fromme, gehorsame, ihn bewundernde und hingebungsvolle Frau zu demütigen?

Völlig sicher ist allerdings, daß die aus Schuld, Scham, Selbstbestrafung und der Überzeugung von der menschlichen Sündhaftigkeit entsprungene Herrschaft des Dichter-Vaters die gesamte Familie traf. Vielleicht entsprach die asketische Härte, der er verfallen war und mit der er auch seine Kinder zu erziehen suchte, gar nicht seiner innersten Natur: Das Porträt, das der geniale Menschen-Maler Anton Graff von ihm schuf, zeigt einen eher weichen, furchtsamen, verlegenen und gar nicht starken Mann.

Infolge der väterlichen Strenge war die Bindung der Kinder an die Mutter um so inniger und zärtlicher. Das galt ganz besonders für »Fritz« – so hieß der älteste Sohn und Bruder in der Familie, so unterzeichnete er in Briefen auch selbst –, der am 2. Mai 1772 in Oberwiederstedt zur Welt gekommen war. Im Kirchenbuch von Oberwiederstedt steht:

> Georg Philipp Friedrich, des Hochwohlgeb. Herrn, Hl. Heinr. Erasms Ulrich von Hardenberg, Hauptmann unter der Cavallerie Sr. Königl. Majt. von Großbritannien, Inhabers des hies. Amts Oberwiederstedt,wie auch Erb, Lehns und Gerichtsherr auf Mockritz, Döschütz, Jesnitz, Schlöben, Rabiß u. Möckern mit deßen Fr. Gemahlin, Frauen Bernhardina Augusta gebohrene von Bölzig erzeugtes Söhnlein ist geboren d. 2. May früh um 10 Uhr, getauft d. 3. ejusd.

Die frühen Kinderjahre des Söhnleins waren von Zartheit, ja: Schwächlichkeit bestimmt, wenn auch nicht eigentlich von Krankheit. Deshalb hing die Mutter besonders an ihm; für den Vater wird sein erster Sohn eher enttäuschend gewesen sein. Die Mutter schrieb für ihn Gedichte – »für« im doppelten Sinn –: Einerseits richtete Auguste von Hardenberg wohl gegen 1780 ein Gedicht »An den kleinen Fritz zu seinem Geburtstag, worin der Sohn in einem Traum den schwachen alten Eltern als musterhafter junger Mann einen Berg hinaufhilft; andererseits verfaßte die Mutter Gedichte wie »Der kleine Fritz an seinen Vater«, von dem dieser glauben sollte, der Sohn habe ihm huldigen wollen – die Mutter »bestach« den Vater sozusagen zugunsten des Sohnes. In ihren schlichten Texten läßt Auguste von Hardenberg liebevoll-naiv ihren Liebling auch schon als gefühlten Musensohn erscheinen.

Zeugnisse aus den ersten Lebensjahren, biographische oder gar autobiographische Dokumente fehlen fast ganz. Das hängt auch mit der ländlichen Abgeschiedenheit zusammen: An die sechzig kleine strohgedeckte Häuser, eine unbefestigte Straße, die bei Regenfällen verschlammte, ein kleiner Park mit Teich und dicken Mauern, eine Lindenallee, die der Gutsherr zu seiner Hochzeit hatte pflanzen lassen, ein Renaissance-Turm mit Wendeltreppe, eine niedrige, wenn auch ausgedehnte Eingangshalle prägten das unscheinbare Orts- und Schloßbild.

Allerdings war die Gegend um Oberwiederstedt von alters her beherrscht durch den Mansfelder Bergbau, der seit dem Mittelalter ganz Europa mit Kupfer, Silber und Zink versorgte. Das war das Arbeitsfeld, das dem Berghauptmann und späteren Salinendirektor näher lag und wichtiger erschien als Ackerbau und Viehzucht. Fritz lernte schon früh Bergbau und Bergleute kennen und spielte mit ihren Kindern. Wie viel von der Welt draußen nach Oberwiederstedt drang, ist schwer abzuschätzen. Der Gutsherr unterband jedenfalls, wo es nur anging, Geselligkeiten und Kontakte zu anderen Familien und Orten der Umgebung.

Achtjährig erkrankte der Junge lebensgefährlich an der Ruhr, mußte monatelang das Bett hüten und schmerzhafte Behandlungen aushalten. Aber er überwand die Krankheit schließlich und erlebte eine ans Wunderbare grenzende Genesung und Befreiung. Er erstarkte körperlich und wurde das geistig-künstlerische Oberhaupt und Vorbild der Geschwister. Die Sprachen flogen ihm zu, Latein und Griechisch, später das Französische, das er bald glänzend beherrschte. Er leitete und inspirierte die Spiele der nächstfolgenden Brüder, wovon Karl später, nach Fritz' Tod, berichtet: »So ist es vielleicht bemerkenswerth, daß die 3 Brüder« – gemeint sind Fritz, Erasmus und der Erzähler selbst – »nach seiner Angabe folgendes Spiel sehr liebten; Jeder war ein Genius des Himmels, des Wassers, oder der Erde, und alle Sonntagabend erzählte Nov. seinen Brüdern neue Begebenheiten aus ihren Reichen, die er auf das anmuthigste und mannigfaltigste zu ergänzen wußte, und das Spiel wurde 3–4 Jahr ununterbrochen fortgesetzt.« Der schlichte Rückblick des trauernden Bruders, der selbst unter dem Pseudonym Rostorf Texte publizierte und 1799 beim berühmten Jenaer Frühromantiker-Treffen am Rande mitwirkte, verweist auf zwei hohe, frühzeitig hervortretende Begabungen des Dichters: seine exzessive Phantasie und die schon zu Kinderzeiten blühende Sprachfähigkeit. Dahinter stand selbstverständlich ein immenses Lese-Pensum, zum Beispiel von Geschichtswerken sowie von Mythen und Märchen, denen seine besondere Zuneigung galt.

Im übrigen lagen, da der Vater oft beruflich reiste, Bildung und Erziehung hauptsächlich in den Händen der Mutter. In späteren Kinderjahren gab es auch die damals üblichen Hofmeister, Hauslehrer also; 1781/82 war das der zwanzigjährige Carl Christian Erhard Schmid, Philosoph und Theologe, enger Freund Schillers, den er 1790 traute, und ab 1793 Professor der Philosophie in Jena. Er schrieb 1805 rückblickend über seinen Schüler: »Zuerst lernte ich den schönen, leben- und geistvollen, für Alles regen und Aller Herzen gewinnenden Knaben in seinem zehnten Lebensjahr kennen. Es war von meiner Seite der erste Versuch eines Jünglings im Geschäfte der Erziehung, und ich will es offen bekennen, daß ich der zweckmäßigen Leitung eines so empfänglichen, selbsttätigen, originellen und Phantasiereichen Knaben mich nicht gewachsen fand; doch war es vielleicht das mir einzig mögliche negative Verdienst, welches ich mir dadurch erwarb, daß ich mehr den Begleiter, den aufmerksamen Beobachter, den unmerklichen Leiter und Beschützer vor physischer und sittlicher Gefahr, als den bestimmten Lehrer und strengen Führer meines Zöglings machte.«

Schmid war auch Reisebegleiter, als Vater und Sohn den Patenonkel des Jungen besuchten, Gottlob Friedrich Wilhelm von Hardenberg (1728–1800), im Siebenjährigen Krieg Adjutant des Herzogs Ferdinand von Braunschweig, seit 1775 Statthalter und Landkomtur des Deutschen Ordens der Ballei Sachsen, eines Deutschritter-Ordens in Schloß Lucklum bei Braunschweig. Fritz wird bei seinem dortigen Aufenthalt, dessen Zeitpunkt und Dauer nicht exakt zu klären sind, nichts Sicht-, Hör- und Deutbares entgangen sein: Den Onkel »Großkreuz«, den er bisher nur aus Wiederstedt, ihrer beider Heimat kannte, erlebte er nun in seinem damit verglichen prunkvollen Schloß inmitten seiner Ordensgefährten auf hochlehnigen Stühlen im Rittersaal, an dessen Wänden dicht an dicht Ritter-Porträts hingen. Das Gesamtbild des Neffen vom Onkel ist komplex und zwiespältig. Fast zwei Jahrzehnte später wird Novalis in einem stark autobiographischen Brief an seinen hochadligen Gönner und Vorgesetzten Oppel eine Doppelcharakteristik von Vater und Onkel zeichnen, konfrontierend und fair, und dabei den zeitweilig massiven Einfluß des Landkomturs auf sich als Jungen schildern:

> Meines Onkels Charakter ist unerschütterliche Rechtschaffenheit und die strengste Anhänglichkeit an seine Grundsätze. Sein Verstand hat die Cultur eines alten Weltmannes, aber auch dessen Eingeschränktheit. Von jeher verzog ihn das Glück, Dürftigkeit fühlte er nie ... Er gab mir von Jugend auf Gelegenheit, meine Eitelkeit zu befriedigen und versprach sich von meiner Lebhaftigkeit einen glänzenden Erfolg. Er schmeichelte mir mit den angenehmsten Hoffnungen eine Rolle in der Welt zu spielen und gewiß hätt er mich auf einer solchen Laufbahn auf das wärmste unterstüzt. So ergeben mein Vater auch übrigens meinem Onkel war, so ähnlich auch in manchen Gesinnungen, so wich er doch in diesem Stück sehr von ihm ab und brachte uns durch Beyspiel und Reden eine Verachtung des äußren Glanzes bei. Er ermahnte uns zum Fleis und zur Genügsamkeit und äußerte seine Freude, wenn wir unserm Herzen folgten, ohne Rücksicht auf die Meynung der Welt zu nehmen. Er pries uns das Glück einer stillen, häuslichen Lage und bat uns oft nie aus Rücksichten des Interresses und der Ambition zu handeln und zu wählen. Mein Onkel hieng an den Vorzügen des Standes und der Geburt und mein Vater lächelte über beides.

Der Brief wird heute gewöhnlich auf Ende Januar 1800 datiert; der Onkel starb, wohl überraschend und für den Vater schockierend, am 4. März. Da waren die Versuche des Herrn auf Lucklum, den Neffen zum glänzend-erfolgreichen Weltmann zu »erziehen«, längst beendet. Es gibt sogar eine Absage des Landkomturs an solche Pläne, die fast einer Warnung an Fritz gleichkommt – überaus klar, obwohl nur Bruchstück eines Briefes an den Bruder: »Es ist mir lieb, daß sich Fritz wieder findet und in's Gleis kömmt, aus welchem ich ihn gewiß nicht wieder herausnehmen will. Mein Haus ist für seinen jungen Kopf zu hoch gespannt, er wird zu sehr verwöhnt, und ich sehe zu viele fremde Leute und kann nicht verhindern, daß an meinem Tische viel gesprochen wird, was ihm nicht dienlich und heilsam ist.« Vermutetes Schreibjahr ist 1787; das beträfe also den Fünfzehnjährigen.

Da aus dieser Zeit keine persönlichen Notate erhalten sind, wird hier wieder ein späteres Dokument herangezogen: In einem Brief an den Vater vom 9. Februar 1793, wo es um Friedrichs absurden Wunsch geht, Offizier zu werden, wird der 21jährige klug und delikat aufarbeiten und formulieren, was er in der Kindheit empfunden hat: »So freundschaftlich und warm Du zuweilen bist, so eine hinreißende Geste Du so oft äußerst, so hast Du doch auch sehr viel Augenblicke, wo man sich Dir nur mit schüchterner Furchtsamkeit nähern kann und wo Dein feuriger Charakter Dich zu einer Theilnahme treibt, die zwar Ehrfurcht aber nicht freyes, unbefangnes Zutraun gebietet. Nicht gerade Deine Hitze mein ich sondern auch jene tiefe, erschütternde Empfindung, die Dich ergreift, wenn Du auch in einer anscheinenden Ruhe und Kälte bist. Und dis fürchte ich am meisten. Nichts ist mir unerträglicher und peinlicher als Dich kalt und verschlossen zu sehn«, schreibt der Student aus Leipzig. In den überlieferten Dokumenten findet sich keine Antwort, keine Zurückweisung, kein Übelnehmen des kritisierten Vaters: Er hat das Charakterbild, das der Sohn von ihm zeichnet, offenbar hingenommen.

Der Vorwurf der Kälte drückt wohl auch den zunehmenden Widerstand des Heranwachsenden gegen den starren Glaubensrigorismus des Vaters aus. Von Jahr zu Jahr festigte sich bei Fritz die Abwehr dagegen, und es bereitete sich bei ihm der Ausbruch aus jeglichem religiösen Dogmatismus vor.

Zurück ins Jahr 1785: Die Anordnung des Kurfürsten, als Salinendirektor seinen beständigen Aufenthalt in der Nähe von Dürrenberg zu nehmen, befolgte der Freiherr mit dem Umzug ins 14 Kilometer entfernte Weißenfels. Das Saale-Städtchen, an der Pforte nach Thüringen gelegen und nach dem kursächsischen Städteverzeichnis immerhin als Mittelstadt eingeordnet, hatte entschieden stärkere landschaftliche Reize als der näher an Dürrenberg gelegene Flachland-Ort Merseburg, der wohl ebenfalls zur Wahl stand. Die Weißenfelser Hügellandschaft mit blühenden Weinbergen auf beiden Ufern war auf dem rechten, dem Altstadtufer oben teilweise bewaldet und fiel dort, vom Schloß gekrönt, felsig-steil ab zum Ort und ins Flußtal; vielleicht erinnerte Weißenfels die Hardenbergs an die heimatliche Vorharz-Natur. Das kleine Dürrenberg, Ort der neuesten Saline, wurde als Hauptsitz der Salinenverwaltung, als Wohnsitz der noch wachsenden Familie, als Ort von Schule, Kirche, Kultur wohl gar nicht erwogen.

Der Sprung vom abgelegenen, wenn auch bergbaunahen Heimatdorf zur »Mittelstadt« war zweifellos beträchtlich, besonders auch für die Kinder. Die Stadt, die Karl von Hardenberg einmal witzelnd als »Mons Blanc« bezeichnete, hatte um die 4000 Einwohner – und schon bessere Tage erlebt: Das kleine Sekundogenitur-Herzogtum Sachsen-Weißenfels hatte seit 1656/57 unter fünf Herzögen immerhin 90 Jahre bestanden, länger als Sachsen-Zeitz (bis 1718) und Sachsen-Merseburg (bis 1738). Es fiel 1746, nach dem Tod von Herzog Johann Adolf II., zurück ans kurfürstliche Zentrum in Dresden, zum Nachteil der ehemaligen Residenz – tatsächlich hat ein nicht geringer Teil der Bevölkerung beruflich-sozial vom Hofe gelebt, wo nicht selten Verschwendung und Prunksucht herrschten. Das zeigt auch das überdimensional große, klotzige Schloß Neu-Augustusburg, das teuer, aber jahrzehntelang auch ein bedeutendes Kunst- und Kulturzentrum war. Davon zeugen, als Meisterwerke barocker Baukunst, die 1682 eingeweihte wunderbare Schloßkapelle und das 1685 eröffnete »große Theatrum«, der Komödiensaal im Südflügel, eine der ersten Bühnen, die deutsche Opern aufführte. Davon zeugten herausragende Künstler, die in Weißenfels lebten oder auftraten: Der Dichter, Komponist und Sänger Johann Beer, der seit 1680 in Weißenfels wohnte und am 6. März 1700 durch einen unglücklichen Schuß beim Schützenfest ums Leben kam; die mutige und großartige Patronin und Schauspielerin Caroline Friederike Neuberin, die seit 1717 mehrmals und 1727 mit eigener Truppe im Schloß gastierte; und Johann Sebastian Bach, der 1713, als er vermutlich dem jagdliebenden Herzog Christian die ihm gewidmete Kantate »Was mir behagt, ist nur die muntre Jagd« uraufführte, und 1729 wiederum in Weißenfels gastierte. An den Außenmauern des Schlosses verzeichnen heute noch Inschriften die Namen der großen Künstler.

In den schriftlichen Äußerungen von Novalis fehlen sie; die Glanzlichter des frühen 18. Jahrhunderts scheinen zur Spätzeit erloschen, wozu die katastrophalen deutschen Verhältnisse beitrugen: Schwer gelitten hat Weißenfels im Siebenjährigen Krieg. Ständig wechselnde Besatzungstruppen, Kontributionen, Geld- und Naturalienforderungen, Plünderungen, Geiselnahmen und zeitweilig auch Kampfhandlungen beschädigten die Stadt, so im November 1757 vor der Schlacht bei Roßbach, als die später geschlagenen Franzosen die hölzerne Saalebrükke abbrannten und die Stadt von Norden her beschossen, ehe sie von den Preußen unter General von Seydlitz samt der Reichsarmee besiegt wurden. Erst 1780 wurde eine neue Brücke freigegeben, so tief saßen die Wunden; 23 Jahre lang gab es nur Fährverkehr. Schließlich dezimierte 1776 ein Großfeuer die Innenstadt, das im Restaurant »Nelkenbusch« ausbrach und 54 Häuser sowie 6 Scheunen vernichtete. Weißenfels war wohl eher still und unansehnlich, als die Hardenbergs dort einzogen; die künstlerischen Hochzeiten lagen weit zurück.

So erklärt sich eine der berühmtesten bruchstückhaften Briefäußerungen des jungen Mannes, der seine Schulzeit beenden und den Studienbeginn vorbereiten will: »Sie leben«, schreibt er im Februar 1790 an den befreundeten Jurastudenten Christian Friedrich Brachmann nach Leipzig, »in Pleis-Athen, aber wir an den Ufern der Saale leben wie in Boeotien fern von den Musen und ihren Tempeln.« Böotien, eine griechische Landschaft nordwestlich von Attika, und ihre Bewohner standen im Altertum für »Blödheit, Derbheit und Schwerfälligkeit« – Fritz scheint da freilich ungerecht über Weißenfels zu urteilen, allerdings fragt man sich, ob die immer wieder angeführte Nähe von Leipzig, Jena und Weimar, dreier künstlerisch-wissenschaftlicher Zentren also, wirklich inspirierend für die Hardenbergschen Junioren und ihre Freunde waren, denn sie mußten ja doch stundenlange Fahrten dorthin in Kauf nehmen – es gibt auch keine Berichte über Theater- oder Konzertbesuche und andere kulturelle Unternehmungen der Weißenfelser Jung-Intellektuellen in den genannten Musen- und Geistes-Zentren.

Glänzend getroffen hat es die Familie von Hardenberg in bezug auf Wohnung. Wann und wo wer genau 1785 einzog, ist unklar: Der Salinendirektor könnte allein vorausgezogen sein; die Familie oder Teile von ihr könnten ein Zwischen-Quartier bezogen haben – der große Kauf-Akt passierte erst am 23. Januar 1786: Vater Hardenberg schloß an diesem Tag einen Kaufvertrag über 1625 Reichstaler für ein geräumiges, äußerlich schmuckloses achtachsiges Hauptgebäude mit einem hufeisenförmig angelegten Hofensemble samt einem Lustgarten mit Pavillon; die Gebäude stehen heute noch äußerlich unverändert. Die Wohnräume der Familie und des Personals sowie das Salinenamt waren offenbar mühelos im Haus Clostergasse 24 unterzubringen.

Nach dem Vertrag von 1786 »umfaßte der Kaufgegenstand ein amtssässiges Hauß, Hoff, Scheune, Ställe, Seiten- und Hintergebäude, Garten und Gartenhauß nebst Stande in der Kloster Kirche mit allem was darinnen Wand, Band, Nied, Clammer, Nagel und Wurzelfeste ist.« Hinzu kam die Freiheit, »fremde Weine u. Biere zum Tischtrunke ohne Entrichtung einiger Niederlag-Gleits u. Spundgeldes, einzulegen sowohl auch Landweine, welche in der Stadt Weißenfels Weichbilde erwachsen an sich zu handeln und zu verzapfen.« Als »amtssässiges Hauß« oder »Freihaus« unterstand das Gebäude keiner städtischen Gerichtsbarkeit und war von allen »Diensten, Abgaben und Lasten« sowie jeglicher Einquartierung befreit; auch mußte der Hauseigentümer nicht das Weißenfelser Bürgerrecht erwerben.

Das frühbarocke Haus war 1680 anstelle einer alten Scheune des früheren St. Klarenklosters erbaut worden. 1694 erwarb Johann Adolf I., der zweite Herzog von Sachsen-Weißenfels, das Grundstück für seine Gemahlin Christiane Wilhelmine geborene von Bünau. Um diese Zeit entstand wohl der Lustgarten mit dem Rokoko-Pavillon, der heute in intimem Rahmen Autorenlesungen, Fachvorträgen, Konzerten und ähnlichen Veranstaltungen dient.

Die Rolle der Adelsfamilie Hardenberg in der Stadt war zunächst durch die Verlegung eines wichtigen kursächsischen Wirtschafts- und Technikamtes dorthin bestimmt. Der Weißenfelser Novalis-Forscher

Ingo Bach spricht mit Recht von der Standortwahl als einem kleinen Investitionsvorhaben, das mit der Schaffung neuer Arbeitsplätze verbunden war.

Wir greifen voraus ins Todesjahr des Dichters 1801, um das Wirken der väterlichen Berufsarbeit festzumachen. Bald nach Beginn des neuen Jahrhunderts erschien bei dem Novalis wohlvertrauten Buchdrucker, Verleger und Buchhändler Severin eine Schrift mit wahrhaft barockem Titel: »Opfer der weltbürgerlichen Gesinnung und des Patriotismus bey dem Eintritte des neunzehnten Jahrhunderts nach Christus Geburth, der Gottheit, der Menschheit, dem Vaterlande und seinem vielgeliebten Fürsten gewidmet von den Bewohnern der Stadt Weißenfels. Nebst einer Denkschrift auf einen bey dieser Gelegenheit verunglückten, würdigen und allgemein geliebten Mann, entworfen von Karl Heinrich Heydenreich.« Der Verfasser, der übrigens noch im gleichen Jahr starb, war Professor der Philosophie in Leipzig; Novalis macht in seiner Sammlung »Blüthenstaub« eine sarkastische Bemerkung zu Heydenreichs dichterischen Texten als Muster von Langeweile. Die eingebaute Denkschrift galt dem Dr. Traugott Otto, der in der Silvesternacht durch eine von ihm selbst geladene explodierende Böllerkanone getötet wurde. Das für uns und die Hardenbergs interessante Schlußstück des Buches wird gesondert angekündigt: »Als Anhang folgt eine kurze Darstellung des dermahligen Zustandes der Stadt.« Sie umfaßt 22 Seiten und stammt von einem Doktor C. W. Schröter. Er gibt eine beinahe übergenaue Präsentation von Einwohnerschaft, Wirtschaft, Handwerk, Verwaltung, Garnison, Stadtrat, Schulwesen, Kirchen mit geradezu spitzfindiger Auflistung des jeweiligen Personals. Der Salinendirektor erscheint darin zweimal: in der Rubrik »Charakterisirte, graduirte« Personen und als ratgebender Rohstoff-Experte: »Bey dem seit einigen Jahren eingetretenen Mangel an Brennholze sind durch den Herrn Salinendirektor von Hardenberg und Herrn Amtsverwalter Kayser Viele der hiesigen Einwohner auf die Torferde oder Erdkohlen aufmerksam gemacht und zu deren Gebrauch ermuntert worden.« Novalis erscheint in der Bilanzierung weder als Dichter noch als Salinenassessor, obwohl in seiner Berufsarbeit die Auffindung und Erschließung von Braunkohle eine herausragende Rolle gespielt hat – was Heydenreich nicht wissen mußte!

Im übrigen haben die Hardenbergs, auch die Kinder, mancherlei Spuren in Weißenfels hinterlassen, zum Beispiel in den Kirchbüchern der Stadtkirche St. Marien und der Klosterkirche nahe beim Wohnhaus. Die früheste Angabe über die Anwesenheit von Fritz in der Saalestadt meldet am 26. Oktober 1786 für ihn und seine Schwester Sidonie Patenstellen beim Töchterchen einer Bedientenfamilie Coye; das Kind starb freilich schon am 3. November 1786. Die Kirchbücher verzeichnen bis 1790 die Taufen der Geschwister Bernhard (1787) und Hans (1790); deren Mutter ihrerseits übernahm 1788 die Patenschaft beim Kind eines Leutnants der Garnison.

Soweit es in Weißenfels ein gesellschaftliches Leben gab, waren die Hardenbergs sicher väterlicherseits etwas weniger abgeschirmt als in Oberwiederstedt; die Bitte seiner Frau, die Geselligkeit zu erweitern, lehnte der Freiherr jedoch ab. Immerhin ergaben sich mehrere bis ans Lebensende von Novalis reichende Beziehungen: zur Familie des Geleitskommissars des Thüringischen Kreises Christian Paul Brachmann, zu dessen schon erwähntem Sohn, dem promovierten Juristen Christian Friedrich und seiner mit Sidonie von Hardenberg eng befreundeten Schwester Louise, deren Gedichte Novalis 1798 Schiller empfehlen wird.

Zwei literarische Liaisons bahnen Wege zu eigenem poetischen Schaffen. Der Primaner nähert sich im Mai 1789 dem damals berühmten Lyriker Gottfried August Bürger in Langendorf südlich Weißenfels bei dessen Schwester Louise Müllner, der Mutter des späteren Weißenfelser Autors Adolf Müllner. Erstmals zeigt sich in dieser Begegnung die über Jahre hinweg beibehaltene Neigung des jungen Mannes zu älteren Vorbild-Männern.

Dem Literaturbetrieb rückt er auch noch praktisch näher. Der Weißenfelser Buchdrucker, Buchhändler und Verleger Friedrich Severin, dessen Gymnasial-Druckerei im ehemaligen Klaren-Kloster zur bedeutendsten Thüringens aufsteigt, bringt mehrere erfolgreiche Zeitschriften heraus: »Almanach für Prediger, die lesen, forschen und denken« (1785–93), die Wochenschrift »Wahrheit und wahrscheinliche Dichtung« (1788, ab 1791 als »Wahrheit und Dichtung«), ab 1789 »Chronik der vornehmsten Weltbegebenheiten«. Der angehende Poet wird die Journale studiert haben. Er schrieb auch, da Severin zum Vorlegen von

Texten eingeladen zu haben scheint, Texte für ihn, vor allem das Briefgedicht »An Friedrich Severin«, worin er die Vielschreiberei deutscher Jünglinge selbstironisch beklagt. Gedruckt hat Severin aber offenbar nichts von dem jungen Poeten, mit dem er sich wohl sogar duzte. Severins gut gehende Leihbibliothek wird Fritz wohl ständig benutzt haben; Bücherkäufe bei dem umtriebigen Kaufmann sind belegt.

Fritz war dreizehn, als er in Weißenfels ankam und Wohnung nahm. Von Hauslehrer Schmids Tätigkeit abgesehen, wissen wir über die Schulzeit im ehemaligen Residenzstädtchen nur wenig. Wann und wie lange er das »Gymnasium illustre Augusteum«, eine Lateinschule mit Hochschulcharakter besucht hat, ist unklar. Die Schule war 1664 gegründet und in den vorderen Räumen des ehemaligen Klosters untergebracht worden; sie hatte zeitweilig berühmte Lehrer, so den Dichter-Romancier Christian Weise (1642–1708). Sie war aber, als die Hardenbergs nach Weißenfels zogen, schon im Niedergang, worin sich die allgemeine Krise der Stadt widerspiegelte; 1794 wurde mit den letzten drei Gymnasiasten als Schülern ein Lehrerseminar eröffnet.

Die Nachrichten über Hardenbergs Zeit an der Lateinschule sind dürftig. Glücklicherweise gilt das nicht für die Krönung seiner Schullaufbahn am Luther-Gymnasium Eisleben vom 17. Juni bis Anfang Oktober 1790, unter der Obhut eines außergewöhnlichen Altphilologen und Pädagogen, der leider am 5.Oktober 1790 einer schweren Krankheit erlag: Der Rektor Christian Daniel Jani (1743–1790) hatte den Unterricht der klassischen Sprachen reformiert und von schematischer Paukerei befreit, indem er den Schülern die berühmten Autoren in Ganz-Lektüren vorsetzte und nicht mehr in sogenannten Chrestomathien, den lange üblich gewesenen Auswahlsammlungen.

Auch die Eislebener Überlieferung ist nicht lückenlos und fehlerfrei; im Schularchiv wurde anscheinend unpräzise gearbeitet, manches Dokument ging verloren. Dennoch gibt es wertvolle Hinweise auf Bildungsgang und Bildungsstoff. Eine Schulordnung, wie sie seit 1773 für die drei kursächsischen Fürstenschulen Meißen, Grimma und Schulpforta galt, begründete Jani ähnlich in Eisleben. Erhalten sind Lektionspläne in der Form von Wochen-Tabellen; so gibt es eine »Übersicht der sämmtlichen Lektionen« von 1789, dem das Programm Hardenbergs von 1790 weitgehend entspricht. Die Auflistung der Dichter- und Philosophen-Namen ist imposant, wobei einige von ihnen an mehreren Tagen vorkommen: Es erscheinen Ciceros Werk »Über den Redner«, Ovids »Metamorphosen«, Senecas Tragödien, wir finden Homer und Pindar, Livius und Tacitus, »Griechische und Römische Alterthümer« und Mythologie werden werden behandelt, ferner Xenophon, Sallust, Virgils »Aeneis« und Horaz, der im Frühwerk Hardenbergs als übersetzter Poet eine große Rolle spielt. Die antiken Klassiker dominieren in Janis Programm, doch tauchen auch allerlei andere Fächer auf: Theologie und Bibelerklärung selbstverständlich, Physik nach Johann Christian Polycarp Erxleben, bearbeitet von Georg Christoph Lichtenberg, allgemeine Welt- und Völkergeschichte, Philosophiegeschichte, aber auch von Jani selbst unterrichtete Mathematik, alte und neue Geographie.

In den Schulordnungen ist zu lesen, daß »die alten Sprachen und die alten Schriftsteller in dreifacher Absicht mit der Jugend getrieben werden: erstlich, um zu verstehen und auszulegen, zum andern im Reden und Schreiben, und zwar nicht nur in der lateinischen, sondern auch in den lebendigen Sprachen, mit Einsicht und Geschmakke nachzuahmen, und drittens allerlei nötige und nützliche Sachen daraus zu lernen.« Schulordnungen wie die der Fürstenschulen und des Eislebener Gymnasiums befürworten also »das Ineinandergreifen von Deutsch- und Lateinunterricht« wie auch das Studium »der besten Werke der Nationalschriftsteller« – insofern ist das Programm von Jani, der Friedrich aber auch in häuslichem Privatunterricht förderte, dem Weißenfelser Gast-Primaner und Jung-Dichter auf den Leib geschrieben.

Was für ein Glücksfall dieser Philologe und Pädagoge für den kommenden Poeten war, zeigt auch der Nekrolog auf Carl Wilhelm Ernst Heimbach, einen Jani-Schüler, mit einem wunderbaren Porträt des Eislebener Rektors: »Außer den nöthigen gelehrten Erklärungen waren es vorzüglich die schönen Entwickelungen des lyrischen Ganges, die Darlegung des Zweckmäßigen in den Bildern, des Starken und Erhabenen in einzelnen Empfindungen des Dichters, was diese Vorlesungen so anziehend machte. Dabey theilte Jani immer mehr als eine Übersetzung mit, fügte sein Urtheil darüber bey, zeigte, welcher deutsche Ausdruck dem Lateinischen am angemessensten sey, und bewirkte dadurch, daß das Schöne nicht blos dunkel von dem Schüler empfunden, sondern auch passend in unsre Sprache übertragen werden konnte.«

In Weißenfels fand sich der junge Intellektuelle wie die ganze Familie gleichermaßen exponiert und leicht isoliert. Die berufliche Sonderstellung des Freiherrn gebot Respekt, seine Zurückhaltung bei gesellschaftlichen Kontakten wurde gewiß akzeptiert, die Hinwendungen der heranwachsenden Kinder zu einzelnen Familien wie den Brachmanns wurden wohlwollend aufgenommen. Ingo Bach bezweifelt eine wirkliche Verbundenheit des jungen Dichters, Juristen und Technikers mit der Stadt und sieht dafür Beweise: Novalis war die halbe Zeit der Jahre 1786 bis 1801 nicht in der Saalestadt; Stadtbeschreibungen von ihm fehlen ganz; die landschaftlich anziehende Umgebung erscheint nur – oder immerhin? – in einigen Dokumenten. Die sogenumwobene Rudelsburg hat der junge Eleve wohl im Mai 1789 mit dem bewunderten Bürger besucht. Auf Schloß Goseck am hügeligen Nordufer der Saale zwischen Naumburg und Weißenfels war er ein paarmal Gast der befreundeten Familie von Eckart. Hier schrieb er nach dem ersten Studienjahr am 5. Oktober 1791 einen seiner bedeutendsten Briefe: den Bericht an den Jenaer Philosophieprofessor und Kantianer Reinhold über seine Beziehung zu Schiller. An diesen selbst richtete er zwei Tage später eine Huldigung, die eigenwillig früh-thüringische, ja: frühromantische Impressionen der Weißenfelser Flur einfängt:

> Ich leb' und webe in der frischen Herbstluft, und neue Ströme von Lebenslust fließen in mich mit jedem Athemzuge. Die schöne Gegend, und eine gutmüthige Harmlosigkeit, in die ich aufgelöst bin, zaubern mich in die blühenden Reiche der Fantasie hinüber, die ein ebenso magischer dünner Nebel umschwimmt, als die ferne Landschaft unter meinen Füßen: Ich freue mich mit dem letzten Lächeln des scheidenden Lebens der Natur und dem milden Sonnenblick des erkaltenden Himmels. Die fruchtbare Reife beginnt in Verwesung überzugehn, und mir ist der Anblick der langsam hinsterbenden Natur beynah reicher und größer als ihr Aufblühn und Lebendigwerden im Frühling. Ich fühle mich mehr zu edeln und erhabenen Empfindungen jezt gestimmt als im Frühjahr, wo die Seele im unt-

hätigen, wollüstigen Empfangen und Genießen schwimmt und anstatt sich in sich selbst zurückzuziehn, von jedem anziehenden Gegenstande angezogen und zerstreut wird.

Trotz Friedrichs offenkundiger geistig-künstlerischer Verselbständigung, insbesondere der Ablösung vom Vater, blieb die Familie seine Heimat, und zwar, ungeachtet mehrerer kräftiger Ortswechsel, in Weißenfels, Klostergasse 24. Hier war die geliebte Mutter, hier wuchsen die jüngeren Geschwister auf, die Fritz unter seine Fittiche nahm und für die er vorausschauend Pflichten übernahm, die auch den Vater entlasteten. Etliche Male fuhr dieser mit ihm, mit dem Onkel »Großkreuz« und Geschwistern ins ein wenig verwaiste Oberwiederstedt und mehrmals auch ins kleine, von einem Verwalter besorgte Gut Schlöben unweit Jena, das der freiherrlichen Linie 1768 zugefallen war und der Erbfolge nach Fritz als dem ältesten Sohn gehörte.

Wie sah der junge Mann aus, wie wurde er wahrgenommen und dargestellt? Zeitgenössische Abbildungen sind ebenso rar wie autobiographische Dokumente; immerhin sind es vier Porträts. Davon sind zwei Schattenrisse: der eine zeigt den elfjährigen Jungen im Linksprofil, er war lange verschollen und ist heute im Besitz der Biblioteka Jagiellońska in Krakau; der andere gibt den vergleichsweise jüngeren Knaben mit der Unterschrift »Der liebe Fritz« und hängt im Museum Weißenfels; beide sind reine Kinderporträts.

Das erste »sprechende« Bildnis, die undatierte Blei- oder Silberstift-Zeichnung eines unbekannten Künstlers im Oval auf Papier, ist ein Blatt von meisterhafter Qualität; das Original hing zunächst in Oberwiederstedt, bis 1939 in Berlin und ist seitdem leider verschollen. Die Zeichnung gibt den etwa Fünfzehnjährigen im Linksprofil: »Der jugendliche Novalis«, schreibt Ingo Bach alias Ivo Weißenberger, »blickt freundlich, aber auch fest in die Ferne, die feingeschnittenen Züge werden von einem Lächeln umspielt. Markant ... die lange, etwas spitze Nase und die hohe Stirn. Das Haar fließt in Wellen bis zu den Schultern hinab. Hardenberg ist mit einem bis an den Hals geschlossenen, mit einem hohen steifen Kragen versehenen Jackett bekleidet.«

Das einzige zu Lebzeiten entstandene große Porträt von Novalis ist das Ölgemälde, das ihn etwa achtzehnjährig zeigt. Es entstand höchstwahrscheinlich im Winter 1799/1800; als seinen Schöpfer ermittelte Ingo Bach den Dresdner Maler Franz Gareis (1775–1803), eine Vermutung, der inzwischen ausgiebige Detail-Untersuchungen aus Oberwiederstedt widersprechen, die in dem Band »Die Bildnisse des Novalis« gesammelt sind, freilich keinen anderen Urheber vorschlagen können. Dieses Bild ist – auch in Form des verfälschenden Kupferstichs von Eduard Eichen (1845) – mit dem Werk des Dichters um die Welt gegangen.

Zweites Kapitel

Der dichterische Jugendnachlaß – Busen, Helden und Erze – Daktylen, Oden und Hexameter

»Die rund 480 Manuskriptseiten, die zum überwiegenden Teil aus den Jahren 1788 bis 1790 stammen, enthalten über dreihundert Gedichte, mehrere Prosatexte (darunter Fabeln, z. T. unvollendete Aufsätze, ein ebenfalls unvollendetes Märchen und der Anfang eines Romans), dramatische Versuche sowie Dichtungspläne und Lektürenotizen. Von keinem anderen Autor des ausgehenden 18. Jahrhunderts ist ein Jugendnachlaß in dieser Vollständigkeit überliefert. Anregungen und Vorbilder bezog der damals 16–18jährige von nahezu allen literarischen Strömungen, die sich in der zweiten Hälfte des 18. Jahrhunderts nebeneinander behaupteten: Rokoko und Anakreontik, die Vertreter der Empfindsamkeit, Klopstock und die Dichter des Göttinger Hains, Ramlers vaterländische Oden, Bürgers und Schillers Gedichte, aber auch die poetae minores der Musenalmanache und die Gebrauchslyrik protestantischer Gesangbücher.« So beschreibt Hans-Joachim Mähl den dichterischen Jugendnachlaß Friedrich von Hardenbergs, ein Konvolut in 23 Mappen, das er 1983 in der Biblioteka Jagiellońska in Krakau wiederentdeckt hat. Der Fund hat die These von der großen Aufnahmefähigkeit und Belesenheit des jungen Hardenberg gestützt, der ganz offensichtlich eine ungeheure Menge Stoff extrem schnell, genau und tiefgründig zu bewältigen vermochte. Es ging ihm, wie er in einer Anmerkung zu Wielands Verserzählung »Balsora« schrieb, um »Uebung der leichten Versification«, also um Übungen eines die eigene Sprach-Kraft nach vielen Seiten erprobenden jungen Dichters, der »das breite Spektrum poetischer Ausdrucksformen« fast wie ein Geschenk der Götter vor sich sah. Mähls Urteil, Hardenbergs Jugendwerk dokumentiere »den Werdegang dieses Autors in einer Zeit, die Dichten noch weitgehend als lehr- und lernbare Fähigkeit betrachtete«, trifft zu, verweist aber auch auf die Grenzen des dichtenden Weißenfelser und Eislebener Primaners: Den vorwiegend lyrisch experimentierenden Jüngling erreicht, merkwürdig genug, die kühnste und progressivste Novität der seinerzeitigen Lyrik zunächst nicht: Goethes Erlebnis-Dichtung.

Gerhard Schulz hat diesen Mangel durch eine bemerkenswerte »Defensio poetae« erklärt, wenn auch nicht aufgehoben: Hardenbergs Jugendgedichte seien nicht Ausdruck eines starken Empfindens einer einzelnen Persönlichkeit in einer bestimmten Situation, sondern Gesellschaftsdichtung, die bewußt ein Gegenüber, einen Empfänger einbeziehe. Sehen wir davon ab, daß der Begriff Gesellschaftsdichtung unscharf und Goethes Erlebnis-Poesie selber stark empfängerorientiert ist: Hätte er auf dieser Position verharrt, wäre er dauerhaft in Konventionalität und Abhängigkeit von überholten Vorbildern stecken geblieben, und Friedrich Schlegel hätte mit seinem Urteil vom Januar 1792 über das Frühwerk seines eben gewonnenen Freundes länger als wünschenswert Recht behalten: Er kritisierte ja im Brief an seinen Bruder August Wilhelm primär die Schwächen der künstlerischen Form von Hardenbergs Texten; ihm mißfielen »die äußerste Unreife der Sprache und Versification, beständige unruhige Abschweifungen von dem eigentlichen Gegenstand, zu großes Maaß« und üppiger »Überfluß an halbvollendeten Bildern.« Diese Kritik hinderte Schlegel aber nicht, in dem kongenialen dichtenden Leipziger Studien-Freund das »zu wittern, was den guten vielleicht den großen lyrischen Dichter machen kann – eine originelle und schöne Empfindungsweise, und Empfänglichkeit für alle Töne der Empfindung.« Sehen wir auch davon ab, daß Schlegel in seiner eigenen Lyrik nie über Konventionalität von »Sprache und Versification« hinausgelangte: Seine witternde Prophezeiung für den Freund wurde noch im gleichen Jahrzehnt Wirklichkeit: Novalis schuf mit den »Geistlichen Liedern« (1799) und den »Hymnen an die Nacht« (1799/1800) geniale poetische Verwirklichungen einer einzelnen Persönlichkeit in einer bestimmten Situation, und der als Kritiker und Aufspürer dichterischen Neulandes großartige Friedrich Schlegel verkündete das: Vom berühmten Frühromantiker-Treffen in Jena berichtete er Mitte November 1799 an Schleiermacher in Berlin über Novalis: »Auch christliche Lieder hat er uns gelesen; die sind nun das göttlichste was er je gemacht.« Schlegels Feinsinn rückte diese Lieder genau dorthin, wo der stärkste frühromantische Lyriker inzwischen höchst eigenwillig und selbstbewußt angelangt war: »Die Poesie darin hat mit nichts Aehnlichkeit, als mit den innigsten und tiefsten unter Goethens früheren kleinen Gedichten.«

Dieses subtile Urteil und die repräsentative Veröffentlichung der »Hymnen« im letzten »Athenaeum«-Heft vom August 1800 dürfen den späteren, auch den heutigen Betrachter nicht zur pauschalen künstlerischen Herabsetzung des Jugendnachlasses verleiten: Ohne die umfangreichen Übungen in »Versification« und die Arbeit an Übersetzungen und Nachdichtungen antiker Literatur wäre Hardenberg niemals der führende frühromantische deutsche Poet geworden.

Wir überblicken zur Einführung in dieses Jugendwerk zunächst die hauptsächlichen Themen, Stoffe und Motive. Die Gedichte sind an Freunde und Freundinnen, Verwandte und Bekannte adressiert; sie rufen Dichter und Philosophen, Anreger und Vorbilder auf; sie sprechen Fürsten an, Kaiser (Joseph von Österreich) und Könige (Friedrich II. von Preußen), wobei sich der junge Dichter nicht nur als bewunderndehrfürchtiger Panegyriker, sondern auch als Kritiker und Ratgeber von Monarchen präsentiert. Hardenberg singt nach, was einst Anakreon sang: von Liebe und Wein; er feiert Göttinnen und Götter, Cythere und Aphrodite, Apoll und Jupiter. Er erinnert sich lyrisch an Oberwiederstedt und die Kindheit im Wippertal, nimmt auch Weißenfels und das Saaletal auf. Die ernstesten Poeme handeln von Christus und Kirche, Leiden und Altern, Sterben und Tod, von Jenseits und Unsterblichkeit; es gibt auch lyrische Nekrologe. Vereinzelt kritisiert der Primaner politische und soziale Mißstände und fordert Freiheit und Gerechtigkeit ein. Der Jugendnachlaß enthält eine bedeutende Anzahl erotischer Gedichte; sie singen von Liebe und Lust, heißen Küssen und weißen Busen in Bädern und Hainen, Bächen und Lüften; sie lassen Schäferinnen und Schäfer tanzen. Besonderes Gewicht hat die Naturlyrik im weitesten Sinn; es erscheinen Bäume und Blumen, Gebirge und Wälder, Ströme und Seen, Sonne und Wolken, Monde und Sterne und selbstverständlich Tiere, zu Lande, zu Wasser und in der Luft. Vielleicht das Schönste und das Freimütigste im Konvolut sind die Lieder, die Natur und Erotik verbinden. Friedrich von Hardenberg gibt auch mehrmals Witziges und Freches – das lyrische Ich des 16–18jährigen tritt in vielen Rollen, Masken, Kostümen, Frisuren, Einkleidungen und Verwandlungen auf.

Gleichzeitig mit den eigenen Dichtungen schafft der Weißenfels-Eislebener Gymnasiast eine erstaunliche Serie kraftvoller Versübersetzungen, vereinzelt nach französischen, überwiegend aber nach lateinischen und griechischen Vorlagen, kostbare Belege für die frühe sprachliche Begabung des jungen Mannes, dem es gewiß leichter fiel, ein weißbusiges lockendes Rokoko-Mädchen deutscher Zunge in poetischen Versen aus dem Wasser zu fangen als Hektors Abschied von Andromache in geschmeidigen Hexametern aufzubauen.

Der Nachlaß ist im Band 6.1 der Historisch-Kritischen Ausgabe (HKA) komplett gedruckt. Hardenberg hat zum Glück seine frühen Gedichte sorgfältig aufbewahrt, auch wenn er an einer Stelle des Konvoluts einige Textstücke mit dem Verdikt »mißlungenes Schofelzeug« belegt. Die Herausgeberin des Jugendnachlasses, Martina Eicheldinger, stellt zutreffend fest, daß für den jungen Poeten die Möglichkeiten der Variation vorgefundener Muster nahezu unerschöpflich gewesen seien. Ein anderes Resultat ihrer Untersuchungen wird man mit von ihr selbst angedeuteter Vorsicht aufnehmen müssen: Sie gibt eine Liste von über 60 vermeintlichen Vorbildern Hardenbergscher Texte mit jeweiligen Belegen nach HKA-Nummern und urteilt, es könnten Einflüsse dieser alphabetisch aufgezählten Autoren nachgewiesen werden. Da bleiben Zweifel offen. Hans-Joachim Mähl weist auf den Haupt-Schwerpunkt inmitten dieser Fülle hin: Der Jüngling aus der Weißenfelser Klostergasse sei nämlich nicht nur gelehriger Schüler zeitgenössischer Autoren wie Wieland, Gotter, Gleim gewesen, sondern auch durchaus »eigenständiger Vertreter der Gesellschaftsdichtung des Rokoko« – jener literarischen Richtung also, die nach wohlvertrauter Charakterisierung als zierlich-graziöse, spielerisch-frivole, galante Poesie galt und auftrat. Sie leitete vom Barock zum Klassizismus über, wobei unter Einspielung anakreontischer Wein- und Liebeslieder, von Geßnerscher und Gleimscher Empfindsamkeit, von Schäfer-Versatzstücken Wieland als Oberhaupt erschien, dessen Zeitschrift »Neuer Teutscher Merkur« im April 1791 Hardenbergs erste Publikation, das leicht larmoyante vierstrophige Gedicht »Klagen eines Jünglings« ermöglichte.

Im folgenden werden einige der schönsten, feinsten und bewegendsten Frühwerke des produktiven Primaners zitiert und erläutert.

Das motivisch unscheinbarste Beispiel, das sechsstrophige Gedicht »An ein fallendes Blatt«, worin ein spätherbstliches Eichenblatt in drei einfühlsamen Anfangsstrophen wie ein Mensch vom Wintersturm angegriffen wird, beschwört eine verschneite lyrische Schönheit herauf:

Es nahet sich der Winter wieder
Mit seinem Schnee und Sturm und Eis
Aus dürren Haynen fliehn die Lieder
Es kleidet sich die Flur in Weiß,

Von Eichen wehn die Blätter nieder
Nicht mehr belebt vom Vögelfleiß,
Der Sturm mit traurigem Gefieder
Durchhaußt sie auf der Zeit Geheiß.

Entreißet ihr das Blatt gewaltsam
Das ganz allein noch an ihr hieng
Und spielt damit nun unaufhaltsam
Und wirft es, daß ers wiederfieng.

In den drei folgenden Vierzeilern wird dies glanzloser, verstreuter auf späteres menschliches Leben symbolhaft transponiert. Das angeredete Blatt steht sinnbildlich für kräftige Pflanzennatur, die freilich zuletzt dem Winter unterliegen muß. Die Feinheit und Kleinheit des über sechs Strophen geführten Gegenstands läßt sich mit zwei einstrophigen, stofflich-thematisch aber geradezu gigantischen Gedichten kontrastieren, worin sich auch die bereits bemerkenswerte Wendigkeit des Experimentierenden zeigt: Ein Fünfzeiler und ein Achtzeiler, eine Stanze, beide titellos, geben hochkonzentrierte, schlaglichtartige Naturaufnahmen in unterschiedlich langen jambischen Versen, mit Kreuzreim und in der Stanze glänzend modellierten Enjambements. Beide Texte haben die dichterbiographischen Hintergründe von Harzimpressionen und offerieren scharf gezeichnete Abbildungen davon.

Der Fünfzeiler steht, mit Ausnahme der Fügung »dies wunderschöne Thal«, in kühler Genauigkeit, ohne subjektive Einfärbung und ohne lyrisches Ich da: zentrales Motiv ist das Gebirge mit einer hart erfaßten schroffen Felswelt im letzten Vers:

> Rundum bekränzt von tausendjährgen Eichen
> verbargen leicht dies wunderschöne Thal
> Gebirge, die bis in die Wolken reichen
> Und selbst den Kühnsten Blick des Wanderers verscheuchen
> Aus Schlacken aufgethürmt und jäh und rauh und kahl.

Dagegen wirkt die Stanze (»Schon stieg empor ...«) sanft mit Traubenhügeln, rosigerem Glanz, strahlenheller Nacht, »Silberspiegel des Sees, Tanz von Elfen und Sylfiden und »romantischem« Schluß des lyrischen Ichs:

> An einen Quell gegossen lag ich ganz
> Umnebelt von Genuß im wolkenlosen Frieden.

Die ruhend-lockende Lage des jungen, hier wohl männlichen lyrischen Ichs wiederholt sich in einem dreistrophigen Poem, das eindeutig mit einer liegenden Schönen beginnt und hier die Doppel-Thematik von Natur und Eros eröffnen soll:

> Da lag sie sanft vom Ahornbaum umschattet
> Der ihrem Reiz noch größre Reitze lieh,
> Indem der Schatten sich mit Alabaster gattet
> Und der erhitzten Phantasie
> Was zu errathen gab ...

Das Motiv der schlafenden Schönen war in der erotischen Rokokolyrik populär; es kam bei Gleim, Matthisson, Gerstenberg, Lessing und Gotter vor, von dessen – insgesamt schwachem – Lied »Das schlafende Mädchen« Hardenberg sogar das Schlüssel-Bild »vom Ahornbaum umschattet« übernahm.

Sanft hob der Busen sich entflammt von losen Träumen,
Die ihn mit weichen Morgenroth
Hold übergoßen.

Der Busen taucht an etlichen Stellen des Jugendnachlasses auf; er gehört zu den Topoi der lyrischen Dichtung der Zeit. So finden wir ihn in schöner weißer Freiheit beim daktylischen »Badelied«, wo Freunde »das heiße Gewand ... in kühlende Flut« tauchen und sich dann tagträumend junge weibliche Nacktheit vorspiegeln:

Vielleicht daß sich hier auch ein Mädchen gekühlt
Mit rosichten Wangen und Mund,
Am niedlichen Leibe das Wellchen gespielt
Am Busen so weiß und so rund.

Hier wie auch in weiteren naturwarmen Erotica bewundert und präsentiert Hardenberg nur den jungen, den mädchenhaften Busen. Im Jugendnachlaß erlaubt sich Novalis keine naturalistischen Freiheiten, so wie die gesamte Rokoko-Lyrik nicht. (Daß im breiten Wortfeld »Busen« das Nomen auch, jenseits aller Erotik, metonymisch für »Herz« und »Seele« steht und seinerzeit häufig so verwendet wurde, macht der lyrische Jugendnachlaß ebenfalls deutlich.)

In einem Poem, das die Einbettung der erotischen Szenerie ins Natur-Ambiente meisterlich vollzieht, schimmert vielleicht auch eine ansonsten nicht belegbare biographische Erfahrung des jungen Mannes mit verlockenden Mädchen durch: im Hexameter-Fragment »Der abendliche Schmaus«, wo beinahe überdeutlich Menschengruppen, das lyrische Ich einbezogen, in den Weißenfelser Weinbergen auftreten und durch die metrische Extravaganz reizvolle epische Anklänge entstehen:

Hier sind Schattenalleen von früchtetragenden Bäumen
Unter denen sich üppiges Gras zum Lager uns anbeut.

Den Wein umschatten »Plantagen von Pflaumen und Kirschen ...«

Hieher wanderte jüngst am Freytag große Gesellschaft
Mädchen, betagte Matronen und bärtige Männer und Kerlchen
Meines Gelichters,

wie das scheinbar knabenhafte lyrische Ich selbstironisch formuliert; es fährt fort:

Sieh! ich führte Louisen mit funkelnden bläulichen Augen
Und so kerzengerad und schlank wie die duftende Maye.
Goldene Locken umschwebten das Mädchen im hüpfenden Fluge
Und ungeduldig hob der knospende Busen das Flurtuch ...
Hinter uns drein kam Wilhelm mit seinem feurigen Mädel
Schwarz von Augen und Haar und mit kleinen silbernen Füßchen
Rosige Seide umschlang ihr wallendes Leibchen und schüchtern
Blickte der Busen erröthend aus seinem zu engen Gefängniß.

Witz und Spaß, Ironie, Selbstironie und Pointen-Schärfe kennzeichnen mehrere Texte mit dem Doppel-Thema Natur und Erotik. Deftig erotisch, wenn auch ohne Busen-Zauber, mit einem lyrischen Ich, das sich ahnungslos-unwissend gegenüber dem Liebesspiel von Lorettchen und Filidor stellt, wartet die Spaß-Ballade »Ich weiß nicht was« auf. Indem der Ich-Lauscher dem Leser oder Hörer kommentierend versichert, er wisse nicht, was da passiere und wie »es« geschehe, macht er nur zu deutlich, daß er alles weiß und auf alles wissende, mitgenießende Zuschauer rechnet; gleichzeitig aber läßt er durchblikken, daß er, der Aufschreibende, keinesfalls der »es« selbst Treibende sei, da der Schreiber ja ohnehin nicht der Agierende sein muß. Zwar bekommt das selbstironische Ich keinen weißen Busen zu sehen, er übermittelt aber dem Publikum ein halb-sexuelles Detail des Pärchens, denn Filidor »umschlang ihr weiches weißes Knie«.

Die Selbstironie des sich dumm stellenden und so die Heiterkeit des Lesers erweckenden lyrischen Ichs ergreift im Poem »An Lycidas« die Dichter-Zunft insgesamt, die hier sozusagen als lyrisches Wir in beinahe satirischen Versen fein ausgetüftelte Selbstverspottung treibt – die beiden ersten Strophen gehören zum Besten, was der Jugendnachlaß für uns aufbewahrt hat:

Wir armen Musensöhne sind
Wie Platos Amoretten,
Wir leben nur von Luft und Wind
Behängt mit Blumenketten;

Wir küssen manchen schönen Mund
Doch nur in unsern Reimen
Und manchen Rosenbusen wund
In veilchensüßen Träumen.

Die in violetten Träumen wundgeküßten Rosenbusen dürften in der deutschen, ja vielleicht europäischen erotischen Lyrik einzigartig dastehen: in singulärer, fein gewählter Frechheit, wobei der Jani-Schüler zweifellos wußte, daß Amoretten kleine geflügelte Erosfiguren hellenistischer Herkunft waren, die Vorbilder für die Putten der Renaissance wurden – es fragt sich, ob Hardenberg, der 1788 erstmals in Dresden war, die Putten der Sixtinischen Madonna gesehen und die Amoretten von daher ins Gedicht genommen haben könnte: zehn Jahre vor dem berühmten Dresdner Frühromantiker-Treffen, als Raffaels wunderbares Gemälde wohl noch eher unauffällig im Johanneum hing – ausgeschlossen ist es jedenfalls nicht, daß mit der wunderbaren Gottesmutter und dem einzigartigen Jesus-Kind auch die beiden weltberühmten engelsflügligen und pausbäckigen Putten in den Blick des staunenden jungen Dichters kamen.

Im übrigen enthält der Jugendnachlaß noch ganz andere, streng sachliche, reflektierend-philosophische und auch politische Gedicht-Versuche. In der hochkonzentrierten Kürze den beiden zitierten Natur-Abbildungen ähnlich, bedient sich der Siebenzeiler »An Agathon« einer dem Erotisch-Naturhaften fernen Überlegung und Anrede:

Wenn Könige mit Gunst dich überhäufen
Rund um dich Gold in hohen Haufen lacht,
Und zwanzig Schiffe dir durch alle Meere streifen
Und für dein Wol Fortuna treulich wacht
So rühmet jedermann dein Glück; doch stets vergebens
Denn hast du nicht dabey Filosofie des Lebens
So hast du nichts.

Den Schlüssel-Begriff »Filosofie des Lebens« wird Hardenberg schon bei Herder, Wieland oder Uz vorgefunden haben; er steht »für genügsamen Genuß und heitere Lebensweisheit« und hat sein Vorbild in Horaz, Hardenbergs meistübersetztem antiken Dichter.

Zumindest einmal, im Gedicht »An meine Freunde« vollführt er einen politisch harschen Ausbruch: Gegen Tyrannen, die »unser Wohl und Leid« beherrschen, gegen »stolze Priester«, die »uns gebieten, was unsre Seele glauben soll«, gegen Kriege, die »ganze Nationen ins Unglück stürzen«, setzt der Gymnasiast eine seinerzeit aufgekommene, Enthusiasmus erregende Vision:

> Nein! Freunde kommt, laßt uns entfliehen
> Den Fesseln, die Europa beut,
> Zu Unverdorbnen nach Taiti ziehen
> Zu ihrer Redlichkeit.

Dort gilt es einen Staat zu errichten,

> Wo nur Natur den Scepter führet,
> Durch weise Künste unterstützt,
> Und jeder in dem Staat, der ihm gebühret,
> Dem Vaterlande nüzt.

Das Gedicht ist eine freie, aktualisierende Nachdichtung der 16. Epode von Horaz; an die Stelle der seligen Inseln des antiken Mythos ist als Zufluchtsort das durch Reiseberichte, unter anderem von Forster, in den 1770er Jahren populär gewordene Tahiti getreten.

Nicht nur der weitaus geringeren Anzahl wegen fallen die dramatischen, erzählerischen und essayistischen Fragmente des Frühwerks gegenüber der Lyrik ab. Die Fabeln sind zumindest lesbar; eine Apologie der Schwärmerey deutet vielleicht auf den Frühromantiker voraus; wir zitieren aber, auch als Vorankündigung des reichen Übersetzungs-Fundus im Jugendnachlaß, eine schöne Passage aus dem Französischen, ein Fragment des Autors Billardon de Savigny, Teil der Einleitung zu seinen »Odes anacréontiques« von 1762, von Hardenberg fein betitelt: »Ueber Anakreon und seine Dichtungsart«:

Wenn sanftes Vergnügen und reizende Grazie eine eigene Dichtungsart haben so ists gewiß die zärtliche Anakreontische. Wie angenehm sind nicht seine Dichtungen! Wie lächelnd seine Schilderungen! Wie reizend seine Bilder und wie belebt! Les ich ihn, so scheint er mir nicht Dichter, nein! der wollüstigste, liebenswürdigste, verführerischste Grieche. Ich bin mit ihm bey Tische; ich folge ihm und seiner Geliebten in eine Laube, heilig der Liebe, ich folg ihm in seinen reizenden Tändeleyen und er macht mich eben so froh eben so von Wonne trunken als sich; ich empfinde ihm nach.

Bedeutsamer als der begrenzte Übungsvorrat von dramatischen und erzählprosaischen Texten sind die Übersetzungen berühmter klassischer, sprich: griechischer und lateinischer Dichtungen – auch sie letzten Endes Übungen der Versification, aber zumindest in einigen Stücken von erstaunlichem poetischen Rang. Haupt-Dichter des Vermittlers aus der Jani-Schule war Horaz (65–8 v. Chr.), dem der junge thüringische Dichter ein Widmungsgedicht schenkte, das den Ruhm des Römers und die Huldigung des Deutschen feinfühlig und anrührend vereinigt:

Nimm alter Sänger an der Tiber Strand,
Die in dem fernen Welschland fließet,
Des jungen Sängers Lied und seine rechte Hand,
Der dich nach tausend Jahr noch ehrfurchtsvoll begrüßet.

Ein Teil von Hardenbergs Horaz-Übertragungen hält sich ziemlich eng an die antiken Originale, so in den beiden ersten von fünfzehn sapphischen Strophen der »Carmina IV/2«, Vers 1–8 mit dem Vorbild-Hinweis auf den griechischen Lyriker Pindar, den großen »Flieger« Daedalus und den nicht näher bekannten Horaz-Freund Licin:

Wer den Pindar sich zu erreichen vorsezt,
Stüzt sich auf Daedalisches Wachsgefieder
Wird, Licin, dem bläulichen Meere seinen Namen verleihen.

Wie der Strom vom Berge herabstürzt, welchen
Offne Wolken über die Ufer hoben,
Strömt begeistert donnerndes Rufes Pindar Mächtiges Geistes.

Zwei Eigentümlichkeiten geben Hardenbergs Horaz-Übertragungen einen besonderen Reiz: Einerseits experimentiert er mit einzelnen Texten derart, daß er mehrere Übersetzungsvarianten einer Horazischen Vorlage herstellt; andererseits neigt er bei einem erheblichen Teil der ausgewählten Dichtungen dazu, sie mit deutschen Endreimen auszustatten, die in den lateinischen Originalen nicht vorkommen; es entstehen dadurch zumeist relativ freie Nachdichtungen. So erreicht zum Beispiel die Eingangsstrophe der einem Günstling des Kaisers Augustus gewidmeten Ode »An den Dellius«, Carmina I/4 eine gewisse Drastik:

Entfesselt ist nun wieder unsre Erde
Vom lauen Frühling und vom frohen West
Nicht mehr verweilet gern der Landmann bei dem Heerde,
Die Au ist für das Vieh ein Fest.

Bewunderung verdienen Selbstvertrauen und Wagemut, mit denen sich Hardenberg an die größten Dichter der klassischen epischen Poesie wagt. So glänzt er mit einer berühmten Stelle aus Homers »Ilias«: »Der Abschied Hektors von Andromache«:

Also redete Hektor, der treffliche Held und verließ sie
Und kam straks zur gemächlichen Wohnung, doch fand er darinnen
Nimmer Andromache, mit den schneeweißblendenden Armen.
Denn mit dem Söhnchen, und mit der miedlichumschleyerten Dirne
Stand sie fern auf dem Thurm, wehklagend und Thränenvergießend.
Hektor, als er das biederherzige Weib allda nicht gewahrte
Eilt und sprang auf die Schwell' und rief den ämsigen Dirnen.
Höret wolan, und verheelt mir die Wahrheit nimmer ihr Dirnen,
Wo ist Andromache hin, mit den Schwanenarmen gewandelt;
Zu den Schwestern etwa und den schlankumgürteten Frauen

Ihre Schwäher, oder zur Halle der Palls wo andre
Weiber mit wallenden Locken die furchtbare Göttin versühnen.
Ihm entgegnete drauf die flinke Schaffnerin treulich:
Hektor, weil du gebietest nur Wahrheit dir zu verkünden.
Nicht zu den Schwestern etwa und den schlankgegürteten Frauen
Ihrer Schwäher, und zu den Hallen der Pallas, wo andre
Weiber mit wallenden Locken die furchtbare Göttin versühnen,
Gieng sie, sondern zu Iliums Thurm; denn sie hörte, die Troer
Wären in Nöthen, und der Danaer Drang sey gewaltig;
Einer Rasenden gleich riß sie sich in Eile zur Mauer.
Und es trug die Amme mit ihr das zärtliche Knäblein.
Also die Schaffnerinn; schnell enteilte Hektor der Wohnung.

Nicht weniger packend sind die ausgewählten Passagen vom 9. Gesang der »Odyssee« über die Landung der auf dem Meer Verschlagenen bei den Zyklopen; Odysseus, Berichterstatter in der Erzähl-Person »Wir«, läßt sich teils bewundernd, teils abfällig über die einäugigen Riesen aus:

Denn den Cyclopen gebrichts an rothgeschnäbelten Schiffen
Und an Schiffsbaumeistern um Schiff aus kernigen Balken
Fest zu zimmern, die jedes Geschäfft vollbrächten, die Städte
Fremder Männer bereisend, so wie sonst häufig die Menschen
Wechselweis sich besuchen, auf Schiffen das Meer durchsteuernd
Welche das Eyland bald sich bevölkern würden und anbaun.
Denn der Boden ist nicht untauglich, in jeglicher Jahrszeit
Trägt er: und geile Wiesen voll Quellen umkränzen des grauen
Meeres schlängelnden Strand: da entartete nimmer die Rebe
Locker sträubte sich nicht das Feld umreißenden Pflügern
Und es nickten der Sichel die üppigsten Saatengefilde
Froh in der Erndt entgegen, denn willig und fett ist die Feldflur.
Und die Anfurt bequem: denn keiner Fessel bedarf man
Braucht nicht den Anker zu werfen und festzubinden das Fahrzeug,
Sondern es liegen da sicher die angelandeten Schiffe
Bis es den Schiffern zu segeln beliebt und günstig der Wind weht.

Den Zyklopen-Text hat Hardenberg zweimal, die Eingangsverse zum zweiten Buch von Vergils Lehrgedicht »Georgica« über den Landbau sogar dreimal erprobt; die dritte Version liest sich ebenso wunderbar wie die beiden Vorgängerinnen:

> Bis jetzt sang ich die Wartung der Fluren, des Himmelsgestirne
> Dich nun, Bacchus, zugleich mit dir des Haynes Gestäude
> Und die zärtliche Zucht des spätaufsprossenden Oelbaums.
> Hieher Vater Lenaeus, hier ist von deinen Geschenken
> Alles erfüllt, dir blüht die vom rebumhangenen Herbste
> Schwangere Flur, es schäumt dir die Kufe bis oben am Rand voll.
> Hieher begebe dich Vater Lenaeus und tauche die nackten
> Schenkel in heurigen Most mit mir nach gelößten Cothurnen.

Man bestaunt den reichen Wortschatz dieser Epik-Übertragungen, die Fülle von Bildern und Metaphern, die Neologismen wie »Anfurt« und »Gestäude«, den langgezogenen para- wie hypotaktischen Satzbau, der zur feinen Balance zwischen Strenge und Lockerheit in den Hexametern beiträgt, die Präzision und Farbigkeit der Schilderungen von Feldbau und Weinbau samt Schenkelbad im Moste, von Schiffahrt und Kriegshypnose Andromaches, die um Troja bangt.

Es führen Spuren von Hardenbergs Übersetzungen antiker Dichtungen zu einem Haupt-Werk des Jugendnachlasses, zur zehnstrophigen Ode »Der Harz« (1788), mit deren Betrachtung die Schilderung der ersten Lebensepoche beendet werden soll. Eine direkte Linie führt von der Antike zur Kunstgestalt dieses Gedichts: das reimlose Poem hat die Strophenform der 2. asklepiadeischen Ode »in der metrischen Prägung Klopstocks«, die er beispielsweise im Gedicht »Petrarca und Laura« (1748) verwendete; in seiner ursprünglichen Strophen-Gestalt erscheint das »Asclepiadeum alterum« in neun Carmina von Horaz. Der Harz-Ode Hardenbergs verleiht die strenge Form etwas Feierliches, Ernsthaftes und Erhabenes, aber auch einen Hauch feiner, reizender, leise irritierender Fremdheit, besonders im Sprachrhythmus.

Bereits die Eingangsmetapher offenbart das zentrale Kunstmittel des ganzen Poems »Harz du Muttergebürg«: Das Gebirge »mit seiner ursprünglich-wilden Landschaft«, die Hardenberg schon als Kind genau kennenlernte, wird direkt angeredet und dadurch vermenschlicht und personifiziert; der Kontext enthält 14 Formen der Personal- und Possessivpronomina zweite Person Singular: du, dir, dich, dein. Die Vermenschlichung der Bergwelt präsentiert der junge Dichter in stilistisch wie situativ markanten Beispielen: Die Wortschöpfung »Muttergebürg« selbst suggeriert menschliche Wärme und Schutz; der dritte Vers der ersten Strophe – »Adler zeugest du dir hoch auf der Felsenhöh« – zeigt das »Gebürg« in der Rolle einer fruchtbaren Kindesmutter; die im Tal Schrecken verbreitenden Unwetter verlacht der Harz »mit heiterer Stirn«; das Gebirge tritt als Heger von Hirschen und »noch mehrerer Tiere Heer« in einer stark vom Jagdwesen geprägten Massen-Szenerie auf.

Die Natur-Gestalt des Harzes ist das große übergreifende Sujet der Ode. Ins Zentrum der oberen Bergwelt stellt der Lyriker die Felsen; er hebt mehrmals ihr Höhe hervor und krönt sie mit einer kraftvollen, zweimal eingesetzten, vermenschlichenden Metapher: »Weit im deutschen Gefild sieht man der Felsen Haupt / Spät im Sommer vom Schnee noch schwer« – so steht es in der zweiten Strophe; im letzten Vers des Gedichts bildet dieselbe Metapher mit Gewitter-Krachen das Finale der Harz-Ode: »dein donnerndes Felsenhaupt.«

Die Pflanzenwelt des rauhen Gebirges repräsentieren ausschließlich zwei Baumarten; sie sind stark, solange Menschenwille sie stehen läßt; sie schaffen Wald-Finsternis: »Tiefer Fichtenbekränzt, düster vom Eichenwald«, der zweimal mächtig an Versenden steht und – Anspielung auf deutsche Eichen-Symbolik – »der vor Zeiten den Deutschen hehr« war. Jeweils eine ganze Strophe widmet der experimentierende Schreiber den Gebirgs-Gewässern und den Wetter-Phänomenen: Im dritten Vierzeiler rauschen Ströme »in das finstre Thal«; sie brechen sich unter der Gewalt der Flut und »des eilenden Sturmes Grimm« – der Autor erfaßt diese Entladungen mit einer einzigen Hypotaxe. Eine zweiteilige kompakte Parataxe fängt die ungestümen, wenngleich vom »Gebürg« verlachten Wettermächte ein: Blitz, Donner und Sturm; dabei fügt Hardenberg im vierten Vers eine überraschende, alliterative Dämpfung an: Das Gebirge träuft »nur fruchtbare Flut herab«! Mit der Unwetter-Wildheit korrespondiert in der fünften, der Tierwelt-Strophe eine Doppel-Metapher voll scharfer Aggressivität und Todesdrohung: »Eber brausen im Wald, Eber mit Mörderzahn«, wogegen sich die Tier-Hege zwar friedvoll, aber nur mit Hilfe des Jägerspießes behaupten kann.

Wie in hellsichtiger, poetisch-technischer Vorausahnung läßt Novalis die härtesten, organischem Leben fernsten Elemente des »Gebürgs« in sein Gedicht ein: die Erze, die Beute des Bergbaus, der in vielerlei Gestalt seine letzten fünf Lebensjahre mit beherrschen wird und in der Ode mit fünf Metallen exemplarisch aufgebaut ist.

Den Zugriff auf wertvolle Bodenschätze schildert der aus der Mansfeldischen Bergbau-Region stammende Poet hart metaphorisch und schroff kontrastierend. »Unersättlicher MenschenDurst ... nach verderbenden Gold und nach dem SilberErz« führt einerseits zu grauenhaft-brutalem Zerwühlen der hochempfindlichen Eingeweide des Berges; andererseits wird der Gewaltakt durch das Gebirge aber – einfühlsam oder makaber, in einer gewissermaßen abblendenden Mütterlichkeit? – »gütig« mildernd zugelassen. Hardenberg ordnet die fünf Erze in einer Art fallender Kurve nach ihrem Handelswert ein: Oben Gold und Silber, dann das vertraut-kostbare Kupfer, darunter das giftige Blei; das Eisen aber, schon seit Jahrhunderten für Menschenwerk genutzt und für das heraufziehende Industriezeitalter das nahezu alles beherrschende Element, bekommt vom Dichter den breitesten Raum der fünf Erze, denn es ist »nüzlich dem Menschengeschlecht«, wenngleich nicht uneingeschränkt: Der Poet kann in der siebten Strophe nämlich die Schutzkraft der mit schneidender Eisenaxt gefällten Bäume nur in zwei zittrigen Fragesätzen loben, wobei das für die Bewohner stehende Personalpronomen »uns« eher schüchtern aus den Versen schaut.

Es folgen auf den Gedicht-Schluß zu zwei thematische Sprünge. Der erste trägt den Leser zu Hardenbergs hochgelobtem Vorbild Klopstock, aber so, daß er sein Lob in Du-Anrede dem »Gebürg« spendet, weil »der Unsterblichkeit Sänger« den Harz »mit Harfenklang in dem felsichten Wiederhall« besungen hat, und zwar im Gedicht »Die Roßtrappe« (1771) und dem Bardiet »Hermanns Schlacht« (1769).

Die Ode »Der Harz« endet nach dem zweiten Sprung überraschend politisch-appellativ. Schon in der zweiten Strophe ist die Wortfamilie »deutsch« zweimal an bereits zitierten Stellen erschienen – zuerst rein geographisch, »im deutschen Gefild« beim Felsenhaupt, dann historisch beim für die Deutschen hehren Eichenwald. Am Ende der Harz-

Ode politisiert Hardenberg den Begriff in der personifizierten »Deutschen Freyheit« radikal: sie soll nämlich so »furchtbar und hehr und unerschütterlich« stehen wie das schon zitierte donnernde Felsenhaupt! Dieses Freiheitsbekenntnis fährt blitzartig in den Text; es wirkt vielleicht sogar ein wenig aufgepfropft in seiner Plötzlichkeit, ist aber fern von dem teutonischen Pathos und dem lauten Hermann-der-Cherusker-Kult wie in der Ode »Der Harz« (1772) von Friedrich Leopold Graf zu Stolberg. Aufgenommen hat Hardenberg daraus aber wohl zwei Anregungen: die ästhetische, daß man den Harz direkt persönlich anreden könne, was bei Stolberg zumindest teilweise geschieht, und die stoffliche, daß man das Erz ins Gedicht holen könne – Stolberg preist »nützendes Eisen«, das den Acker durchschneide und das Erbe der Väter schütze, er preist es vorbehaltlos, anders als der kundige Jüngling aus dem Mansfelder Revier.

In Novalis' Jugendnachlaß ist die Ode »Der Harz« ein Fels. Sie hat, im Gegensatz zu anderen frühen Gedichten, kein lyrisches Ich: Hardenberg beansprucht für sein künstlerisches Harz-Porträt eine durch Subjektivität ungestörte Gültigkeit. Und daß wir es nicht vergessen: Es ist das Werk eines Sechzehnjährigen.

Der Harz

Harz du Muttergebürg welchem die andre Schaar
    Wie der Eiche das Laub entsproßt
Adler zeugest du dir hoch auf der Felsenhöh
    Und dem Dichter Begeisterung.

Weit im deutschen Gefild sieht man der Felsen Haupt
    Spät im Sommer vom Schnee noch schwer,
Tiefer Fichtenbekränzt, düster vom Eichenwald,
    Der vor Zeiten den Deutschen hehr.

Ströme rauschen herab dir in das finstre Thal
    Brechen zwischen den Lasten sich
Welche spielende Flut von dem Gebürge riß
    Und des eilenden Sturmes Grimm.

Oft umringen dich auch Bliz und des Donnershall
  Schrecken unten das tiefre Thal
Doch mit heiterer Stirn lachst du des Ungestüms
  Träufst nur fruchtbare Flut herab.

Eber brausen im Wald⟨,⟩ Eber mit Mörderzahn
  Die der Spieß zu bestehn nur wagt
Du auch hegest den Hirsch trotzend auf sein Geweih
  Und noch mehrerer Thiere Heer.

Gütig lässest du zu daß dir dein Eingeweid
  Mit der ämsigen Hand durchwühlt
Nach verderbendem Gold und nach dem SilberErz
  Unersättlicher MenschenDurst.

Aber schenkest uns auch Kupfer und tödtend Bley
  Eisen nüzlich dem Menschgeschlecht
Das den Acker durchfurcht⟨,⟩ Sterblichen Speise giebt,
  Und dem Gütigen Ofen Holz.

Wenn mit schneidender Axt Bäume der Hauer fällt
  Die dein nährender Schooß erhob.
Aber bauets nicht auch Häuser zum Schutze uns auf?
  Schützt uns nicht für der Feinde Wuth?

Lob dir! denn es besang Dich, der Unsterblichkeit
  Sänger, Klopstock mit Harfenklang,
Daß es scholl im Gebürg und in dem Eichenwald
  In dem felsichten Wiederhall.

Deutsche Freyheit so wehrt, wehrter dem Biedermann
  Als des zinsenden Perus Gold
Stehe furchtbar und hehr und unerschütterlich
  Wie dein donnerndes Felsenhaupt.

Drittes Kapitel

Jena – Schiller – Moral und Selbstfindung – Zeitgeschichte 1789 ff.

Der Achtzehnjährige, der am 23. Oktober 1790 in der Alma Mater Jenensis immatrikuliert wurde, hatte den Standort zweifellos im Einverständnis mit dem Vater gewählt, der für seinen Ältesten ein Jura-Studium und danach den Staatsdienst vorsah, um nicht zu sagen: vorschrieb. Trotzdem gilt, was Friedrich von Hardenbergs späterer Lehrmeister, der Kreisamtmann August Coelestin Just aus dem Thüringer Kleinstädtchen Tennstedt, 1805 in einem biographischen Nekrolog über diesen Aufbruch feststellt: »Hatte er bisher unter der Aufsicht seiner Eltern, seiner Hofmeister, seines Oheims und Janis gestanden: so trat er nun ganz allein in die akademische Welt ... es gehörte gewiß mit zu seiner Bildung, daß er nun überall seinen eigenen Gang gieng, ohne von einem Führer da oder dorthin gestoßen zu werden. Er gewann dadurch unstreitig an Selbstständigkeit, eigner Ansicht, freyem Forschen, und schnellen Fortschreiten.«

Jena, die thüringische Mittelstadt, die seit 1741 zum Herzogtum Sachsen-Weimar gehörte und mit 4500 Einwohnern ebenso groß wie Weißenfels war, bot dem Ankömmling durchaus Annehmlichkeiten und Vorzüge: Sie hatte durch das Saaletal günstige Verkehrsverbindungen zum 50 Kilometer entfernten Weißenfels; die Saline Kösen lag direkt am Wege; Gut Schlöben, wohin Hardenberg die mitreisende Handbibliothek von 125 Bänden zunächst schickte, war einen Katzensprung von Jena entfernt; Fritz konnte bei der »Tante in Jena« wohnen, bei Johanna Elisabeth von Hardenberg geborene von Mordeisen, der Witwe seines Patenonkels Philipp Adam; obendrein traf er zu seiner Freude den Hauslehrer Schmid wieder, der 1786 ein »Wörterbuch zum leichteren Gebrauch der Kantischen Schrift« publiziert hatte und als Magister und Adjunkt Philosophie lehrte, allerdings ab September 1791 eine Professur in Gießen übernahm.

Die Universität, eine Gründung aus dem Jahr 1548, erlebte Ende des 18. Jahrhunderts eine Blütezeit unter dem jungen, von Goethe beratenen Herzog Karl August von Sachsen-Weimar-Eisenach, unter dessen Regentschaft Herder und Schiller nach Jena übersiedelten – der Aufschwung der scheinbar kleinen Alma mater, die immerhin 800 bis 900 Studenten aufnahm, kam auch dem Jani-Schüler zugute, freilich etwas anders, als sich das der promovierte Jurist Heinrich Ulrich Erasmus vorgestellt hatte: Denn nicht die Namen Jenaer Rechtsgelehrter leuchten in den Lebenszeugnissen des Sohnes auf, sondern Dichter und Philosophen, zum Beispiel der hoch angesehene Kantianer Karl Leonhard Reinhold, 1787 bis 1794 Ordinarius der Philosophie, durch den der junge Student Zugang zu einem der schwierigsten Denkgebäude fand – ein Brief an ihn gehört zu den bedeutendsten Dokumenten von Hardenbergs Hand, die vom großen Glücksfall in Jena berichten und ein großartiges Porträt des berühmten Dichters abgeben, in dessen unmittelbare Nähe er dort gelangte: Friedrich Schiller.

Ein noch unerkanntes poetisches Genie trifft im lebendigen Jena auf den dreizehn Jahre älteren, aber selbst eher jugendlich wirkenden Historiker und Dichter, der nach frühen Erfolgen als Dramatiker mit den »Räubern«, »Fiesko«, »Kabale und Liebe« berühmt geworden ist, dessen Name für Rebellion steht und der junge Leute anzieht, ihm zu folgen und zu huldigen. Er selbst ist jungen Anhängern gegenüber aufgeschlossen, dabei noch ohne festen existentiellen Grund und Sitz, in der Partnerwahl lange zwischen zwei Schwestern von Lengefeld schwankend, unter schwierigen materiellen Verhältnissen lebend, als Extraordinarius für Geschichte mit großem Zulauf, aber erst nach Gesuch beim Herzog mit kargen 200 Talern pro Jahr bedacht, heimgesucht von schweren gesundheitlichen Störungen. Hardenberg hört im Wintersemester 1790/91 Schillers Vorlesungen über Staatsgeschichte und Geschichte der Kreuzzüge, er muß den Mut gefunden haben, Schiller anzusprechen, und er wird die hochproblematische Lage des Bewunderten wahrgenommen haben. Bald gehört er zu den Vertrauten des Dichters, zu seinen Helfern, Fürsorgern und Nachtwachen – Schillers Schwägerin Caroline von Wolzogen bestätigt das: »Hardenberg, der später unter dem Namen Novalis bekannt wurde, zeigte die innigste Theilnahme, und kam damals zuerst Schiller vertraulich nahe.«

Hardenbergs Liebe gilt dem Dichter, dem Historiker, dem Hochschullehrer Schiller, aber besonders dem Schwerkranken, dessen heroischen Kampf gegen die Heimsuchungen er als exemplarische Tapferkeit und Menschlichkeit wahrnimmt; er bewundert die charakterliche Stärke des schwer Angeschlagenen, der immer wieder lebensgefährliche Krisen durchmacht.

Letztlich begründet die Unbeugsamkeit von Schillers Persönlichkeit auch Hardenbergs Vertrauen in die Wahrheit seiner Überzeugungen, Urteile und Ratschläge, was offensichtlich auch sein um die berufliche Ernsthaftigkeit des Sohnes besorgter Vater verstanden hat. Selber beeindruckt vom Einfluß des Dichters auf den ins Freie drängenden jungen Mann, appelliert er mit Hilfe des einstigen Hofmeisters und späteren Schillerschen Trauvaters Schmid an den Bewunderten: »Der brave Vater des jungen Hardenberg«, schreibt Schmid daraufhin an Schiller, »freut sich, daß seines Sohnes ganzes Herz und Achtung und Vertrauen Ihnen gehört; und darauf stützt sich seine Bitte, die ich Ihnen vorzulegen Auftrag habe. Sie möchten das unbedingte Zutrauen, das dieser junge Mensch einem so würdigen Manne gewidmet hat, durch eine gelegentliche und gleichsam ungefähre Unterredung, die ihm sein Rechtsstudium und die ernste Vorbereitung zum künftigen Geschäftsleben wichtig und interessant machte, zu seinem eigenen Besten und zur Beförderung des Wohls der Familie, die in seiner Person eine Stütze erwartet, nach Ihrer besten Überzeugung benutzen. Mehr als irgendein Mensch können Sie auf diesen guten und anlagevollen Menschen wirken.«

Schiller muß, Schmids Intervention und die Unsicherheiten der eigenen schriftstellerischen Situation vor Augen, die richtigen Warnworte und ermutigende Hilfestellungen gefunden haben. Hardenberg wechselt von Jena nach Leipzig in eine Art Pflicht-Studium. An Schiller schreibt er am 22. September 1791:

> Offenherzig war Ihre persönliche Bekanntschaft und Ihr freundschaftlicher Umgang auch das Einzige, was ich höchst ungern in Jena verlasse und was ich in Leipzig nicht aufhören werde zu vermissen. Ein Wort von Ihnen wirkte mehr auf mich als die wiederholtesten Ermahnungen und Belehrungen Anderer. Es entzündete

> tausend Funken in mir und ward mir nüzlicher und hilfreicher zu meiner Bildung und Denkungsart als die gründlichsten Deductionen und Beweggründe. Ihnen größtentheils werde ich es zuschreiben, wenn diesen Winter mein eifrigster Wille meine Kräfte unterstüzt, um die gefährlichste Klippe eines jungen, lebendigen Kopfs die sauren und anhaltenden Vorarbeiten zu einem künftigen, bestimmten Beruf glücklich zu übersteigen, denn Sie machten mich auf den mehr als alltäglichen Zweck aufmerksam, den ein gesunder Kopf sich hier wählen könne und müsse.

Immerhin spricht aber der junge Poet, über dessen Talent übrigens keine Äußerung Schillers bekannt ist, erstmals ein Bekenntnis aus, das er noch mehrmals formulieren wird: »Ich kann Ihnen zwar nicht verheelen, daß ich fest glaube, daß meine Neigung zu den süßen Künsten der Musen nie erlöschen und meine liebe, freundliche Begleiterin durchs Leben seyn wird« – ja: er versichert schließlich in reichlich gestelzter Rede, »daß ich endlich selbst in manchen süßen, heimlichen Augenblicken Funken vom heiligen Altar der Kunst zu entwenden mir nicht entbrechen werde.« Die drei Schreiben an und über Schiller aus der Zeit des Abschieds von Jena enthalten gewiß auch hellere Stimmungen – und gehören zu den schönsten Beispielen romantischer Briefkunst, die überliefert sind. Unterwegs von Jena via Weißenfels nach Leipzig schreibt Hardenberg am 5. Oktober 1791 an Reinhold:

> Ermüdet von tausend Genüssen, die Natur und Kunst mir heute gaben, und gestimmt zu einer wunderbaren Heiterkeit sitze ich hier in einem hohen, gewölbten, gothischen Gemach des alten Bergschlosses Gosek, wohin mich die Freundschaft des Besitzers rief und blikke gerührt nach der Gegend zurück, die ich vor kurzen auf immer verließ. Ich blicke nach meinen Freunden zurück und sehe Sie nicht mehr. Aber noch umtönt mich das freundliche Lebewohl, das auch Sie mir gewiß aus vollen Herzen bey unsrer Trennung zuriefen.

Dieser Hoffnung folgt eine Eruption von Phantasien und Erinnerungen in hoher ekstatischer Qualität; Eindrücke, Empfindungen, Gefühle treiben den Sinnenden zu delikaten, ja kühnen Erinnerungen, »in das süße Gefühl …, von Männern der Aufmerksamkeit gewürdigt worden zu seyn, die leicht in ein zärtlicheres Gefühl übergeht«, und zur Klage, »Männer zu verlassen, deren bereitwillige Freundschaft, deren seelenvoller Umgang mir Früchte zu versprechen schien, die mir vielleicht nie wieder so reifen.« Die Klage führt zum Abbruch der Selbstpräsentation und zum geradezu schroffen Appell:

> Von Schillern will ich mit Ihnen sprechen; denn kein Gegenstand der Unterhaltung ist Ihnen gewiß angenehmer und für mich interessanter … Sie sehn ihn nun oft. Sie tauschen Ihre beyden Seelen oft an traulichen Abenden gegeneinander um, und ich, der ich so heiß darnach dürstete, kann kein stiller, lauschender, nichts verlierender, alles tiefverschlingender Zeuge dieses herrlichen Schauspiels seyn. Ach! wenn ich nur Schillern nenne, welches Heer von Empfindungen lebt in mir auf; … stört mich dann in diesem Zaubermal meiner Fantasie der nagende Gedanke, daß dieser Mann der Vernichtung nahe war, Schiller, der mehr ist, als Millionen Alltags Menschen, … Schiller, der so eine entzückende Form mit so viel Stoff, So viel Natürlichkeit mit so viel Natur, So viel Individualitaet mit so viel Allgemeinheit, so viel Herzensgüte mit so viel Herzensstärke, so viel Einfachheit mit so viel Reichthum, So viel System mit so viel Art, So viel Character mit so viel Sinn, so viel Schema mit so viel Anwendung, so viel Transcendentale Einbildungskraft mit so viel Methode in der Transcendenten, so viel Größe mit so viel Würde, so viel Liebenswürdigkeit mit so viel Liebe, so viel Grazie mit so viel Ernst vereinigt, in dessen Natur so viel Kunst, und in dessen Kunst so viel Natur ist, der so viel Gesichtspunkte und doch nur einen hat und endlich, der einer der seltnen Menschen ist, denen die Götter das hohe Geheimniß von Angesicht zu Angesicht offenbarten, daß die Schönheit und die Wahrheit eine und ebendieselbe Göttin sey, und daß die Vernunft der einzige Name und das einzige Heil sey, das den Menschen auf Erden gegeben worden, das einzig ächte, wahre Logos das von Gott ausgegangen ist und zu ihm zurückkehrt: wenn sag ich, dieser Gedanke mich stört, so bebe ich unfreywillig vor meiner eignen Existenz zurück, und es drängt sich ein Seufzer zwischen meine Lippen, in welchen aller Glaube an eine höhere Hand, die

den Faden lenkt und die ganze Liebe und das Mitleid gegen eine Menschheit gepreßt ist.

Aber er lebt und bleibt vielleicht leben. Stolzer schlägt mein Herz, denn dieser Mann ist ein Deutscher; ich kannte ihn und er war mein Freund. Wie lebendig wird mir das Andenken an die Stunden, da ich ihn sah; besonders an die, da ich ihn zum erstenmal sah, ihn, das Traumbild der seligsten Stunden meines Knabenalters, da die höhere Macht der Musen und Grazien den ersten, herrlichen, bleibenden Eindruck auf meine junge Seele machte, und ich mit meinem Ideal in der Fantasie vor Schiller trat und mein Ideal weit übertroffen erblickte. Sein Blick warf mich nieder in den Staub und richtete mich wieder auf. Das volleste, uneingeschränkteste Zutraun schenkte ich ihm in den ersten Minuten und nie ahndete mir nur, daß meine Schenkung zu übereilt gewesen sey. Hätt er nie mit mir gesprochen, nie Theil an mir genommen, mich nicht bemerkt, mein Herz wär ihm unveränderlich geblieben; denn ich erkannte in ihm den höhrn Genius, der über Jahrhunderte waltet, und schmiegte mich willig und gern unter dem Befehl des Schicksals, Ihm zu gefallen, ihm zu dienen, nur ein kleines Interesse für mich bey ihm zu erregen war mein Dichten und Sinnen bey Tage und der lezte Gedanke, mit welchem mein Bewußtseyn Abends erlosch. Eine Geliebte hätte ich für ihn weinend aus dem Herzen gerissen, wenn die Vorsehung ein so hartes Opfer verlangt hätte, meinem liebsten Jahrelang gehegten Wunsche am Rande seiner Erfüllung entsagt.

Im weiteren Verlauf des Briefes an Reinhold hebt der Schreiber die Gestalt Schillers auf eine nahezu mythisch-historische Höhe. Dabei beleuchtet er vor allem die Posa-Figur des »Don Karlos«, die er auch als meisterhaftes poetisches Selbstporträt des Dichters deutet, wobei er, eine berühmte Formulierung Winckelmanns aufnehmend, »eben diese stille Größe und sittliche Erhabenheit, eben dieses Weltbürger Herz, das für mehr als Menschheiten schlägt«, enthusiastisch feiert. Die Präsentation von Schillers Größe findet noch an zwei weiteren Gipfelpunkten des Brief-Diskurses statt. Der erste rückt den angebeteten Dichter in Götternähe: »Ihm gab das Schicksal die göttliche Gabe, alles, was er berührt in das reinste Gold des geläutertsten Menschensinns, in das Eigenthum und Erbtheil der sittlichen Grazie zu verwandeln.« Am zweiten Höhepunkt prophezeit Hardenberg, Schiller werde kraft seiner göttlichen Gabe der Erzieher des künftigen Jahrhunderts sein, und stellt ihn in eine leuchtende Reihe berühmter, in der Gegenwart allerdings nicht angemessen gewürdigter Männer: »Die Nachwelt zeigt ihm seinen Plaz unter den Kraftvollen Männern, die zur treffendsten, bittersten Karakteristik unserer Zeiten beynah vergessen sind oder doch vernachlässigt unter ihrer Würde. Welcher Edle stimmt mir nicht bey, wenn ich Franklin, Linnee, Haller, Newton, van Swieten, Baco, Luther, Hutten, Galilaei, Lessing, Leibniz, Spinotza, Michel Angelo, Alembert und Macchiavell nenne.«

Gegen Ende des Briefes meldet der junge Student, was er nach dem Abgang aus Jena von Weißenfels aus tun werde: Er wolle in Leipzig »nach einer gänzlich veränderten Lebensordnung« anfangen, Jurisprudenz, Mathematik und Philosophie zu studieren, »mit Leib und Seele ... und im strengsten Sinne«, dabei einerseits die Ratschläge Schillers für sein Fachstudium vor Augen, andererseits die selbstkritische Einsicht, daß er durch ein solches Studium »mehr Festigkeit, mehr Bestimmtheit, mehr Plan, mehr Zweck« erringen müsse.

Zugleich aber unterstreicht er mit Hinweis auf die ähnliche Ankündigung für den Dichter, daß er sich nicht »an Kopf und Herz« von seiner »Brodwissenschaft Abälardisiren zu lassen« brauche; Musen und Grazien könnten immer »die vertrauten und nüzlichen Gespielen meiner Nebenstunden bleiben.« Gleichzeitig mit dieser metaphorischen Anspielung auf Abälard in Rousseaus »Nouvelle Héloïse« erscheint hier erstmals das mehrdeutige Nomen »Nebenstunden«, das uns noch ein paarmal an Schlüsselstellen im Lebens- und Schaffensgang Hardenbergs begegnen, beschäftigen und vielleicht sogar Rätsel aufgeben wird.

Am 7. Oktober 1791 schreibt Hardenberg von einer Station im Weißenfelser Elternhaus noch einmal an Schiller. Anfangs sieht man den jungen Enthusiasten am Hang vom Georgenberg oder von Burgwerben sitzen: »Ich habe jezt die Odyssee und den Don Karlos gelesen; auf einem Weinberge gelesen, mitten zwischen hochaufgeschossen vollen Rebenbüschen, und beyde waren wieder für mich neu.« Das ebenso begeisterte wie sachliche Lob Homers, den Novalis genau wie die aufgezählten Welt-Poeten Ossian, Milton, Ariost, Virgil und Klopstock explizit aus ihrer jeweiligen Epoche, ihrem Zeitalter deutet, erinnert uns stark an seine Übersetzungen – ob er diese Schiller gezeigt, ob er gewagt hat, ihm seine Jugendgedichte vorzulegen, ob er sich zum gedruckten Poem »Klagen eines Jünglings« bekannt hat, wissen wir nicht, es sei denn, wir läsen Schillers Warnung vor einer »freien« schriftstellerischen Existenz als ein Zeichen dafür.

An zwei Stellen des Weißenfelser Schreibens scheinen – von Hardenberg womöglich zugespitzt, vielleicht auch mißverstanden – Anregungen von Schillers ästhetischen Theorien durch: »O! ich lerne immer mehr einsehn, daß nur moralische Schönheit, je absichtsloser sie bewürckt zu sein scheint, den einzig unabhängig, wahren Werth eines jedweden Werks des dichterischen Genies ausmacht.« Novalis beruft sich hier nochmals auf »Don Karlos«, mit der apodiktischen These, daß »eine einzige, erhabene, moralische Stelle« dort mehr wert sei als Voltaires »Candide« und vielleicht gar dessen gesamtes Werk. Entsprechend folgt eine weitere, fast doktrinär, wenngleich mit einer schönen Meeres-Metapher vorgetragene These: »Eine ächt erhabene Stelle, im größten Sinne des Worts kann nur moralisch seyn. Sie ergreift die Seele in ihren mächtigsten Tiefen und bewegt den ganzen Ozean der Empfindungen.«

Denkbar, daß der angehende Poet hier Anregungen eines Schiller-Textes aufgenommen hat, der ihn direkt betraf: den Verriß »Über Bürgers Gedichte«, der am 15. und 17. Januar 1791, also während Hardenbergs Wintersemester, in der »Allgemeinen Literatur-Zeitung« erschien. Hardenberg hatte Bürger zwei Jahre zuvor in Weißenfels persönlich kennengelernt. Schiller gesteht Bürger zwar einerseits Genie zu, vernichtet ihn aber gleichzeitig regelrecht, indem er behauptet, keines seiner Gedichte habe ihm einen reinen Genuß bereitet, da »der Geist, der sich in diesen Gedichten darstellte, kein gereifter, kein vollendeter Geist sei« und daß »seinen Produkten nur deswegen die letzte Hand fehlen möchte, weil sie – ihm selbst fehlte«.

Hinter diesem auch für den Kritiker peinlichen Urteil steht eine Kunstlehre, die Hardenberg einseitig moralisierend ausgelegt hat und die sich in zwei Sätzen aus der Besprechung fassen läßt. Zur Rolle des Dichters konstatiert Schiller rigoros fordernd: »Eine der ersten Erfordernisse des Dichters ist Idealisierung, Veredelung, ohne welche er aufhört seinen Namen zu verdienen.« Der Poesie des Zeitalters setzt Schiller gleichzeitig hohe Ziele: »Die Sitten, den Charakter, die ganze Weisheit ihrer Zeit müßte sie, geläutert und veredelt, in ihrem Spiegel sammeln und mit idealisierender Kunst aus dem Jahrhundert selbst ein Muster für das Jahrhundert erschaffen.« Auf jeden Fall kannte Hardenberg die Bürger-Rezension genau: Nicht zufällig springt er dem großen Meister im selben Weißenfelser Brief – schmeichelnd? – bei: »Bey Gelegenheit der Lektüre des Don Karlos habe ich noch einmal die Rezension von Bürgers Gedichten gelesen und sie ist mir beynah in der Stimmung, worein Sie mich versezt hatten, noch zu gelind vorgekommen.« Das ist ebenfalls peinlich, nur verzeihlicher, weil der junge Kritiker ganz gewiß noch kein gereifter, kein vollendeter Geist sein kann.

Die Begegnung mit Schiller war das zentrale Ereignis in Hardenbergs Jenaer Studienjahr. Die Ereignisse und Resultate seines Zusammentreffens mit einem der größten deutschen Dichter sind fast ausschließlich in den drei vorgestellten Briefen des Studenten dokumentiert – Briefe höchsten sprachkünstlerischen, epistolarischen Ranges, erwachsen aus der Ehrfurcht und Bewunderung des jungen Mannes, der den Zugang zum berühmten Dichter als Glücksfall enthusiastisch und passagenweise überschwenglich schildert, Begeisterung und Überschwang drücken sich in der souveränen Beherrschung stilistischer Gestaltungsmittel aus: in einer überreichen Bildlichkeit, in sprühender, origineller, geistreicher Metaphorik und eigenwilliger Superlativ-Kunst, in kühner Hyperbolik und meisterlicher Handhabung der syntaktischen Klaviatur, insbesondere deskriptiver, lyrischer und narrativer Aufzählungen voll praller Lebendigkeit; getragen werden die Kostbarkeiten der Sprachkunst durch den phänomenalen Wortschatz des jungen Dichters.

Daß in die Briefe auch künstlerische Errungenschaften der Jugendlyrik einfließen, steht außer Frage, ebenso aber, daß die Fortschritte Hardenbergs auf der nichtfiktionalen Ebene der Briefe enorm sind. Punktuelle sprachliche Ausrutscher und Sentimentalitäten wie die inflationäre Verwendung des Adjektivs/Adverbs »süß« sind dem Genre des Briefs zugutezuhalten; es gelingen ihm aber auch hier immer wieder große Formulierungen, von der schlichten Feststellung »er war mein Freund« bis zur rührenden Abschieds-Bitte: »... wenn mich nur das Bewußtsein begleitet, daß ich Ihnen ein bischen lieb bleibe, und daß ich, wenn ich Sie wiedersehe noch immer die alte Stelle in Ihrem Herzen offen finde.« Gleich anschließend gelingt dem Aufbrechenden eine Formulierung, die Überschwang und Wärme vollkommen miteinander vereint: Er preist »das überschwänglich selige Gefühl sich von Ihnen wärmer umfaßt zu wissen.«

Alles, was in den drei Briefen an Schiller gerichtet respektive auf ihn bezogen ist, weist zugleich auf den Schreiber zurück, wird Teil seiner Selbstfindung. Sie ist der eigentliche Gewinn Friedrich von Hardenbergs aus der engen Verbindung zum großen Vorbild. Es gehe ihm, urteilt Schulz, »um ein tieferes Eindringen in sich selbst, in die komplexe Struktur seines Geistes«; die Begegnung bewirke die »Auslösung eines Prozesses der Selbsterkenntnis«. Die ohnehin hohe Sensibilität des Neunzehnjährigen für eigenes und fremdes Schicksal wird im Dialog mit Schiller gesteigert, vertieft und verfeinert; auch Enthusiasmus und Überschwang weisen in die Tiefe des eigenen Wesens; die Huldigung für den Welt-Künstler nimmt diesen hinein in die Selbst-Exploration des Bewunderers; Neu-Entdeckungen an Schiller werden durch Verinnerlichung zu neuen Funden Hardenbergs an und in sich selbst. So entsteht vor unseren Augen ein Doppelbildnis des Bewunderten und des Bewunderers, grandios in Farbe und Form.

Besonders auffällig und markant zeigen die beiden zitierten Passagen über die inmitten aller Pflicht-Tätigkeiten bleibende Musen-Arbeit seiner Nebenstunden Hardenbergs unablässiges und erfolgreiches Bemühen um künstlerische Selbstfindung. Das Beharren darauf ist nicht nur Mitteilung an Schiller, sondern erst recht Selbstermutigung, die Zweifel möglichst verbannt – im Gegenteil: An zwei Stellen des Reinhold-Briefes malt Novalis noch im Konjunktiv Visionen künftigen eigenen Werk-Schaffens aus:

> Brächte ich einst Werke hervor, die einen innern Werth unabhängig in sich trügen, thät ich etwas, das einen edlern Ursprung, eine schönere Quelle verrieth so ist es auch größestentheils Schiller, dem ich die Anlage, den Entwurf zur vollendeteren Form verdanke.

Weiter unten im selben Brief stehen die Verben, steht damit die ganze Vision bereits selbstbewußt auf festen indikativischen Füßen mit geballter Aufzählung, wobei Persönlichkeits- und Werk-Entwurf gänzlich nahtlos miteinander verwoben sind:

> Wenn noch einst meine Bewegung zur Thätigkeit, meine Reizbarkeit zu ächtem Gefühl, meine Natürlichkeit zur Natur, meine Funken zur Wärme, meine Genialitaet zu Genie, mein Entwurf zur Ausführung, meine Vorstellung der Empfindung zur Empfindung, meine Mäßigkeit in Mäßigung, mein Sinn zu Character, meine Anlage zur Ordnung, meine Vielseitigkeit zur Mannigfaltigkeit, und meine Vielheit zur Einheit, meine Ahndungen zu System verschmelzen und meine Vernunft das entscheidende Uebergewicht über Sinnlichkeit und Fantasie erhält und Natur und Einfachheit meine Hausgottheiten werden meine Liebe und mein Enthusiasmus für so viele Dinge eine bestimmtere, festere Richtung, eine ebenso leichte als glückliche Anwendung erhalten; dann verdank ich wenigstens Ihnen, Schillern und Schmidten die dazu so nöthige Aufmerksamkeit und Beobachtung meiner selbst, ohne die alle Kämpfe fruchtlos, alle Mühen vergeblich sind.

Später wird es noch vielfältige Echos auf Hardenbergs Jenenser Schiller-Jahr geben. Zweimal erscheint in den Briefen der merkwürdige Begriff von der »sittlichen Grazie«, zuerst im schon zitierten mythisierenden Bild von Schillers Göttergabe, wo der Ausdruck unmittelbar dem Dichter zugesprochen wird, das zweite Mal zu Beginn des letzten Abschnitts im Weißenfelser Oktober-Brief, in einer auf das schreibende Ich bezogenen, wegen fehlender Kommata nicht leicht deutbaren Äußerung: »Könnt ich doch diese Liebe zur sittlichen Grazie zur moralischen Schönheit zur reinsten, edelsten Leidenschaft entflammen, die je einen sterblichen Busen durchglühte.« Der Begriff wurde als metaphorisierte Personifizierung Anfang der 1770er Jahre von Johann Georg Jacobi in seiner Dichtung »Charmides und Theone oder die sittliche Grazie« geprägt – einem antikisierenden Roman mit vielen eingestreuten, ein- und mehrstimmig sangbaren Versen, mit einer Liebesgeschichte vom Sohn des berühmten Bildhauers Kallias und einer der Göttin Venus ergebenen sittsamen Grazie. Novalis setzt die Kenntnis dieses Werkchens bei Schiller voraus, der die Wortprägung 1793 etwas abgewandelt in »Über Anmut und Würde« verwenden wird. Bei Novalis wird die »sittliche Grazie« besonders in den Zeiten und Texten seiner Liebe zu Sophie und in der Denkschrift »Glauben und Liebe oder Der König und die Königin« (1798) zentrale Bedeutung erlangen.

Der Jenaer Student hat nicht nur im nächsten Umkreis Schillers, sondern auch im gesamten Universitätsbetrieb eine ganze Reihe Kommilitonen kennengelernt, mit denen er umging – fast ein halbes Hundert ist in seinem Stammbuch mit Eintragungen vertreten: nur Studenten, keine Hochschullehrer. Zweifellos hat der junge Jurist auch am geselligen Studentenleben teilgenommen, etwa in den sogenannten studentischen Orden. Sicher hielt er sich von Radau und Roheiten fern, die bei manchen Studiosen regierten; daß er sich auch geschlagen, duelliert habe, wie Friedrich Schlegel kolportiert, ist höchst unwahrscheinlich und ein bloßes Gerücht. Hardenberg wird aber sicher durch seine Gestalt aufgefallen sein: überdurchschnittlich groß war er, hochgewachsen und schlank, hatte relativ langes Haar, dunkle Augen im feinen, ein wenig mädchenhaft scheinenden Gesicht: Er war wohl schon in Jena dem Aussehen vom Gareis-Porträt nahe.

Über eines hat er sich im Hinblick auf die Stadt Jena geirrt: Er verläßt sie keineswegs auf immer, wie er Reinhold versichert; er kehrt einige Jahre später sogar etliche Male zurück, was er 1791 nicht vorhersehen kann: 1795/96 besucht er seine junge Verlobte Sophie von Kühn mehrmals während ihrer ärztlichen Behandlungen, 1796/97 die Schlegels aus verschiedenen Anlässen; am 29. März 1798 ist er mit August Wilhelm Schlegel bei Goethe, abends gemeinsam bei Schiller, eines der wenigen Wiedersehen mit ihm; am 17. Juli 1799 hat er die erste, mitreißende, eine sofortige Freundschaft begründende Begegnung mit Ludwig Tieck; vom 11. bis 14. November desselben Jahres nimmt er, wie erwähnt, am legendären Frühromantiker-Treffen teil. Und dann, am 16. Oktober 1800, in der letzten Tagebuch-Eintragung des Todkranken, der lapidar-erschütternde Satz: »Wird es schlimmer, so verreis' ich nach Leipzig, Bamberg oder Jena.«

Auch durch Schiller hat sich der Blick Hardenbergs auf die Geschichte und Zeitgeschichte geweitet. Es sei kurz in Erinnerung gerufen, wie vor und nach 1789 Weltgeschichte geschrieben wird. Von 1775 bis 1783 führen die amerikanischen Siedler ihren am Ende siegreichen Unabhängigkeitskrieg gegen die britische Weltmacht. Die Umwälzungen greifen auf Europa über und erschüttern die Monarchie von Frankreichs Bourbonen. Am 14. Juli 1789 bricht in Paris mit dem Sturm auf das Staatsgefängnis der Bastille die Französische Revolution aus; am 26. August werden nach dem Vorbild der »Virginia Bill of Rights« von 1776 die Menschenrechte Liberté, Egalité, Fraternité proklamiert. Zunehmende Radikalisierung unter Mißbrauch dieser Ideale bei gleichzeitiger Schwächung und schließlicher Entmachtung der Monarchie und des privilegierten Adels kennzeichnet die Entwicklung der turbulenten nächsten Jahre: Am 10. August 1792 werden die Tuilerien gestürmt, die königliche Familie wird im »Temple« interniert.

Schon im April 1792 beginnt mit der Kriegserklärung Frankreichs an Österreich der Erste Koalitionskrieg zwischen den Revolutionären und den alten europäischen Mächten. Diese werden am 20. September 1792 bei Valmy erstmals militärisch geschlagen; Mitte Oktober besetzt die Revolutionsarmee Mainz. Vom 2. bis 9. September 1792 inszenieren Danton, Marat und die Kommune die Pariser September-Morde, ein Blutbad zur »Gefängnisreinigung«; am 21. Januar 1793 wird Ludwig XVI. guillotiniert – es beginnt die Schreckensherrschaft, das, was der in Mainz lebende Weltumsegler, Autor und Revolutionär Georg Forster mit dem schaurig-genialen Ausdruck »die Tyrannei der Vernunft« versieht, die, »vielleicht die eisernste von allen«, der Welt noch bevorstehe: frühere Katastrophen seien nichts gegen das Unheil, das die Vernunft noch stiften werde. Alle Betrachter der Jahrzehnte vor und nach 1800 sind sich darüber einig, daß die Französische Revolution in der Sicht vieler Intellektueller, besonders auch der Künstler, ein Welt-Ereignis, eine Zeitenwende darstellte.

Aber auch die komplexen Prozesse, Phänomene und Folgen der naturwissenschaftlichen und der technisch-industriellen Revolution, die teilweise dem politischen und kulturellen Aufbruch vorauseilen und ihn antreiben, werden uns noch ausführlich beschäftigen, sobald sie Friedrich von Hardenbergs Berufslaufbahn als Salinen-, Bergbau-,

Geologie- und Geognostik-Fachmann und als Kenner des neuartigen Maschinenwesens bestimmen und in ihren Bann schlagen.

Zwei Hemmnisse setzen dem Aufschwung von Kultur und Künsten in Deutschland unübersehbare und auch von den wachsten Geistern nicht ohne weiteres überwindbare Grenzen. Einerseits spielt Deutschland – immer noch das in viele Länder und Ländchen aufgespaltene Heilige Römische Reich Deutscher Nation – eine politisch und wirtschaftlich relativ »stille Rolle«, die revolutionäre Neuerungen versperrt, wenn sie auch die Bildung einer nationalen Kultur nicht verhindert. Andererseits ist diese Blütezeit des Geisteslebens von ökonomischen Krisenerscheinungen und insbesondere durch die mit dem Ausbruch des Koalitionskrieges ganz Deutschland und weite Teile Europas heimsuchenden militärischen Aktionen überschattet; die Napoleonischen Feldzüge werden dazu ein Übriges tun.

Ungeachtet solcher Hindernisse löst die Revolution – sozusagen unterhalb der hochrangigen Kunst- und Kulturwerke – Ströme von Druckerzeugnissen aus. Romane und Erzählungen, Dramen, Lyrik, Zeit- und Flugschriften, die den Markt füllen, sind in ihrer großen Mehrheit für den Tag verfaßt, populär, aber rasch vergänglich und ohne Kunst-Anspruch. Gewichtige Beiträge, die auch auf das ernsthafte Schrifttum wirken, kommen von führenden Philosophen. Kant, dessen Welt- und Individualentwürfe der Student Hardenberg schon in Jena kennenlernte und dessen sicher kritische Sympathie für die Revolution niemals erlosch, blickt weit in eine durch die Revolution eröffnete hellere Zukunft: »Ein solches Phänomen in der Menschheitsgeschichte vergißt sich nicht mehr, weil es eine Anlage und ein Vermögen in der menschlichen Natur zum Besseren aufgedeckt hat, dergleichen kein Politiker aus dem bisherigen Lauf der Dinge ausgeklügelt hatte.« Fichte, der zeitweilig der frühromantischen Dichtergeneration nahesteht und dessen Wissenschaftslehre Novalis ein ganzes Konvolut von Studien widmen wird, publiziert 1793 seine prorevolutionäre Schrift »Beitrag zur Berichtigung der Urteile des Publikums über die Französische Revolution«; er verteidigt darin das Recht des Volkes auf Revolution, die durchaus auch gewaltsam verlaufen könne. Beide Philosophen teilen mit vielen Intellektuellen, auch Schriftstellern, die Auffassung, daß »die Revolution in ihren Anfängen als eine letzte Konsequenz aufklärеrischen Denkens« zu verstehen sei, wobei »zum ersten Mal in großem Umfang demokratische Herrschaftsformen ausprobiert wurden.«

Die literarischen Sympathisanten von Revolution und Demokratie, die zugleich künstlerischen Rang haben, gehören zu einer nach 1789 auftretenden jungen Generation, die alsbald führende Geister der frühromantischen Schule werden: August Wilhelm Schlegel ist Jahrgang 1767, sein Bruder Friedrich ebenso wie Hardenberg 1772, Ludwig Tieck wie auch Wilhelm Heinrich Wackenroder 1773. Sie haben schon als Studenten die Morgenröte des großen künstlerisch-kulturellen Aufschwungs im Gefolge der Revolution wahrgenommen, jeder in seiner eigenen Gestalt, die nicht immer zu Lebzeiten voll sichtbar wird, wenn bedeutende Werke oder Fragmente erst postum erscheinen wie bei Novalis.

Einige Jahre später wird Friedrich Schlegel, der ein halbes Jahr vor Hardenberg in Leipzig immatrikuliert wurde, 1797 mit kühner Auswahl zweier geistiger Begleit-Phänomene nahezu schlagwortartig eine Schluß-Bilanz zur Revolution von 1789 formulieren: »Die Französische Revolution, Fichtes Wissenschaftslehre und Goethes Meister sind die größten Tendenzen des Zeitalters. Wer an dieser Zusammenstellung Anstoß nimmt, wem keine Revolution wichtig scheinen kann, die nicht laut und materiell ist, der hat sich noch nicht auf den hohen weiten Standpunkt der Geschichte der Menschheit erhoben.«

Schlegel, eigentlich ein führender Theoretiker der aufsteigenden Frühromantik, wird noch an zwei weiteren Schlüssel-Stellen hochpolitisch auftreten. In seinem passagenweise schwer lesbaren Essay »Versuch über den Begriff des Republikanismus« von 1796 verficht er, »Kants Verteidigung der repräsentativen Demokratie noch überbietend«, Prinzipien einer direkten Demokratie in dem Sinne, »daß keine andre Verschiedenheit der Rechte und Verbindlichkeiten der Bürger stattfinde, als eine solche, welche die Volksmehrheit wirklich gewollt hat, und die Allheit des Volkes wollen könnte. Das Maximum würde eine absolute Gleichheit der Rechte und Verbindlichkeiten der Staatsbürger sein, und also aller Herrschaft und Abhängigkeit ein Ende machen.«

Derart radikale Prinzipien berühren sich eng mit Schlegels Aufmerksamkeit für einen der konsequentesten aktiv tätigen Revolutionsanhänger unter den deutschen Autoren – keinen künftigen Romantiker und Theoretiker, aber einen Weltumsegler mit Cook 1772 bis 1775, einen exponierten Republikaner während der französischen Besetzung von Mainz mit engen Verbindungen nach Paris: Georg Forster (1754–1794). Schlegels Essay über ihn aus dem Jahr 1797 könnte man sicher als einen Nekrolog lesen; Forsters die eigene Revolutionsbegeisterung überschattende Warnung vor der »Tyrannei der Vernunft« kannte Schlegel wohl nicht, weil sie offenbar nur in dem erwähnten Brief vom 16. April 1793, aber in keinem Druckwerk Forsters ausgesprochen wurde.

Jeder Pulsschlag von Forsters immer tätigem Wesen strebe vorwärts, stellt Schlegel fest; sein Grundgedanke sei stets »Vervollkommnung«; ein lebendiger Begriff von der Würde des Menschen sei in seinen Schriften überall gegenwärtig, und er sei überzeugt, daß auch die edelste Absicht unrechtmäßige Gewalt nicht beschönigen könne. Schlegel fragt dann mit rhetorischem Pathos, welche Grundbegriffe Forster standhaft festgehalten habe, und antwortet präzise: »Die unerschütterliche Notwendigkeit der Gesetze der Natur und die unvertilgbare Vervollkommnungsfähigkeit des Menschen: die beiden Pole der höhern politischen Kritik.« Gleich darauf stellt Schlegel die rhetorische Frage, ob es ein Verbrechen sei, »daß die Französische Revolution samt allen ihren Greueln Forster den festen Glauben an die Vorsehung dennoch nicht zu entreißen vermochte« – will sagen, daß Forster in Schlegels Sicht »die göttliche Lenkung der Welt und ihrer Geschichte« in der Revolution ungeachtet der – unvermeidbaren? – Grausamkeiten der Revolution in Richtung der vornehmsten Forsterschen Tugend steuern werde: zur »Weltbürgerlichkeit«.

Schon fünf Jahre vor der Niederschrift des »Forster«-Essays ist Friedrich Schlegel und mit ihm der sich bildende frühromantische Dichter-Kreis, enger in den historischen Geschichtsverlauf gezogen worden: Schlegel trifft, zunächst brieflich, auf die früh verwitwete Caroline Böhmer, geborene Michaelis, die seinem Bruder August Wilhelm schon einmal einen Korb gegeben hat und durch Lebensumstände 1792 mit ihrer kleinen Tochter Auguste nach Mainz gelangt ist, wo sie ihrer Freundin Therese Forster, geborene Heyne wieder begegnet, deren Ehe mit dem Revolutionär schwer beschädigt ist. Die Brüder Schlegel werden durch Carolines Schicksal alarmiert: Leidenschaftlich, wenn auch undogmatisch für die republikanische Sache eintretend, verläßt sie, schwanger nach einem Karnevals-Abenteuer mit einem jungen französischen Offizier und die drohende Wiedereroberung von Mainz durch die Preußen vor Augen, Ende März 1793 mit der achtjährigen Auguste die Stadt, wird von preußischen Soldaten gestellt und als republikanische Revolutionärin fast ein Vierteljahr mit dem Kind eingekerkert, die längste Zeit in der Festung Königstein/Taunus. So nahe wie sie war kein anderes Mitglied des sich bildenden Romantiker-Kreises an den dramatischen Folgeereignissen der Französischen Revolution; ihr Glück, daß sie nach der »Begnadigung« durch den preußischen König Friedrich Wilhelm II. nicht unrettbar in den Abgrund der Verteufelung als Revoluzzerin und der Rubrizierung als »Franzosenhure« stürzt: Die Schlegels helfen, sie aufzufangen, besorgen diskrete Aufenthaltsorte für Caroline, Auguste und den kleinen Sohn, der allerdings mit 17 Monaten stirbt. Friedrich Schlegel ist nach dem persönlichen Kennenlernen im Spätsommer 1793 hingerissen von ihr, läßt aber dem Bruder den Vortritt; Caroline entschließt sich nach langem Zögern, auch um politischer wie moralischer Diffamierung und Ausgrenzung zu entgehen, zur Ehe mit Wilhelm, obwohl sie ihn nicht liebt. So wird sie für längere Zeit zur auch von Hardenberg hochgeschätzten weiblichen Hauptperson im Kreis der Frühromantiker. Im übrigen ist das für sie so schwierige Jahr 1793 »die Zeit, da sich die Überzahl der deutschen Intellektuellen – abgeschreckt durch den revoluzionären Terror – von den Ereignissen in Frankreich und Mainz abwendet.«

Friedrich von Hardenberg hat sich in den Jahren nach 1789 nicht direkt zur Französischen Revolution geäußert; wohl ist aber der allgemeine geistig-kulturelle und künstlerische Aufschwung sachlich wie zeitlich auch der seine. Drei konkrete Äußerungen zur Revolution und ihren Folgen sind aus dem familiären Umkreis der Hardenbergs überliefert. Im August 1792 geißelt Onkel Friedrich Wilhelm im Brief an seinen Bruder die französische Armee (»Miliz«) als »schlechtes, zusammengelaufenes Gesindel«, beschreibt die Jakobiner als »sehr mächtig«, fordert aber, sie möchten »bessern Gebrauch« von diesem Besitz machen, und fragt sich, ob es besser gewesen wäre, wenn »wir«, also die alten Mächte, sich nicht eingemischt hätten. Friedrichs Bruder Karl, siebzehnjähriger Leutnant in einem kursächsischen Karabinier-Regiment, nimmt 1793 an der Belagerung der französisch besetzten Festung Mainz teil: »Karl ist natürlich jezt als froher Sieger in Maynz«, schreibt Fritz Anfang August an Erasmus. Er selbst klagt Mitte November 1794, kurz nach Beginn seiner Verwaltungs-Ausbildung in Tennstedt, ihm fehle dort viel zur politischen Korrespondenz, da er den »Moniteur« vor Ort nicht haben könne – damit macht er deutlich, daß er sich aus der führenden Pariser Revolutionszeitung offenbar regelmäßig Informationen und Kommentare holt.

Viertes Kapitel

Leipzig – Friedrich Schlegel – Studienabschluß in Wittenberg – Sponsieren – Lehre in Tennstedt bei Just

Johann Gottlieb Fichte, der von 1784 bis 1791 Hauslehrer in Leipzig gewesen war, bevor er Philosophie-Professor in Jena wurde – Hardenberg wird ihm erst 1795 persönlich begegnen –, hat die Stadt in einem Brief vom 1. August 1790 mit trefflichem Spott geschildert:

> Leipzig soll Deutschland's Athen sein? Nun ja, – dasjenige zu dem Paulus sagt: Ich sehe, daß ihr in allen Stücken abergläubig seid. Im Ernste: Leipzig hat noch immer Gelehrte, die ihm Ehre machen: es hat gute Köpfe, die weniger bekannt sind, aber jenen nichts nach geben: es ist auf den Universitäten, die ich kenne, immer noch die, wo man am meisten Geschmak und schöne Litteratur mit den solidern Wißenschaften verbindet; aber es ist, als wenn über der ewigen Verfeinerung alle Energie aus den Charakteren aller gebohrenen, oder gemachten Leipziger vertilgt wäre; daher die Schleicherei, die Accomodation an bejahrte Systeme, die man fast in allen Büchern auch unsern besten Gelehrten anmerkt. Man sagt: es ist gefährlich mit der Sprache gerade heraus zu gehen; – und eben durch diese Furcht wird es gefährlich. Wenn alle academischen Docenten, in Sachsen und alle die in geistlichen Aemtern stehen, auf einmal ihre Meinung sagten, so müste man sie alle einige wenige alte Dorfpastoren ausgenommen, absezen, und also würde man wohl keinem viel thun. Unser Volk ist in den meisten Gegenden zu einer Verbeßerung schon längst reif. Nur die furchtsame Politik, die sich aus der Staatsöconomie, bis in die religiöse verbreitet, und der Herrnhuthismus, der die Köpfe unsrer meisten Großen beherrscht, ist Ursache, daß Sachsen in einer so scheinbaren Finsterniß bleibt, die mit dem Grade seiner wirklichen Aufklärung einen so beson-

dern Contrast macht. – In Jena ist man um ein Jahrhundert weiter.

Leipzig, von Goethe auch »Klein-Paris« benannt, war mit 30 000 Einwohnern die zweitgrößte Stadt, die Novalis bis dahin betrat, einer der wichtigsten Handels- und Umschlagplätze zwischen Ost und West, mit großen Messen alljährlich zu Ostern und Michaelis, besonders wichtig für den deutschen und internationalen Buchhandel – 1785 gab es über 30 Buchhandlungen in der Stadt, 12 davon waren auch Buchdruckereien; die Universität schloß während der Messen die Pforten, viele Studenten mußten ihre Zimmer für Messegäste frei machen.

In Hardenbergs Leipziger Studienjahr hatte die Hochschule fast 60 ordentliche und außerordentliche Professuren, davon 8 in der juristischen Fakultät. Die Stoffe der dortigen Vorlesungen waren »die Pandekten (die Sammlungen des altrömischen Privatrechts innerhalb des Corpus Iuris Civilis)«, dazu Straf-, Staats- und Lehnsrecht, Natur-, Völker-, Kirchen- und sächsisches Recht. Allerdings folgt Fritz den väterlichen Auflagen, aber auch den Schillerschen Ratschlägen und dem eigenen Versprechen für ein strenges Fachstudium nicht: Das fröhliche Studentenleben, die Hörsäle der Philosophie und die »schönen Wissenschaften« überhaupt waren verlockender als die Juristerei – und erst recht die Anfang 1792 beginnende und binnen kurzer Zeit stürmisch blühende, leidenschaftlich erlebte, sogar den Schiller-Enthusiasmus übertreffende Freundschaft zu dem nur sieben Wochen älteren Jung-Poeten Friedrich Schlegel. Leider sind so gut wie alle unmittelbaren Zeugnisse Hardenbergs selber, also Briefe, Tagebücher, Aufzeichnungen aus diesem euphorischen Jahr verloren. Ebenso fehlen etwaige den neuen Freund direkt ansprechende, bewundernde, beflügelnde, abfangende, kritisierende Äußerungen Schlegels, von dem aber Briefe über diesen vibrierenden Dichter-Bund an Bruder August Wilhelm erhalten sind, vor allem sein wunderbares Erst-Porträt Hardenbergs vom Januar 1792:

> Das Schicksal hat einen jungen Mann in meine Hand gegeben, aus dem Alles werden kann. – Er gefiel mir sehr wohl und ich kam ihm entgegen; da er mir das Heiligthum seines Herzens weit öffnete.

> Darin habe ich nun meinen Sitz aufgeschlagen und forsche. – Ein noch sehr junger Mensch – von schlanker guter Bildung, sehr feinem Gesicht mit schwarzen Augen, von herrlichen Ausdruck wenn er mit Feuer von etwas schönem redet – unbeschreiblich viel Feuer – er redet dreymal mehr und dreymal schneller wie wir andre – die schnellste Fassungskraft und Empfänglichkeit. Das Studium der Philosophie hat ihm üppige Leichtigkeit gegeben, schöne philosophische Gedanken zu bilden. – er geht nicht auf das wahre sondern auf das schöne – seine Lieblingsschriftsteller sind Plato und Hemsterhuys – mit wildem Feuer trug er mir einen der ersten Abende seine Meinung vor – es sey gar nichts böses in der Welt – und alles nahe sich wieder dem goldenen Zeitalter. Nie sah ich so die Heiterkeit der Jugend. Seine Empfindung hat eine gewisse Keuschheit die ihren Grund in der Seele hat nicht in Unerfahrenheit. Denn er ist schon sehr viel in Gesellschaft gewesen (er wird gleich mit jedermann bekannt) ein Jahr in Jena wo er die schönen Geister und Philosophen wohl gekannt besonders Schiller. Doch ist er auch in Jena ganz Student gewesen, und hat sich wie ich höre oft geschlagen. – Er ist sehr fröhlich sehr weich und nimmt für itzt noch jede Form an, die ihm aufgedrückt wird.

Im weiteren Brief-Verlauf folgt die zu Beginn des zweiten Kapitels zitierte früheste Einschätzung Schlegels von Hardenbergs poetischen Fähigkeiten, zudem die Ankündigung der vier Sonette an August Wilhelm Schlegel. Friedrich Schlegel schickt sie dem Bruder am 11. Februar 1792 mit der verständlichen Bitte »um zarte Behandlung«. Eine Reihe weiterer Äußerungen von Hardenbergs erstem literarischen Freund kann man bis November 1792 als eine Art Chronik der Beziehung lesen, die durchaus nicht nur friedlich verläuft. Einerseits versichert Schlegel, er sehe niemanden so gern wie Hardenberg, dessen »grenzenlose Flüchtigkeit« zu fesseln »selbst einem Weibe einmal schwer werden« müsse; so lasse er, Schlegel, ihn »im ganzen« erst einmal gehen, denn es könne »Alles aus ihm werden – aber auch nichts«. Insgesamt sammelt Schlegel, der Gleichaltrige, der sich zu Anfang ihrer Beziehung als überlegener Souverän geriert, günstige Urteile unter großzügigem Aspekt: »Die Freude über den unerwarteten Fund war wohl das schönste, weil ich ihm nicht viel seyn kann; denn er weiß noch nicht, was er an mir haben könnte.«

Andererseits schildert der jüngere Bruder dem älteren auch Spannungen zwischen den Poeten als unvermeidlich. Hardenberg erscheint dann als »stumm, gleichgültig, blöd und arrogant«, er verfällt »unverständlichen Reden« und »weiß nicht, was ihm auf die Dauer gefällt; launenhaft, heftig, und treu«; obendrein ist er »rasch bis zur Wildheit« (so schon im April 1792) – die Entladung ist offenbar beiderseits und als Vorankündigung mehrerer künftiger Streitigkeiten zu verstehen, die aber stets behoben werden: »Aber endlich«, meldet Schlegel am 21. November, »beredete ihn doch beleidigte Eitelkeit. Mein Benehmen sey hämische Tadelsucht, und unsinniger Stolz; er hielt mich für gefühlloß und fieng an mir nicht zu trauen. Auch sah ich immer deutlicher, daß er der Freundschaft nicht fähig, und in seiner Seele nichts als Eigennutz und Phantasterey sey.« Ein Vierteljahr später ist der drohende Absturz verhindert: »Meine ganze Leidenschaft wurde wieder rege« – Leidenschaft für einen einzigartigen Freund, die beiderseits stark empfunden wird und andauert: Am 25. März 1801 wird Friedrich Schlegel in Friedrich von Hardenbergs Todesstunde bei ihm sein.

Für den künftigen Theoretiker und Vordenker der frühromantischen Dichtung, der von sich sagt, er »habe den Geist einiger großer Männer, vielleicht nicht ganz ohne Erfolg, zu ergründen gesucht als Kant, Klopstock, Göthe, Hemsterhuys, Spinoza, Schiller; andrer von weniger Bedeutung nicht zu erwähnen«, steigt schon 1791 aus seinen ebenso tiefen wie heftigen, weitausholenden wie extravaganten Lektüren eine Vision hoch, die Programm der ganzen Schule werden wird: die »Sehnsucht nach dem Unendlichen«, die auch Hardenberg ergreifen wird. Gegenüber ihm, der selbst eine Phase heftiger Orientierungssuche durchlebt, scheint der neue Freund in der ersten Zeit ihrer Begegnung einige Schritte voraus zu sein: Er hat bereits bedeutsame Erkenntnisse für die hervortretende romantische Theorie und Praxis gesammelt; er verbirgt sein dazugehöriges kühnes, originelles, nicht angezweifeltes, von grellen Kontrasten gefärbtes Persönlichkeitsbild nicht im geringsten, und er wagt den riskanten Sprung in die rein schriftstellerische Existenz angesichts der »Unmöglichkeit ... mich itzt in ein bürgerliches Joch zu schmiegen, um einen dürftigen Lohn meinen Geist, das bessere Teil meines Lebens unwiederbringlich hinzuopfern.« Hardenberg bewundert Schlegels Mut, betritt aber nicht dieselbe Bahn, zumal er wahrnimmt, daß der Freund ständig Probleme im Umgang mit Geld und in der Beschaffung des nötigen Existenzminimums durch Schreiben hat.

War es ein Zufall, der die neuen Freunde ins Hause des wohlhabenden Textilfabrikanten Eisenstuck und dort regelrecht in die Arme zweier seiner Töchter trieb? Die ältere, Jahrgang 1768, war als Laura Limburger bereits mit einem Bankier verheiratet, nach ihr trachtete Schlegel; die jüngere, siebzehnjährige Julie, eine hinreißende Schönheit, hatte es Hardenberg angetan und er womöglich ihr – viel weiß man nicht vom Verlauf der Affäre, seiner ersten Liebe wohl, sie begann gegen Jahresende 1792 und endete plötzlich mit Julies Aufkündigung, wohl auf Betreiben der Eltern, die einer Liaison mit Standesunterschied nichts abgewinnen konnten. Hardenberg überwand seine Niederlage jedenfalls leichter als Schlegel das schlimme Spiel seiner Angebeteten, die ihm zwar kokett den Kopf verdrehte, seine Werbungen aber ins Lächerliche zog und ihn zum Narren hielt. Der Abgewiesene, der sich mit dem Erwerb teurer Garderobe schwer verschuldete, soll hemmungslos, sogar mit Mord- und Selbstmorddrohungen reagiert haben. In beiden Amouren bleibt vieles undurchsichtig, wie auch Briefe Schlegels vom Frühjahr 1793 zeigen: Sie sind ein seltsames Gemisch von Trost und Tadel, Mitleid und Ermahnung, Besserwisserei des eigentlich Schwächeren und Eingeständnis eigenen Unglücks, gipfelnd in konfusen Sätzen wie diesen: »Wie viel glücklicher Du, als ich! Ich wäre, auch glücklich, arm geblieben, denn meine Liebe war kleiner, als ich.«

Sehr viel klarer ist Hardenbergs schon vor den Schlegelschen Briefen verfaßte Selbstdarstellung seiner »Leidenschaft« – dies die zentrale Vokabel, die er, samt semantisch analogen Bezeichnungen, im großen Bekenner-Brief an den Vater vom 9. März 1793 verwendet:

> Jezt wars, daß ich, verzeihe ja voll Nachsicht meiner Juvenilitaet, mich in ein Mädchen verliebte ... diese Leidenschaft wuchs so schnell empor, daß sie in kurzer Zeit sich meiner bemächtigt hatte ... Mich verließ die Kraft zu wiederstehen. Ich gab mich ganz hin ... Ueber-

> dem wars die erste Leidenschaft meines Lebens ... ich geriet in einen Zustand, in dem ich noch nie war ... Hin und wieder gabs doch eine kühlere Minute ... weil ich zu gut sah, daß ich nicht so seyn sollte, und doch Mangel an Kraft fühlte mich herauszureißen, weil ich zu untrennlich mit der Empfindung der Liebe verbunden war. ... Meine Leidenschaft ist ganz verloschen und Du kannst jezt vor allen Rezidiven derselben Leidenschaft sicher seyn ... so hat mir doch diese Begebenheit erst die Augen geöffnet. Von meiner Leidenschaftlichkeit wußte ich wenig. Ich glaubte nie, daß mich etwas so allgewaltig in so kurzer Zeit unmercklich ergreifen, mich so in meiner innersten Seele gefangen nehmen könne.

Man fragt sich, ob diese »Leidenschaft« wirklich so tief ging, wie der Leidende meinte, ob sie dazu nicht doch viel zu schnell verlosch oder ob noch andere Deutungen denkbar sind. Vater Hardenberg jedenfalls hätte niemals seine Einwilligung zu einer »Mesalliance«, einer Beziehung oder gar Ehe mit einer Bürgerlichen gegeben. Friedrich Schlegel meldete dem Freund Mitte Mai 1793 aus Leipzig nach Weißenfels: »Der kindische alte Mann hat hier in Auerbachs Hofe einem Cirkel alter Herren erzählt, Du hättest eine Bürgerliche, die Schwester einer hiesigen Kaufmannsfrau heyrathen wollen. Er hat mit der größten Leidenschaft und beständigem Fluchen von Dir geredet.« Woher Schlegel das wußte, ist unklar; ebensowenig weiß man, was mit dem Flecken auf seiner Ehre gemeint ist, den sich Novalis nach den Worten seines Vaters in Leipzig zugezogen haben sollte.

Nun aber hat Hardenberg die wohl absurdeste Idee in seinem ganzen Leben: Er will Soldat, Offizier werden. Um den Vater dafür zu gewinnen (die Mutter ist offensichtlich entsetzt über den Plan), schreibt er diesen langen Brief, der mit Argumenten und Selbstkritik an seiner ihn geißelnden inneren Unruhe gefüllt ist: »Soldat zu werden ist jezt die äußerste Gränze des Horizonts meiner Wünsche. Die Erfüllung dieser Hoffnung wird die fieberhafte Unruhe stillen, die jezt meine ganze Seele bewegt.« Als Soldat, glaubt er, werde er gezwungen sein, durch strenge Disziplin gewissenhaft seine Pflichten zu erfüllen – größtenteils mechanische Pflichten, die Kopf und Herz »alle mögliche Freyheit verstatten«, die er sich »im Zivilstande«, wo er verweichlicht werde, nicht leisten könne. Er müsse aber noch erzogen werden; Ziel seines Bestrebens sei »Männlichkeit« (was immer das ist; der Begriff kommt auch in einigen Briefen vor und wird weder hier noch dort erläutert). Das Interessanteste, aber vielleicht auch Beunruhigendste in Hardenbergs Argumentation ist das zweifache Auftauchen und Abwerten eines geistig-künstlerischen Phänomens, das ihn später berühmt gemacht und das hier fast untergeht: »Die Erfahrung wird ihre Hand an meine Bildung legen und in ihrem hellen Lichte wird manche romantische Jugendidee verschwinden und nur der stillen, zarten Wahrheit, dem einleuchtenden Sinn des Sittlichen, Schönen und Bleibenden den Plaz überlassen ... Der Romantische Schwung wird in dem alltäglichen, sehr unromantischen Gange meines Lebens viel von seinem schädlichen Einfluß auf meine Handlungen verlieren und nichts wird übrigbleiben, als ein dauerhafter, schlichter bon sens, der für unsre modernen Zeiten den angemessensten, natürlichsten Gesichtspunkt darbietet.« Zum Glück kam es zu diesem Niedergang des Romantischen und damit des Außerordentlichen nicht; Novalis trug nie einen Waffenrock, zog in keinen Krieg; er verlor die wirklichen Ziele auch nie ganz aus den Augen: »Was das Zerschießen und das Zerhauen angeht so bleibt mir auch in diesem Falle noch die Zuflucht zu den Wissenschaften, die das Glück meines Lebens ausmachten bisher, und gewiß jezt nicht aufhören werden ... Mein Geist und seine Bildung ist ohnedem mein heiligster Zweck.«

Das Ende des Soldatenplans war hart – oder auch banal: Der Rentmeister Mindermann in Eisleben, Vermögensverwalter der Familie von Hardenberg, machte, unterstützt vom Vater, dem Offiziersanwärter klar, daß die ins Auge gefaßten militärischen Einheiten »Cavallerie« und »Churfürst Cürassier« viel zu hohe Ausstattungskosten verlangten und unbezahlbar waren. »Mit Geld ists überall gut seyn, selbst Fahnenjunker, aber ohne Geld da ists ein armseelig Ding zu leben«, schrieb der Ernüchterte an Erasmus. Eine Anleihe von 500 Talern beim Vetter von Miltitz wurde verworfen, die Fortsetzung des Studiums beschlossen: »Meine Mutter ergriff mit beyden Händen meinen abgeänderten Entschluß«; mit der »Humanitaet« des Vaters konnte der Sohn, einige berechtigte Vorwürfe abgerechnet, zufrieden sein. Wittenberg wurde der dritte und letzte Studienort.

Daß diese Auskünfte in einem Brief an Erasmus stehen, ist kein Zufall: Er war eindeutig der Lieblingsbruder von Fritz, erst recht nach seinem Abgang von Schulpforta im März 1792 und der Aufnahme des Jurastudiums zu Leipzig im Mai. Friedrich beriet, schützte und lenkte den häufig Kränkelnden, der ihn bewunderte, ohne sich zu ducken – manchmal geriet Fritz regelrecht ins Dozieren, wenn er zum Beispiel dem Jüngeren zu klugem Verhalten gegenüber »den beyden altmodigen Köpfen« Vater und Onkel riet oder ihm eine Auswahl französischer Romanlektüre vorschlug. Gewichtig war auch Friedrichs besorgter Rat zur Preisgabe des Studiums: Der Arzt drang darauf, weil dem ernsthaft erkrankten Erasmus die sitzende Lebensweise schade – so nahm dieser schließlich einen Vorschlag des Vaters an, ging im Juni 1793, kurz nach Friedrichs Anfang in Wittenberg, als Jagdvolontär und Forstjunker zur kurfürstlichen Oberförsterei Schloß Hubertusburg und bezog Wohnung im nahen Städtchen Wermsdorf.

Daß die befürwortete Trennung der beiden Herzensbrüder den Älteren auch schmerzte, zeigt eine wohl im September 1793 abgeschickte, humorig-selbstironische Äußerung: »Uns beyden geht es sonderbar. Wir spielten in Leipzig brillante Rollen auf dem Theater der Welt. Jezt vegetirt der Eine in Wittenberg und knackt lateinische Nüsse und streut Bücherstaub auf seinen Scheitel – der Andre gähnt in einem Holzwinkel hinter den Huronen und treibt das ehrwürdige Handwerck der alten Deutschen, hängt ein Flinte auf die Schulter und lebt halb abgestorben still für die Zwecke der Zukunft. Die Hoffnung und unser Ziel müssen uns begeistern und die Gegenwart mit ihrer feindseligen Laune verdrängen.«

Am 11. März 1793 kehrte Novalis nach Weißenfels zurück. Am 27. Mai wurde er in Wittenberg immatrikuliert: »Ich wurde gewissermaßen gezwungen nach Wittenberg zu gehn und zu der Jurisprudenz zurückzukehren«, schrieb er Ende Januar 1800 mit Seitenhieb gegen die Eltern an seinen Gönner und Vorgesetzten, den Geheimen Finanzrat von Oppel in einer Art autobiographischem Lebensabriß, fügte aber hinzu: »Mein Mißgeschick weckte meine Ambition und mein Glück führte mir vortreffliche Lehrer zu – so daß in fünf Vierteljahren das Versäumte nachgeholt und ich examinirt war.« Namen von Professoren nannte er nicht – es waren fünf in einer starken juristischen

Fakultät mit durchaus konservativem Grundzug, das Althergebrachte herrschte, wie Hardenbergs Studienkollege Karl Salomo Zachariä, später ein bekannter Staatsrechtler, deutlich urteilte: »So entsteht aber eine gewisse Einförmigkeit der Lehrart, Anhänglichkeit ans Alte, Einseitigkeit, Abgeschlossenheit.« Novalis setzt seine volle Arbeitskraft in das Fachstudium, mit jenem Hoch-Maß an Konzentration, das einer seiner stärksten Charakterzüge ist: »Fleißig bin ich jezt immer ..., besonders da es mir leichter wird, als ich mir selbst vorstellte«, schreibt er der Mutter zu ihrem 23. Hochzeitstag Ende Juni 1793, »der Vater wird auf Michaelis zufrieden seyn.« Diesem selbst versichert er wenige Wochen vor dem Examen, daß ihm die Arbeit schmecke: »Staatsrecht, Statistik, Völkerrecht und Referiren füllen außerdem meine Stunden völlig.« Für das unentbehrliche juristische Repetitorium und den Einpauker hat er im Brief an Erasmus sogar Humor: »Ich mache ziemlich beträchtliche Fortschritte. Mein Repetent Mangold ist bey mir jezt Mode. Ich rede von nichts als von ihm. Es ist ein excellenter Kerl.«

Dem Bruder erzählt er auch von den fröhlichen Stunden mit »ein paar Schwestern«, Mitbewohnerinnen des Hauses, wo er mit seinem Kommilitonen Friedrich Wilhelm von Kommerstedt »in hoher Eintracht« logiert. Die jungen Herren besuchen die jungen Damen – »sehr hübsch, wunderschön« – jeden Abend – und müssen dazu »eine Fahrt in die Bürgerwelt machen. Es sind nichts als blanke, baare Bürgermädchen – aber sie haben hundertmal mehr Verstand als die Vornehmsten.« Wenn Hardenberg dann noch hinzufügt, daß »der Philisterstand« herrlich sei, kommen einem Zweifel, wie ernst das gemeint sein kann und ob es »da drinnen« nicht ganz anders aussieht, zumal der Vater in einer scheinbar harmlosen Affäre Alarm geschlagen hat, der gar nicht zur Heiterkeit des Examenskandidaten und seinen Fleißbekundungen paßt: Der Salinendirektor murrt mit den drei Söhnen Friedrich, Erasmus und Karl wegen der Kosten eines Tagesausflugs nach Wörlitz, den sie sich geleistet haben, ohne zu fragen – Friedrichs daraufhin geäußerter Wunsch nach einer festen Anstellung mit Unabhängigkeit vom Geldbeutel des Vaters entspringt also keineswegs nur der erwähnten Fröhlichkeit mit den Schwestern.

Jedenfalls bricht der heitere Enthusiasmus nach dem 14. Juni 1794 plötzlich ab. An diesem Tag besteht Novalis das Juristische Staatsexamen am Wittenberger Hofgericht »mit der ersten Censur« – und verläßt die Stadt kurz danach unangekündigt Richtung Weißenfels. Hat er die Nase voll von allem, was ihm in der Universität und der juristischen Plagerei widerfuhr? Die glänzend bestandene Prüfung müßte ihn doch eher beflügeln.

Über die Zeit von Anfang April 1793 bis Ende Juli 1794, von Hardenbergs Einstieg ins Wittenberger Studien-Finale bis zu Weißenfelser Erholungswochen nach dem Examen spannt sich ein allerdings zweifach lädierter Briefwechsel-Bogen zwischen den beiden künftigen Romantikern – lädiert, weil von Schlegel zehn Briefe überliefert sind, von Hardenberg nur einer, freilich großen Formats – und weil Schlegel zwischen dem neunten und zehnten Brief ein Dreivierteljahr schweigt; im übrigen kann man den Inhalt der verlorenen Schreiben Hardenbergs zumindest annähernd den Schlegelschen Texten ablesen.

Beide Partner suchen die Nachwirkungen ihrer unglücklichen Lieben zu verarbeiten, wobei Schlegel, der tiefer und länger Leidende, den Freund umso heftiger zu trösten versucht, obwohl er weiß: »Du hast Dich selbst nicht verloren – das ist genung«, während er selber hin und her gerissen zwischen Erbitterung und Sehnsucht Mitte August klagt: »Jetzt ist es ein Jahr, daß ich die unseelige Bekanntschaft machte.« Umgekehrt weist Hardenberg den Übermittler der peinlichen Ausfälle seines Vaters in Auerbachs Keller in die Schranken, als Schlegel böse Urteile über den Adelsstolzen abgibt.

Erschütternd sind Schlegels offene Eingeständnisse seiner kolossalen Schwierigkeiten, die Existenz als »freier« Schriftsteller durchzuhalten. Er scheint zu verstehen, daß Novalis der Bitte, ihm sechs Louisdors zu leihen, nicht stattgeben kann (daß das Geld für Caroline Böhmer bestimmt war, erfuhr Hardenberg erst viel später); dann aber malt Schlegel ein düsteres Bild seiner Lage: »Daß ist das Schlimmste meines Schicksals, daß ich bey meinen Freunden betteln muß, oder doch sie peinigen, wenn ich nicht gar ihr Zutrauen verliere.« Mit unterschwelliger Kritik am adligen Freund fährt er sodann fort: »Du weißt vielleicht nicht von welchem Werth mir freie, reine Thätigkeit des Geistes für mich ist, und wie gäntzlich sie gestört wird durch die ängstliche Besorgniß, daß über kurz oder lang meine Ehre unter dieser Betteley leiden könnte.« Man weiß nicht, ob Novalis auf diese Selbstdarstellung Schlegels geantwortet hat; er wird aber gewiß beeindruckt gewesen sein. Sein einziger erhaltener Beitrag hebt das Gespräch auf die Ebene einer hintergründigen Hymne, in der die konkreten Nöte des Freundes eher mythisierend gedeutet werden:

> Mich dauert Dein armes, schönes Herz. Es muß brechen, früh oder spät. Es kann nicht seine Allmacht ertragen. Deine Augen müssen dunkel werden über der schwindelnden Tiefe in die Du hinabsiehst, in die Du den bezauberten Hausrath Deines Lebens hinabstürzest. Der König von Thule, lieber Schlegel, war Dein Vorfahr. Du bist aus der Familie des Untergangs, Jezt kann ich Dirs sagen und wundre mich, daß Dirs Dein Bruder nicht sagt. Du wirst leben, wie wenig leben, aber natürlich kannst Du auch keinen gemeinen Tod sterben. Du wirst an der Ewigkeit sterben. Du bist ihr Sohn – sie ruft Dich zurück. Eine seltne Bestimmung hast Du bey Gott. Vielleicht seh ich nie wieder einen Menschen, wie Dich. Für mich bist Du der Oberpriester von Eleusis gewesen. Ich habe durch Dich Himmel und Hölle kennen gelernt – durch Dich von dem Baum des Erkenntnisses gekostet.

Die düster-prophetische Hymne mit ihrer Untergangs-Vorhersage wird immerhin durch die Anspielung auf die Eleusischen Mysterien mit ihrem ursprünglichen Fruchtbarkeitskult etwas aufgehellt; auch folgen dahinter nicht weniger pathetische, aber aufrichtende, ermutigende Sätze mit der Zurückweisung untergründiger Todeswünsche des Freundes, die Hardenberg zu wittern scheint – und es folgt noch einmal ein heiterer Blick auf seine eigene Lage: Er ist zufrieden, »in einer glücklichen Ruhe«; allerdings mit seinem »Schöndenken und Schreiben ists jezt vielleicht auf immer vorbey«, seit dem Weggang von Leipzig will er »keine 10 Blätter gelesen« haben; er will nach dem Tode des Vaters bei den Geschwistern die Vaterstelle einnehmen: »Diese häusliche Familienbestimmung ist ganz die Meinige. Diese Lebensart bekommt mir, wie Bergluft.«

Schlegel entgegnet gelassen: Novalis habe zwar »kalte Bewunderung« statt eines freundlichen Blickes und eines sanften Gefühls für ihn geäußert, aber auch »ganz treffend Wahres, noch mehr Vortreffliches« gesagt. Der Freund sei ein Prophet und solle nun mehr und mehr ein Mensch werden, mit dem er gern sein Leben teilen wolle: »dringen doch Wenige vielleicht niemand so tief in mich ein wie Du, und ich finde mich so gerne in Dir wieder« – stets »nach einem ächten Leben« trachtend und nicht etwa »nach einem großen feyerlichen Untergang«. Einen ganz entscheidenden Unterschied setzt er freilich der Familien-Häuslichkeit Hardenbergs entgegen: »Deine Bestimmung ist, Deinem Hause treu zu seyn, es zu adeln und zu zieren. Ich Flüchtling habe kein Haus, ich ward ins Unendliche hinaus verstoßen (der Kain des Weltalls) und soll aus eignem Herzen und Kopfe mir eins bauen.« Das Bild vom unbehausten Flüchtling ist fast ein Zitat aus Goethes »Faust. Ein Fragment«, das 1790 im Druck erschienen war.

Nach einem weiteren kurzen Brief schweigt Schlegel, wie erwähnt, ein Dreivierteljahr: Er will den Freund nicht mit seiner Unruhe, seinen Sorgen belasten, wie er Ende Juli 1794 nach der langen Korrespondenzpause versichert – aus Dresden, wohin er zu Jahresanfang gezogen ist, unter den Fittichen seiner Schwester Charlotte Ernst und ihres Mannes, eines hohen Hofbeamten. Er sei übergesiedelt mit dem »Opfer strengster Entsagung und unaufhaltsamer Thätigkeit«, verspricht er August Wilhelm, seinem lebenslangen Helfer und Wohltäter, aber auch mit gewichtigen Nachrichten zu großen, alsbald realisierten Schreibplänen über griechische Dichtung, ja: griechische Kunst und Kultur überhaupt. Noch im gleichen Jahr erscheint als erste dieser Arbeiten der Zeitschriftenaufsatz »Von den Schulen der griechischen Poesie«; 1795 wird das Hauptwerk »Über das Studium der griechischen Poesie« mit einbezogener umfassender Analyse und Kritik der Gegenwartsliteratur entstehen. Schlegel hatte Dresden mit Hardenberg schon im Frühjahr 1792 besucht, wobei sie auch Schiller trafen; 1794 scheitert aber Schlegels Versuch, den Freund zur Elbmetropole zu holen; Hardenberg folgt dem Ruf nicht und geht, auch unter dem Eindruck des Briefwechsels, seinen eigenen Weg, auf dem ihm klar wird, wie er nicht leben und arbeiten will: wie Schlegel. Die Freundschaft zerbricht daran nicht, denn »wir können doch eine Bahn gehn«, schreibt Novalis am 1. August 1794 fast programmatisch.

Im gleichen Brief zieht er Bilanz: »Mit der ersten Censur war ich um einen guten Schritt weiter. Der Pedantismus der Schule war nun überstanden, und ich war mit dem zweiundzwanzigsten Jahre frei, munter und mutig. Jetzt hat mein ganzer Charakter einen politisch philosophischen Schwung erhalten, und zwar sehr unmerklich. Ich bin plötzlich von Wittenberg weggegangen, um mich allein zu haben.« Der kleine Kausalsatz ist ungeheuer wichtig. Er drückt erstrebte und gewonnene Stärke aus. Hardenberg weiß nach der Wittenberger Strapaze, daß er solche – oft alles andere als lustvollen – Aufgaben bestehen kann: glänzend und kraftvoll: »Des jugendlichen Lärms habe ich genug. Hier erwarte ich gelassen den Ruf meines Schicksals, denn mein Leben ist schon fertig – Ich habe nur einen Zweck – der ist überall erreichbar, wo ich thätig sein kann, doch habe ich mir nicht, wie ein Spießbürger, allzu enge Gränzen gemacht.«

Hardenberg wird sich an keinem Ort, wo er tätig ist, spießbürgerlich ducken; er wird selbstbewußt, aber nie anmaßend auftreten; er wird den Gesetzen und Strukturen der Einrichtungen folgen und lernbereit arbeiten, aber niemals seine innere Freiheit aufgeben: »Bleib ich gesund, so muß ich ein Maximum für mich erreichen. Ich bin wenigstens jeder Art von Aufklärung fähig, und dies Einzige berechtigt mich vielleicht schon zu kühnen Ansprüchen« – Ansprüchen als Anforderungen an sich selbst, nicht als Verlangen an andere. Zu diesen Ansprüchen gehört auch die mit politisch philosophischem Schwung verkündete, wahrlich kühne Doppel-Vision ersehnten Brautstandes, nämlich erotisch-privat und politisch-revolutionär zugleich: »Es sind die Tage des Brautstandes – noch frei und ungebunden und doch schon bestimmt aus freier Wahl – Ich sehne mich ungeduldig nach Brautnacht, Ehe und Nachkommenschaft. Wollte der Himmel, meine Brautnacht wäre für Despotismus und Gefängnisse eine Bartholomäusnacht, dann wollte ich glückliche Ehestandstage feiern. Das Herz drückt mich – daß nicht jetzt schon die Ketten fallen wie die Mauern von Jericho.« Das ist im Bereich der deutschen Literatur, insbesondere auch durch Bildlichkeit und Metaphorik, eine der eigenwilligsten, gewagtesten Visionen im Gefolge der Französischen Revolution, ohne daß diese direkt genannt wird; übrigens erschien der Text erst postum.

In diesen Zusammenhang gehören auch die weniger radikalen, aber ebenfalls eigenwilligen politischen Überlegungen aus dem schon zitierten Brief der Dichters an seine Mutter, wobei sein Lobpreis des Familienlebens in politische Dimensionen gehoben wird: »Die Familie ist mir noch näher als der Staat. Freylich muß ich thätiger Bürger seyn um ein Familie an mich knüpfen zu können. Aber mir ist das Leztere näherer Zweck als der Erstere. Man ist auch am allervollkommensten Bürger des Staats, wenn man zuerst für seine Familie da ist – Aus dem Wohlseyn der einzelnen Familien besteht der Wohlstand des Staats. Nur durch meine Familie bin ich unmittelbar an mein Vaterland geknüpft – das mir sonst gleichgültig seyn könnte, als jeder andere Staat.«

Von seinen poetischen Versuchen spricht Novalis im Brief an den Freund nicht unmittelbar, obwohl es mit dem »Schöndenken und Schreiben« keineswegs vorbei ist, wie er zwischendurch, aber sicher nicht ernsthaft befürchtete. Indem er am Ende seines Schreibens seine tiefe Zuneigung zum Dichter-Freund ausdrückt und den dringlichen Wunsch wiederholt, daß sie gemeinsam auf einer Bahn gehen sollten, spricht er auch ihrer beider Poesie an: verhalten und taktvoll, um den oft erbittert um seine freie, reine Geistestätigkeit und den Lebensunterhalt durch Schreiben Kämpfenden nicht zu verletzen.

Hardenberg hatte jedenfalls in dieser Übergangsphase zwischen schulisch-universitären Lernjahren und dem Eintritt in die durch eine Verwaltungs-Lehre vorbereitete Berufslaufbahn erstmals einen Vorsprung vor Schlegel. Die innere Unruhe verging, jene Unrast, deren Deutung als nicht nur individuell-charakterlich bedingt, sondern auch als gesellschaftlich verursacht, als Ausdruck großen Epochen-Umbruchs so verlockend wie bedenklich erscheint – verlockend, weil sie auch das herausragende Individuum, zum Beispiel den angehenden Dichter, in hohe Repräsentanz und überindividuelle Abhängigkeit stellt, bedenklich, weil sich gerade auf der Schiene zwischen persönlicher Biographie und Epochen-Schicksal sehr leicht Simplifikationen und Klischees einstellen.

Die neu gewonnene Stärke von Persönlichkeit und Zielsetzung erlaubt Hardenberg nach dem Examen auch Entspannung und Amüsement. Mit den geliebten Brüdern Erasmus und Karl und diversen jungen Damen vergnügt er sich bei Musik, Tanz, Ball und Sponsieren – dieser Ausdruck findet sich nur im Umkreis von Hardenberg, gemeint ist wohl eine ziemlich hautnahe Form von Flirt. Schon von

Tennstedt aus gesteht Friedrich seinem Bruder Erasmus, daß er zuletzt mit »Fritzchen« von Lindenau »zu vertraut« wurde und abbrach: »Ich vermied zuletzt alle tête-à-têtes. Sie waren mir zu verführerisch ... Sponsiren ist eine hübsche, aber eine kitzliche Sache.«

Vor Hardenbergs Übergang nach Tennstedt hatte es Verhandlungen mit dem preußischen Staatsminister Karl August Graf (später Fürst) von Hardenberg über einen Eintritt in den dortigen Staatsdienst gegeben; sie scheiterten aus nicht ganz geklärten Gründen. Novalis selbst schreibt im schon erwähnten Bericht an Oppel, sein Vater habe dem hohen Verwandten keine Verbindlichkeit schuldig sein wollen. Der Salinendirektor überzeugte den Sohn danach von der Lehrstelle im Amt Tennstedt des thüringischen Kreises von Kursachsen; für die spätere Übernahme in den sächsischen Staatsdienst war ein längeres Verwaltungspraktikum wünschenswert. August Coelestin Just, der Leiter des Kreisamtes, ein Freund von Hardenbergs Vater, genoß als Jurist, exzellenter Fachmann, Mentor und weltoffener Geist hohes Ansehen. Jahrgang 1750, war er 1794 noch Junggeselle, dessen Hauswesen seine Nichte Caroline besorgte; Novalis, der am 25. Oktober in Tennstedt eintraf und am 8. November als Vizeaktuarius seinen 15monatigen Lehr-Kurs antrat, wohnte in Justs Haus wie ein Familienangehöriger: »Mein Amtmann ist ein brauchbarer, geübter und humaner Mann«, meldete Friedrich, »er geht äußerst freundschaftlich mit mir um. Ich bin sehr fleißig und hoffe, daß der Vater damit, sowie mit meiner Oeconomie sehr zufrieden seyn wird. Ich spiele hier eine große Rolle und bin wie es scheint in großem Credit.«

Das Städtchen Tennstedt, östlich von Mühlhausen und nördlich von Langensalza gelegen, beherbergte mit Justs Amt die oberste Verwaltungs- und Gerichtsbehörde des thüringischen Kreises, hatte also die Rechtsaufsicht über das gesamte Gebiet und behandelte als sogenanntes Kommissionsamt weniger Routineangelegenheiten als »Sonderfälle, für die besonderes Geschick und außergewöhnliche juristische Kenntnisse erforderlich waren.« Hardenbergs Mentor war, jedenfalls zumindest auf dieser regionalen Ebene, ein erstrangiger Experte, in Goethes Urteil von 1816 ein sehr verdienter und gebildeter Mann, obendrein ein durch seine Veröffentlichungen über die Aufhebung der Frondienste, zum Kriminalitätsgesetzbuch und zur Schulerziehung weit über die Region hinaus wirkender Reformdenker. Der frischgebackene Hochschulabsolvent war also in besten Händen, was er sehr rasch begriff: Noch im Juni 1799 wird er Oppel gegenüber bekennen: »Meinem Freunde dem Kreisamtmann Just hab ich außer meinem Vater beynah das Meiste zu verdanken.«

Daß Novalis Just als seinen Freund bezeichnen darf, verweist auf eine der feinsten und nachhaltigsten Erfahrungen der jungen Poeten im Bürokratie-Milieu: Der von Dienstrang und Erfahrung überlegene Ausbilder hebt schon nach kurzer Zeit den Lehrling auf seine Höhe – wir werden dieses rare humane Modell von Lehren und Lernen noch in Justs eigener Sicht rekapitulieren. Vorher aber gilt es, die ungeachtet aller warmherzigen Menschlichkeit primäre Strenge des Kreisamtsmannes bei Hardenbergs alles andere als leichter Facharbeit sowohl für die Inhalte als auch für die sprachliche Gestaltung zu würdigen: Der angehende Staatsbeamte wurde von Just nämlich durchaus ins kalte Wasser geworfen, was die aufgefundenen und publizierten 49 Folioblätter, von Hardenberg geschrieben oder mit handschriftlichen Vermerken versehen, von Just teilweise in die Texte hinein korrigiert, anschaulich belegen. Es sind Entwürfe zu Schreiben des Kreishauptmanns an das Geheime Konsilium in Dresden, an die Kurmainzische Regierung in Heiligenstadt und an das benachbarte Amt Treffurt, dazu fünf Protokolle.

Hardenbergs Tennstedter administrative Tätigkeit war umfassende und detailreiche Text-, also Spracharbeit; Just »ging die Entwürfe, welche sein Schüler aufsetzte, mit peinlichster Sorgfalt durch und korrigierte überall da, wo ihm der Ausdruck nicht angemessen schien. So eignete Novalis sich Genauigkeit und Kontrolle in der schriftlichen Form an.« So wurde diese Aneignung, mit Jean Paul zu sprechen, zu einer Vorschule der Ästhetik – nur eben mit völlig unpoetischen Texten. Das spielte aber keine Rolle, so wenig wie die Tatsache, daß Hardenberg im Augenblick mit seiner höchst sorgfältigen Feil-Arbeit nicht auf gerade entstehende eigene Dichtungen abhob, weil es die zu jener Zeit kaum gab.

Ein Glück für die Überlieferung, daß Just selber in seiner Novalis-Biographie dessen filigrane Spracharbeit noch nachträglich bewundernd und in – rhetorischen – Fragen festhielt: »Wer würde aber vermutet haben, daß dieser junge Mann, um sich zu einem Geschäftsmann zu bilden, die Mühe nicht scheute, dieselbe Arbeit zwey, dreymal umzuschaffen, bis sie so erschien, wie sie, nach meyner Meinung, seyn sollte? daß er sich ganze Seiten von gleichbedeutenden oder abweichenden Worten aufzeichnete, um die Abwechslung und Präzision des Ausdrucks bei Geschäftaufsätzen in seine Gewalt zu bekommen? daß er die gemeinsten Geschäfte des Practikers mit eben dem Fleiße bearbeitete, als diejenigen, die ganz eigends für seinen Geist berechnet waren?«

Diese Arbeit brauchte Zeit. Schon Mitte November 1794 meldete Novalis dem Freund nach Dresden, daß seine Praxis ihm 3/4 des Tages raube; das übrige Viertel sei so eingeteilt, daß Freunden und Büchern sehr wenig bleibe; Schlegel solle wenigstens alle 14 Tage oder drei Wochen einen Brief haben, doch sei der Kopf des Schreibwilligen »zu durchkreuzt von verschiedenen Gegenständen«, als daß er nur etwas mehr als mittelmäßig gut schreiben könne; nicht nur der Moniteur, auch die notwendigsten Bücher fehlten ihm. In den folgenden Monaten aber wird Hardenberg das Bild von sich aufbauen, das im Verhältnis des Lehrers zu ihm entsteht und in dessen Biographie eindrucksvoll überliefert ist.

Die Freundschaft zwischen beiden Männern entstand schnell; Justs pädagogisches Geschick trug kräftig dazu bei. Er hat die Vorgänge in einer Konfession dargestellt: »Ich sollte sein Lehrer und Führer werden, aber er ward mein Lehrer. Nicht nur, daß ich selbst in denjenigen Fächern, wo ich vielleicht durch Erfahrung und Uebung ihn an Kenntnissen übertraf, alle meine Kraft aufbiethen mußte, um seinem Forschungsgeiste, der sich mit dem Gemeinen, Bekannten, Alltäglichen nicht begnügte, sondern das Feine, das Tiefe, das Verborgene überall aufsuchte, einige Gnüge zu leisten; sondern auch hauptsächlich, daß er mich mit sich fortriß, mich von den Fesseln der Einseitigkeit und Pedanterey, in die ein vieljähriger Geschäftsmann so leicht eingeschmiedet wird, befreyte; mich zu vielseitiger Ansicht desselben Gegenstandes durch sein Sprechen und Schreiben nöthigte, mich zu den Idealen, die seinem Geiste immer vorschwebten, so weit es mir meine Schwerfälligkeit erlaubte, erhob, und den fast entschlummerten ästhetischen Sinn in mir erweckte.«

Die wunderbare Lehrer-Schüler-Vertauschung, eingebettet in eine mitreißende, wenn auch nicht ganz unangestrengte hypotaktische Syntax, wirkt fast so, als stelle hier der Lehrer dem Schüler sich selber vor; Justs Zitaten-Porträt des 22jährigen Genies, das der Verwaltungsexperte souverän und staunend auf die verbale Staffelei stellt, enthält noch weitere Züge, durch die der heimliche Poet auf dem bürokratischen Sattel den Lehrmeister und uns Leser beeindruckt: »Drey Dinge waren es, für die er ... entschiedene Vorliebe hatte. Consequenz im Denken und Handeln, Aesthetische Schönheit, und Wissenschaft.« Er habe alles gründlich und wissenschaftlich aufnehmen wollen, »und keinen Gegenstand des menschlichen Wissens schloß er davon aus.« Hardenberg »wollte das, was er seyn wollte, nicht halb, sondern ganz seyn.« So wie er las, so arbeitete er und studierte die Menschen, »und Mensch, im edelsten Sinne des Worts, wollte er werden.« Ganz hervorstechend, erinnert sich Just, sei in ihm die Stärke und Lebhaftigkeit der Phantasie gewesen, die sich in fast alles mischte, was er trieb, und die er als vorzüglichsten Zug seines eigentümlichsten Wesens beschrieben habe – Phantasie, der aber gleichzeitig »eine ruhige Vernunft« zur Seite ging. Obendrein, betont Just, war »Herzlichkeit ... ein Hauptbestandteil seines Charakters. Sie war so innig in sein ganzes Wesen verwebt, daß man ohne sie ihn durchaus nicht kennen kann.«

Just hat diese liebenswürdige Eigenschaft seines Meisterschülers übrigens auf eine sehr persönliche, rührende Weise erfahren: Novalis stiftete mit hohem Feingefühl des Herzens die Ehe des Amtmanns mit der Professoren-Witwe Rahel Nürnberger, die er aus Wittenberg gut kannte. Hardenberg überzeugte Just vom Sinn einer ernsthaften Kontaktaufnahme, die zum Ehebund führte; die Hochzeit fand am 18. Juli 1796 statt; Amtmännin und Eheanbahner waren rasch miteinander vertraut; Hardenbergs nie erlöschende Geborgenheit im Tennstedter Haus wurde durch Rahel noch vertieft.

Gegen Schluß seiner Novalis-Biographie läßt Just subtile akustische Erinnerungen an den unvergeßlichen Freund sprechen: »Im Umgang mit Fremden oder in großen gemischten Gesellschaften war er oft stundenlang still, doch dabey aufmerksamer Beobachter dessen, was um ihn her vorgieng; aber im traulichen Zirkel desto beredter. Es war ihm überhaupt Bedürfniß, daß er sich ausreden konnte. Ganze Abende konnte man ihm zuhören, und man ward nicht müde, ihn zu hören; denn den gemeinsten Gegenständen wußte er ein Interesse zu geben. Und wie sichtbar ward da seinen Freunden der Reichtum seiner Phantasie, die Schärfe seiner Vernunft, das Innige seiner Herzlichkeit! Widerspruch vertrug er gern und ward nie unwillig darüber. Hatte er aber einmal einen paradoxen Satz gesagt, so gab er ihn nicht auf und machte davon wohl auch den Sophisten. Seine Gestalt war lang, gut gebaut, hager; sein Auge verrieth Geist, sein Mund Freundlichkeit. Sein Äußeres war einfach und schlicht, aller Putz war ihm widernatürlich.«

Schon kurz nach dem Beginn der Tennstedter Lehre widerfährt Friedrich von Hardenberg das tiefste Ereignis seines Lebens: unerwartet, ungewöhnlich, geheimnisvoll und folgenreich. Er begleitet Just und Caroline auf einer Dienstfahrt zum Justizamtmann Niebecker in Clingen und lernt dort den Leutnant der Leibgrenadiergarde zu Dresden Adolph von Selmnitz kennen. Dieser schlägt vor, zum nahegelegenen Landschloß Grüningen zu reiten, wo der Hauptmann Johann Rudolf von Rockenthien mit seiner Frau Sophie Wilhelmine verwitwete von Kühn und den Kindern aus beiden Ehen lebt. Wir wissen von diesem Besuch, der Begegnung, den Vorfällen, Vergnügungen, Gesprächen so gut wie nichts, nur das Eine: Friedrich von Hardenberg kann den Blick nicht lassen vom ungewöhnlichen, wundervollen Gesicht der mädchenhaften, ja kindlichen Tochter Sophie von Kühn; er erlebt binnen Minuten, was wir mit Ausdrücken wie Liebe auf den ersten Blick, Faszination, Erweckung, Verwandlung sprachlich nur annähernd fassen können – »eine Viertelstunde« hat ihn bestimmt für dieses Mädchen, eine der schönsten, traurigsten geheimnisvollsten Liebesgeschichten der Weltliteratur hat begonnen.

Fünftes Kapitel

*Sophie von Kühn – Klarisse und Sakontala –
Heimliche Verlobung – Was sagen die Brüder dazu? –
Akzessist in der Salinenverwaltung*

Am 20. September 2007, einem Donnerstag, fahre ich morgens mit dem Zug nach Erfurt, von dort aus weiter nach Greußen, einem Städtchen an der Strecke nach Nordhausen. Ich gehe vom Bahnhof in den Ort, sehe mich an einer Kreuzung um, ohne einen Hinweis auf Grüningen zu entdecken, spreche ein älteres Ehepaar an, das mir freundlich und präzise Auskunft gibt. Ich muß zu einer weiteren Kreuzung ins Ortsinnere gehen; von dort aus gelange ich, nun auch mit Hilfe von Hinweisschildern, an die gut ausgebaute, ostwärts abbiegende, relativ schwach befahrene Landstraße nach Grüningen, das durch seine flache Überlandlage mit Feldern und Wiesen von Greußen abgesetzt als selbständiges Dorf erscheint. Mir kommen einige Radfahrer entgegen, wohl auf dem Weg zum Einkauf im Städtchen. Zweifellos bin ich in dem Terrain, das Hardenberg von Tennstedt aus zu Fuß und zu Pferde viele Male durchquert hat; irgendwo am Ortsrand von Greußen muß die Stelle sein, über die er im »Journal« nach Sophies Tod Ende Mai 1797 am Tage seiner Abreise aus Tennstedt den rätselhaften Satz schrieb: »Zwischen dem Schlagbaum und Grüningen hatte ich die Freude den eigentlichen Begriff vom Fichtischen Ich zu finden.« Ich finde vom kleinstaatlichen Grenzpfahl keine Spur, erkenne aber halblinks schon aus ziemlicher Entfernung den spitzen Turm des Grüninger Kirchleins auf dem Hügel.

Ich gehe in den Ort hinein, frage einen älteren Mann nach dem »gelben Schloß« der Familie Kühn/Rockenthien, das Sophies Vater Johann Georg von Kühn (1743–1786) hatte bauen lassen; ich werde »immer geradezu« gewiesen, bemerke nach links zweimal in größerem Abstand voneinander die Straße »Kirchberg«, die zum Friedhof führt, gehe an einer Gabelung die abbiegende Hauptstraße weiter und vermute sofort, daß ich den schmaleren Weg geradeaus hätte wählen sollen, was mir zwei Männer auf einem vorbeituckernden Traktor bestätigen. Ich biege also rechts in eine Allee ab und erreiche das Schlößchen an einer Schmalseite.

Es heißt jetzt »Pflegeheim Sophie von Kühn« und ist Altersheim, wird von der Diakonie betrieben, feiert in Kürze seinen 60. Geburtstag und beherbergt auch einen Kindergarten, wie mir ein Gärtner erzählt. Das ehemalige Schloß, an dessen Vorderfront ich nun stehe, ist tatsächlich angenehm gelb gestrichen. Ich gehe ums Haus und schaue durch einen Seiteneingang an der rechten Schmalfront in den Hinterhof, den ein jüngerer Anbau begrenzt; in einer Art Tor-Gebäude lese ich Aushänge der Heimverwaltung. Das Schloß steht auf einem sanften Hügelrücken; ich folge diesem an seinem Fuß in den Schloßpark, sehe oben auf dem etwas entfernteren Teil des Hügels ein winziges spitztürmiges Gebäude, wohl einen Pavillon. Ich spreche mit dem Gärtner, der von Novalis wenig, aber doch ein bißchen weiß, zum Beispiel, wer Sophie von Kühn war. Auch er kann mir nicht sagen, warum im Giebel über dem Mittel-Risaliten des Schlosses die Zahl 1772 leuchtet – das Geburtsjahr von Novalis oder das Baujahr?

Ich gehe dann über die leicht abfallende gerade Strecke, die ehemalige Zufahrt zum Schloß, ins Dorf zurück. Noch stärker als beim Herweg fällt mir die Menschenleere auf. Außer dem älteren Mann und einem jungen Paar, mit dem ich kurz über den doppelten Kirchberg-Weg spreche, treffe ich nur noch eine alte Frau, die ihr Enkelchen in einem rotweißen Kinderwagen schaukelt; sie fragt mich, woher ich käme, duzt mich und wirkt leicht verstört.

Ich steige nun zum Friedhof hoch – mit leichtem Bedauern, daß ich Hardenbergs »Journal« nicht bei mir habe, worin das Areal auf dem höchsten Punkt Grüningens, wo ich jetzt stehe, wegen Sophies Grab eine Rolle spielt. Ich finde die Kirche verschlossen; an einer Längsseite stoße ich unvermittelt auf die mutmaßliche Grabstätte mit der ovalen Gedenkplatte an der Kirchenwand – die Platte trägt oben eins der bekannten kleinen Profil-Porträts und auf umkränztem weißen Grund in braunen Lettern die Inschrift

Auf diesem Gottesacker
ruht
Sophie von Kühn
* 17. März 1782
† 19. März 1797
auf Schloß Grüningen
die Braut des Dichters
Friedrich von Hardenberg
<NOVALIS>

Auf dem Boden ruht ein schwerer Granit-Stein. Es ist ein bewegender Augenblick; unwillkürlich nehme ich die Mütze ab. Ich wandle dann auf dem Friedhof um St. Peter herum, sehe an der Rückseite der Kirche eine Grabplatte mit ritterlicher Figur, der die Nase abgeschlagen ist – sonst nichts aus Sophies und Hardenbergs oder noch früherer Zeit. Stark haften bleibt in meiner Erinnerung aber ein Denkmal nahe der Kirche, das mit Novalis und den Grüninger Schloßbewohnern nichts zu tun hat: eine Gedenkliste der Gefallenen des Ersten Weltkriegs mit Namen auf den Tafeln, 25 Kriegstote in der kleinen Gemeinde; vom Zweiten Weltkrieg gibt es, immerhin, eine namenlose Gedenktafel für die nicht Heimgekehrten, keine Zahl.

Auf dem Rückweg nach Greußen fällt mir ein Tagebuchblatt ein, offenkundig kurz nach der ersten Begegnung mit dem Mädchen im Dezember 1794 entstanden. Hardenberg schildert darin, wie er »früh sehr heiter von hier weg« reitet, will sagen: von Tennstedt aus – und einem ungewollten Umweg über Gangloffsömmern; er landet schließlich am »Grüninger Halseisen«, spielt vor Bewohnern die Rolle eines Briefboten, wird von mehreren Leuten verstohlen belächelt, findet eine echte Botin für den Brief, den er selbst geschrieben hat, was eine Mamsell durchschaut und als »ein Geheimniß« deutet, sie »mochte mich wol halb und halb für den halten, der ich wirklich war: für einen Verehrer einer der Damens auf dem Schlosse.« Hardenberg bleibt an diesem Tag nur eine Viertelstunde; es ist ein Erkundigungsritt, der Reiter vergewissert sich mit Viertelstundenzählung, wie schnell er hin und her gelangen wird, und endet: »Meinen Weg hab ich in einen Riß gebracht. F. Hardenberg.« Gemeint ist sicher eine exakte Weg-Zeichnung.

Sophies Name fällt nicht in dem locker hingeworfenen, heiteren, stellenweise selbstironischen Text, und doch verrät sich etwas vom Gemütszustand des Reiters: »Noch vor 1/4 auf 10 Uhr ritt ich durchs Wasser und war mit Leib und Seele in – Grüningen. Mein Leib traf vielmehr meine Seele schon dort – Ich schlich mich langsam zum Dorfe hinaus – Jenseits des Wassers sah ich das gelbe Schloß sehnsuchtsvoll an – und trabte von dannen.«

Da haben wir, im Terrain, das ich eben verlasse, den schon liebenden, aber noch werbenden, der Zuneigung des Mädchens noch nicht sicheren, sie vielleicht auch scheuenden jungen Mann, der nur erst einen Brief an *sie* mitbringt und nicht einfach ins Schloß tritt, zugleich aber in fröhlicher Genauigkeit an der Uhr Zeiten und Strecken zu *ihr* abmißt, deren Lebenswelt er in Kürze kennenlernen wird.

Friedrich von Hardenberg wird in Sophies Lebenswelt Vertrautheiten und Ähnlichkeiten mit Oberwiederstedt antreffen, die ihm den Zugang erleichtern: Hier wie dort ein Rittergut mit Landwirtschaft, ein kleines Schloß, ein Park mit Allee, ähnliche – adelige – Nachbarschaften, relative Ferne von größeren Städten, Kinderreichtum: Sophies Mutter hat aus erster Ehe sechs, aus zweiter Ehe vier Kinder, bei Hardenbergs erstem Besuch ist sie mit seinem späteren Patenkind Günther schwanger, seine eigene Mutter gebar am 19. Dezember 1794 ihr elftes Kind, seinen jüngsten Bruder Christoph.

Ansonsten waren die Unterschiede zwischen den beiden Familien beträchtlich. Das betraf zunächst den Adelsrang: Sophies Großvater Johann Wilhelm Kühn hatte erst im Jahre 1768 das Reichsadelspatent erworben; Sophie war daher, wie man das damals nannte, nicht stiftsfähig, das hieß, sie konnte nicht 16 adelige Vorfahren vorweisen. Ihre Mutter Sophie Wilhelmine geb. Schaller, verwitwete von Rockenthien (1752–1800) war eine Bürgerliche, eine attraktive Dame. Unvergleichbar miteinander waren auch die Familien-Oberhäupter: Dem strengen, frommen Salinendirektor Heinrich Ulrich Erasmus Hardenberg stand Sophies jovial-lässiger Stiefvater Johann Rudolf von Rockenthien (1755–1820) gegenüber, der 1787 ihre verwitwete Mutter geheiratet hatte und seitdem Herr von Schloß und Gut Grüningen war.

Das Ehepaar nahm den jungen Weißenfelser Hochadligen offenbar vom ersten Erscheinen an herzlich, großzügig, vielleicht auch ein wenig geschmeichelt auf und akzeptierte die sich anbahnende Liebesbeziehung zur sehr jungen Tochter augenscheinlich ohne Vorbehalte – Liaisons wie die zwischen der zwölfjährigen Kind-Frau und dem zehn Jahre Älteren waren ja, frühe Verlobung eingeschlossen, in Adelskreisen durchaus üblich.

Im engeren Familienkreis schloß Novalis sehr bald vertrauliche Kontakte: zu Sophies älterer Schwester Friederike von Mandelsloh (1774–1849), der Gattin eines Offiziers in Langensalza, die er dort schon kurz vor dem 17. November 1794 kennengelernt hatte; zu Sophies Stiefschwester Wilhelmine von Thümmel (1767–1832) aus der ersten Ehe der Mutter mit dem Schloß-Bauherrn, einer Dame, die Hardenberg in sieben überlieferten Briefen zwischen Februar 1796 und April 1797 voller Respekt und Bewunderung um vertraulichen Austausch bittet; zu Caroline von Kühn (1777–1822), gleichfalls einer älteren Schwester Sophies, von der ab Januar 1795 dreizehn kurze, zumeist die Situation der Kranken schildernde Äußerungen und ein erschütterndes Brief-Dokument an Caroline Just vom 25. März 1797 über die letzten Lebensstunden von Hardenbergs Braut erhalten sind; schließlich zu der Französin Jeannette Louise Danscour, Gouvernante im Hause von Rockenthien, selbst kinderlos, unbekannten Alters, bestattet am 20. Mai 1798. Von ihr sind 22 briefliche Äußerungen an Novalis erhalten aus der Zeit zwischen März 1795 und Februar 1797. Sie handeln von Sophies Persönlichkeit, von ihren wechselnden Zuständen zwischen Krankheit und scheinbarer Genesung, von Jeannettes eigener Arbeit und Arbeitslast, etwa mit dem kleinen Günther; von ihrem Verhältnis zu Erasmus und Karl, die bald nach ihrem Bruder in Grüningen auftauchten. Die Briefe berichten über den Jubel der Grüninger nach Hardenbergs Anstellung als Salinenakzessist; sie geben Grüninger Alltag und Klatsch wieder; die Gouvernante übt bei aller Verehrung für Sophies Verlobten auch Kritik an ihm; sie verschweigt ihre eigenen gesundheitlichen Probleme und Depressionen nicht – Jeannette Danscour ist die wichtigste Quelle zu Hardenbergs Grüninger Jahren.

Die Großfamilie Kühn/Rockenthien lebte gesellig, leicht und locker, lustig, trinkfreudig und spontan; die Grüninger waren offenherzig, aufrichtig, freimütig und zutraulich, auf angenehme Weise uneingebildet. Kritiker würden sie vermutlich unintellektuell, unkünstlerisch nennen. Sie redeten witzig, frech, und frivol, auch mal zotig, ohne Rücksicht auf Kinder und Gäste. Ob sie so wenig fromm waren wie sie sich gern gaben, bleibt offen; frömmlerisch-eng, »herrnhutisch« aber waren sie ganz gewiß nicht, zur Freude der Hardenberg-Junioren. Sie waren kinderfreundlich, dankbar, teilnahmsvoll, man erlebt sie warmherzig, insbesondere zu den Kranken, leidensfähig, auch todesgewärtig. All dies schuf eine Atmosphäre, die die drei Weißenfelser Brüder faszinierte. Da der Grüninger Lebensstil anders, freier, heiterer, entspannter war als das Familienleben im Haus an der Weißenfelser Klostergasse, genossen die jungen Herren von Hardenberg die neue Welt und machten sich heimisch, zuerst Fritz (und nicht nur, weil er Sophie liebte), dann Erasmus, schließlich Karl. Sie priesen die Familie vom gelben Schloß in hohen Tönen: »Ein seltener, schöner Zufall«, schreibt Novalis im Februar 1796, als Sophie bereits erkrankt ist, an Wilhelmine von Thümmel, »hat mich in den Kreis einer Familie geführt, wo ich gefunden habe, was ich suchte, wo ich finden werde, was ich fast nicht zu hoffen wagte. Was die Geburt mir versagte, hat das Glück mir gegeben – Ich vermisse in meinem Geburtskreise, was ich in einer fremden Mitte beysammen sehe. Ich fühle, daß es nähere Verwandtschaften giebt, als die das Blut knüpft.«

Wir greifen der wundersamen Liebesgeschichte zwischen Sophie und Novalis voraus: Friedrich von Hardenbergs enthusiastischer Brief an Wilhelmine drückt die Grundstimmung von Glück und Staunen, Hingabe und Bewunderung aller drei Brüder vollkommen aus. Die Äußerungen der Brüder gipfeln in der mehrfachen Verwendung zweier hochfliegender Metaphern: Grüningen ist ihnen Elysium und Paradies. Glücklicherweise sind Dokumente für diese Euphorie überliefert in dem prächtigen Briefwechsel der Brüder miteinander aus dem halben Jahr zwischen Anfang September 1795 und Anfang März 1796. Am 19. September gibt Fritz dem Bruder Karl, der gerade Erasmus in Wermsdorf besucht, eine humorvolle, mit wenigen Sprachstrichen gezeichnete Darstellung:

Eure neue Familie ist euch, wie immer und ewig zu gethan. Die Danscour hüpft aus dem Köberchen, wenn Sie an Euch denkt – Die Kinder lieben Euch, wie Brüder – die Mimi schwazt unaufhörlich vom Jäger und Karlchen. Alle Haare will sie euch schicken und will wissen, was ihr mit den bereits Überschickten gemacht habt. (Mimi ist die vierjährige Wilhelmine, Stiefschwester Sophies, Jäger der Forstmann Erasmus, Karlchen der Soldat).

Erasmus verfaßt am 4. September 1795 eine briefliche »Beschreibung von Grüningen an Carln«, worin er mehrere Familienmitglieder hinter jeweils anaphorischen Satzanfängen lockend porträtiert:

> Denke Dir den Hauptmann, diesen jovialischen, fidelen, gastfreien, herrlichen und alles, was um ihn herum ist, heiter und lustig machenden Mann, der dabei Tätigkeit, Sparsamkeit und Pünktlichkeit mit Vergnügen und Jubel und Lustbarkeit verbindet ... Denke Dir anbetungswürdigste Gutmütigkeit und Freundlichkeit, die liebenswürdigste Anmut und Grazie und die wohlwollendste Bescheidenheit und Du hast nur ein unvollkommenes Gemälde von den reizenden Zügen Carolinchens.

Und weil Erasmus den Verdacht hat, Karl zögere noch, in den Enthusiasmus für Grüningen einzustimmen setzt er gegen Schluß einen Böllerschuß: »Denke Dir das Götterkind, die Mimi und alles, was in Grüningen lebt, webt und Odem hat! Und wenn Du dann nicht fidel wirst, so bist Du ein Scheismaz.«

Vermutlich hat Karl diesen Schuß nicht nötig gehabt, um kurz danach ebenso hingerissen zu sein wie seine Brüder und wie diese auf eine leuchtende Zukunft mit den bewunderten Freunden zu hoffen: So viel sei gewiß, versichert er Erasmus am 16. Dezember 1795, daß er das Grüninger Haus täglich immer mehr schätzen lerne, »daß ich es täglich mehr an uns angeschlossen fühle, und mich immer mehr nach dem Augenblick sehne, wo wir näher mit der schönen Familie werden verbunden seyn.« Am 4. März 1796 meldet er dem Bruder, er schicke ihm nun, nach sechs sehr heiteren Tagen dort, »einen Brief aus dem Paradies«; zwei Tage später fügt er hinzu: »Man liebt uns dort über alle Begriffe, und wir werden schon als eine Familie betrachtet.«

Der Adressat Erasmus, wohl der schwierigste der drei Hardenberg-Brüder, war seit seinem ersten Besuch der besondere Liebling von Sophies Mutter. Er sei, schreibt ihm Novalis am 13. Oktober 1795 von Weißenfels aus nach Wermsdorf, »der Hahn im Korbe. Von Dir wird unaufhörlich gesprochen – beständig nach Dir gefragt – Du mir oft zum Beispiel gemacht – Kurz Du bist nie mehr geachtet und geliebt worden.« Im Brief vom 26. Oktober wiederholt Fritz diesen Satz ohne das erste Wort, aber mit auffälliger Vertauschung der Partizipien und ergänzt ihn: »Du bist nie mehr geliebt und geachtet worden, als in diesem lieben Hause.« Um Erasmus sorgen sich die Grüninger aber auch: wegen seiner Krankheiten, die den künftigen Dichter ohnehin beunruhigen, schon seit ihrer Leipziger Zeit: »Alle Welt bedauert Dich«, meldet Fritz dem Bruder, »und Dein sonderbares, unersättliches, widriges, fysisches Schicksal machte mir manche Stunde tiefe, üble Laune ... In Elysium nimmt man den innigsten Antheil an Deinen Leiden ... Es ist kein Ort in der Welt, wo Du werther und mitempfundener bist.« Gleich im nächsten Satz grenzt sich Novalis allerdings vom Kranken ab: »Mein Genius hat sich fast völlig wieder erholt.«

Wie sehr Fritz zu jeder Zeit die Fäden des Netzwerks Grüningen-Weißenfels in der Hand hielt und immer – sanft, unmerklich, doch wachsam – alles steuerte, zeigte sich schon im November 1795: Ganz ungetrübt blieb die Euphorie der Hardenbergs und der Kühn/Rokkenthiens nämlich nicht. Es fiel ein leichter Schatten auf das Idyll. Konkretes weiß man nicht, Namen fielen nicht; immerhin wehte am 12. November Erasmus eine leise Warnung ins Haus: »Du mußt Dir Gr⟨üningen⟩ nicht zur fixen Idee machen. Anthropomorphisire Dir diese Idee«. Damit scheint Fritz zu sagen, Erasmus möge allgemeinmenschliche Erkenntnisse sammeln und daraus seine Schlüsse ziehen. Dann freilich folgt eine direkt auf die Grüninger als mögliche Verursacher der Verschattung zielende Deutung, ausgehend von Hardenbergs Zuneigung zu ihnen: »Die Leute liebe ich, wie mich und euch – aber es sind Menschen und bey einem so langen Aufenthalt daselbst, wie ich gemacht habe, würde Dir der schmutzigere Revers nicht entgehn.« Besonders aggressiv klingt diese Äußerung über die Kehrseite der sympathischen Familie durch das Adjektivattribut im Komparativ; auch wenn es ein vertrauliches Urteil ist, nur für den geliebten Bruder bestimmt, dürfte der beim Empfang des Briefes erschrocken sein.

Die folgende Briefpartie zeigt ein hohes Maß humaner Souveränität des Schreibers, mit einer Tendenz zur Verrätselung der gegenwärtigen wie zukünftigen Ereignisse: Er habe diese Kehrseite zwar kennengelernt, sei aber nach wie vor für Grüningen gesinnt. Er habe es a priori vorhergesehen und sich darauf vorbereitet: »So ward ich nicht überrascht und mein Gefühl erhielt kein Dementi. Ich werde Gr⟨üningen⟩ ewig lieben, und wenn ich nie meine jetzige Hoffnung erreichte.« Seine jetzige Hoffnung – das kann ja nur die Liebe zu Sophie und die spätere Ehe sein.

Bei der Darstellung der ungewöhnlichen Liebesbeziehung, die in die Weltliteratur eingegangen ist, stehen wir vor einer hohen Hürde: Es fehlen uns alle Briefe Friedrich von Hardenbergs an Sophie von Kühn und ihre Eltern sowie an Jeannette Danscour; es fehlen auch Einzelstücke wie das Schreiben des jung Verliebten an Erasmus, worin er dem Bruder wohl um den 25. November 1794 seine erste Begegnung mit Sophie einschließlich des berühmten Diktums von der entscheidenden ersten Viertelstunde geschildert hat, womit er heftigen Widerstand wegen der extremen Schnelligkeit des Vorgangs herausfordert. Die genannten Dokumente fehlen, weil Friedrich von Hardenbergs drittjüngster Bruder Georg Anton (1781–1825) in einer regelrechten Vernichtungsaktion große Teile der Familienkorrespondenz zerstört hat. Seine Tochter Sophie, die Verfasserin der »Nachlese«, hat diese Untat bitter beklagt: »Leider ließ mein seliger Vater vor seinem Tode einen sehr großen Theil von unseren Familienbriefen verbrennen«, schreibt sie am 22. Dezember 1878, und am 10. April 1879 wiederholt sie die Klage, gefolgt von der Frage: »Gott weiß weshalb?« Richard Samuel stellt fest, daß zu den vernichteten Dokumenten offenbar alles gehörte, »was Novalis' Beziehungen zu Grüningen betraf, weil gerade die Briefe aus der Korrespondenz mit Erasmus fehlen, welche auf die erste Bekanntschaft mit Sophie Bezug haben.« Mögliche Motive für den Gewaltakt könnten sein, daß Anton, der zum Katholizismus übertrat, die Beziehung des Bruders zu der jungen Geliebten unsittlich vorkam, oder daß er, der unter dem Decknamen Sylvester lyrisch dilettierte, den toten Bruder um dessen wachsenden Nachruhm beneidete.

Immerhin gibt es noch reiches Quellenmaterial, so etliche schriftliche Äußerungen Sophies, den schon vorgestellten Briefwechsel der drei ältesten Brüder Hardenberg, die Kommunikation von Novalis mit den älteren Schwestern seiner Braut sowie mit Caroline Just. Briefe sind jedenfalls die Hauptquelle für die knapp zweieinhalb Jahre Liebes-Zeit dieses einzigartigen Paares und die schwere Phase nach Sophies Tod – Briefe und ein in der Weltliteratur beispielloses Dokument, worin der Dichter, offenkundig in einem schnellen, spontanen Wurf, aber mit schärfster und feinster Beobachtung, sein Mädchen porträtiert:

> Ihre Frühreife. Sie wünscht allen zu gefallen. Ihr Gehorsam und ihre Furcht vor dem Vater. Ihre Decenz und doch ihre unschuldige Treuherzigkeit. Ihr Steifsinn und ihre Schmiegsamkeit gegen Leute, die sie einmal schäzt, oder die sie fürchtet. Ihr Betragen in der Kranckheit. Ihre Launen. Wovon spricht sie gern. Artigkeit gegen Fremde. Wohlthätigkeit. Hang zum kindlichen Spiel. Anhänglichkeit an Weiber. Ihre Urtheile. Gesinnungen. Anzug. Tanz. Geschäftigkeit im Hause. Liebe zu ihren Geschwistern. Musikalisches Gehör. Ihre Lieblinge. Geschmack. Religiosität. Freyer Lebensgenuß. Ließt sie gern. Hang zu weiblichen Arbeiten. / Sie will nichts seyn. Sie ist etwas. / Ihr Gesicht – ihre Figur – ihr Leben, ihre Gesundheit – ihre politische Lage. / Ihre Bewegungen. Ihre Sprache. Ihre Hand. Sie macht nicht viel aus Poesie. Ihr Betragen gegen andre, gegen mich. Offenheit. / Sie scheint noch nicht z⟨u⟩ eigentlichen Reflektiren gekommen zu seyn Kam ich doch auch erst in einer gewissen Periode dazu. / Mit wem ist Sie zeitlebens umgegangen. Wo ist Sie gewesen? Was ißt Sie gern. Ihr Betragen gegen mich. Ihr Schreck für der Ehe. Ich muß Sie nach ihren Eigenheiten fragen – So auch die M⟨andelsloh⟩. / Ihre Art sich zu freuen – zu betrüben. Was ihr am meisten von Menschen und Sachen gefallen. Ist ihr Temperament erwacht? Was Sie zur Justen gesagt hat. Ihr Tabaksrauchen. Ihre Anhänglichkeit an die Mutter, als Kind. Die Anekdote mit Selmniz – von Bretern. Ihre Dreistigkeit gegen den Vater. Ihre Confirmation. Sie hat

v⟨on⟩ d⟨er⟩ Ma chère ⟨Jeannette Danscour⟩ Einmal Schläge gekriegt. Je reviens. Ihre Gespensterfurcht. Ihre Wirthschaftlichkeit. Heynemann. Drey Reuter ritten ums Thor herum. Wie sie den Dieb hat halten wollen. Gesicht bey Toten. Talent nachzumachen. Ihre Wolthätigkeit. Urtheile über sie. Sie ist mäßig – wolthätig. Sie ist irritabel – sensibel. Ihr Hang Gebildet zu seyn – Ihr Abscheu vor dem Vexiren, dem Geträtsche; Ihre Achtsamkeit auf fremde Urtheile. Ihr Beobachtungsgeist. Kinderliebe, Ordnungsgeist. Herrschsucht. Ihre Sorgfalt und Passion für das Schickliche – Sie will haben, daß ich überall gefalle. Sie hats übel genommen, daß ich mich zu früh an die Eltern gewandt habe, und es mir zu bald und zu allgemein merken lassen. Sie hört gern erzählen. Sie will sich nicht durch meine Liebe geniren lassen. Meine Liebe drückt sie oft. Sie ist kalt durchgehends.

/ Ungeheure Verstellungsgabe, Verbergungsgabeder Weiber überhaupt. Ihr feiner Bemerkungsgeist. Ihr richtiger Takt. / Alle Weiber haben das, was Schlegel an d⟨er⟩ schönen Seele tadelt/

/ Sie sind vollendeter, als wir. F r e y e r als wir. Gewönlich sind wir besser. Sie erkennen besser, als wir – Ihre Natur scheint unsre Kunst – unsre Natur ihre Kunst zu seyn. Sie sind geborne Künstlerinnen / Sie individualisiren, wir universalisiren. / Sie glaubt an kein künftiges Leben – aber an die Seelenwanderung. Schlegel interressirt sie. Sie kann zu große Aufgaben nicht leiden und nimmt doch Vernachlässigung übel. Sie fürchtet sich so vor Spinnen und Mäusen. Sie will mich immer vergnügt. Die Wunde soll ich nicht sehn. Sie läßt sich nicht dutzen. Ihr H auf der Wange. Lieblingsessen – Kräutersuppe – Rindfleisch und Bohnen – Aal. Sie trinckt gern Wein. Sieht gern etwas – liebt d⟨ie⟩ Komoedie. Sie denkt mehr über andre, als über sich nach.

Dieser außerordentliche Text wurde erst Anfang des 20. Jahrhunderts veröffentlicht. Mit einleitungslosem Beginn und abrupt-offenem Schluß – eine Serie von Sprüngen und Brüchen, von gehäuften Aufzählungen und geballter Elliptik. Da und dort erscheint das Ich des Schreibenden; verzeichnet werden Intimitäten »Klarisses« wie Weintrinken, Rauchen und Reaktion auf Zoten, was auf lockere elterliche Erziehung verweist. Kein Wort zu »Klarisses« Äußerem.

Behutsam soll nun das Bild der »ungewöhnlichen Kindfrau« mit ständigem Blick auf »Klarisse« ausgebaut und verfeinert werden. Am 17. November 1794 war Sophie von Kühn 12 Jahre und 8 Monate alt. Ob Hardenberg anfangs wirklich angenommen hat, sie sei 14, ist denkbar, aber nicht belegt. Sie war relativ hochgewachsen, insofern auf einer Stufe mit dem Geliebten. Es gibt auch Deutungen ihres Gesichts, das Novalis ja vom ersten Augenblick ihres Zusammentreffens gefesselt hat, das wir auf allen überlieferten Abbildungen der Medaillons nur im Linksprofil kennen. Ihr Antlitz hat dort etwas Feines, Zerbrechliches. Überzeugend porträtiert Erasmus im Brief an Novalis vom 5. September 1795 »das himmlische Geschöpf, mit dem großen, alles anziehenden, eine Welt in sich fassenden Blicke, mit dem sie den Liebenden beseligt, den Unglücklichen aufrichtet und den Bösewicht niederschmettert.«

Sophies Bildung war begrenzt; vermutlich lernte sie nur bei Hauslehrern, eine Schule wird nirgends erwähnt. Ihre Rechtschreibung war entsprechend unsicher, oft vom Gesprochenen her bestimmt – einige Proben aus einem kurzen Tagebuch vom 1. Januar bis zum 14. März 1795, einen Tag vor der Verlobung, seien zitiert:

> Heute früh ritt Hardenb. noch wieder ford es Bassirde heute weider nichts ... Diesen Morgen kam ein Bode von Sachsenburch und bad uns auf den andern Tag um den Vater zu erwarden ... Vuhr die Justen fort der Greißamtmann kam erst um 2 Uhr ... Heute haden wir uns alle vorgenommen in die Kierge zu gehn aber das Weter hilt uns alle ab ... Heute war Hardenber. noch da er grichte einen Briev von seinen Bruder.

Jenseits der handgestrickten, von der sächsischen Aussprache geprägten Orthographie sind das klare Äußerungen einer offen in die Welt blickenden jungen Frau. Auch in Briefen hat sie diese Klarheit, wenn sie etwa dem Geliebten in einem Atemzug von Erkältung, Menstruation und liebenden Gedanken berichtet: »Husten und Schnuden habe ich, aber offenes leibes bin ich doch noch auch denke ich wenn es mir einfält an Sie« (26. März 1795). Dazu paßt aus dem »Klarisse«-Text die bemerkenswerte Selbständigkeit der Vierzehnjährigen im Reden und Handeln; sie vertritt ihre Ansichten unbeirrt und erweckt im Geliebten die Gewißheit, daß sie, trotz seiner Überlegenheit an Bildung und Lebenserfahrung, auf einer Höhe mit ihm steht. Nahezu programmatisch schlägt sich das im Gedicht »Anfang« von 1795 nieder, wo nach sieben Strophen der Absage an den Rausch als Lebensideal modellhaft ein uns wohlbekannter ethisch-ästhetischer Begriff, mit Sophie wegweisend verbunden, auf Menschheits-Höhe gehoben wird:

> Einst wird die Menschheit seyn, was Sophie mir
> Jetzt ist – vollendet – sittliche Grazie –
> Dann wird ihr *höheres Bewußtsein*
> Nicht mehr verwechselt mit Dunst des Weines.

Hardenberg arbeitet hier mit dem ursprünglichen Sinn von Sophies Vornamen: »Sophia« ist die Göttin der Weisheit. Mit diesem Doppel-Sinn wird der Dichter gedanklich, poetisch und letzten Endes auch moralisch weiter operieren; wir greifen eine Strecke vor und lesen im Brief an Friedrich Schlegel vom 8. Juni 1796: »Mein Lieblingsstudium heißt im Grunde wie meine Braut. Sofie heißt sie – Filosofie ist die Seele meines Lebens und der Schlüssel zu meinem eigensten Selbst.« Als Novalis diese kühne und wundervolle, die Geliebte neuerlich erhöhende Position durchdenkt und als tiefsinniges Wortspiel zwischen ihr und seiner damaligen Lieblingsbeschäftigung ausformuliert, befindet er sich schon seit Herbst 1795 in der ersten Phase seiner mehrjährigen umfangreichen philosophischen Studien – genauer gesagt: Er dringt gleichermaßen mitgerissen und kritisch in die schwierige »Wissenschaftslehre« Fichtes ein, die, ungeachtet aller noch darzustellenden Distanzierungen, das Ich-Bewußtsein des jungen Poeten und der gesamten entstehenden »Romantischen Schule« stärkt – und auch das der jungen, kranken Braut, denkt man insgeheim? Man weiß nicht, ob Novalis mit ihr über solche diffizilen Dinge sprach, dazu fehlen die Nachrichten der Briefe, aber er verhält sich so, als ob er es täte, nur gibt es keine aufgeschriebenen Spuren über philosophische Gespräche der Liebenden; daß Sophie zu Hause häufig »die Philosophie« genannt wurde, ist belegt, so in Hardenbergs erster brieflicher Reaktion auf die Nachricht von ihrer Erkrankung: es sei ein Bote da und die Philosophie wäre krank.

Es steht außer Zweifel, daß der angehende philosophierende Dichter sich niemals über Sophie erhebt. Florian Roders Erklärung für diesen ebenfalls zum Liebesgeheimnis des jungen Paares gehörenden Edelmut ist einleuchtend: Novalis habe eine klare Menschenkenntnis und ein besonderes Gespür für die moralische Atmosphäre besessen, die jemand um sich verbreite. Das werde auch durch die Art bestätigt, wie die Menschen in Sophies Umgebung auf sie geschaut hätten: Ihr sei offenbar jene moralische Ausstrahlung zu eigen gewesen, die von Alter, Bildung und klugem Kopf unabhängig sein könne. Wir fügen hinzu, daß diese eigentümliche Ausstrahlung vor und nach Sophies Tod besonders von ihren älteren Schwestern wahrgenommen und gedeutet worden ist.

Nicht »Klarisse«, sondern eine andere, sehr viel ältere poetische Gestalt erscheint als Deckname Sophies im Grüningen/Weißenfelser Umkreis: Sakontala, das schöne Büßermädchen, das ein König zu seiner Gemahlin erhebt und nach vielerlei Wirren auch behält – es entstammt dem bedeutendsten Drama des berühmten indischen Dichters Kalidasa (um 400 n. Chr.), das Forster 1791 in seiner Übersetzung veröffentlichte. Sakontala ist ausschließlich in vier Briefen Karls von 1796 überliefert, zwei an Fritz, zwei an Erasmus; sicher war der Beiname allen drei Brüdern geläufig.

Zwei sprachlich höchst unterschiedliche Gesamturteile beschreiben Sophie als außergewöhnlich. Novalis selbst konstatiert im »Klarisse«-Porträt: »Sie will nichts seyn – Sie ist etwas.« Das ist so lapidar wie universal subsumiert – und geheimnisvoll-anziehend allemal. Coelestin Just formuliert dasselbe beinahe poetisch: »Sophie von Kühn ... ein Mädchen, das damals schon Charakter, gleich einem Erwachsenen besaß; das mit dem Reiz und der Anmuth einer schönen Jugend, Geist und Würde verewigte, wie sie wenigen zu Theil wird. Dieses liebenswürdige Geschöpf ward seine Madonna.«

Wie aber nahm diese den so völlig überraschend in ihr Leben getretenen jungen Mann wahr? Auf jeden Fall hielt sie in ihren schriftlichen Äußerungen erheblich weniger von seiner Persönlichkeit fest als er von der ihrigen. Zunächst nahm sie seine auffallende, sicher ihr

Wohlgefallen weckende äußere Gestalt wahr, dazu seine sprechenden Augen im innigen Blickwechsel. Rasch wird sie angesichts seiner häufigen Besuche auch seine Redelust und seine Sprachgewandtheit beeindruckt haben; daß man ihm ganze Abende zuhören konnte, dürfte sich in der lebensfrohen Grüninger Gesellschaft gezeigt haben. Von Hardenbergs tiefer sitzenden Wesenszügen wird dem wachen Mädchen seine Herzlichkeit besonders nahe gegangen sein. Daß sie seine während der ersten Viertelstunde aufblühende außerordentlich rasche Auffassungsgabe, die zur unglaublich schnell getroffenen Entscheidung führte, wahrgenommen und genossen hat, ist wahrscheinlich. Daß, wie wir wissen, »eine herzliche Phantasie« wohl der hervorstechendste Zug seines eigentümlichen Wesens war, wird sie an geselligen Abenden, an Gedichten, die er ihr zeigte, womöglich auch an seinem spielerischen Umgang mit ihren kindlichen Stiefgeschwistern erkannt haben.

Hat sie ihn bewundert? Am nächsten kommt einer Antwort, was sie Karl sagte, als dieser sie auftragsgemäß mit Herzklopfen fragte, »ob sie noch immer so gut gegen unsern Fritz dächte.« Sie bejahte die Frage: »Sakontala ihr heiterer, unbefangener Blick«, schrieb der junge Offizier dem Bräutigam am 6. März 1796, »machte mich wieder ruhig, ihre Antwort war: Kein Gefühl müßte ich haben, wenn ich Ihren Bruder nicht lieben und schätzen sollte, und Sie, lieber H., müßten mir gar keine Festigkeit zutrauen, wenn Sie nicht gewiß glaubten, daß ich noch so denke wie ich vorher gedacht habe; Sie können gewiß und überzeugt seyn, daß ich Ihren Bruder nie vergessen und mich nie ändern werde.«

Das erste Jahr ihrer Liebe war für Sophie von Kühn und Friedrich von Hardenberg das glücklichste. Der Bräutigam bekräftigte das in mehreren enthusiastischen Äußerungen: »So viel Entzückendes auf Einmal, Sophie, ihre in der That einzige Freundschaft, und die unendliche Aussicht, die mir sich hier auf einmal so bestimmt für mein Leben und meine Bestimmung öffnete« (an Caroline Just, wohl Ende November 1794). Etwa vier Monate später schrieb er derselben Adressatin, die als eine Art Stifterin des Liebesbundes erscheint: »Fragen Sie mich jezt nach nichts – ich lebe, als hätt ich nie gelebt – in ungestörten Frieden, und in süßestem Vergessen aller Sorgen.« Am 13. Oktober

1795 bekennt er Erasmus bei gleichzeitiger Vorschau auf sein anvisiertes, vom Vater angebahntes Berufsleben:

> Ich bin heiter und ruhig und auf mein neues Geschäftsleben gespannt. Einzelne Wolken gehn bald vorüber – Nur S⟨ophie⟩ und feste Aussicht – dann bin ich totus, quantus sum der Welt, Euer und allem Guter – Ohnedem freylich ein Rohr das vom Winde bewegt wird und unfähig das Gebäude irgend einer Glückseeligkeit zu tragen. Die Natur gibt sich nicht gern aus den Fugen und Sie ist mir zur Natur geworden. Ich scheine täglich mehr bey ihr zu gewinnen, und was hats dann für Noth.

Von der Braut haben wir weniger derartige Bekenntnisse, wobei man sich fragt, ob auch von ihr Briefe verloren gegangen oder vernichtet worden sind. Neben den Sakontala-Äußerungen gegenüber Karl gibt es ein sehr klares, von Jeannette Danscour überliefertes Bekenntnis Sophies zu Hardenberg, ohne daß dieser ausdrücklich genannt wird: Ende September wirbt ein Herr von Hering aus Uftrungen um Sophie: »Er hätte gehört sie were so eine gute Wirtin«, meldet Ma chère dem Bräutigam; sie hat es von Sophies Mutter erfahren und beinahe einen Kollaps bei der Nachricht erlitten: »Ich war wie vom Blitz gerührt, ich fing an bieterlich zu weinen.« Als Sophie den Grund des Unglücks erfährt, erklärt sie, daß sie den Herrn schon nach Hause schicken werde, wenn er es sich einfallen lassen sollte, um sie zu werben. Die verstörte Gouvernante kann sie aber erst am nächsten Abend beruhigen: »Sie lacht mich immer wegen meiner Besorgniß aus«, schreibt Danscour an Hardenberg und bittet ihn, der sich über die Treue seiner Liebsten freuen darf, Sophie nichts von ihren Informationen mitzuteilen.

Die zunächst heimliche, inoffizielle Verlobung war zu dieser Zeit längst vollzogen: »Den 15ten März sagte Sie mir zum erstenmale, daß Sie Mein seyn wollte«, also zwei Tage vor ihrem 13. Geburtstag. Wann die Eltern der Braut von der Verlobung erfuhren und einwilligten, wissen wir nicht; Bruder Karl, damals in Lützen stationiert, besorgte im Juni 1795 Sophies Verlobungsring und im August den berühmten Ring für Fritz mit Sophies Miniatur auf der Vorderseite und der Inschrift auf der Rückseite: »Sophia sey mein Schuz Geist« – der Ring ist heute im Stadtmuseum Weißenfels ausgestellt.

Keines der erhaltenen Dokumente zwischen November 1794 und März 1797 enthält eine Information über Erotik und Sexualität. Prüderie bei Friedrich von Hardenberg oder Sophie von Kühn ist wohl eher nicht die Ursache für diese Leerstelle: Gerhard Schulz hat in seinem Essay »Novalis' Erotik. Zur Geschichtlichkeit der Gefühle« gezeigt, daß der Dichter bis in die späte Lebenszeit auf vielfältige Weise über Liebe und Geschlechtlichkeit nachgedacht und geschrieben hat, nicht selten mit äußerster Radikalität. Wahrscheinlicher ist, daß Antons Vernichtungswahn hier besonders schlimm gewütet hat. Übrigens geht Schulz nicht auf das bereits zitierte Sponsieren, die »gemeinen Gunstbezeugungen« ein. In der Forschung taucht auch sonst gelegentlich die Vermutung auf, die Begegnung mit einem schönen jungfräulichen Mädchen habe Hardenbergs sexuelle Wünsche und Visionen aufgehoben.

Die Realität sah doch so aus: Vor der Begegnung mit der jungen Geliebten und nach ihrem Tod wird Novalis oft von sexueller Begierde heimgesucht. Noch am 16. November 1794, einen Tag vor dem ersten Zusammentreffen mit Sophie, schreibt er seinem Freund Christian Brachmann mit einem Schuß Selbstironie über sich in der dritten Person Singular aus Justs Büro, »daß in der alten räuchrigen Amtsstube ein wahres Pandämonium zu seyn scheint, in welchem ihn unaufhörlich der Wollustteufel chicanirt und mit voluptuoesen Bildern vor ihn herum auf dem Papier tanzt«, und sehr bald nach Sophies Tod schildert Hardenberg in seinem vom 18. April bis zum 6. Juli reichenden »Journal« völlig offen die Herrschaft der »Lüsternheit«. Darüber, wie das junge Paar seine Sexualität gelebt haben mag, ist in den vergangenen zwei Jahrhunderten unter verschiedenen Vorzeichen viel spekuliert worden.

Festzuhalten ist, daß die beiden in ihrem ersten Jahr auf dem Weg in die lebenslange Gemeinsamkeit sind, zumal Hardenberg, wenn auch nicht ohne Bangen, auf die Zustimmung des gestrengen Vaters hoffen darf und der bisher schärfste Warner, dessen Antwort-Briefen wir Nachrichten über das vom älteren Bruder Unternommene und Geschriebene entnehmen, inzwischen seinen Widerspruch und Widerstand aufgegeben hat: Erasmus. Er hatte, kaum daß ihm Friedrichs Bericht über seine erste Begegnung mit Sophie und die gewünschten Folgen ins Haus gefallen war, beinahe einen Aufstand gegen Fritz inszeniert. Er attackierte und verwarf in zwei langen Briefen vom 28. November und vom 6. Dezember fast alles, was ihm der Verliebte, offenherzig und auf volles Verständnis hoffend, unterbreitet hatte. Erasmus mißbilligte die vermeintliche Vernachlässigung der Folgen, die Friedrichs Schritt sein ganzes Leben hindurch zeitigen könnte, die Gefährlichkeit einer bloßen Leidenschaft, die Erasmus gegen den Protest des Bruders in der Affäre sah. Er bestritt die Gewißheit des Bruders, daß er von Sophie niemals nur die verachteten gemeinen Gunstbezeugungen empfangen werde. Erasmus tadelte den Viertelstunden-Entschluß, hinter dessen Schnelligkeit er ebenfalls bloß kopflose Leidenschaft witterte, und Friedrichs Überzeugung von Sophies Treue, für die nach Meinung des Kritikers ein vierzehnjähriges Mädchen niemals bürgen könne. Erasmus erregt sich ganz generell, über die Vorstellung von Fritz, daß er heiraten wolle, und über »das kalte entschlossene Wesen, was durch Deinen ganzen Brief herrscht«.

Im zweiten Brief bezweifelt Erasmus, daß der Bruder durch seinen Bund mit dem Mädchen »in den längst ersehnten Port der Ruhe, der Zufriedenheit und der stillen Glückseligkeit« gelangen werde. Die Kritik an der Liebesbeziehung verbindet Erasmus sodann mit starken Bedenken gegen Friedrichs Plan, sich »dem Vater substituieren zu lassen«, das heißt: in den Salinendienst zu treten. Unter Hinweis darauf, daß der Kurfürst »ein Feind von allen Substitutionen des Sohnes bei dem Vater« sei, warnt Erasmus, weil »die unendliche Verschiedenheit Eurer Denkungs- und Handlungsart und -weise eine ungeheuere Kluft zwischen Euch befestigt hat ... Blinder Religionseifer und wütende Feindschaft gegen alles, was Neuerung heißt, haben eine ewige Scheidewand zwischen Euch aufgerichtet«, urteilt Erasmus über den Vater – nicht ahnend, daß der bedenkliche Plan ein Jahr später Wirklichkeit wird und die Kooperation zwischen Direktor und Assistent dank Friedrichs Klugheit und Geschick gelingt.

Trotz seiner massiven Kritik versichert der jüngere Bruder dem älteren übrigens seine Liebe bis zum Tode und lenkt präventiv ein: »Wenn aber Deine sententia einmal sic stat, nun, so begleiten Dich auch meine wärmsten Wünsche für Dein Bestes«, schreibt er am 28. November; diesen Zuspruch bekräftigt er am 6. Dezember ohne Wenn und Aber: »Meine besten Wünsche, daß Du an der Hand Deiner Sophie die drei Ungeheuer in dem Labyrinthe des menschlichen Lebens: Hypochondrie, Mißmut und Langeweile umbringen magst, begleiten Dich.« Als Erasmus Sophie schließlich kennenlernt und in Grüningen mit Herzenswäre aufgenommen wird, fallen alle Bedenken schnell und für immer zusammen.

Der Weg des jungen Paares scheint nun auch von daher frei, der erste Jahrestag der Begegnung rückt heran, da erreicht Hardenberg am 12. November 1795 in Tennstedt die alarmierende Nachricht:

> Es sey ein Bote da und die Philosophie wäre krank – selbst da erschrak ich nicht sonderlich – eilte jedoch ins Amt und erfuhr da von der Justen – daß der Hofrath Ebhard von Sondershausen geholt worden sey – Ohne weiter mich zu erkundigen lief ich fort und zur Stadt hinaus – Ich trat ins Haus und fand alle bestürzt – Ebhard declarirte sie für eine gefährliche Patientin – die Leber war stark entzündet – die heftigsten Schmerzen, seit dem Montag, schlaflose Nächte, brennendes Fieber – Schon war ihr zweymal zur Ader gelassen – Sie war sehr matt, konnte sich nicht rühren aber heiter und gelassen.

Hardenberg vermeldet danach Besserung und ist »wieder vergnügt.« Er kann noch nicht wissen, daß die Besserungen in Sophies Befinden immer nur vorübergehend sein werden. Die Biographie steht in ihrem Lauf vorübergehend still. Bis hierher beherrscht das glückliche erste Jahr des Liebespaares die Darstellung scheinbar vollständig – bis Hardenberg seine erste Stelle annimmt.

Ungeachtet der Einwände von Erasmus folgt Novalis nämlich dem Wunsch des Vaters und erklärt sich zu einer Anstellung bei der kursächsischen Salinenverwaltung bereit. Am 1. Dezember begibt sich der Salinendirektor nach Dresden, um dort die Sache des Sohnes zu führen. Am 16. Dezember richtet er das Gesuch an den Kurfürsten, Friedrich »als Accessißten bey den schriftlichen Geschäften Höchst Dero Salinen Local Direction adhibiren zu dürfen«; am 30. Dezember wird die Genehmigung erteilt. Bruder Karl schickt Fritz schon einen Tag später einen wahren Jubelruf aus Lützen, und zwar »eines Boten wegen, den mir Caroline geschickt hat, und mir die Nachricht geschrieben, daß der Vater in Dresden, wegen Dir alles durchgesetzt hat.« Woher die Schwester das gewußt hat, bleibt offen – richtig ist die Botschaft allemal, und der Jubel in Grüningen kennt keine Grenzen: »Sie hätten unß alle für toll gehalten«, schreibt Jeannette Danscour an Hardenberg, »wir weinden und lachten, stißen alles um, was uns im Wege kam, schrien einander zu, gottlob wir behalden ihn hier, ein Glück, war es in der That, daß Sie nicht gegenwärtig waren, sonst hätten Sie gefahr gelaufen von uns aufgefreßen zu werden.«

Im Augenblick des Gelingens zögert der Salinenakzessist vorübergehend. Als er dem Freund Brachmann das Geschehene meldet, erklärt er: »Mein Vater hat, glaube ich, denn noch habe ich nicht umständlich mit ihm gesprochen, meine Anstellung bey der Saline in Dresden erlangt. Ganz bin ich nicht in meine Sfäre gekommen – die Zeit, denke ich, wird mich schon näher rücken; Man muß vielleicht in allen Sätteln gewesen seyn, um auf Einem recht zu sitzen.« Noch über drei Jahre später wird er, obwohl längst bestausgebildeter, praxiserfahrener, außergewöhnlich pflichtbewußter Ingenieur, in einem seiner autobiographischen Brief-Berichte an den Gönner und Vorgesetzten Julius Wilhelm von Oppel feststellen: »Der Wunsch meines Vaters und die Rücksicht auf ein sehr glückliches damaliges Verhältniß riß mich in meine jetzige Laufbahn – für die mich vorher weder Neigung noch Studien bestimmt hatten.«

Am 5. Februar 1796 trat der Salinenakzessist Friedrich von Hardenberg seinen Dienst beim Salinenamt Weißenfels an. Vorher gebot ihm sein Pflichtbewußtsein, Wissenslücken noch vor Dienstbeginn zu schließen; daher ging er am 6. Januar nach Langensalza, wo er bei den Mandelslohs logieren konnte, und studierte bei dem weitbekannten Chemiker und Apotheker Johann Christian Wiegleb in einem zweiwöchigen Kurs Chemie und Halurgie (Salzwerkskunde) – »Wiegleb«, berichtet Just, »der gewiß in seinem Fache ein competenter Richter war, nannte Hardenbergs Namen nie anders als mit Ehrerbietung« – dies wohl die früheste Anerkennung für seine schnell wachsende eigene Kompetenz, die wie so vieles in diesem Dichter/Techniker-Leben von seiner genialen Auffassungsgabe getragen wurde.

Nach Absolvierung des Kurses trat Hardenberg in ein technisches System ein, das er, wie wir wissen, schon in seiner Kindheit bei Besuchen mit dem Vater erlebt hatte und dessen innere Strukturen sich ihm nun erschlossen.

Das System bestand aus den drei kursächsisch-landesherrlichen Salinen Artern, Kösen und Dürrenberg, dem jüngsten Salzwerk. Sein Schöpfer war, nach Vorläufern im 17. Jahrhundert, der »Vater« der drei Cocturen, Johann Gottfried Borlach (1687–1768), geborener Dresdner, »ein Leben lang Autodidakt, der jede Bildungsmöglichkeit nutzte« zum Beispiel sechs Jahre als Mitglied der Berliner Malakademie. Von August dem Starken entdeckt, begann er in dessen Auftrag an der Reform der polnischen Salzbergwerke mitzuwirken. Diese produzierten Steinsalz; in Kursachsen, Borlachs eigentlichem Arbeitsfeld, ging es »um meist schwachprozentige Sole, die erst siedewürdig aufbereitet und stufenweise konzentriert werden mußte. Das geschah, indem die Sole mit einem in der Regel sehr aufwendigen Fördermechanismus zum Verdeck der Gradierwerke gepumpt werden mußte, um dann beim Herabrieseln an den Dornen Wasser zu verdunsten und schwerlösliche Salze auszukristallisieren.« Das galt, mit technischen Neuerungen wie energiesparenden Siedeherden, auch noch zu Hardenbergs Zeiten.

Erst recht blieb Borlachs Definition der Sole in Kraft: »Sole ist ein Wasser, welches durch Salzgebirge gegangen ist, sich in selben gesalzen hat und mit dem Salze hervorkommt.« Die zentralen Verfahren der Salzgewinnung – Soleförderung, Gradierung und Siedung – hatten ihren Ausgangspunkt auch 1796 und später in der Salzlösung. In mehreren Reskripten verordnete August der Starke, der Salz als kurfürstliche Einnahmequelle sah und seine Gewinnung förderte, ja: befahl, dem Salinenwesen Aufschwung – sein Enkel Kurfürst Friedrich August III., sicher kein Verschwender wie der Großvater, trat dennoch in dessen Fußspuren: So wie 1737/38, freilich schon unter dem Sohn des legendären Monarchen, die Saline Kösen 25 843 Stück Salz produzierte und 11 873 Taler an die Staatskasse abführte, wird auch Hardenbergs Landesherr jährlich bedeutsame Summen von den Salinen erwarten.

Von der konkreten Tätigkeiten des Akzessisten überliefern die Dokumente wenig; wohl hören wir aber aus den Briefen nicht nur Anstrengung, sondern auch mancherlei Stöhnen heraus: »Meine Zeit ist so getheilt, daß ich wenig oder nichts abmüßigen kann ... Mein Vater setzt mich jetzt in unaufhörliche Bewegung ... In den nächsten zwei Monaten werde ich nicht 8 Tage zu Hause seyn. Ich muß ex officio eine Menge Zeit höchst langweilig vertrödeln, Die eigentliche Arbeit ist sehr beschränkt ... Ich bin Dir jetzt immer in Athem. Das geht von einem Ort zum andern. Ich für mein Theil wäre fürs Stillsitzen.« Andererseits und gleichzeitig schlägt er, für den diese Arbeit völlig neu und ungewohnt ist, andere, hellere Töne an; so schreibt er Ende Februar an Caroline Just (und indirekt an den »Onkel« Coelestin): »Es geht mir übrigens recht wohl, und ich hoffe, daß der Onkel mit seinem Schüler zufrieden seyn soll. Täglich fühle ich den unendlichen Nutzen meines Lehrjahrs. Die Ordnung, die der Onkel oft tauben Ohre predigte, wird mir jezt Bedürfniß ... Ich lebe auch jezt mit Liebe ganz meinen Geschäften ... Ich muß mir mein gutes Schicksal verdienen und nur die Tugenden eines Geschäftsmanns führen den lohnendsten aller Wege.«

Zeitknappheit, ständige Ortswechsel haben im übrigen einen sehr konkreten Hintergrund: Schon seit Borlachs Anfängen im Salinenwesen galt für Artern, Kösen und Dürrenberg, »daß keine von den drei Kursächsischen Staatssalinen ein eigenständiger Betrieb war ... Nichts geschah in Dürrenberg, was nicht mit der Produktion, den Baumaßnahmen und dem Haushalt der Salinen in Artern und Kösen abgestimmt gewesen wäre.« Eine solche Struktur brauchte einen ständigen Nachrichtenfluß; Hardenberg junior, der geübte Reiter, war sicher ein idealer Bote.

Mit einer Ausnahme sind keine amtlichen Dokumente über die Arbeit des Akzessisten erhalten; die Ausnahme ist ein Protokoll Hardenbergs aus Kösen vom 11. Juni 1796 über eine Versammlung des Salinendirektors und des Bergrats Heun mit den Kohlenfuhrleuten: »Verzeichneten ward das neue Generalregulativ ... vorgelesen, und von dem Herrn Salinendirector hin und wieder ihnen mündlich erläutert ... Eodem beschwerten sich einige der anwesenden Fuhrleute über Vexationen, denen sie auf der angewiesenen Kohlenstraße von fremden Fuhrwerk, besonders von Sulzaer Salzwagen, die diesen Weg zur Umfahrung des Altenburgischen Geleits benutzen, ausgesezt wären. Der Herr Salinendirector versprach für ihre deshalbige Sicherheit zu sorgen und in vorkommenden Fällen sich, mittelst einer Anzeige, an das Fürstlich Altenburgische Geleite zu wenden.« Das Schriftstück ist zweimal mit »Friedrich von Hardenberg« unterzeichnet.

Von besonderer Wichtigkeit war neben seiner fachlichen Ausbildung das allmählich wachsende Kooperations-Verhältnis von Vater und Sohn. Nach anfänglichen Klagen des Jüngeren, die Erasmus in seinen Warnungen vor der Substituierung beim »Alten« zu bestätigen schienen, bildete sich durch notwendige enge Zusammenarbeit eine Verständigung heraus, an der auch die bekannte Abneigung des Direktors gegen alles Neue nichts änderte. Ist die Vermutung abwegig, daß zu dieser Entspannung am Arbeitsplatz neben Friedrichs Klugheit und unaufdringlicher Souveränität auch die völlig überraschende, von der ersten Begegnung an nahezu stürmische Zuneigung des Vaters für Sophie mitwirkte? Er hat die junge Braut des Sohnes ja über seine eigenen Töchter gestellt.

Sechstes Kapitel

Fichte – Ich und NichtIch – Fragmentsammlungen – Von der Antike-Begeisterung über Shakespeare zur Romantik – Symphilosophieren – Literaturstreit zwischen Schiller und Friedrich Schlegel

Dies ist die Biographie eines Dichters. Sie zeigt, bedingt durch seinen frühen Tod, eine Merkwürdigkeit: Seine poetischen Hauptwerke erscheinen wie zusammengedrängt auf die letzten vier, fünf Lebensjahre. Nach dem Massiv des Jugendnachlasses durchschreiten wir eine flache Ebene; da und dort steht ein Baum, auch einmal eine Baumgruppe. Es sind fast nur Gedichte, ungleich in der Qualität, wir wählen aus, und es gibt eine fast baumlose Strecke, ungefähr von der Länge der Universitätsjahre: Da hatte er selten den Kopf frei für Lyrik.

Auf zwei Gedichte blicken wir weit zurück. Wie schon erwähnt, erscheint im April 1791, mitten im Jenaer Studienjahr, in Wielands »Neuem Teutschen Merkur« seine Erstveröffentlichung »Klagen eines Jünglings«, neun Stanzen mit einem stark stilisierten lyrischen Ich, das in fünffüßigen trochäischen Versen auf den Leser zuschreitet, weniger Individuum als Rollen-Spieler, hin und her gerissen zwischen traumhaften Glücksvisionen und unmännlicher Kraftlosigkeit, voller Pathos im Ganzen, zum Schluß mit dem Wunsch an die Parze, sie möge ihm, da ihn »dies Leben, das nicht Leben ist« drückt, »Sorge, Elend und Beschwerden« geben »und dafür dem Geiste Energie«.

Wieland, mit seinem bekannten Gespür für junge Talente, schickte dem Gedicht des Debütanten eine für sein Feingefühl und seine Toleranz sprechende Ankündigung voraus:

> Ich rücke manches Gedicht(vel quasi) in den Merkur ein, nicht weil es mir gefällt, sondern weil ich dem Verfasser einen kleinen Platz zu öffentlicher Ausstellung eines Products seiner Art und Kunst, worüber er die Stimmen der Liebhaber und Kenner zu hören wünscht,

nicht versagen kann oder will. Aber dieses Gedichtchen (den ersten, noch wilden aber anmuthigen Gesang einer jungen Muse) theile ich mit desto größerem Vergnügen mit, da der bescheidene Verf. durch mein unvermuthetes Wohlgefallen beynahe noch mehr überrascht wurde, als ich durch sein unvermuthetes Talent, und seine heut zu Tage an Jünglingen so seltene Bescheidenheit.

Einigen weniger bedeutsamen Stücken auf der fast verslosen Strecke folgt 1794 in zwei vierzeiligen Strophen das auf den ersten Blick eher unscheinbare Gedicht »Walzer«, das Richard Samuel als »Hochform der Rokokodichtung« sowie als Höhepunkt und Abschluß von Hardenbergs Dichtung in diesem Stil einschätzt:

Hinunter die Pfade des Lebens gedreht
    Pausirt nicht, ich bitt euch so lang es noch geht
Drükt vester die Mädchen ans klopfende Herz
    Ihr wißt ja wie flüchtig ist Jugend und Scherz.

Laßt fern von uns Zanken und Eifersucht seyn
    Und nimmer die Stunden mit Grillen entweihn
Dem Schuzgeist der Liebe nur gläubig vertraut
    Es findet noch jeder gewiß eine Braut.

Mit annähernd daktylischem vierhebigem Versbau, wobei alle Verse als Auftakt eine Senkung führen, gelingt Novalis die poetische Präsentation eines damals revolutionären Tanzes. Im Jahr 1794 hatte die von Novalis bewunderte (und später in der Fragmenten-Chronik »Glauben und Liebe oder Der König und die Königin« als humanes Vorbild hochgelobte) preußische Kronprinzessin und spätere Königin Luise einen Skandal provoziert, als sie mit ihrer Schwester Friederike erstmals auf einem Berliner Hofball Walzer tanzte. In dem kleinen, aber feinen Gedicht rühmt Novalis mit der neuen Tanzform auch sprachlich-musikalisch eine kulturelle Novität und läßt sein Ich als dezent dirigierenden Tanzmeister auftreten.

Wie ein intuitiver Vorgriff auf künftiges Lebens- und Liebesglück erscheint im siebten Vers das Motiv vom »Schuzgeist der Liebe«: Ein

Jahr später läßt der Dichter, wie wir wissen, in seinen Verlobungsring den die junge Braut erhöhenden Satz eingravieren: »Sophia sey mein Schuz Geist«. Daß dieser Spruch nicht nur irdisches Glück beschwört, sondern nach Sophies Tod weiterlebende Erinnerung an sie ausdrükken wird, kann Novalis 1794 nicht ahnen. Tatsächlich lebt der Schutzgeist an drei markanten Stellen des Roman-Fragments »Heinrich von Ofterdingen« poetisch weiter: Im ersten der beiden »Zueignung«-Sonette, das von einem kräftigen lyrischen Ich dominiert wird, stellt Hardenberg die Muse der Poesie als stillen Schutzgeist seiner Dichtung vor; im dritten Kapitel, der von Kaufleuten erzählten Geschichte einer im Walde verirrten Königstochter, die dort ihren Geliebten findet und von ihm in der Liebesnacht gebeten wird, »die heiterste Zukunft von dem Schutzgeiste ihres Herzens mit Zuversicht zu erwarten«; im 8. Kapitel schließlich nehmen Mutter und Großvater am Glück von Heinrich, dem neuen Sohn des Dichter-Zauberers Klingsohr, »den zärtlichsten Antheil« und verehren Mathilde, Klingsohrs Tochter und Heinrichs Geliebte, »wie seinen Schutzgeist«.

Voll leuchtender Klarheit, bildstark und klangvoll steht das siebenstrophige, von der Überschrift bis zum Schlußvers Sophie und ihrer beider Liebe gewidmete Geburtstagsgedicht zum 17. März 1795 vor uns. Es beginnt:

> Wer ein holdes Weib errungen
> Stimme seinen Jubel ein.
> Mir ist dieser Wurf gelungen
> Töne Jubel – die ist mein.
> So hat nie das Herz geschlagen
> Nie so hoch und nie so gut.
> Künftig neigt vor meinen Tagen
> Selbst der Glücklichste den Hut.

Das Gedicht hat ein deutlich erkennbares Vorbild, nämlich Schillers Ode »An die Freude«. Der erste Vers ist wörtliches Zitat aus Schillers zweiter Strophe, der zweite weicht nur im Verb von Schillers Fügung ab: »Mische seinen Jubel ein«, Hardenbergs sieben Stanzen gleichen mit den vierhebigen trochäischen Versen samt Kreuzreim und dem strengen Wechsel von klingender und stumpfer Kadenz dem klassischen Muster; insgesamt aber wird man keinesfalls von Kopie sprechen können, sondern nur von beflügelnder Ähnlichkeit. Novalis schwingt sich zwar noch einmal am bewunderten Vorbild zu einem lyrischen Höhenflug auf, geht aber thematisch weit von Schiller weg: Sein huldigendes Jubellied gilt nicht, wie bei Schiller, dem globalen Weltkreis, auch nicht dem lieben Vater oder großen Gott überm Sternenzelt, sondern dem geliebten Mädchen und dem »Bund der Herzen«. Dieser erreicht allerdings an mehreren Stellen transzendente, und zwar deutlich christliche Weihen: Den Bund »umschlingt ... der Ring der Ewigkeit«, und »im Himmel ist geschlossen / Unsrer Herzen süßer Bund«. Die Vereinigung des Irdischen mit dem Überirdischen darf man durchaus als den Kern dieses hellen Gedichts verstehen, in dem schon auch sehr irdisch gewünscht wird, daß die hochschwangere Mutter der Braut bald wieder »frisch und ledig« bei ihnen steht.

Mit 13 Stanzen ist das »Lied beym Punsch am Abend der Trennung« das längste der 1795er Gedichte. Ungewöhnlich ist die Kürze der Zeilen, welche die Liedhaftigkeit stützt: Alle Verse haben bei strikt jambischem Metrum und abwechselnd klingender und stumpfer Kadenz bloß drei Hebungen, nur die jeweils zweiten Verse reimen; Versbau und Reimtechnik fördern die Lockerheit des lyrischen Vortrags, aber gleichzeitig dessen Prägnanz. Die ersten vier Strophen würdigen »aus voller Schaale den edelsten Genuß« des Getränks, das Generationen vom Greis bis zu den Enkeln vor allem durch Lust und Fülle des Herzens erfreut. In den folgenden Stanzen erscheinen, zum Teil mit ihren Kinder- und Necknamen, Sophies Mutter und Stiefvater, Wilhelmine von Thümmel, die Mandelslohs, Schwester Caroline, auch Gäste von auswärts, wobei unversehens die Stube zum Tempel, der Punschtisch zum Altar wird, »bis zum Schluß das utopische Bild eines Zeitalters der Liebe und Harmonie aufscheint« (Balmes). Dabei wird auch auf Ideale der Französischen Revolution angespielt, mit denen die Grüninger sympathisierten:

Auch ihr könnt freudig walten
Für diesen Zeitbeginn.
Wirkt der Natur entgegen

Und wirkt mit Einem Sinn.
Ist jeder gut und thätig
Für Menschenrecht und Wol,
Und ist auf seiner Stelle
Ein jedes, was es soll.

So wird in süßer Reife
Die Menschheit, himmlisch schön,
Erwacht von langen Schlummer,
In bessre Zonen gehn.

Eine Doppel-Frage soll den Lyrik-Exkurs Mitte der neunziger Jahre beschließen: Was wußten Hardenbergs Eltern, was wußten Sophies Eltern und die Grüninger überhaupt vom Schreiben des Dichters, der sich ab 1798 Novalis nennen wird? Es gibt keine Äußerungen der Weißenfelser »Alten« dazu, die doch immerhin wahrgenommen haben müßten, daß gewichtige Besucher ihres Sohnes, vor allem Friedrich Schlegel und ab 1799 Ludwig Tieck, Schriftsteller waren und in ihrem Wohnhaus Autoren-Gespräche stattfanden; wir haben aber keinen Hinweis, daß Mutter und Vater Texte Friedrichs und sein Pseudonym kannten und darauf reagierten. Die Grüninger dürften mehr gewußt haben – Sophie, den Eltern, den Schwestern, der Danscour dürfte der Dichter Texte wie das Geburtstags- und das Punsch-Gedicht gezeigt, vielleicht vorgetragen haben; Belege dazu und etwaige Urteile gibt es nicht – anders als bei Justs: Hardenbergs bescheidener Lehrmeister hat überliefert, daß er ihn auch als Dichter kannte.

Als Dichter und als Philosophen – das zitierte Bekenntnis Hardenbergs zur Philosophie als Seele seines Lebens im Zeichen der Sophia wird durch sein Vordringen in eine hochaktuelle, aber schwierige Gedankenwelt bekräftigt: Es ist die spröde Ich-Philosophie des kantigen Einzelgängers Johann Gottlieb Fichte aus Rammenau in der Oberlausitz, der auf wundersame Weise mit der Familie des Salinendirektors verbunden war: Den talentierten achtjährigen Sohn eines Bandwirkers entdeckte eher zufällig Ernst Haubold von Miltitz, Herr auf Schloß Siebeneichen bei Meißen; dieser beschloß, für Erziehung und Bildung des Jungen zu sorgen, der einige Jahre von dem kinderlosen Pfarrer-

Ehepaar Krebel in Niederau nahe Meißen liebevoll aufgenommen wurde und seit 1774 die Fürstenschule Pforta besuchte. Nach dem Tod des Gönners im gleichen Jahr übernahm dessen Verwandter, der Salinendirektor von Hardenberg, unterstützt von der Witwe, in einer Art Vormundschaft die Kosten der Ausbildung an der berühmten Schule, die er selbst absolviert hatte, und ab 1780 für einige Jahre auch den Lebensunterhalt des Studenten Fichte, der nach Jahren trübseligen Hauslehrer-Daseins 1791 Zugang zu Immanuel Kant in Königsberg fand; dieser empfahl die Erstschrift seines Besuchers, den »Versuch einer Kritik aller Offenbarung« zum Druck und gab den Namen des wahren Verfassers bekannt, als man ihn selbst fälschlich dafür hielt: Mit einem Schlag war Fichte berühmt. 1794 übernahm er in Jena den Philosophie-Lehrstuhl von Reinhold, der einem Ruf nach Kiel folgte. Zwei politische Streitschriften von 1793 hatten ihm den Ruf eines Jakobiners eingetragen: »Zurückforderung der Denkfreiheit von den Fürsten Europens, die sie bisher unterdrückten. Eine Rede« und »Beitrag zur Berichtigung der Urteile des Publikums über die französische Revolution«. Mit dem Amtsantritt stand aber schon der Titel seines in immer neuen Anläufen und Ergänzungen vertieften und variierten, doch nie vollendeten Hauptwerks fest: »Wissenschaftslehre«. Drei Teilschriften dienten, als Manuskript gedruckt und bogenweise an Fichtes Hörer in den Vorlesungen verteilt, als Auskunft über die je aktuellen Denkschritte des Philosophen und gaben die Grundlage für Novalis' von Herbst 1795 bis Herbst 1796 verfaßten »Fichte-Studien« ab – fast 500 Seiten Aufzeichnungen, fern jeder Systematik.

Novalis traf den Philosophen im Sommer 1795 erstmals persönlich in Jena bei dessen dortigem Amtskollegen Friedrich Immanuel Niethammer, dem Herausgeber des »Philosophischen Journals«, wobei auch Hölderlin anwesend war. Dabei wurde – so das Tagebuch des Gastgebers – »viel über Religion gesprochen und über Offenbarung und daß für die Philosophie hier noch viele Fragen offen bleiben.« Welche Hochachtung Fichte damals unter den Intellektuellen der kleinen Universitätsstadt genoß (daß er zeitweilig Schwierigkeiten mit einigen rüden Studentenorden hatte, steht auf einem anderen Blatt: er eckte nicht selten aus eigener Mitschuld an), bezeugt eine briefliche Äußerung Hölderlins vom November 1794:

> Fichte ist jetzt die Seele von Jena. Und gottlob! daß er's ist. Einen Mann von solcher Tiefe und Energie des Geistes kenn ich sonst nicht. In den entlegensten Gebieten des menschlichen Wissens die Prinzipien dieses Wissens und mit ihnen die des Rechts aufzusuchen und zu bestimmen und mit gleicher Kraft des Geistes die entlegensten, kühnsten Folgerungen aus diesen Prinzipien zu denken und trotz der Gewalt der Finsternis sie zu schreiben und vorzutragen, mit einem Feuer und einer Bestimmtheit, deren Vereinigung mir Armen ohne dies Beispiel vielleicht ein unauflösliches Problem geschienen hätte – dies, lieber Neuffer! ist doch gewiß viel und ist gewiß nicht zu viel gesagt von diesem Manne. Ich hör ihn alle Tage. Sprech ihn zuweilen.

Die Wortwahl Hölderlins trifft Fichtes Größe, seinen unbeirrbaren philosophischen Weg und die strenge Ausschließlichkeit seines Denkens, der sich Novalis, ungeachtet schon früh geäußerter Bedenken, lange nicht entziehen konnte. Der Frühromantik-Forscher Lothar Pikulik hat die Basis von Fichtes Wissenschaftslehre in (unbeabsichtigt) dichter Anlehnung an Fichtes Diktion subsumiert: »Das Ich weiß zunächst sich selbst, ist sich seiner bewußt, damit ›setzt‹ es sich. Zugleich weiß es notwendig, da es sich sonst nicht als Ich erfahren könnte, daß es auch ein Anderes (NichtIch) weiß, welches das Ich begrenzt, so daß es, ebenso wie sich selbst, zugleich jenes Andere ›setzt‹, sich entgegensetzt. Das Wissen des Ich, seine Reflexion, besteht somit aus der permanenten Dialektik von Setzen und Entgegensetzen. Beides ist Akt des Ich als erster und letzter Instanz, wie dies auch in den ersten beiden Grundsätzen zum Ausdruck kommt: ›das Ich sezt sich als bestimmt durch das NichtIch‹, ›das Ich sezt sich als bestimmend das NichtIch‹ ⟨entgegen⟩, woraus der dritte Grundsatz folgt: ›das Ich, und das NichtIch bestimmen sich gegenseitig.‹«

So unerbittlich Fichte sein Denksystem baute sowie dessen Überlegenheit und totale Gültigkeit behauptete – er war sich der kolossalen Probleme der Durchsetzung bewußt; in der Vorrede zur zweiten Ausgabe der Untersuchung »Über den Begriff der Wissenschaftslehre« gab er zu, daß »für die Vollendung des Systems noch unbeschreiblich viel zu thun« und »kaum der Grund gelegt, kaum ein Anfang des Baues gemacht« sei. Er scheute auch simple, wie für Kinder formulierte Anweisungen oder Verlockungen nicht. So begann 1797 der »Versuch einer neuen Darstellung der Wissenschaftslehre« mit einer direkten Anrede an den Leser: »Merke auf dich selbst: kehre deinen Blick von allem, was dich umgibt, ab, und in dein Inneres; es ist die erste Foderung, welche die Philosophie an ihren Lehrling tut. Es ist von nichts, was außer dir ist, die Rede, sondern lediglich von dir selbst.«

Hinter dem gigantischen Unternehmen, das Maßstäbe für alle Wissenschaften setzen und die Philosophie aller Philosophien sein sollte, stand eine fragile, wenngleich kühne Hypothese: Fichte wollte alle Tatsachen des Bewußtseins auf eine erste, ursprüngliche Tathandlung eines reinen Ichs zurückführen, dem seine ganze Aufmerksamkeit galt, mit dem Anspruch, es in seiner Struktur zu durchschauen und »sich selbst beim Denken zuzuschauen, um sich als denkendes Selbst zu begreifen«. Das beurteilt der durchaus lernwillige Novalis treffend als »Sophistik des reinen Ichs«: »Das reine Ich ist überall und nirgends – Es läßt sich nie von sich selbst kriegen.«

Es wäre falsch, die »Fichte-Studien« als Beiträge zu einer philosophischen Fachdiskussion zu lesen und zu deuten: »Er studierte Fichte nicht etwa, um ihn auf dessen eigenstem Feld der Philosophie anzugreifen, sondern um sich selbst in seiner geistig-seelischen Verfassung zu orientieren. Die Bewußtseinsphilosophie macht dabei nur einen Teilaspekt aus«, stellt Friedrich Strack im Band »Novalis und die Wissenschaften« fest. Der Dichter hatte diese zunächst sehr individuelle Schreibabsicht am 12. November 1795, zwei Tage vor der Nachricht von Sophies Erkrankung, Erasmus mit dem Hinweis auf die knappe tägliche Freizeit von drei Stunden angekündigt: »Dringende Einleitungsstudien auf mein ganzes künftiges Leben, wesentliche Lücken meiner Erkenntniß und notwendige Uebungen meiner Denkkräfte überhaupt nehmen mir diese Stunden größtenteils weg.«

Roder und Schulz bekräftigen den Eindruck von Hardenbergs Philosophie-Arbeit als Movens seiner Selbstentfaltung und Selbstdarstellung. Die Begegnung mit Sophie, urteilt Roder, wecke den inneren Menschen in Novalis, jetzt gehe ihm plötzlich der Ernst, der Anspruch dieser Wissenschaft auf; durch ihren methodischen Charakter berge sie »Möglichkeiten des Selbsterfassens, der Selbstbefreiung«; man könne das Studium der Fichteschen Philosophie als kathartischen Vorgang beschreiben, als einen Weg der Aufklärung über sich selbst, des seelischen Umwandelns und der Erkräftigung des denkenden Ich, dessen freie Herrschaft Novalis angestrebt habe.

Schulz hat Hardenbergs Verhalten in problematischen, aber auch in aussichtsreichen Situationen mehrfach als Bemühen eines genialen, mit feinsten Fähigkeiten ausgestatteten jungen Mannes um Festigkeit und Stabilität gedeutet, deren Fehlen ihm gerade wegen seiner Hochbegabung zum Verhängnis werden könnte, obwohl ihn seine besten Kräfte mühelos zu tragen scheinen: »Der Wunsch, an den Konstruktionen der Philosophie das Denken zu schulen, war geblieben, aber zugleich hoffte er, in der Beschäftigung mit Fichtes Lehre einen neuen Weg zu finden, sein ferneres Leben auf festen Boden zu stellen.« Auch habe »Fichtes Ziel, in seiner Philosophie die tätige Freiheit des Subjekts zu begründen und das empirische Ich zur Erhebung über sich selbst zu leiten«, Hardenberg zu weitreichenden Folgerungen geführt, so etwa zur schon erwähnten Annahme eines Prinzips der Vervollkommnung für eine Menschheit, die auf das Ausbrechen eines tausendjährigen Reiches ebenso hoffen dürfe wie auf den Beginn einer neuen, die Erziehung zur Vernunft anstrebenden und »über die rohe Masse« triumphierenden Kunst.

Betrachtet man die zahlreichen Wiedergaben und Beurteilungen in Hardenbergs »Fichte-Studien«, in späteren Notaten zum philosophisch-theoretischen Werk und in Korrespondenzen, so zeigt sich das zwiespältige Bild: Neben entschiedener Zustimmung stehen ebenso kräftige Kritik und Ablehnung; in einigen Äußerungen des forschenden Suchers stehen Beifall und Verwerfung dicht beieinander. Er hat, als er zu schreiben beginnt, das gesamte bis dahin publizierte Werk Fichtes vor Augen; er schreibt also aus fundierter Kenntnis der ebenso schwierigen wie faszinierenden Texte; auch wo er scharf kritisiert, bezweifelt er keinen Augenblick die Ungewöhnlichkeit des Fichteschen Gesamtbauwerks und den hohen denkerischen Rang des philosophischen Architekten. »Die Fichtesche Filosofie ist eine Aufforderung zur Selbsttätigkeit«, lautet ein Schlüsselsatz in Novalis' »Studien«; das modellhafte Fichtesche Ich agiert in »Thathandlungen«, die vollbracht und weitergegeben werden sollen; der von Novalis erfundene, einige Male fast demonstrativ aufgestellte, sehr anschauliche und fast geheimnisvolle Ausdruck »Urhandlung« beschreibt die Macht und die existentielle Tiefe des denkenden, forschenden und sich selbst erkennenden Ich.

Mit Fichte ist Novalis einig, daß Vervollkommnung und Veredelung der Menschheit oberstes ethisches Ziel aller Philosophie, Wissenschaft und Kunst sein müsse. Zwei Texte belegen diese Übereinstimmung. In Fichtes programmatischer Schrift »Über den Begriff der Wissenschaftslehre« lesen wir unter der Rubrik »Hypothetische Einsichten der Wissenschaftslehre«:

> Alles unser Forschen muß auf den höchsten Zweck der Menschheit, auf die Veredlung des Geschlechts, dessen Mitglieder wir sind, ausgehen, und von den Zöglingen der Wissenschaft aus muß, als vom Mittelpunkte, Humanität im höchsten Sinne des Worts sich rund um sie herum verbreiten.

Novalis signalisiert in der 5. Handschriftengruppe mit großem Geschick und ausdrücklicher Einfügung des hochaufragenden Ich-Nicht-Ich-Gerüsts seine Zustimmung:

> Die Moralität muß Kern unsers Daseyns seyn, wenn sie uns seyn soll, was sie seyn will. Ideal des Seyns muß ihr Zweck, ihr Ursprung seyn. Eine unendliche Realisierung des Seyns wäre die Bestimmung des Ichs. Sein Streben wäre immer mehr zu Seyn. Vom Ich geht der Gang des Bösen herunter, der Gang des Guten hinauf. Die höchste Filosofie ist Ethik. Darum fängt alle Filosofie vom Ich bin an.

Mit einer gewissen Behutsamkeit spürt man im Terrain der »Fichte-Studien« gewisse Andeutungen und Zeichen frühromantischer Theorien und Kunst-Ziele auf, die der Dichter/Philosoph absichtlich oder ungewollt setzt oder auslöst. Überraschend erscheint dabei die Einbildungskraft, ein Grundelement romantischer Poesie, als »fichteanisch« hergeleitet – nachdem der junge Weiter-Denker den funkelnden, verheißungsvollen Begriff an etlichen Stellen der »Studien« unsystematisch verwendet hat, verkündet er in der 6. Handschriftengruppe mit aphoristischer Zuspitzung: »Das grösseste Gut besteht in der Einbildungskraft.« Man darf diese und einige andere geschärfte Sentenzen durchaus als Vorläufer romantischer Fragment-Kunst lesen. In Fichtes eigener Sicht ist die Einbildungskraft übrigens unbewußt tätig, »als sei sie vom Ich gar nicht gesetzt, sondern diesem selbständig gegeben.« Wohl auch deswegen nennt Hermann August Korff im Frühromantik-Teil seines Standardwerkes »Geist der Goethezeit« die produktive Einbildungskraft den für die Romantik folgenschwersten Begriff der Fichteschen Philosophie: Er ist die philosophische Legitimierung der Phantasie.

Bei Novalis wird im Prozeß der sich herausbildenden frühromantischen Theorie und Poesie eine eigenartige, frische, fast robuste Tendenz deutlich: Der starke Impuls von Fichtes Lehre trägt den rastlos Tätigen auf zweifache Weise über das mächtige, doch starre und einseitige Vorbild hinaus. Einerseits fragt Novalis sich selbst und die mit ihm Forschenden, Debattierenden und Schreibenden dringlich: »Giebt es noch außersinnliche Erkenntniß? Ist noch ein anderer Weg offen, aus sich selbst herauszugehn und zu andern Wesen zu gelangen, oder von ihnen afficirt zu werden?« So unüberhörbar ist die Frage in den Kant-Studien gestellt, daß sie nicht einfach verneint werden kann, schon gar nicht aus der Position der Kantschen Erkenntnistheorie von Erscheinung und Ding an sich, die Hardenberg endgültig überschreitet, als er sie neuerlich studiert. Er spekuliere, schreibt Pikulik, mit seiner Frage ausdrücklich auf ein Erkennen außerhalb der sinnlichen Wahrnehmung, nämlich jenes ganz Anderen jenseits der Erscheinungswelt, und er tut es mit dieser zutiefst romantischen, nämlich transzendenten Frage, die auch in Friedrich Schlegels »Sehnsucht nach dem Unendlichen« aufsteigt.

Andererseits und gleichzeitig versucht Novalis Fichtes einseitige Ich-Philosophie durch eine doppelte gegenläufige Denkbewegung zu überwinden, die er mit mehreren Ausdrücken zu fassen bemüht ist: So erscheint in der 1. Handschriftengruppe gleich viermal die Formel »ordo inversus«, sprich: gegenteilige, entgegengesetzte, umgekehrte Ordnung oder Reihenfolge, eine Formel, die er auch dekliniert benutzt, doch nicht definiert; der plastischere, wohl von ihm selbst geprägte Terminus ist »Hin und her Direction«. Man spürt in der Terminologie

Hardenbergs Wunsch, aus dem Gitter der Ich-Nichtich-Konstruktion auszubrechen, was ihm, nach Ricarda Huchs drastischen Urteilen, auch gelungen ist: Er habe, wie auch andere kritische Geister, empfunden, »daß das Fichtesche Ich eine Versteinerung war, losgerissen von dem Zusammenhang der lebendigen Natur«; Novalis habe Blut und Seele in das starre Knochengerüst von Fichtes System geflößt und lebendig gemacht, was bei Fichte »alles toter Begriff« geblieben sei.

Die Fichte-Studien Hardenbergs sind reich an Beispielen für »Hin und her Direction« bzw. ordo inversus. Ein paar Beispiele aus den beiden ersten Handschriftengruppen:

> Frey kann nur bestimmt, also nothwendig, Nothwendig nur bestimmt, also frey seyn ... Wenn in der Reflexion die Reflexion Was ist und das Gefühl Nichts, so ist es in der That umgekehrt, so ist das Gefühl Was und die Reflexion Nichts ... Das absolute Ich geht vom Unendlichen zum Endlichen, das mittelbare Ich vom Endlichen zum Unendlichen Das reine Ich ist nicht anders getheilt, als insofern es Eins ist, und nicht anders Eins, als insofern es getheilt ist ... Die reinste Vorstellung ist Anschauung – die reine Anschauung – Vorstellung. Das reinste Subjective ist objectiv – Das reine Objective – subjectiv ... Das Ich der Reflexion hat aber die Form des Ichs, mithin auch nothwendigen, wenngleich nicht absichtlich reflectirten Gehalt – Es ist also Subject – und das Ich des Gefühls Object. Ist jenes Ich, so ist dieses NichtIch. Reflexion wird hier, was Gefühl ist – Gefühl, was Reflexion ist – sie tauschen ihre Rollen.

Dieser letzte Satz ist so anschaulich wie zweideutig: Wo Fichtes Konstruktion von Ich und NichtIch zu versteinern droht, da kann »ordo inversus« den Schreibenden zu Spielerei und Rollentausch ohne Ende verführen; die »Fichte-Studien« Hardenbergs sind nicht frei davon, an manchen Stellen läuft die übersprudelnde Feder des Jung-Philosophen bis ins Dickicht der Unverständlichkeit davon.

Novalis' Kritik zielt auf zwei Kardinal-Mängel der Ich-Philosophie. Der eine springt dem Leser der »Fichte-Studien« schon ganz früh unter Nr. 5 als scharf gestellte zentrale Frage entgegen: »Hat Fichte nicht zu willkürlich alles ins Ich hineingelegt? mit welchem Befugniß?« Der bloße Verdacht auf Willkür trifft die Fichtesche Doktrin mit deren »Befugniß« – sprich: Anspruch, Anmaßung, Mißgriff – hart; hinter der Frage steht, mit Nr. 8 auf derselben Druckseite, die Überzeugung, »daß Ich sich als Ich sezt muß mit der Antithese eines unabhängigen NichtIch und der Beziehung auf eine sie umschließende Sfäre verknüpft seyn« – dieses NichtIch steht aber bei Novalis auch für ein den bloß subjektiven Bewußtseins- und Erkenntnisakt übersteigendes, unabhängiges Reich von Wirklichkeiten, das vorgegeben ist und unerschöpflich sein kann, wenn es die Menschen nicht frevelnd zerstören.

Der zweite Kardinal-Einwand entspringt tiefem persönlichen Erleben: Die Liebe, die ihn als »Unum des Universums« schon trägt, als er die »Fichte-Studien« bedenkt und schreibt, kommt in deren Text nur ein paarmal beiläufig vor; die Ausnahme bildet ein berühmter, wie vorweg gespendeter Trost wirkender Satz: »Was Du wircklich liebst, das bleibt Dir.« Er verweist auf den ungefähr gleichzeitig verfaßten Brief vom 8. Juli 1796, der, ebenfalls mit einem Hauch von Trost, eingehüllt von der kostbaren Liebes-Wärme mit Sophie, Fichtes Versagen ernst, aber nicht ohne Hoffnung kritisiert:

> Ich fühle in allem immer mehr die erhabenen Glieder eines wunderbaren Ganzen – in das ich hineinwachsen, das zur Fülle meines Ichs werden soll – und muß ich nicht alles gern leiden, da ich liebe und mehr liebe, als die 8 Spannen lange Gestalt im Raum, und länger liebe, als die Schwingung der Lebenssayte währt. Spinotza und Zinzendorf haben sie erfaßt, die unendliche Idee der Liebe und geahndet die Methode – sich für sie und sie für sich zu realisiren auf diesem Staubfaden. Schade, daß ich in Fichte noch nichts von dieser Aussicht sehe, noch nichts von diesem Schöpfungsathem fühle. Aber er ist nahe dran – Er muß in ihren Zauberkreis treten – wenn ihm nicht sein früheres Leben den Staub von den Flügeln gewischt hat.

Fichte trat nicht in den Zauberkreis; wohl auch deswegen stellte Novalis nach etwa einem Jahr die Arbeit an den »Studien« ein. Weitere Differenzen – das fehlende Interesse des Philosophen an Kunst, Poesie und Ästhetik, seine Nichtachtung der Natur und Hardenbergs Quälerei mit dem »furchtbaren Gewinde von Abstractionen« in Fichtes Texten – vergrößerten den Abstand zwischen den Denkweisen des Philosophen und den jungen Romantikern überhaupt – ohne persönliche Gegnerschaft: Ende der 1790er Jahre werden die Dichter dem verfolgten Hochschullehrer im sogenannten Atheismus-Streit entschieden und furchtlos beispringen.

Die »Fichte-Studien« stehen am Anfang eines mehrjährigen komplexen Aufschreibprozesses mit einem Text-Konvolut, das an Umfang Hardenbergs Dichtungen weit übertrifft, ohne sein poetisches Werk und dessen Weltruhm aber nie an die Öffentlichkeit gelangt wäre. Ausgangspunkt der zunächst überblickartigen Betrachtung dieses Werkteils ist die Feststellung, daß die »Studien« und die ihnen folgenden mächtigen Notizen-Sammlungen vom Autor nicht zur Veröffentlichung bestimmt waren; sie gehören in den weiten Bereich philosophischer, kunsttheoretischer und technisch-naturwissenschaftlicher Materialsammlungen, wurden zumeist spontan notiert und nicht weiter bearbeitet; sie bilden keine geschlossenen, systematischen Diskurse und wurden erst Jahrzehnte nach dem Tod des Dichters publiziert. Auf die »Fichte-Studien« von 1795/96 folgen die »Hemsterhuis- und Kant-Studien« vom Herbst 1797, »Vorarbeiten zu verschiedenen Fragmentsammlungen« aus der Freiberger Studienzeit 1798, »Freiberger Naturwissenschaftliche Studien« von 1798/99, »Das Allgemeine Brouillon« (Materialien zur Enzyklopädistik), 1798/99, »Fragmente und Studien 1799/1800« und Teile der »Technischen Aufzeichnungen und Schriften aus der Berufstätigkeit« ab 1797.

Die hier aufgezählten Schriften sind ausnahmslos als je Ganzes wie in ihren Teil-Komplexen unabgeschlossen, fragmentarisch bis zur Bruchstückhaftigkeit; entsprechend begrenzt sind ihre Ergebnisse. Exemplarisch charakterisiert Friedrich Strack die »Fichte-Studien«: »Eine konzise Theorie von ›Selbstbewußtsein‹ – gar eine solche, die Fichte überbieten könnte – hat Novalis weder vor noch nach dem ›Sophienerlebnis‹ geliefert«; die Studien, so Strack, »verdienen als Denkversuche Beachtung, nicht als anspruchsvolle philosophische Konzeption. Eine Fülle heterogener Bausteine (nicht nur philosophischer, sondern auch ästhetischer und höchst privater Natur) machen keine

Theorie aus, und eine ›Kohärenz‹ der Gedanken ist nur bedingt erkennbar.«

Das gilt noch mehr für die anderen aufgeführten Teile, weil sie nicht einmal auf ein je einzelnes Schwerpunktthema bauen wie das Fichte-Sammelwerk. Es sind Schreibübungen großen Stils und Umfangs, hin und her schießend, mit Abkürzungen durchsetzt. Sie sind einerseits bunt, heftig, hitzig, andererseits philosophisch kühl, wechseln zwischen Hermetisch-Schwierigem und Trivialität. In der gleichen Zeit, in der Novalis seine großen poetischen Werke schrieb, »Die Lehrlinge zu Saïs«, den »Heinrich von Ofterdingen« (unvollendet), die »Geistlichen Lieder«, die »Hymnen an die Nacht« – sammelte und häufte er Wissen über Wissen; er trug alles gleichzeitig im Kopf und brachte es mit der langen, selten rastenden, auch beim Lesen in der Hand gehaltenen Feder zu Papier – und ließ es liegen: Nachlaß, was für ein Wort.

Die Freunde Friedrich von Hardenberg und Friedrich Schlegel, die künftigen Mitbegründer des frühromantischen Dichter-Kreises, hatten von Anfang April bis Mitte Oktober 1793 einen fulminanten Briefwechsel geführt, den Schlegel jäh abbrach und Ende Juli 1794, nach einem Dreivierteljahr, zu Hardenbergs Freude mit plausiblen Entschuldigungen wieder aufnahm – um danach erneut fast zwei Jahre zu schweigen. Erst mit dem Entschluß, Dresden in Richtung Jena zu verlassen, wo sich Caroline und August Wilhelm nach ihrer Heirat am 1. August 1796 mit der inzwischen zwölfjährigen Auguste niederließen und den stillen Verehrer der Schwägerin bei sich aufnahmen, klopfte dieser mit nicht sehr starken Entschuldigungen an Hardenbergs Weißenfelser Tür. Der stark beschäftigte Salinenakzessist, Philosoph und Dichter antwortete am 8. Juli mit einem seiner schönsten Briefe, dessen spätere Teile, die Liebeserklärung an die Philosophie und die geliebte, gefährdete Braut schon zitiert wurden – das Schreiben beginnt mit einem makellos gezeichneten Porträt des Freundes, einem Dokument souveräner Dankbarkeit: »Vergessen hab ich Dich auf keine Weise und konnte es so leicht nicht, ohne mich selbst zu vergessen. Du weißt welchen Antheil Du einst an meiner Erziehung hattest. Auch gewöhnliche Dankbarkeit vergißt den Lehrer nicht. Jeder Gedanke an meine historische Bildung war mit Deiner Erinnerung verbunden.« Novalis lobt im weiteren Verlauf des Briefes neue Texte Schlegels über die griechische Komödie und – »ein einziges köstliches Stückchen« – über Goethe: »Du sprichst durchaus neue Dinge, Du bereicherst Sprache und Geist – Du schaffst eine Kritik – Du hast ein tausendfach feineres Netz, durch das kein Fischchen, und wärs ein Essigälchen, entschlüpfen kann.« Dem Lob folgt das rührende, warmherzige Anerbieten: »Einmal für allemal sieh künftig meine Stube für die Deinige an.«

Von nun an werden die Freunde bis zu Novalis' Tod in ständigem persönlichen Kontakt bleiben und lebhaft korrespondieren; allerdings sind Briefe Schlegels nur bis Anfang März 1799 überliefert, das letzte erhaltene Schreiben von Novalis stammt vom 28. Juli 1800 aus Weißenfels. Auf dem Weg von Dresden nach Jena besucht Schlegel Novalis vom 29. Juli bis zum 9. August 1796 in Weißenfels, das er von Leipzig aus zu Fuß erreicht, und Dürrenberg; vom 18. bis 21. Januar und vom 3. bis etwa 17. Juli 1797, kurz vor seiner Hardenberg überraschenden und irritierenden »Flucht« nach Berlin, ist er erneut Gast in der Stube des Freundes. Mehrmals begegnen sich die beiden in Jena, wo Novalis die kranke Braut in ärztlicher Behandlung besucht. Bei solchen Gelegenheiten lernt er auch Caroline und August Wilhelm Schlegel näher kennen, dessen von seiner klugen Frau sprachlich assistierte Shakespeare-Übersetzungen er ebenso hoch schätzt wie Friedrich – beide jungen Autoren sehen in dem großen Briten einen genialen Ahnherrn der romantischen Poesie und in seinen Dramen glanzvolle Vorbilder für die von ihnen angestrebte modernste Dichtkunst.

Es muß, jedenfalls aus Friedrich Schlegels Sicht, beim ersten Wiedersehen der Freunde ein Moment der Fremdheit gegeben haben: »Gleich den ersten Tag«, berichtet er Caroline am 2. August aus Dürrenberg, »hat mich H mit der Herrnhuterey so weit gebracht, daß ich nur auf der Stelle hätte fortreisen mögen.« Schlegel schränkt das scharfe Urteil aber schon im nächsten Satz ein: »Doch habe ich ihn wieder so lieb gewinnen müssen, daß es sich der Mühe verlohnt, einige Tage länger von Ihnen abwesend zu seyn; ohngeachtet aller Verkehrtheit, in die er nun rettungslos versunken ist. – Uebrigens bin ich hier völlig frey, und kann einen grossen Theil des Tages arbeiten, welches ich denn auch tüchtig thue, und doch das langentbehrte Vergnügen der Gedankenmittheilung in vollem Maaß genießen.« Es fragt sich, ob Schlegel Novalis selber mit seiner Irritation und vor allem mit dem abwegigen Vorwurf der »Herrnhuterey« konfrontiert hat. Immerhin nimmt der vorgepreschte Kritiker im letzten Satz des Briefes noch weiter zurück: »Wenn ich oben von Herrnhuterey sprach, so wars nur der kürzeste Ausdruck für absolute Schwärmerey: denn noch wenigstens ist H ganz frey von dem leisesten Anstrich Herrnh⟨uterischer⟩ Niederträchtigkeit.«

Auffällig ist in der beiderseits offenherzig geführten Korrespondenz der begrenzte Raum, den die jeweilige Berufstätigkjeit einnimmt. Schlegel erwähnt Hardenbergs Salinenarbeit mit keinem Wort, obwohl er sie unmittelbar wahrgenommen haben muß; von der eigenen Schriftstellerei versichert er zwar im ersten Brief nach der zweijährigen Pause, sie habe sich »endlich so weit organisiert«, daß sie ihm »Unabhängigkeit und Sicherheit« verspreche – diese Zuversicht ist jedoch ein Jahr später zerfallen: In der Nachricht vom 8. Juni 1797, worin er die bevorstehende Übersiedlung nach Berlin ankündigt, beklagt er, daß in bezug auf seine Schulden »ein neues Leiden« beginne, »wogegen auch keine Resignation hilft, das ertragen und überwunden seyn will und nur in einigen Jahren werden kann.«

Die Ursachen der neuen Bedrängnis sind nicht eindeutig geklärt; an mangelndem Fleiß kann es nicht gelegen haben, und die Kunststadt Dresden, wohin er Anfang 1794 übersiedelt war, wirkte inspirierend: »Ich ... war ebenso glücklich als erstaunt, die lang ersehnten antiken Göttergebilde nun wirklich vor mir zu sehen, unter denen ich oft stundenlang verweilte und umherwandelte, besonders auch in der unvergleichlichen Sammlung der Mengsschen Abgüsse ..., wo ich mich oft einschließen ließ, um desto ungestörter zu bleiben ... Die unvergleichlichen Eindrücke blieben nun die feste Grundlage für meine Studien des klassischen Altertums in den nächstfolgenden Jahren.«

Der Weg zum frühromantischen Theoretiker und Kritiker führt Schlegel über diese weitausgreifenden Antike-Studien, insbesondere der klassischen griechischen Dichtung, die er von vielen Seiten beleuchtet und in einer erstaunlichen Anzahl von Abhandlungen zu fassen sucht. Jahrelang hält er an der Überzeugung fest, daß die Geschichte der griechischen Poesie »eine vollständige Naturgeschichte des Schönen und der Kunst« sei; das Griechentum erscheint ihm als »Bild vollendeter Menschheit«, die Literatur des alten Griechenland ist für ihn »Maximum und Kanon der natürlichen Poesie, ... eine allgemeine Naturgeschichte der Dichtkunst, eine vollkommene und gesetzgebende Anschauung.«

Unter Schlegels Antike-Texten ragt der in Dresden geschriebene, im Januar 1797 vom Hofbuchhändler Michaelis zu Neustrelitz publizierte Groß-Essay »Über das Studium der griechischen Poesie« heraus – ihn meint Novalis mit seiner Brief-Euphorie: »Vollends die Ankündigung Deiner Griechen hat mich ganz außerordentlich bewegt.« Das 250 Seiten umfassende Werk baut eine große, fundamentale Konfrontation zwischen Antike und Moderne auf. Dabei erhält die Dichtung der Griechen, »Urbild« von Poesie überhaupt, mit dem Epiker Homer, dem Lyriker Pindar und dem Tragiker Sophokles als höchste Qualität und unübertreffliche Auszeichnung das Prädikat des Objektiven; dagegen erscheint die moderne, gegenwärtige oder doch erst seit Dante bedeutsame Literatur, zunächst jedenfalls, als bloß interessant, dabei auf die »Darstellung des Häßlichen, Grausamen, Zerreißenden« und auf die Vermischung der dichterischen Gattungen festgelegt. Einige Behauptungen und Urteile aus dem Dresdner Essay:

> Gibt es reine Gesetze der Schönheit und der Kunst, so müssen sie ohne Ausnahme gelten. Nimmt man aber diese reinen Gesetze ... zum Maßstab der Würdigung der modernen Poesie: so kann das Urteil nicht anders ausfallen, als daß die moderne Poesie, die jenen reinen Gesetzen fast durchgängig widerspricht, durchaus gar keinen Wert hat ... Charakterlosigkeit scheint der einzige Charakter der modernen Poesie, Verwirrung das Gemeinsame ihrer Masse, Gesetzlosigkeit der Geist ihrer Geschichte, und Skepsis das Resultat ihrer Theorie ... Der griechische Mythos ist – wie der treuste Abdruck im hellsten Spiegel – die bestimmteste und zarteste Bildersprache für alle ewigen Wünsche des menschlichen Gemüts mit allen seinen so wunderbaren als notwendigen Widersprüchen; eine kleine vollendete Welt der schönsten Ahnungen der kindlich dichtenden Vernunft.

Schiller nannte Schlegels scheinbar grenzenlose Glorifizierung des Griechentums zu Recht »Graekomanie« – ihrem Schöpfer kamen noch vor der Publikation der Programmschrift Bedenken, wohl auch mit Blick auf seine eigenen politischen Schriften und unter dem Eindruck von Einwänden des skeptischen Bruders und des Freundes Novalis. So entstanden inmitten der Graekomanie und nachlesbar im selben Groß-Essay Äußerungen zur stellenweise sogar romantisch genannten Moderne, die nachgerade Widerrufen gleichen; dazu trägt auch eine kurz vor Druckbeginn eingeschobene Vorrede bei. Wir lesen:

> Die Freunde der modernen Poesie werden die Einleitung der Abhandlung über das Studium der griechischen Poesie nicht als mein Endurteil über die moderne Poesie mißdeuten ... Ich meine es ehrlich mit der modernen Poesie und habe mehrere moderne Dichter von Jugend auf geliebt, viele studiert, und ich glaube einige zu kennen ... Was vom Ganzen wahr ist, gilt auch vom einzelnen Teil: wie die moderne Bildung überhaupt, so ist auch die moderne Poesie ein zusammenhängendes Ganzes ... Sehr auffallend kontrastiert die einfache Gleichartigkeit der ganzen Masse der griechischen Poesie mit dem bunten Kolorit und der heterogenen Mischung der modernen Poesie.

Friedrich Schlegel beurteilt, sozusagen aus brüderlicher Nähe, einen in Deutschland (auch von Novalis) bewunderten Dichter als Gipfel der Moderne:

> Shakespeare aber ist unter allen Künstlern derjenige, welcher den Geist der modernen Poesie überhaupt am vollständigsten und am treffendsten charakterisiert. In ihm vereinigen sich die reizendsten Blüten der romantischen Phantasie, die gigantische Größe der gotischen Heldenzeit, mit den feinsten Zügen moderner Geselligkeit, mit der tiefsten und reichhaltigsten poetischen Philosophie. In den beiden letzten Rücksichten könnte es zu Zeiten scheinen, er hätte die Bildung unsers Zeitalters antizipiert. Wer übertraf ihn je an unerschöpflicher Fülle des Interessanten? An Energie aller Leidenschaften? An unnachahmlicher Wahrheit des Charakteristischen?

> An einziger Originalität? Er umfaßt die eigentümlichsten ästhetischen Vorzüge der Moderne jeder Art im weitesten Umfange, höchster Trefflichkeit und in ihrer ganzen Eigentümlichkeit, sogar bis auf die exzentrischen Sonderbarkeiten und Fehler, welche sie mit sich führen. Man darf ihn ohne Übertreibung den Gipfel der modernen Poesie nennen.

Wenige Monate nach der Publikation des Essays greift Friedrich Schlegel mit einem berühmten Meisterwerk Shakespeares in Hardenbergs von schwerer Trauer überschattetes Leben ein: Er schickt dem Freund am 7. Mai 1797 ein Exemplar der von seinem Bruder übersetzten Tragödie »Romeo und Julia«, die er gerade wiedergelesen hat,»wobey die Thränen häufig geflossen sind«; er weist den Trauernden besonders auf die Szene »gleich nach Julias Todestraum« hin und rühmt das Werk: »Hier ist alles Sinn, Geist, Seele, Gemüt. Du wirst mir erlauben, zu bemerken, daß sich dies auch auf die häufigen Toten erstreckt.« Novalis lobt den Übersetzer: »Er hat einen schönen Kranz errungen ... Merkwürdig, daß Du mir jezt Romeo schicktest ... – Ich habe ihn oft gelesen.« Ohne es direkt auszusprechen, gibt er dem Absender zu verstehen, daß er dessen tröstende Absicht versteht.

Zweifellos hat der Romantik-Forscher Klaus Günzel, der Schlegels Essay als »geistesgeschichtliche Wende vom Klassizismus zur Romantik« deutet, mit der Feststellung recht, Schlegels »hinreißende Darstellung Shakespeares« sei derart engagiert ausgefallen, daß sie verrate, »wie stark ihr Verfasser vom Faszinosum der ›interessanten‹ Dichtung bereits überwältigt war.« Schlegel lobt ja auch zeitgenössische deutsche Poeten in kräftigen rhetorischen Fragen: »Wer kann noch an der deutschen Dichtergabe zweifeln, seit der kühne, erfinderische Klopstock der Stifter und Vater der deutschen Poesie ward? Der liberale Wieland sie schmückte und humanisierte? Der scharfsinnige Lessing sie reinigte? Schiller ihr stärkre Kraft und höhern Schwung gab?« Diese Urteile sind ganz im Sinne von Novalis, erst recht aber der Höchstrang, den der Freund Goethe zuspricht, dessen noch druckfrischer »Wilhelm Meister« im berühmten Drei-Tendenzen-Fragment – »Die Französische Revolution, Fichtes Wissenschaftslehre und Goethes Meister sind die größten Tendenzen des Zeitalters« – leuchtet und der die beiden Romantiker noch jahrelang im Bann hält – Schlegel hat zumindest zeitweilig die Vision, daß Goethes Werk die produktive Union von klassisch-objektiver und modern-interessanter Kunst schaffen werde: »Goethes Poesie ist die Morgenröte echter Kunst und reiner Schönheit.«

Das Jahr zwischen Friedrichs Schlegels Übersiedlung nach Jena und seinem Abgang nach Berlin war eine Zeit intensiven Austauschs der Freunde über ihre poetischen, philosophischen und politischen Anschauungen und Publikationen bei den gegenseitigen Besuchen und reger Korrespondenz. Dabei ist zu beachten, daß beide Frühromantiker Gewichtiges zum Gespräch beitrugen, doch nur Schlegel veröffentlichte Texte – er ist, wie auch sein Bruder bald als Autor unter vollem Namen präsent; Novalis wird erst 1798 mit »Blüthenstaub« sowie »Glauben und Liebe« die literarische Bühne betreten: von Anfang an unter Pseudonym.

1796/97 arbeitete Schlegel eng mit Johann Friedrich Reichardt (1752–1814) zusammen. Der Komponist und Musikschriftsteller war seit 1775 unter Friedrich II. Hofkapellmeister, wurde 1794 wegen offen bekundeter Sympathien für die Französische Revolution entlassen, lebte auf einem eigenen Landgut in Giebichenstein bei Halle, war dort Gastgeber vieler junger Künstler (sein Schwager Ludwig Tieck wird 1799 Novalis dort einführen!) und arbeitete 1796 bis 1806 in Halle als Salineninspektor. Schlegel schrieb für Reichardts Zeitschrift »Deutschland«, die zum Beispiel den von Hardenberg als »köstliches Stückchen« gelobten Text »Göthe. Ein Fragment« druckte, und nach deren Einstellung unter Zensurdruck für das in Berlin erscheinende »Lyzeum der schönen Künste«, wo der Essay über Forster und eine Sammlung von 127 »Kritischen Fragmenten« über literarische und philosophische Themen herauskam. Hardenbergs Bemerkung zum Text über Goethe läßt erkennen, daß er die Publikationen des Freundes sehr aufmerksam verfolgte und beurteilte; am 6. Mai 1797 vermerkte er im »Journal« nach Sophies Tod, daß er abends bei Justs aus »Deutschland« vorgelesen habe.

Schlegel seinerseits ist immer an Hardenbergs Einschätzung seiner Arbeiten gelegen, auch wegen der daraus hervorgehenden Gespräche. Zwei zustimmende Äußerungen zu Publikationen des Rezensenten

Schlegel, der auf seinem Weg zur romantischen Kunsttheorie der Literatur-Kritik einen höheren Rang verleihen möchte, sind überliefert, beide im schon zitierten Brief vom 10. Januar 1797. Die Besprechung des Schillerschen Musenalmanachs 1797, des sogenannten Xenien-Almanachs, bewundert er als Ganzes. Zu Schlegels Aufsatz »Der deutsche Orpheus. Ein Beitrag zur neuesten Kirchengeschichte«, worin er das Buch des Goethe-Schwagers Johann Georg Schlosser »Schreiben an einen jungen Mann, der die kritische Philosophie studieren wollte« wegen dessen Angriffen auf Kant verreißt, gibt Novalis ein wahres Feuerwerk des Lobes: »Du hast Dich mit Schlosser selbst übertroffen – Du bist im frischen Wachstum des Annihilirens. Der Schluß ist allein eine Hecatombe von Maulwürfen werth. Du machst Wespen, wie Moses Läuse.«

Der Vertraute des Kritikers kritisiert ihn aber auch ungeniert. Mit Schlegels Rezension der ersten 4 Bände von Niethammers »Philosophischem Journal« ist Hardenberg sehr unzufrieden: Sie habe den gewöhnlichen Fehler seiner Schriften, sie reize, ohne zu befriedigen, breche da ab, wo man aufs Beste gefaßt sei, er gebe Andeutungen, Versprechungen ohne Zahl: »Augen haben Deine Schriften genug – helle, seelenvolle, keimende Stellen – aber gieb uns auch endlich, wenn Du anders nicht ganz Künstler werden willst – wo nicht etwas Brauchbares, doch etwas Ganzes, wo man auch kein Glied mehr soupliren muß.« Das ist hart, weil es die Schreibart angreift; entsprechend stark fühlt sich Schlegel getroffen; er sucht sich mit der Vermutung zu verteidigen, daß der Freund ihn nicht recht verstanden habe – und schließt seinen Antwortbrief mit einer noblen Bitte: »Uebrigens wars mir sehr lieb, daß Du mir Dein Urtheil – welches mir nicht bloß über alles Philosophische, sondern auch über alles Individuelle, was ich schreibe, mehr gilt als das aller Göthes und Fichtes und selbst meiner Schwiegerin – mitgetheilt hast wie es war. Thu das ja nur immer sofort.« Die Schwiegerin ist Schlegels Schwägerin Caroline.

Der geistige Austausch der jungen Romantiker drückt sich auch in einem Sprachtopos aus, den sie im internen Dialog miteinander verwenden und für den Schlegel das feine Nomen »Symphilosophie« erfand; die Bezeichnung kommt auch verbal vor und erzeugt bei Novalis Einzel-Ableger wie »Symorganisation« und »Symevolution«, »Symphysik« und »Sympraxis«. Die Mehrzahl der Belege des »geheimen« Ausdrucks stammt aus Schlegels Feder, der am 26. September 1797 an der frühesten im Druck überlieferten Stelle definiert: »Symphilosophie ist der eigentliche Nahme für unsere Verbindung« – eine weit ausgreifende Erklärung, offen nach allen Seiten, aber auch etwas vage. Die folgenden Beispiele stammen aus Briefen Schlegels. Er macht den Vorschlag einer »epistolar⟨ischen⟩ Symphilosophie«; zu erwartende Kritiken der Fragmente im »Athenaeum« geben oft »Incitamente zur Symphilosophie«; er möchte von Hardenberg »einen Bericht über Deine innre Symphilosophie« haben und spricht im Dialog über das Christentum vom »Dualismus unsrer Symphilosophie«.

Wenn Symphilosophie der eigentliche Name ihrer beider Verbindung ist, so gehört es zum Anreiz, vielleicht sogar zur Pflicht, Neues an diesen Bund heranzutragen. Novalis gibt dazu ein schönes, die Grenzen der Zweisamkeit überschreitendes Beispiel und ordnet es terminologisch-fröhlich in die Gemeinsamkeiten ein: Auf seiner Reise zum Studienbeginn an der Bergakademie Freiberg trifft er sich am 1. Dezember 1797 in Leipzig mit dem jungen Philosophen Schelling, dessen »Ideen zu einer Philosophie der Natur« ihn schon im Frühjahr zum »sehr neugierigen Leser« gemacht haben und der bald eine gewichtige und eigenwillige Rolle im Romantiker-Kreis spielen wird: »Mit Schelling«, teilt Novalis August Wilhelm Schlegel am ersten Weihnachtsfeiertag mit, »bin ich sehr freund geworden. Wir haben einige köstliche Stunden symphilosophirt.«

Symphilosophieren hieß im weitgespannten Gedankenaustausch der Freunde oft auch direkt über Philosophie reden und schreiben; in zwei Briefen von 1797 nannte Schlegel das sogar »fichtisiren«. Er hatte schon seit 1794 ganz für sich philosophische Hefte geführt, worin Fichtes Wissenschaftslehre eine gewichtige Rolle spielte. Hardenbergs intensive Beschäftigung mit dem Schöpfer der Ich-Philosophie regte Schlegels Lust zur aktuellen Philosophie neu an, zumal er Fichte auch persönlich kennenlernte. Längere Zeit schien er regelrechter Fichteaner zu sein, dessen Selbstbewußtsein durch Fichtes rigorosen Ich-Monismus gestärkt wurde. »Freilich drängte Schlegel von Anfang an über die Grenzen der Fichteschen Wissenschaftslehre hinaus, die er um romantische Elemente der Bewußtseinstheorie wie Liebe, Genialität, Gesellschaft, Bildung, Witz oder Kunst bereichert sehen wollte.« Darin wurde er von Novalis nachhaltig bestärkt; in seinem die Abreise nach Berlin ankündigenden Brief räumte er ein: »Meine polemische Ansicht von seinem System ist längst auf ihren wahren Wert bey mir herabgesunken, nähmlich als Ansicht, die auf dem Wege eben auch mit vorkommt.« Schlegels starke persönliche Zuneigung für Fichte war davon nicht betroffen: Er verließ den Philosophen »höchst ungern«.

Das gesamte Jenaer Jahr Friedrich Schlegels steht, gleichzeitig mit den künstlerischen und philosophischen Aktivitäten, im Zeichen eines teilweise erbitterten literarischen Konflikts, bei dem Novalis scheinbar nur am Rande vorkommt. Für die Jahre 1796 bis 1800 gibt Schiller einen Musenalmanach heraus, wo er auch eigene Texte, zum Beispiel Gedichte, publiziert. Die Bände erscheinen immer zur Leipziger Herbstmesse, vordatiert auf das folgende Jahr. Vermutlich durch Reichardt, einen dezidierten Schiller-Gegner, animiert, schreibt Schlegel noch in Dresden eine Rezension des Bandes für 1796; sie erscheint Ende Juli, also spät, in der Zeitschrift »Deutschland«. Schlegel kritisiert darin vor allem Schillers Gedankenlyrik – beinahe berühmt geworden ist die satirische Zerlegung des Gedichts »Würde der Frauen« mit seinem »etwas schief geratenen Idealismus«, den Schlegel rügt: »Auch hier ist die Darstellung idealisiert, nur in verkehrter Richtung, nicht aufwärts, sondern abwärts, ziemlich tief unter die Wahrheit hinab. Männer, wie diese, müßten an Händen und Beinen gebunden werden; solchen Frauen ziemte Gängelband und Fallhut.« Schlegel mißbilligt auch die klischeehafte Kontrastierung der Geschlechter, indem Schiller stereotyp vierhebige Daktylen für die Frauen und vierhebige Trochäen für die Männer verwendet. Der Verriß des Gedichts steht exemplarisch für Schlegels Blick auf Schillers Werk. Ganz anders Goethe, der, so Schlegel, »fast nicht umhin kann, auch das geringste in seiner Art rein zu vollenden«. Schiller sei es unmöglich, sich selbst zu beschränken und unverrückt einem endlichen Ziele zu nähern: »Mit einer, ich möchte fast sagen, erhabnen Unmäßigkeit, drängt sich sein rastlos kämpfender Geist immer vorwärts. Er kann nie vollenden«, denn »die einmal zerrüttete Gesundheit der Einbildungskraft ist unheilbar.«

Ohne Zweifel ist Schiller durch diese Kritik des jungen Wilden ernsthaft gekränkt, trifft sich aber vorübergehend am 7. August 1796 mit dem gerade in Jena angekommenen Schlegel und schreibt einen Tag später an Goethe, August Wilhelms Bruder mache einen guten Eindruck und verspreche viel. Die offenbar schnell verfaßten neunzehn Xenien gegen den vorwitzigen Kritiker erscheinen in heutiger Sicht wenig scharf, Schlegel reagiert »königlich ergötzt« und »ohne Affektazion« auf sie und nimmt sie nicht übel. Dennoch bricht der Streit bald darauf erst recht aus: Schillers von Schlegel erhofftes Angebot zur »Horen«-Mitarbeit bleibt aus, der Aufsatz »Cäsar und Alexander« bleibt liegen; zudem nimmt Schlegel aus ihren Gesprächen »eine so kindische Empfindlichkeit« des berühmten Mannes mit, daß er »nie wieder mit ihm in ein gutes Vernehmen « zu kommen fürchtet und sich entscheidet, Lob und Tadel »so stark zu sagen als ich sie empfinde«.

Er rezensiert den Xenien-Almanach (in »Deutschland«, Dezember 1796) und die letzten »Horen«-Stücke des Jahrgangs 1796 (dreigeteilt am gleichen Ort, September und Dezember 1796, April 1797), beides kritisch, stellenweise provokant. Er mißbilligt, daß in den »Horen« »beinahe die Hälfte des Ganzen« Übersetzungen seien, deren Qualität er als sehr unterschiedlich einschätzt: »Man hat vortreffliche, mittelgute und auch schlechte Originale aus dem Französischen, Englischen, Italienischen, Lateinischen und dem Griechischen vortrefflich, auch mittelmäßig und auch schlecht übersetzt.«

Schillers Gegenschlag trifft überraschenderweise nicht den Angreifer, sondern einen mehrjährigen Mitarbeiter, den Schiller selbst geholt und gelobt hat: August Wilhelm Schlegel. Er schreibt dem Ausgebooteten am 31. Mai 1797: »Es hat mir Vergnügen gemacht, Ihnen durch Einrückung Ihrer Uebersetzungen aus Dante und Shakespear in die Horen zu einer Einnahme Gelegenheit zu geben, wie man sie nicht immer haben kann, da ich aber annehmen muß, daß mich H⟨err⟩ Frid⟨rich⟩ Schlegel zu der nehmlichen Zeit, wo ich Ihnen diesen Vortheil verschaffe, öffentlich deßwegen schilt, und der Uebersetzungen zuviele in den Horen findet, so werden Sie mich für die Zukunft entschuldigen. Und um Sie, einmal für allemal, von einem Verhältniß frey zu mache, das für eine offene Denkungsart und eine zarte Gesinnung nothwendig lästig seyn muß, so lassen Sie mich überhaupt eine Verbindung abbrechen, die unter so bewandten Umständen gar zu sonderbar ist, und mein Vertrauen zu oft schon compromittierte.«

Novalis hat den Literaturstreit mit großer Zurückhaltung verfolgt; nur das erwähnte Lob der Almanach-Rezension für 1797 liegt vor. Sein Schweigen läßt seine Verlegenheit, seinen inneren Konflikt ahnen, in dem er sich nicht für eine Partei entscheiden will und kann: Auf der einen Seite steht Schiller, das weiterhin hochverehrte Vorbild aus der Jenaer Zeit, auf der anderen Seite hält den Schweigenden der gleichaltrige, dichterisch und philosophisch Gleichgesinnte fest, der ihm ideell und menschlich nahe steht. Novalis kann keinen von beiden zugunsten des anderen »verraten«, also schweigt er. Bemerkenswert bleibt, daß die frühromantischen Mitstreiter niemals von ihm verlangen werden, daß er seine Verehrung für Schiller aufgibt.

Siebtes Kapitel

Sophies Krankheit und Tod – Das »Journal« – Die Romantik formiert sich – Aufbruch nach Freiberg

Hardenbergs neuartige Arbeit als Salinenakzessist unter den Fittichen des Vaters, seine sparsame lyrische Praxis, die seine ganzen Geisteskräfte fordernde Auseinandersetzung mit Fichtes Philosophie und die Neuaufnahme der Freundschaft mit Friedrich Schlegel – all dies wurde überschattet von der schweren Krankheit Sophies und ihrem frühen Tod zwei Tage nach Vollendung des fünfzehnten Lebensjahres. Ihr Leberleiden war offenbar plötzlich ausgebrochen und führte über längere Zeit zu einem ständigen Hin und Her zwischen Hoffnung und schlimmsten Befürchtungen; dieser für die Patientin wie für die sie Umsorgenden schwierige Zustand ist in zahlreichen Briefen und anderen Zeugnissen umfangreich dokumentiert.

So meldet Karl von Hardenberg dem Bruder Erasmus am 16. Dezember 1795, er habe die Kranke »zwar außer aller Gefahr, aber doch noch höchst schwach« gefunden, sodaß sie »noch nicht recht gehen konnte; sondern noch ganz krumm«; besonders wegen neuer Medikamente ist er aber »fest überzeugt, daß sie sich nun in kurzen völlig wieder erholt; sie hat aber fürchterliches ausgestanden.«

Sieht man von den falsch-optimistischen Urteilen des noch unerfahrenen Doktors Langermann ab, erscheinen die drei behandelnden Hofräte Ebhard, Leibarzt der Fürsten von Schwarzburg-Sondershausen, Blödau, Hausarzt der Rockenthien/Kühns, und Stark (auch Starke), Professor der Medizin, Hausarzt Schillers, im Falle von Sophies Krankheit nicht inkompetent, sind jedoch letzten Endes rat- und hilflos, zumal das eiternde Geschwür wohl tuberkulös mitverursacht ist.

Die Vierzehnjährige ist ein starker Charakter. Sie erträgt ihre Leiden – vielfache, oft starke Wundschmerzen, den Zwang zu liegen, der sie am Schreiben hindert, die Fieberanfälle – mit höchster Tapferkeit, fast immer klaglos – es gibt Momente, wo Hardenberg ihre Haltung in ganz rosigem Licht sieht: »Unsre Sofie beträgt sich trefflich«, versichert er Wilhelmine von Thümmel im August 1796, »sie ist immer heiter und tröstend. Ich liebe sie fast mehr ihrer Krankheit wegen.«

Hardenbergs Besuche waren wichtig für Sophie und ihre nähere Umgebung. Längere Pausen dazwischen, ihr Ausbleiben, womöglich ohne vorherige Absage, Termin-Verschiebungen kamen vor, wurden anfangs eher scherzhaft, später ernsthaft, mit Vorwürfen, Mahnungen, Kummer aufgenommen. So kritisierte Jeannette Danscour Ende Mai 1796: »Söphchen ist wohl – aber, wie ich verdrüßlich über das lange ausbleiben. Sie sind ein wahrer unglücks Vogel, wir hatten uns so sehr auf den Donnerstag gefreut – und nun liegt diese grose Freude im Brunnen – Söphchen empfiehlt sich Ihnen recht Herzlich, bittet aber gar schön ihr künftig nicht wieder ein Näsgen zu drehen; Sie könnte nichts weniger ertragen als Ungewißheit, und getäuschte Freude – wonach sich zu richten haben, der vielgeliebte Herr von Hardenberg.« Tatsächlich hatte der Kritisierte einen für Pfingsten (15. Mai) versprochenen Aufenthalt mehrmals verschoben, unter anderem wegen eine Familientreffens auf Schloß Hardenberg bei Nörten; vom 4. bis 10. Juni war er dann in Grüningen.

Anfang Juli 1796 ordnet Stark die Überweisung nach Jena an, wo er Sophie dreimal – ohne Narkose – operiert. Am 30. Juli 1796 berichtet Friederike von Mandelsloh dem Bräutigam: »... am Donnerstag war Söphchen recht wohl, und von Pfieber ganz befreit, dem Freitag als gestern ward aber das höftige Pfieber recht stark, es nahm die Nacht um 2 Uhr seine anfang, und wechselte den ganzen Tag mit Hütze und Frost, wo bey Sie etwas Blut spuckte. Dieses Pfieber rürth aber von nichts weider her (und hatt nichts zu beteuten) als weil der Hofrath am Donerstag-Abent die Wunde durch ein langes sontiren gereitzt hatte welches uns der Hofrath selbst gesagt hatt.« Sophie selbst und die fürsorgliche Schwester bitten den Empfänger der Nachricht, sich keine »unnöthige Sorgen zu machen.« Mehrmals, so am 20. Oktober 1796, sucht die Kranke sich selbst und den Geliebten zu beruhigen: »Ich habe wieder seit einigen Tagen das Fieber welches wohl wieder von der Fatallen Beriode her komt.«

Friedrich Schlegel, der am 7. August 1796, am Tage seiner Begegnung mit Schiller, auch Sophie und Friederike im gemieteten »Gartenhaus vor der Stadt« besucht, berichtet seinem Freund Hardenberg zwei Tage danach: »Ich habe Deine Freundin und ihre Schwester gesehn. Ich kann Dir aber wirklich nichts darüber sagen, als daß ich beyde sehr schön und sehr anziehend finde.« Er sei »eine angenehme halbe Stunde« geblieben und wolle wieder hingehen. Noch am Besuchstag meldet Friederike nach Weißenfels »den angenehmen Besuch von den Herrn Schlegel«, der ihr gefällt: »sein Melanchollischer Blick und tiefes Denken welches man auf seyner Stirn wahrnimmt, macht ihn beym ersten anschauen, gewiß jederman interesant«. Auch sie spricht von einer angenehmen halben Stunde, und wir erinnern uns an den »Klarissen«-Text: »Schlegel interressirt sie.«

Ein besonders engagierter Besucher am Krankenbett war ein Streit-Feind Schlegels, den er nach allen Regeln der Kunst verriß und moralisch attackierte: der Jenenser Historiker Karl Ludwig von Woltmann. Novalis mißbilligt Schlegels Fehde mit dem Professor, wechselt Briefe mit ihm, und wird ihm am 22. März 1797 eine bebende Schilderung von Sophies Sterben und seiner Flucht aus Grüningen geben und dabei danken für »die Freundschaft, die Sorgfalt, ... mit der Sie ihre letzten Tage zu erheitern bemüht waren«. Es ist ein abgebrochener Briefentwurf von Sophie aus dem Juli 1796 überliefert, in dem sie in regelrecht »erwachsener« Sprache ein anschauliches Porträt des Historikers mit genau erfaßten physiognomischen Details gibt, mit einem Hauch von Humor: Er sei »im ganzen eine hübsche Mans Person, seine Unterhaltung ist sehr geistreich und Munter, ohne je abgeschmagt gelert zu werden.«

Der höchste Besuch kam Mitte September 1796 völlig überraschend: »Der berühmte Göthe«, meldete Hardenberg Wilhelmine am 19. September, »hat neuerlich ihre Bekanntschaft gemacht und scheint vorzügliches Interresse an der Kleinen zu nehmen.« Der Besuch ist in Goethes Tagebüchern nicht verzeichnet; eine Äußerung der »Kleinen« ist nicht erhalten. Friederike von Mandelsloh aber berichtete anschaulich: »Vor einigen Tagen ist unsere Stube so glücklich gewesen, den großen Geist, Göthens, in sich zu faßen. Er war scharmant, hilt sich aber nicht lange bey uns auf, machte uns aber die Hofnung das wir bald wieder so glücklich seyn würden ihm von Angesicht zu Angesicht zu schauen.« Vielleicht nicht ohne Hintergedanken fügte sie an: »Verwundert war ich sehr das unsere kleinen Stube keinen Spalt bekam, ich hatte aber auch, bey Göthens Ankunft, die Vorsorge sogleich die Fenster zu öfnen.« Goethe dürfte durch Schiller von Sophies Schicksal erfahren haben. Nach dem Tod der Geliebten wird Novalis über Goethes Anteilnahme zu Woltmann sagen: Dessen »Anhänglichkeit an das erhabene Bild Sofieens hat ihn mir lieber gemacht, als alle seine treflichen Werke. Jetzt habe ich ihn wirklich lieb – er gehört zu meinem Herzen.« Zur Begegnung zwischen Goethe und Novalis wird es erst ein Jahr später, am 19. März 1798 in Jena kommen.

Bitten, Klagen, Beschwerden, Beschwörungen, daß Hardenberg kommen möge, nehmen in Sophies letzten Monaten zu; Ahnungen und Befürchtungen wirken unausgesprochen mit – Friederike und die Patientin selbst glauben am 11. November 1796 zwar der Beobachtung des Hofrats, daß die Wunde zu heilen beginne, doch bittet Sophie: »Kommen Sie hipsch bald«; am 28. November drängt Frau von Mandelsloh: »Ich dächte, Sie spilten ihren Schicksal einmahl das Praeveniere und kämen so bald als möchlich zu uns.«

Daß Sophie am 16. Dezember, auf Friedrichs Wunsch von Erasmus begleitet, nach Grüningen heimkehrt, markiert die ärztliche Kapitulation, von der ihr gegenüber freilich nicht die Rede ist. Auch ihre Hoffnung auf Genesung sinkt nach der Jahreswende 1796/97 unaufhaltsam. Von ihr selbst ist letztmalig eine Äußerung vor Weihnachten überliefert, worin sie »pour mon cher Fritz« stolz meldet, daß sie ihr Schreibversprechen ihm gegenüber gehalten hat und bei relativ gutem Befinden schreibt; freilich meldet Jeannette Danscour im Postskriptum zu den Briefzeilen, »welche Mühe es der armen gekostet sie mit Zitterten Hand nieder zu schreiben«, was aber der erhaltenen Handschrift mit ihren klaren Sütterlin-Buchstaben nicht anzusehen ist. Ein Brief des jungen Arztes Langermann, der Sophie nach der Heimkehr aus Jena behandelt, läßt trotz seiner optimistisch erscheinenden Sicht ihrer Lage deren tatsächliche Bedrohlichkeit erkennen:

> Ihre geschwollenen und entzündeten Füße, die die arme Kranke und die Umstehenden ein paar Tage ängstigten, habe ich glücklich in Ordnung gebracht. Geschwulst und Entzündung sind gewichen.

Sie kann gehen, ist recht munter und vergnügt, hält gute Diät und steht willig und täglich einen schmerzhaften Verband aus, den ich ihr unmöglich ersparen kann, wenns ferner gut gehn soll. Der Husten ist immer noch leicht so wie der Auswurf; Schlaf ist gut und erquickend und die Ziegenmilch wird tüchtig getrunken. Das Fieber war heute regelmäßig. Es sind einige kleine Änderungen an Starks Vorschrift gemacht worden. Die Wunde war träge und heilte mehr von außen als von innen aus der Tiefe, wo sie nicht ganz rein war. Seit der Reinigung treibt die Wunde recht kräftig; Eiter ist wenig und gut und das Fontanell habe ich auch in frischen Gange.

Neben der Französin, die sich für Sophie und für Hardenbergs Patenkind Günther aufopfert, umsorgen Wilhelmine, Friederike und Caroline die Kranke; ihre Briefe und die Antworten des Bräutigams sind besonders wichtige Dokumente. Durch Friederike, die Hardenbergs Lage »schrecklich« nennt, die halbe Nächte durchwacht und »über das harte Schicksal des Schönen und vorträflichen Mädchens« nachdenkt, dabei sogar noch einen Monat vor Sophies Tod viel Hoffnung für ihre Heilung hegt – durch die Offiziersgattin aus Langensalza erfährt Novalis, »wie alle Menschen in G⟨rüningen⟩ um das gute Mädchen besorgt sind, es verdient es gewiß auch kein Mensch mehr als eben sie.« Hardenbergs Brüder geben zumindest ständig moralische Hilfe, und die Weißenfelser Eltern bieten an, Sophie in ihrem Haus zu pflegen. Der selber kranke Erasmus trägt kurz nach seinem Geleits-Dienst von Jena nach Grüningen dem Bruder Karl große Bedenken vor: »Unsre gute Sophie ist zwar recht glücklich hier angekommen, doch ich kann Dir nicht bergen, daß ich mit schweren Herzen von hier abreise indem noch sehr viel gefährliche Symptome da sind, denn wenn Gott nicht hilft und sein Gedeihen gibt, so ist menschliche Hilfe gewiß nicht hinreichend, unsere mir ewig teure Kranke zu erhalten ... Fritz darf natürlich von diesen ganzen Briefe nichts erfahren.«

Am 7. Februar, als Sophie nicht selbst schreiben kann, übermittelt Jeannette Danscour Dramatisches von der Kranken: »Sie läst Ihnen sagen sie were sehr unzufrieden, mit dem Entschluß vieleicht erst Ostern zu kommen, nein das were nichts – wenn Sie, sie recht lieb hätten – so müßten Sie noch diesen Monat her kommen.« In Briefen vom 3. und 7. Februar 1797 schildert sie mit der Dichte, Schärfe und makabren Präzision naturalistischer Texte zwei Wundbehandlungen. Und wo die heimgesuchte Kranke davon träumt, »so bald, als es ihre gesundheitsumstände erlauben, mit dem Verlobten und Schwester Caroline nach Weißenfels zu reisen«, klagt Machère, die mehr weiß: »das arme – arme – liebevolle geschöpfgen – ach! wänn das der gütige Himmel wollte –.«

Der Arzt übermittelt Novalis schließlich die Zuversicht Sophies, die sich nicht erfüllen wird: »daß sie wieder werde.« Hardenberg selbst zeichnet der bewunderten Wilhelmine von Thümmel am 8. Februar 1997 ein hintergründiges Selbstporträt, das ihn fast abgehoben von der irdischen Realität auf dem Wege zur »Künftigen Welt« zeigt: »Dort blühn allein mir die Hoffnungen auf, die ich hier verliere« – da bleibt der Wunsch, mit der Adressatin bald zusammenzutreffen, so überschattet wie die bebende Hoffnung, »daß wir dann endlich aufhören mögen für Söffchens Tage zu zittern, daß ich nicht mehr, wie ein verzweifelter Spieler lebe, dessen ganzes Wol und Weh davon abhängt, ob ein Blütenblatt in diese oder jene Welt fällt.« Die schwebende Metapher zeigt deutlicher als jede realistische Feststellung, was der junge Dichter weiß.

Andere Umstehende verfügen nicht über eine poetische Einkleidung ihrer Sorge und Qual; sie leiden nicht weniger: Die Klage des Hauptmanns von Rockenthien, der sehr an der Stieftochter hängt und sich als Freund des hochgeschätzten »Fritz« empfindet, ist erschütternd. Er malt in einem Brief an Erasmus alle Züge von Sophies Leiden drastisch-mitleidsvoll, aus und folgert: »Was ich bei diesem großen Kreuz empfinde ist unbeschreiblich, wegen meiner Frau die manchmal wirklich untröstlich ist darf ich mir vor den Meinigen nichts merken lassen, muss da immer trösten und brauche selber Trost, kurz ich fühle jetzo das alles wovon ich in meinem ganzen Leben nichts gewusst habe und wovor mich Gott ferner bewahren wolle.« Der Gedanke an Sophies letzte Stunde ist ihm »das schauderhafteste« – und wie er das alles »dem guten Fritz« beibringen könnte, weiß er nicht.

Soweit die Dokumente zeigen, ist Hardenberg, der sich am gleichen Tag bei Schlegel beklagt, daß er seit drei Wochen ohne Nachricht aus Grüningen sei, erst ab 1. März wieder bei der Geliebten: zum letzten

Mal. Es gibt mehrere Gründe, weshalb er trotz innigster Bindung und Hingabe an diese geheimnisvolle Liebe, an dieses einzigartige Mädchen, das »der Grundstein meiner Ruhe, meiner Thätigkeit, meines ganzen Lebens« ist, einige Male ihren dringlichen Bitten um sein Kommen nicht sofort nachgibt. Da ist zunächst die kraft- und zeitraubende Salinenarbeit, deren Anforderungen Sophie und offenbar auch die sie pflegenden Frauen nicht ganz nachvollziehen können. Da ist, gleichsam eine Fichtesche Selbstsetzung des eigenen Ichs, das Bestreben, die dargestellten gleichzeitigen Unternehmungen nicht einem lähmenden Versinken im Liebesglück preiszugeben. Da ist aktuell, von Weihnachten 1796 bis zum 18. März 1797, einen Tag vor Sophies Tod, der Besuch von Onkel Friedrich Wilhelm, des »Großkreuzes«, der beschäftigt sein will und erst ganz spät seinen Widerstand gegen die Verlobung aufgibt. Und die Gewißheit, der schwer Leidenden letzten Endes nicht helfen zu können, ist für den Liebenden in ihrer Gegenwart noch unerträglicher.

Übrigens änderten die Spannungen um seine Besuche auch von seiten der Kranken nichts an der Tiefe der Zuneigung: In dem Brief, wo sie heftig gegen den späten Ostertermin protestiert, läßt sie den Geliebten durch die Gouvernante wissen, »das sie kein angenehmer Geschäfte auf dem ganzen Erdenrunde, kennte als sich schrieftlich, und Mündlich mit ihren theuren Fritz zu unterhalten, da ihr aber leider Natur und Kräfte noch immer das Vergnügen sich schrieftlich mit Ihnen unterhalten zu können neidisch raubten, so möchten Sie ihr ja so bald als möglich das Glück gewähren, es Mündlich thun zu können, weil ihre Sehnsucht nach Ihnen unendlich groß were«; zugleich empfiehlt sie sich »Ihnen allen auf das zärtlichste, küst Sie und Ihre Fräulein Schwestern tausend mahl in Gedanken, Ihren Herrn Vater und Frau Mutter mit Kindlicher Ehrfurcht die Hände.«

Eine Antwort Hardenbergs ist nicht überliefert. Sicher ist, daß zur Sorge um die Todgeweihte der Kummer um den kranken Erasmus tritt; ihn und sich selbst sucht er von einer hohen geistigen Warte zu trösten: »Die Wissenschaften haben wunderbare Heilkräfte – wenigstens stillen sie, wie Opiate, die Schmerzen und erheben uns in Sfären, die ein ewiger Sonnenschein umgibt. Sie sind die schönste Freystätte, die uns gegönnt ward. Ohne diesen Trost wollt ich und könnt ich nicht leben.« Ohne ihn hätte er ihrer Krankheit nicht so gelassen zusehen können; diese Gelassenheit, wenn es sie überhaupt gegeben hat, wird in den letzten gemeinsamen Tagen mit ihr vom 1. März 1797 an zerbrechen. Drei ineinander greifende Schilderungen liegen vor. Am 14. März, vier Tage nach der Flucht aus Grüningen, drei Tage vor Sophies Ableben, schreibt er aus Weißenfels an Schlegel: »Dein Brief hat mich in einer trostlosen Lage getroffen. Ich bin aus Thüringen mit der fast apodiktischen Gewisheit zurückgekommen, daß Sophie nur noch wenige Tage zu leben hat. ... Es ist eine Verzweiflung in mir, deren Ende ich nicht absehe ... Der Kopf ist in dem wüstesten Zustande – ich kann nichts mehr finden ... Der Lebensüberdruß ist entsetzlich – und ich sehe kein Ende. Ich hoffte, die Wissenschaften sollten mir einen Ersatz bieten – aber alles ist auch hier todt, wüste, taub, unbeweglich ... Leb wol, guter, lieber Schlegel – mit mir hats bald aufgehört – Sey glücklicher, als ich – Nur ein Wunder kann mich selbst mir wiedergeben.«

Der Freundin Caroline Just schildert der Trauernde in einem Brief vom 24. März, der bereits stärker reflektierende Aussagen enthält, die letzten Tage mit Sophie: Am 8. März, mittwochs, sei er »zum leztenmale in dieser Welt« einige Stunden herzlich froh gewesen: mit ihr. Am Donnerstag aber habe er ihren »ersten Anfall der schrecklichen Beängstigungen« erlebt, schon völlig resigniert habe er den Mut gefunden, am Freitag wegzugehen. Der Abschied aber bleibt ihm ein immerwährendes Rätsel:

> So sehr mich die Errinnerung daran noch beugt, so sonderbar heiter war er wircklich. So wie die Pferde angespannt waren – Von Ende mir allen Trost vollends benommen und ich nun meinen Hut nahm – weg waren Thränen und Bekümmernisse – Mein Herz schlug ruhig – ich umarmte sie lange und warm – ich dachte sogar, daß es die lezte Umarmung sey – sie bat mich bald wiederzukommen – bestellte Grüße an alle – ich umarmte still und heiter alle – Unbegreiflich froh sah ich diese einzige, holde, himmlische Gestalt beym Hinausgehn noch einmal an – und so blieb es noch einige Zeit – desto quälender war der übrige Tag.

Sophie von Kühn starb am 19. März 1797 vormittags: »... auf einmal fängt Sie an zu lachen schüttelt mit dem Kopf, nachdem sagt sie wieder zum Docktor ich fühle ich bin närrisch, ich bin nichts mehr nütze auf der Welt ich muß fort ... sie schlummerte recht sanft hinüber in ein beßeres Leben für uns war sie zu gut«, heißt es in der bereits erwähnten Schilderung von Sophies letzten Stunden durch ihre Schwester Caroline.

»Mit einem Boten von Anton erhielt ich heute die Nachricht«, lautet eine Kalendereintragung von Novalis; der fünfzehnjährige Bruder war damals Kadett beim Regiment Clemens in Weißensee unweit Grüningen.

Sowohl das Grüninger Kirchenbuch vom 22. März als auch die Leipziger Zeitung vom 25. März verzeichnen als Todesursache »Folgen einer Lungensucht«. Das Kirchenbuch würdigt Sophie: »Sie war ebenso gut und tugendhaft als sie schön war. Sie berechtigte ihre Eltern und Freunde zu den süßesten Hoffnungen und ihr Verlust wurde allgemein beklagt, weil sie von allen, die sie kannten geliebt und geschätzt wurde.« Der Würdigung folgt ein Vierzeiler ohne Verfasser-Angabe:

Verblühe denn Du süße Frühlingsblume
Gott pflanzte Dich ins bessre Leben ein.
In seiner ewgen Liebe Heiligthume
Da wirst Du ungetrübt uns Himmelswonne seyn.

Hardenberg war kaum in Weißenfels angekommen, als Erasmus todkrank aus seinem Arbeitsort Zillbach, wo er in der Cottaschen Forstlehranstalt eine Ausbildung begonnen hatte, im Elternhaus eintraf. Er hatte dem Bruder schon am 2. Februar angekündigt, daß seine »elende Gesundheit ... den letzte Stoß erhalten« habe; seine Lunge habe sehr gelitten, so daß »Euch doch vielleicht bald mein früher Abschied aus Eurer Mitte einige trübe Stunden machen wird«, obgleich sein Geist inmitten des physischen und nervlichen Debakels gewöhnlich heiter sei. So tritt zu Hardenbergs lastender Trauer um Sophie die – nicht unkritische – Sorge um den Lieblingsbruder, der »durch entsetzliche Grillen und Eigensinn die ohne dem drückende Lage noch drückender« mache. Friedrich schwankt zwischen Mitleid, besonders auch für

Eltern und Geschwister, und Abwehr gegen das Elend des Bruders, ja scheinbarer Gleichgültigkeit und flieht am 12. April erneut vor der für ihn unerträglichen Situation – diesmal nach Tennstedt, wo er sich »einige Monate in einer wünschenswerten Ruhe« erhofft. Sophie von Hardenberg gibt, zunächst auf das Fliehen ihres Onkels vor dem Ende seiner Geliebten bezogen, aber auch auf das Ausweichen vorm Tode des Bruders anwendbar, in ihrer »Nachlese« eine einleuchtende Deutung: »Hier tritt zugleich eine eigenthümliche Erbschaft von seiner Mutter hervor. Als eins nach dem anderen von ihren Kindern stirbt, da hält der Vater bei ihnen aus bis zum letzten Augenblick. Die Mutter aber sitzt in ihrem Zimmer in stummer Verzweiflung, sie kann das Sterben nicht mit ansehen. So auch Friedrich.«

Etwas länger als acht Monate nach Sophies Tod währt die Lebensphase Hardenbergs, die man sein Trauerjahr nennen kann und die am 1. Dezember 1797 mit seiner Abreise zum Studienbeginn an der Bergakademie äußerlich endet. Für diese Zeit gibt es eine einzigartige Quelle: Hardenbergs schon mehrfach zitiertes »Journal« vom 18. April bis zum 6. Juli, ein auch wegen seiner Direktheit und Unverstelltheit berühmtes Spontan-Tagebuch: »Mit der Genauigkeit eines psychologischen Experimentators«, so Gerhard Schulz, hat der künftige Dichter zweieinhalb Monate hindurch alle tägliche Erfahrung physischer wie personeller, denkerischer wie künstlerischer, emotionaler wie sexueller Art aufgezeichnet und ohne nachträgliche Kontrolle stehen gelassen: mit dem verklärten Mädchen im Zentrum. Dabei bilden zwei scheinbar äußerliche Phänomene einen Doppelrahmen: die vom Salinendirektor gewährte und verantwortete monatelange Freistellung von der Salinenarbeit und die in schneller Folge ablaufenden Ortswechsel, die seine vibrierende Unruhe und das Ringen um Fassung angesichts des unerträglich scheinenden Verlusts widerspiegeln, gelegentlich aber auch Ablenkung und Entspannung dokumentieren. Wir sehen den Trauernden im April und Mai einige Male zwischen Tennstedt und Grüningen hin und her wechseln; im Juni fährt er via Eisleben für drei Wochen nach Wiederstedt, von wo aus er einen dreitägigen Ausflug in den Harz bis zur Roßtrappe unternimmt; Ende des Monats reist er über Köthen, Wörlitz, Dessau und Halle nach Weißenfels; im August besucht er das Ehepaar Schlegel zweimal in Jena und trifft dort auch Fichte. Erst Ende August nimmt Hardenberg seine Arbeit als Salinenakzessist wieder ganz auf, und zwar zumeist in Kösen und Artern, wo er mit zwei dort stationierten Offizieren verkehrt: mit Karl Wilhelm Ferdinand von Funk, als Historiker Verfasser einer »Geschichte Kaiser Friedrichs II.« (1792), und mit Johann Adolf Thielmann, dem Ehemann der Schwester seiner späterer Verlobten Julie von Charpentier. Fragen und Klagen ziehen sich durch die Dokumente dieser düsteren Zeit, zum Beispiel im Brief an Caroline Just vom 28. März:

> Während ich dieses schrieb, ist es mir recht warm aufs Herz gefallen, ob meine Klagen nicht selbstsüchtig, kleinlich und beschränkt sind. Wenn ich ein wahrhaft hoher Mensch seyn wollte, sollte nicht jezt eine ewige Heiterkeit meine Augen und meine Stirn beseelen – und himmlischer Enthusiasmus meine Brust erfüllen. Wer bin ich, daß ich so irdisch klage? Sollt ich nicht Gott danken, daß er mir so früh meinen Beruf zur Ewigkeit kund machte? Ist es nicht Beruf zur apostolischen Würde? Kann ich im Ernst Sofieens Schicksal beklagen – Ist es nicht ein Vorzug für Sie – Ist nicht Ihr Tod und mein Nachsterben eine Verlobung im höhern Sinn?

Der Wunsch, Sophie »nachzusterben«, bezeichnet Hardenbergs alle sicht- und greifbaren Realitäten übersteigendes Verlangen nach Wiedervereinigung mit der Geliebten. Anfangs stellt er sich ihre Wiederkehr vor, bald aber seinen Weggang, sein radikales Scheiden von allem, was sein bisheriges Leben ausmachte, und von allen bis dahin mit ihm Lebenden. Novalis gebraucht das Nominal-Verb Nachsterben nur an dieser einen, zitierten Stelle; danach erscheint, als müsse der Bekenner allen Mit-Lebenden die Stärke und Ernsthaftigkeit seiner ins unsichtbare Jenseits dringenden Entscheidung bekräftigen, das starke Substantiv »Entschluß«. Es wird in den Briefen und im »Journal«, wo es an die zwanzigmal fällt, rasch zu einer Art Topos, zu einem Gott und der »drüben« weiterlebenden Braut zugewandten Versprechen. Der Entschluß steht fest, »ganz unwandelbar«, und wird immer neu bekräftigt, – es wäre aber un- oder übermenschlich, wenn nicht dann und wann vorübergehend Zögern und Zweifel aufkämen, da wird der Entschluß »zuweilen beraisonnirt«, es wird »Gewanckt und Geschwanckt«, der Entschluß macht den Nachdenkenden »argwöhnlich, daß er in so weiter Ferne vor mir liegt, mir so fremd vorkömmt.« Dabei spielt die völlige Ungewißheit mit, wie denn – da Selbstmord gänzlich ausgeschlossen wird – dieser Tod von innen heraus, durch eigenen Willen gelingen soll. Krankheit, die zum Tode führt, wird nicht erwogen – im Gegenteil: Am 7. Mai empfindet Novalis »sonderbare Furcht ... vor dem Gefährlichkrankwerden« – begreiflich, er hat es bei Sophie abschreckend erlebt. Krankheit als Weg zum Nachsterben scheidet für ihn aus, vielmehr: sie holt ihn erst drei Jahre später ein, fern von jedem Entschluß, aber endgültig.

Was bleibt, wenn der bekräftigte Entschluß nicht zum Nachsterben führen kann? Zunächst bleibt, als nahezu täglich geübtes Nachlieben, die Erinnerung, die oft zur Innigkeit führt, zumal seit der einsame Liebende zum Grab geht, erstmals am Ostersonntag, 16. April, zwei Tage nach dem Tod des Bruders, zwei Tage vor der Beginn des »Journals«. Solange Novalis in Tennstedt oder in Grüningen wohnt, sucht er oft den stillen Platz an der Kirche auf, meist abends. Er nennt die Ruhestätte »mein liebes Grab« – das Attribut personifiziert den Ort, näher kann der Überlebende der Geliebten nicht sein; er erlebt hier einige Male Höhenflüge der tröstenden Innigkeit »sehr glücklich, sehr ruhig – sehr von ihrem Andenken belebt« (am 11. Mai); »zum Grabe – wo ich viel nachdachte und unbeschreibliche Ruhe empfand« (21.Mai); er durchlebt »einige wilde Freudenmomente« (14. Mai); er hat sogar Visionen, aber auch konträre Gefühle: »Am Grabe war ich nicht gerührt« (18. Mai); er erlebt Abstürze, die er nicht verschweigt, aber deutend hinter sich läßt: »Am Grabe war ich nachdenkend – aber meistens ungerührt. Seit einigen Tagen ängstigen mich die Errinnerungen wieder – ich fühle mich unaussprechlich einsam in gewissen Momenten – so entsezlichen Jammer in dem, was mir begegnet ist. Beym Grabe fiel mir ein – daß ich durch meinen Tod der Menschheit eine solche Treue bis in den Tod vorführe – Ich mache ihr gleichsam eine solche Liebe möglich« (so am 19. Mai).

Höhepunkt seiner Grabes-Euphorien ist die Vision vom 13. Mai: »Abends ging ich zu Sophieen. Dort war ich unbeschreiblich freudig – aufblitzende EnthusiasmusMomente – Das Grab blies ich wie Staub, vor mich hin – Jahrhunderte waren wie Momente – ihre Nähe war fühlbar – ich glaubte sie solle immer vortreten -.« Das ist große Poesie, welche die Grenzen von Raum und Zeit, von sichtbarer und unsichtbarer Welt aufhebt, Poesie, die mit sanftem Anklang an eine Stelle aus Jean Pauls »Unsichtbarer Loge« und Vorgriff auf spätere Hymnen-Dichtung die tragische Wahrheit von Leben als Leiden und Erlösung gegenüber der sogenannten Wirklichkeit vertieft und verfeinert. Die doppelte Verwendung des Begriffs »Moment« und die tastenden, eher irrealen Sophien-Aussagen am Ende der Vision zeigen an, daß für deren Schöpfer in seiner Suche nach Wiedervereinigung mit der Geliebten die Verheißung rasch vorübergeht: entgegen seinen Wünschen.

Entsprechend kontrovers, schnell wechselnd sind Stimmungen und Sujets in großen Teilen der Briefe aus dieser Zeits und im ganzen Tagebuch; chaotische Elemente und Wesenszüge sind durchaus vorhanden. Die bitterste Metapher für seinen Zustand prägt Novalis am 24. März: »Versteinerung«, die »schnellen Schrittes« geht. Den Grüningern versichert er am 13. April, daß er »Sie alle jezt mehr, als jemals« liebe, sind sie doch »die Hinterlassenen meiner Sophie – die Sie so liebte, von denen Sie so geliebt ward.« Nach verbreitetem Brauch läßt er sich eine Haarlocke der Verstorbenen schicken und übersendet selbst eine solche am 25. Mai 1797 an Charlotte Schiller mit dem Dank für ihre »Liebe und Theilnahme«. Laut »Journal« Anfang Juli führt er ein Gespräch über Selbstmord mit Dr. Langermann. Er legt Sophie gern Blumen auf das Grab. In düstersten Momenten fällt alle Verklärung und Vision ab: »Sechs Wochen haben 2 glückliche Familien unglücklich gemacht und unaussprechliche Hoffnungen in endlosen Kummer verwandelt«, schreibt er am 7. April an Dietrich von Miltitz in Siebeneichen, dessen Vormund der Salinendirektor war. Einige Male entspringen Notizen einem wichtigen Lebensdatum, so seinem 25. Geburtstag in Grüningen: »Den 2ten May schenkten mir die guten Eltern die Tasse, den Beutel und das Flacon, was Söphchen ihren lezten Geburtstag erhielt Ich war sehr gerührt.« Einen Tag später erinnert er sich, wie Sophie ihm vor zwei Jahren einen Geburtstagskuchen mit aufgesteckter Revolutionsfahne und Kokarde habe backen lassen. Einzelne Äußerungen streifen das Unwahrscheinliche, sogar das Ungeheuerliche: »Frölich, wie ein junger Dichter, will ich sterben.« Solche erschreckenden Wünsche werden durch echte Sorge in Konsequenz des Entschlusses zum Nachsterben konterkariert, so am 15. Mai: Seine Mutter und sein Vater, der bei der Nachricht von Sophies Heimgang weinte: »die ersten Tränen seit vielen Jahren«, machen Hardenberg noch zu schaffen – es war ihnen doch, denkt man, gerade einen Monat vorher ihr zweitältester Sohn gestorben. Am 26. Mai notiert Novalis im »Journal« eine Art Fazit, drei Tage vor dem Abschied von Tennstedt: »Besonders ist mir lebhaft geworden, daß mich die schönsten wissenschaftlichen und andern Aussichten nicht auf der Welt zurückhalten müssen. Mein Tod soll Beweis meines Gefühls für das Höchste seyn – ächte Aufopferung – nicht Flucht – nicht Nothmittel. Auch hab ich bemerkt, daß es offenbar meine Bestimmung ist – ich soll hier nichts erreichen – ich soll mich in der Blüthe von allem trennen.« Noch die drei letzten Sätze des »Journals« enthalten eine scheinbar unaufhebbare Vereinsamung mit Blick auf Sophie: »Ich will nach Kösen, um allein zu seyn. Sie bleibt immer mein einziges Gut. Menschen passen sich nicht mehr für mich, so wie ich nicht mehr unter Menschen passe.«

Im dichten In- und Durcheinander heterogener Erscheinungen und Äußerungen, worin nicht selten Hardenbergs »Hin und her Direction« arbeitet und ansatzweise noch nicht voll entfaltete romantische Wesenszüge durchschimmern, gibt es einige deutliche Konstanten. Die auffälligste ist Hardenbergs freimütige Verbalisierung seiner Sexualität im »Journal«, die zumeist als »Lüsternheit« erscheint. In dem Diarium, das nicht für eine Veröffentlichung gedacht war und erst 1901 vollständig publiziert wurde, stellt Novalis seine Sexualität ohne moralisierende Einkleidung, ohne Scham und ohne Reue dar.

Die zweite Konstante zwischen dem 19. März und dem 1. Dezember ist Hardenbergs Bild der Geliebten und dessen Verwandlung, die einer geistig-religiösen Erhöhung gleichkommt. Nur wenige, aber markante Züge der äußeren Gestalt Sophies sind jetzt überliefert, so die bereits bei der ersten Begegnung der Liebenden aufgefallene Schönheit des Blickes, der nun erloschen ist: »Allein das himmlische Auge, das sich nie wieder mit unbeschreiblicher Hoheit und Milde gegen mich aufschlägt – allein dis zieht mich auf immer von allen andern Beschauungen ab« (24. März an Caroline Just).

Zwei Erinnerungen zeigen den Trauernden gleichermaßen nah und fern der Verlobten, was sich besonders in ihrer Bekleidung ausdrückt. Zum einen hat er am 5. Mai »recht lebhaft Söfchens Bild« vor sich, nämlich wie in den bekannten Porträts von ihr »En profil«, hier neben sich auf dem Kanapee – »im grünen Halstuch – in Karacteristischen Situationen in Kleidern fällt sie mir am leichtesten ein«; zum anderen, 1846 durch Friederike übermittelt, schickt Schwester Caroline schweren Herzens als »ein großes Opfer« Hardenberg, der darum gebeten hat, »die Theuern Sachen« der toten Geliebten – zu seltsamem oder rührendem Gebrauch: Caroline sei, weil Novalis sich manchmal tagelang allein in Sophies Zimmer aufhielt, in Sorge um ihn eines Tages hinaufgestiegen – bei der Tür »bleibt sie starr vor Entsetzen daran stehen, da sie die Verstorbene so wie in der Stunde ihres Todes, auf ihrem Bett liegen sieht. Die Erklärung war, daß Novalis das lange graue Kleid in dem sie gestorben war auf dem Bette ausgebreitet, die Haube, die sie getragen, darüber gelegt und ein Taschenbuch in dem sie zuletzt gelesen dazu aufgeschlagen hatte, um sich den Anblick ihrer lesenden Gestalt zurückzurufen und festzuhalten.« Gleichzeitig mit der Abbildung eher handfester Eigenarten beginnt eine deutliche Höher-Wertung und Idealisierung von Sophies Persönlichkeits-Bild und ein allmähliches Verblassen ihrer realen Gestalt. »Was Sie von Sophieens unsichtbarer Gegenwart reden«, schreibt Novalis am 24. März an Caroline Just, »ist herrliche Wahrheit – Ihr Bild soll und wird mein bessres Selbst seyn – das Wunderbild das in meinem Innern von einer ewigen Lampe erleuchtet wird und das mich gewiß retten wird für so manchen Anfechtungen des Bösen und Unlautern ... Sie soll mir ein Vorbild seyn.« Die bewegende Erhebung des Mädchens, die an den Schutzgeist-Wunsch im Verlobungsring erinnert, wird von der Überzeugung getragen, »daß sie Eine der edelsten, idealischen Gestalten war, die je auf Erden gewesen sind und seyn werden. Die schönsten Menschen müssen ihr ähnlich gewesen seyn.« Und unter dem 18. Mai lesen wir: »Sie ist das Höchste – das Einzige.« Diese radikale Erhöhung und Verklärung der Geliebten schließt, als ins Bild gehörig, strenge Selbstanforderungen des Bildners ihr gegenüber ein. Schon der lapidare Satz vom 18. Mai ist davon umgeben: »Ich muß nur immermehr um Ihret Willen leben – für Sie bin ich nur – für mich und für keinen Andern nicht ... Wenn ich nur in jedem Augenblicke ihrer werth seyn könnte.«

Selbstanfeuerungen dieser Schärfe durchziehen das ganze »Journal«: »Ohne meine Sophie bin ich gar nichts – Mit Ihr Alles.« (6. Juni). »Ich muß immer noch mehr in Ihr leben. Nur in ihrem Andenken ist mir wircklich wohl.« (24. April). »Sie umgiebt mich unaufhörlich – Alles was ich noch thue, thue ich in ihrem Namen. Sie war der Anfang – sie wird das Ende meines Lebens seyn.« Der Satz wirkt im nachhinein wie reine Prophetie.

Unverkennbar sucht der auf würdiges Andenken Eingeschworene dem sich wandelnden Bild der Gestorbenen sein Eigen-Bild anzugleichen: ohne Selbstaufgabe. Er versuche, urteilt Ricarda Huch in ihrem schönen Novalis-Porträt, »ganz menschliche Verzweiflung und zugleich ganz Besonnenheit« zu sein; er krümme sich »nie bis zur Bewußtlosigkeit unter dem Schicksal.« Dabei weiß er genau: »Meine Besonnenheit muß aber noch sehr steigen.« Ziel seines Denkens und Strebens ist ein Zuwachs an innerer Stärke, erreichbar unter dem Schutzgeist der »idealischen« Geliebten und im Nachhall der Fichteschen Ich-Erwartung durch ein »unaufhörliches Denken an mich selbst und das, was ich erfahre und thue« und was ihn über den Tod hinaus mit der »höheren« Braut wie auch mit der unsichtbaren Welt verbindet, deren Existenz ihm Gewißheit ist; diese transzendente Verbindung hat durchaus mystischen Charakter, wie die Grab-Vision vom 13. Mai belegt.

Zwischen 29. und 30. Juni des »Journals« steht scheinbar unvorbereitet, lapidar und rätselhaft eine Doppelfügung, die Teilen der Novalis-Forschung erhebliche Schwierigkeiten bereitet hat; »Xstus und Sophie«.

Die Schwierigkeiten liegen nicht in den beiden »Personen« und ihrem jeweiligen Bild, sondern im Nicht-Einbeziehen ihrer Ursprünge und Vorgeschichten. Novalis setzt an, daß er – und jeder etwaige Leser des Tagebuchs – die heilige Geschichte von Jesus Christus kennt. Er stellt Sophie augenscheinlich auf eine Ebene mit Christus: auf die Ebene der Vorbildlichkeit für sich und für uns. Diese Positionierung der Verewigten neben Christus erreicht Novalis durch die dargestellte idealisierende Erhöhung, eine Verwandlung ihres Bildes, die wir durchaus als Heiligung verstehen können. In ihrem Verlauf tritt Sophie als reale Person zurück; das Wesen ihrer Liebe aber verwandelt sich auch für ihn: »Ich habe zu Söfchen Religion – nicht Liebe. Absolute Liebe, vom Herzen unabhängige, auf Glauben gegründete, ist Religion.« Höher kann Novalis die Braut und ihr Bild nicht stellen.

Sophie ist im »Journal« nicht nur die hingeschiedene Menschengestalt der Braut, die Novalis zu seinem Christus nahen Vorbild verklärt, sondern auch die »Sophia«, die personifizierte Weisheit Gottes, die älter ist als das historische Christentum, was zum hohen Rang des durch Heiligung verwandelten, verfeinerten, sublimierten Bildes von Sophie beiträgt – genau so wie die vom Dichter wohlüberlegte Reihenfolge der beiden »hohen« Vorbild-Gestalten: Sophie steht neben Christus, er aber zuerst, vor ihr in der Zeile – und damit, als Gottes Sohn, über ihr.

Inmitten der Phase von Hardenbergs sehnsüchtigem Grübeln über Wege des Nachsterbens stößt man im »Journal« und in den Briefen auf eine weitere, dem Todesverlangen eigentlich widerstrebende Konstante: auf die Wiedererweckung seiner geistigen Arbeit, insbesondere in den Bereichen Poesie und Philosophie, zuerst aber, nur zwei Wochen nach Sophies Tod, im Felde der Wissenschaften: »Die Wissenschaften«, bekennt Novalis Just am 29. März, »gewinnen ein höheres Interresse für mich, denn ich studire sie nach höheren Zwecken – von einem höheren Standpunkt. In ihnen, in Aussichten auf die unsichtbare Welt, in wenigen Freunden und in Pflichtgeschäften, will ich bis zum letzten Athemzuge leben, der, wie mir scheint, so entfernt nicht ist, als ich oft fürchte.« Nach dieser fast visionären Vorstellung von ins Transzendente vordringenden Wissenschaften widerruft Hardenberg gegenüber Schlegel am 13. April die desaströse Präsentation der Wissenschaft vom 14. März: »Auch jezt noch sind die Wissenschaften Hauptinterresse was ich an der Welt nehme.«

Im Mittelpunkt von Hardenbergs neu erwachenden literarischen Neigungen und seiner Lektüren stehen – in Übereinstimmung mit Schlegels Vorlieben – Shakespeare und Goethe. In den Notizen der ersten »Journal«-Wochen erscheinen »Wilhelm Meisters Lehrjahre« fast täglich; Hardenberg sammelt, exzerpiert, interpretiert und kritisiert – er hält in dieser Phase seiner »Meister«-Deutung das Werk für ein Muster moderner Romandichtung, ganz ähnlich Schlegel, der den Freund für ein geplantes Buch über »Meister« um dessen Material dazu bittet und »Diaskeuastendienste« anbietet, kritische Überarbeitungen also, wie er sie einige Monate später für Hardenbergs »Vermischte Bemerkungen« sowie »Glauben und Liebe« tatsächlich leisten wird.

Es sei hier angefügt, daß August Wilhelm Schlegel am 24. September 1797 in einem Brief an Goethe ein bemerkenswertes Kurzporträt Hardenbergs zeichnete: »Er ist für uns ein äußerst interessanter Mann, und die schwärmerische Wendung die ihm der Tod seiner jungen Geliebten des Fräuleins von Kühn, gegeben hat, macht ihn noch liebenswürdiger, da ein so ausgebildeter Geist sie unterstützt, oder ihr das Gegengewicht hält. Seine Schwermuth hat ihn mit doppelter Thätigkeit in die abstraktesten Wissenschaften gestürzt; seine innere Unruhe verräth sich dabey durch die Menge und Neuheit seiner eigenthümlichen Ansichten.« Laut Goethes Tagebuch kam es am 29. März 1798 zu einem Zusammentreffen in Jena: »Rath Schlegel und von Hartenberg kamen zu mir. Mittag zu Hause. Gegen Abend zu Schiller, wo Niethammers und von Hardenberg waren.« Diese Begegnung blieb von Goethe aus folgenlos, ebenso Hardenbergs Bitte an Schiller vom 23. Juli 1798: Sein Glück werde vollkommen sein, »wenn es bey dieser Gelegenheit dem Manne, dem ich so viel verdancke, den ich so unaussprechlich verehre, Ihrem Freunde Göthe, gefiele einmal offen und mittheilend zu seyn, wenn ich dabey wäre, daß ich ein Bild von seinem persönlichen Umgang hätte, das dem Bilde vom Schriftsteller, entspräche.« Offensichtlich hat Goethe jedoch Novalis nicht besonders gemocht.

Immerhin entstanden am gleichen Ort, sozusagen unter seinen Augen, die bedeutendsten Shakespeare-Übersetzungen dieser Zeit; ihr Schöpfer, August Wilhelm Schlegel, ließ Novalis durch den Bruder in die Werkstatt blicken. Wir kennen schon sein Lob für »Romeo und Julia«; am 30. November 1797, dem Vorabend seiner Abreise nach Freiberg, sprach er der Übertragungsarbeit hohes Lob aus: sie sei »unter den Übersetzungen, was W Meister unter den Romanen ist ... Ihr Shakespear ist ein trefflicher Canon für den wissenschaftlichen Beobachter.« Der folgende Exkurs über die Deutschen als sozusagen kosmopolitisch-vaterländisches Übersetzer-Volk mündet in eine Eloge auf das Übersetzen an sich: »Übersetzen ist so gut dichten, als eigene Werke zustande bringen – und schwerer, seltener. Am Ende ist alle Poesie Übersetzung.«

Einige andere literarische Publikationen betrachtete Novalis kürzere Zeit: die berühmte Gedichtsammlung »Night-Thoughts on Life, Death and Immortality« von Edward Young; Jean Pauls Roman »Das Kampaner Tal«; Proben aus Schillers »Horen«; eine Streitschrift gegen den Xenien-Almanach; einen Meßkatalog; Stücke aus Wielands Journal »Attisches Museum« – mit Materialien versorgte ihn Friedrich Schlegel. Der Kontakt mit dem Freund blieb eng, zumal Schlegels Anteilnahme an Hardenbergs Trauer tief und aufrichtig war: »Du glaubst nicht«, schrieb er am 5. Mai 1797, »wie ganz ich bey Dir bin, und wie ganz sicher ich in Deine Klage eingehen kann. Aber ich versichre Dich, daß ichs oft beneidenswürdig finden könnte, einen solchen Verlust gehabt zu haben.« Andererseits spürte Schlegel genau, daß der Trauernde schrittweise »ins Leben« zurückkehrte: Am 26. September schrieb er erleichtert: »Das ist herrlich, daß du wieder so thätig bist, daß du lebst; und nützlich hoff ich, soll es seyn, daß Du in eine frische Außenwelt kommst.« Das ist eine erste Reaktion des weiterhin als freier Schriftsteller lebenden Freundes auf Hardenbergs Ankündigung vom 5. September, daß er Michaelis nach Dresden und Freiberg gehen werde, zu einem Studium, das nach seinen reichen Erfahrungen in der Salinenarbeit nahelag, was Schlegel für den Freund verstand und billigte.

Schon vor dem Überschreiten dieser Schwelle in eine neue Lebensphase zeigt sich auch der Eintritt Hardenbergs und der Brüder Schlegel in eine neue Kunstperiode, deren übergreifende Begriffe die Wortfamilie Romantik – Romantiker – romantisch stellt; ihre Geschichte wird hier nur gestreift, da die Epochen-Prägung mit Namensgebung eher im Rückblick stattfand. Schon jetzt wird aber auf zwei in der Forschung strittige Phänomene und Auffassungen hingewiesen.

Zum einen ist man uneins in der Frage, ob die Bezeichnung »Frühromantik« berechtigt sei oder nicht, da doch die verschiedenen poetischen und theoretischen Entwicklungen ineinander griffen und Einschnitte nicht wirklich vorlägen; in dieser Biographie wird der Begriff und Terminus »Frühromantik« beibehalten, und zwar primär zur Zeiteinteilung: die so benannte Phase endet mit dem Tod von Novalis.

Zum anderen steht Hans-Joachim Mähls These im Raum, wonach das Jahr 1797 »die Geburtsstunde des Romantikers« Novalis sei, da es »den Grund für das gesamte philosophische und dichterische Werk der folgenden Zeit legt« – was die Auffassung einzuschließen scheint, daß Novalis ohne die erschütternde Erfahrung von Sophies Tod nicht zum großen romantischen Dichter gereift wäre. Dem gegenüber warnt Gerhard Schulz, so einfach vollzögen sich derartige Vorgänge nicht; gedanklich wie poetisch sei das spätere Werk »doch das Ergebnis eines inneren Reifungs- und Entwicklungsprozesses, dessen Ursprung eher in den Tiefen seiner durch viele Zeitströme geformten Persönlichkeit« liege. Hinzugefügt sei: Sophies Tod und Hardenbergs Versuche, ihn zu überwinden, gaben diesem Prozeß starke Impulse; daß sein Werk nicht auch ohne die Todeserfahrung seine philosophische und dichterische Höhe erreicht hätte, bleibt jedoch zweifelhaft und jedenfalls unbeweisbar.

Die Kunstform, mit der er und die Brüder Schlegel die neue Literaturepoche eröffnen und über die beim Weißenfelser Juli-Treffen viele Stunden gesprochen worden ist, eine Mischung aus Prosa und Poesie-Elementen, heißt Fragment oder auch Aphorismus – Schlegel nennt sie im Brief vom 26. September »die Chamfortsche Form« nach dem französischen Vorbild »Maximes et pensées, caractères et anecdotes« (1795) von Nicolas Chamfort (1741–1794), Ostern 1797 als »Maximen, Charaktere und Anekdoten« deutsch erschienen. August Wilhelm hat die »Œuvres de Chamfort« schon Ende Oktober 1795 rezensiert und die Form des Aphorismus gerühmt. Sein Bruder publiziert im Oktober 1797 beim »Lyzeum der schönen Künste« 127 »Kritische Fragmente«, die er dem Freund als »kritische Chamfortiade« ankündigt, wegweisend für die romantische Aphoristik und direkte Anregung für Hardenbergs erste Fragmentensammlung, an der er schon vor der Übersiedlung nach Freiberg arbeitet. Für dieses literarisch-philosophische Unternehmen, dem die Schlegels einen Platz in ihrer geplanten, noch namenlosen Zeitschrift zusichern, studiert Novalis mehrere Philosophen: Friedrich Schlegel selbst, Fichte mit neueren Publikationen wie dem »Naturrecht«, den Fichte-Schüler August Ludwig Hülsen, der 1803 vor romantischer Mittelalter-Glorifizierung unter Hinweis auf dessen Armenhäuser, Zuchthäuser, Zeughäuser und Waisenhäuser warnen wird, auch wieder Kant, wovon leider nur sehr wenige Aufzeichnungen erhalten sind, und mit kritischer Neugier Schellings »Ideen zu einer Philosophie der Natur«.

Eine starke Bereicherung erfährt Hardenberg durch jenen Philosophen, den er schon 1792 gegenüber Schlegel gerühmt hat und dessen eigenwillige Ideen er jetzt wieder aufgreift: Frans Hemsterhuis (1721–1790). Der Holländer schrieb französisch, seine Werkausgabe leiht Hardenberg von August Wilhelm aus: »Œuvres Philosophiques de M. F. Hemsterhuis«. Den jungen Deutschen ergreifen Grundideen des fünfzig Jahre vor ihm geborenen Denkers, der aller rationalistischen Welt-Deutung sehr kritisch gegenüber stand. Hemsterhuis vertrat zwar die Idee von der Einheit des gesamten Universums, diese war jedoch mit dem menschlichen Verstand nicht zu ergründen; sie konnte aber von einem im Menschen angelegten »moralischen Organ« wahrgenommen und erschlossen werden, einem geheimnisvollen inneren Sinn, der das Moralische auf ähnliche Weise wahrnimmt wie unser Auge das Licht, nur daß diese Wahrnehmung die Sinnenwelt überschreitet – eine Deutung, die Hardenbergs Überzeugung von der Existenz einer jenseits aller Sinnes- und Verstandeskräfte liegenden, unbekannten und unsichtbaren Welt bestärkt. Erst recht überzeugt ihn die Auffassung des holländischen Philosophen, daß die Liebe – »das Unum des Universums« – ein Weltgesetz und die Grundkraft des vom Menschen zu entwickelnden moralischen Organs sei. Ausgehend von dieser Selbsterziehung durch das moralische Organ, das auch die Aufnahme des Göttlichen ermöglicht, verbindet Hemsterhuis in seinen Dialogen »Simon, ou de facultés de l'âme« und »Alexis, ou de l'age d'or« die Idee der Liebe mit der Vision von der Wiederkehr des goldenen Zeitalters – den Alexis-Dialog kannte Novalis schon Anfang 1792 beim ersten Kennenlernen der neuen Freunde.

Zur Entdeckung des moralischen Organs und zur Erhebung der Liebe in leuchtender Allianz mit dem wiederkehrenden goldenen Zeitalter tritt als Krönung eines denkwürdigen Lernprozesses für Novalis der hohe Wert, den Hemsterhuis der Poesie und damit der dichterischen Einbildungskraft zuspricht: »Das Wort des Dichters«, schreibt Pikulik über Hardenbergs großen Inspirator, »sei göttlichen Wesens und offenbare, von Begeisterung getragen, jene Andere Welt, die den rationalen Wissenschaften, allein auf die gegenständliche Realität fixiert, verschlossen bleibe«; Poesie sei bei Hemsterhuis der einzige angemessene Ausdruck für das höhere, »moralische« Erkenntnisorgan, so Schulz. Inspiriert durch die Hochschätzung der Dichtkunst zu einem Zeitpunkt, da er, auch unter dem Eindruck von Sophies Tod, selbst neuen Drang zur eigenen Kunstarbeit empfindet, stellt Novalis die Poesie noch über die Philosophie: »Geschichte – Philosophie – und Poesie – Die Erste schafft an – Die 2te ordnet und erklärt – Die Dritte hebt jedes Einzelne durch ausgesuchte Kontrastirung mit dem übrigen Ganzen und wenn die Philosophie durch Bildung des äußern Ganzen, oder durch die Gesezgebung, die vollkommene Poesie möglich macht, so ist gleichsam die Poesie der Zweck derselben, durch den sie erst Bedeutung und anmuthiges Leben erhält – denn die Poesie bildet die schöne Gesellschaft, oder das innere Ganze – die Weltfamilie – die schöne Haushaltung des Universi ... Durch die Poesie wird die höchste Sympathie und Coactivitaet – die innigste, herrlichste Gemeinschaft wircklich.« In leichtem zeitlichen Vorgriff halten wir eine weitere, vorerst theoretische Ausdehnung des höchstrangigen Poesie-Begriffs von Novalis fest: »Künftig treib ich nichts, als Poesie – die Wissenschaften müssen alle poetisirt werden – von dieser realen wissenschaftlichen Poesie hoff ich recht viel mit Ihnen zu reden«, kündigt er August Wilhelm Schlegel am 24. Februar 1798 an.

Leider ist von den Hemsterhuis-Aufzeichnungen nur ein Heft erhalten – einerseits Übersetzungen der französischen Texte, andererseits eigenständige Deutungen Hardenbergs. Durch die Knappheit der Überlieferung sind nur einige der ihn faszinierenden Grundgedanken des Holländers in diesen Blättern aufbewahrt, zum Beispiel in der oben zitierten Passage. Sie und fast alle Dokumente des Trauerjahres zeigen inmitten seiner Leiden eine wunderbare Leistung des aufbrechenden großen Poeten: Er hat die Geliebte verloren, alle Freude, den Sinn des Weiterlebens, in den finstersten Stunden trotz Besonnenheit sich selbst – er hat aber niemals seine Sprache verloren, im Gegenteil: Er ist nach Sophies Tod sogar äußerst beredt, er hat eine Sprache für Verzweiflung wie Besonnenheit, für den Nachsterbens-Wunsch wie für die Liebe zu den Eltern und den Grüningern, für die Lüsternheit wie für Friedrich Schlegels komplizierte Treue. Alles, was er schreibt, liest sich, ähnlich den Protokollen bei Just, wie eine – ungewollte?, unerkannte? – Vorübung für die kommenden Hauptwerke.

Vom 5. September bis zum 30. November 1797 ist keine direkte Äußerung Hardenbergs überliefert. Die 1802 publizierte, mit Detail-Fehlern behaftete Kurzbiographie Karls über seinen Bruder schildert dessen Rückkehr aus den Tiefen zermürbender Verzweiflung in die Berufstätigkeit als widerspruchsvolles Ereignis: Er »kam getröstet und wahrhaft verklärt zu seinen Geschäften zurück, diese betrieb er eifriger als je, da er sich von nun an nur als ein Fremdling auf Erden betrachtete.« Die Fremdling-Metapher wird er in den folgenden Jahren einige Male in poetischen Texten verwenden; sie deutet auf eine schwer aufhebbare innere Einsamkeit hin, läßt aber zugleich ein neues Eintreten ins Leben jenseits des Wunsches zum Nachsterben zu: in der Arbeit, die er nun mit strikt protestantischem Pflichtgefühl an den Salinen und ab Dezember 1797 in einem weitgespannten Technikstudium leistet – und die gleichzeitig, nach langer, stiller, aber hellwacher Vorbereitung, als Auftürmung von philosophischem Stoff wächst und als wunderbarer frühromantischer Höhenflug die Schwingen breitet.

Achtes Kapitel

Bergbaustudium – Einblicke ins Innere der Erde – »Das Allgemeine Brouillon« – Zwischen Naturphilosophie und Positivismus – Bilanz der anderthalb Freiberger Jahre

Mitte November 1797 erhält Friedrich von Hardenberg auf Gesuch seines Vaters an den Kurfürsten Friedrich August III. in Dresden die Genehmigung zum Studium an der Berg-Akademie in Freiberg: »sowohl die Anhörung der Vorlesungen bey der hiesigen Churfürstlichen Bergacademie, gegen Entrichtung des den Herren Lehrern geordneten Honorarii, als auch die Befahrung und Besichtigung der hiesigen und Obergebirgischen Berg- und Hüttenwercke«. Er verläßt Weißenfels daraufhin am 1. Dezember 1797, trifft sich in Leipzig mit Schelling und bezieht am nächsten Tag Quartier in Freiberg, offenbar in einem Gasthof. Der nun 25jährige hofft durch den radikalen Orts- und Arbeitswechsel die tiefe Krise des Jahres zu überwinden und stürzt sich in die neuen Aufgaben; für eine etwaige Etablierung als technischer Beamter braucht er exzellente Fachkenntnisse. Die Bergakademie im etwa 9400 Einwohner zählenden Freiberg ist dafür eine vortreffliche Institution auf einzigartigem historischen Hintergrund: Seit etwa 1168, als hier zufällig Silber gefunden wurde, wuchs der kleine Ort und erlebte unter seinem ersten Montan-Förderer, dem Meißener Markgrafen Otto dem Reichen, eine erste Blütezeit, der weitere folgen sollten, so unter Moritz von Sachsen, dem Begründer des Oberbergamtes, im 16. Jahrhundert. Mehrfach gab es auch Krisen und Abstürze, doch hielt sich der Silberbergbau bis ins Jahr 1913, der Erzbergbau sogar bis 1969.

Friedrich von Hardenberg nimmt sein Studium in der Ära des sogenannten »Retablissements«, des Neuaufbaus nach dem Siebenjährigen Krieg auf. Die Freiberger Montan-Region erlebt seit 1763 einen starken Aufschwung; 1794 gibt es im Bergamts-Bereich schon 219 Zechen mit 5043 Bergleuten; die »Kurfürstlich-Sächsische Bergakademie«, die 1765 gegründet wird und Pfingsten 1766 die Vorlesungen aufnimmt, gewinnt schnell internationales Ansehen. Ihre beiden Gründerväter stehen Hardenberg nahe: Der Generalbergkommissar Friedrich Anton von Heynitz, der allerdings 1777 Minister des preußischen Berg- und Hüttendepartements wird, ist sein Großonkel, der Oberberghauptmann Friedrich Wilhelm von Oppel ist der Vater von Hardenbergs späterem Gönner und Freund Julius Wilhelm von Oppel, der seit 1793 im Geheimen Sächsischen Finanzkollegium als Referent für das Salinenwesen wirkt. 1797 hat die Akademie, die dem Oberbergamt untersteht, dem seinerseits das Kollegium übergeordnet ist, 50 bis 60 Studenten aus ganz Europa und Südamerika; Novalis ist unter zumeist jüngeren Kommilitonen der 493. Studiosus der Hochschule überhaupt – dank seiner raschen Auffassungsgabe wird er für den normalerweise auf drei bis vier Jahre bemessenen Studiengang nur anderthalb Jahre benötigen. Übrigens gehört er zu den zahlenden Studenten, nicht zu den Stipendiaten, die es schon seit einem Erlaß Augusts des Starken von 1702 gab: »für junge Leute zur Erkennung derer Bergwercks-Wißenschaften, Schmeltz- und Markscheider-Kunst und dergleichen.«

Ihr rasch erworbenes hohes Ansehen verdankt die Akademie bedeutenden Gelehrten. Der berühmteste, dessen Name und Werk Weltgeltung hat, ist der geborene Lausitzer Abraham Gottlob Werner (1749–1817), dessen Hauptwerk »Von den äußerlichen Kennzeichen der Fossilien« 1774 Aufsehen erregte und der 1775 einen Lehrstuhl für Bergbaukunst und Mineralogie in Freiberg erhielt. Er zeichnet sich nicht nur durch wissenschaftliche Leistungen, sondern auch durch seine Menschlichkeit aus: »Alle Schilderungen heben seine große Güte, seine liebevolle, pädagogisch überlegte Beschäftigung mit jedem einzelnen Studenten und seinen packenden Vortrag hervor.« Hardenberg gewinnt bald Werners Wertschätzung und Gunst: Dieser erkennt schon nach kurzer Zeit seinen herausragenden Schüler, erweist sich als väterlicher Freund des Hochbegabten und zeichnet ihn später durch geologische Sonderaufträge aus.

Wir kennen das Vorlesungsangebot aus seiner Studienzeit und halten es für das 33. akademische Jahr der Hochschule von Ostern 1798 bis Ostern 1799 fest. Werner liest über mechanische Bergbaukunst,

Oryktognosie (Mineralogie und Gesteinskunde), Geognosie, Eisenhüttenkunde und – von besonderem Interesse für Novalis – über Enzyklopädie der Bergwerkskunde. Der mit Hardenberg gleichaltrige Professor August Wilhelm Lampadius, der 1796 den Schwefelkohlenstoff entdeckt und 1797 das erste Hochschullaboratorium installiert hat, bietet allgemeine Chemie mit spezieller Berücksichtigung der Metallurgie, allgemeine Hüttenkunde sowie analytische, technologische und ökonomische Chemie an. Professor Johann Friedrich Lempe offeriert Arithmetik, Geometrie, ebene und sphärische Trigonometrie, experimentelle und theoretische Physik, angewandte Mathematik und Bergmaschinenlehre. Vermerkt sei noch, daß Novalis Johann Friedrich Wilhelm von Charpentier, den Vater seiner zweiten Braut, nicht mehr als Hochschullehrer kennenlernt, da dieser seine Professur schon 1784 niedergelegt hat und als Bergrat ins Oberbergamt gewechselt ist, und daß Hardenberg Lempe im Brief an den Vater vom 1. September 1798 scharf kritisiert – das Geld an Lempe sei weggeworfen, er lerne nichts bei ihm – und wohl deswegen Privatstunden in Mathematik bei dem französischen Studenten d'Aubuisson nimmt.

Die strukturelle Eigenart des Bergbau-Studiums schließt andere Wissensquellen neben den Vorlesungen ein: Praxisnähe ist Bedingung sine qua non. Voran steht die Lernarbeit in den Gruben; es erscheint sicher, daß drei- bis viermaliges Einfahren pro Woche Pflicht und Regel ist. Leider sind keine detaillierten Darstellungen Hardenbergs über die Arbeit unter Tage überliefert, die der Freiberger Bergarzt Johann Friedrich Henckel so schildert:

> Der Bergmann arbeitet in so schlechter Luft, dass das Grubenlicht kaum brennen will. Er sitzt oder steckt vielmehr an einem Orte, wo er sich fast nicht wenden kann. Er muss sich gewaltig dabei krümmen und pressen, daher die Leute Krumbhälse genannt werden. Er arbeitet in ein festes Gestein, woran öfters kein Eisen halten will, und manchmal das Gedinge ohne blutsaure Arbeit nicht auszuschlagen ist. Er bricht ein, dass die Wände um ihn herum springen, aber wie denn? Mit einem kleinen spitzigen Eisen, als wenn er einen Felsen mit den Nägeln durchkratzen wollte.

Gegen Ende des Jahrhunderts ist die bergmännische Arbeit nicht weniger zermürbend als in diesem Text von 1728 dargestellt; Experimente mit Schwarzpulver-Sprengungen ergänzen bestenfalls das manuelle Verfahren: »Es dauerte über 200 Jahre«, resümiert der Freiberger Bergbau-Historiker Herbert Pforr, »ausgefüllt mit Experimenten, Erfahrungen, Erfolgen und Mißerfolgen in aller Welt, bis sich das Bohren und Sprengen im modernen Sinn im Bergbau durchsetzen konnte« – in Freiberg erst ab 1867 mit Dynamit.

Für Novalis sind die ernsten Eindrücke der unterirdisch Schuftenden aber Anlaß zum Nachdenken über deren soziale Lage – und damit Vorbereitungen auf sein tiefes, mitfühlendes Verständnis für die einfachen Salinenarbeiter zwei, drei Jahre später. Zwei zeitgenössische Zeugnisse später bekannter Persönlichkeiten dürften sowohl den ersten als auch den langzeitlichen Erfahrungen des Studenten Hardenberg nahe kommen. Im Herbst 1799 läßt sich der künftige Rechtshistoriker und preußische Staatsminister Friedrich Carl von Savigny von August Herder im Freiberger Grubenrevier führen:

> Wir fahren jetzt in den Churprinz Friedrich August ein; wir kleiden uns bergmännisch an, jeder hängt sein Grubenlicht vor die Brust, wir steigen auf der senkrechten Leiter hinab, alle Umstehenden sprechen: ›kommen Sie gesund wieder‹ und die Fallthüre über uns fällt zu. Gefahr ist bey der unterirrdischen Wanderung gar nicht, Beschwerde wenig, aber mancherlei seltsame Eindrücke warten auf uns. Das Bewußtseyn einer unterirdischen Existenz, die eigene Kleidung, die besondre Sprache und der besondre Gruß, das alles würkt recht harmonisch zusammen und versezt gewaltsam in den eignen Kreis des Lebens und Empfindens dieser Menschen. Jetzt stehen wir neben dem ungeheuren Wasserrad, das die Pumpen bis in die Tiefe hinab in Bewegung sezt; das laute Rauschen des Wassers in der dichten Finsterniß und die immer gleiche Bewegung des Rades, gegen dessen Kraft jede menschliche Kraft verschwindet – ... das ist fürchterlich, es ist als ob das unerbittliche Schicksal im Bilde vor uns stände. Aber unbeschreiblich lieblich ist es, hoch oben den Schein des Tages zu entdecken und jetzt heraufzusteigen und herauszutreten in das freundliche Licht und die freundliche Wärme der goldnen Sonne.

Der norwegische Schriftsteller, Naturwissenschaftler und Philosoph Henrik Steffens, der 1799 bis 1801 in Freiberg lebte und studierte, wobei er mehrfach mit Hardenberg zusammentraf, schreibt 1841 in seiner Autobiographie rückblickend:

> Wir fuhren ein paar Mal wöchentlich ein, und die Grubenwelt ergriff mich tief. Die unterirdische Welt, die dunkle Nacht in den Stollen und Gezeugstrecken hatten für mich etwas unbeschreiblich Anziehendes. Allerdings kostete es uns nicht geringe Mühe, in der Dunkelheit, von den Grubenlampen spärlich erleuchtet, die Gangmasse und die Fossilien, aus welcher sie zusammengesetzt war, durch Feuchtigkeit und Schmutz bedeckt, zu unterscheiden. Schwieriger noch war es uns, ... die Richtung der Gänge, in denen wir uns durch den Kompaß orientierten, zu verfolgen, und es uns klar zu machen, wie sie sich durchkreuzten, scharten und schleppten. Wenn wir die senkrechte Leiter herunterstiegen, wenn das Blau des Himmels durch die Öffnung allmählich verschwand, wenn das große Rad, durch welches das Tageswasser in Bewegung gesetzt wurde, in dem engen Felsenraume neben uns seinen Umschwung machte, das Anschlagen der Glocke einen jeden Umschwung bezeichnete, während um uns herum und über uns die Tropfen still rauschend, unablässig herunterfielen, so war uns im Anfange seltsam und wunderlich zu Muth. Nach und nach fingen wir nun auch an, die entfernteren Gruben zu befahren, Beschert Glück, Himmelsfürst, Kurprinz, mit ihren reichen Erzen.

Neben dem ausgedehnten Komplex der Stollenbauten, Maschinen und Schmelzhütten steht als innovatives oberirdisches Werk das nach Plänen Charpentiers erbaute Amalgamierwerk Halsbrücke zumindest für Studien-Besichtigungen zur Verfügung – eine Anlage, wo nach einem chemischen Verfahren, bei dem der sonst zum Schmelzen übliche Einsatz von Holzkohle wegfällt, jährlich 55–60 000 Zentner Erze amalgamiert werden, die einen Ertrag von 28–30 000 Mark Silber einbringen. Besuche Hardenbergs mit dem Vater im Februar 1798 und mit dem Übersetzer Johann Diederich Gries im Mai 1798 sind durch eigenhändige Eintragungen im Fremdenbuch des Werkes bezeugt.

Weitere Studien trieb Hardenberg in der bedeutenden Mineraliensammlung der Akademie und in der für Reichhaltigkeit und Vielseitigkeit gepriesenen Bibliothek der Hochschule, worüber handschriftliche Notizen vorliegen: Bücher und Journale mit naturwissenschaftlichen und bergmännischen Themen sowie alchemistische Werke. Den Studenten sind außerdem die Privatbibliotheken Werners und Charpentiers zugänglich; die Wernersche umfaßt über 20 000 Bände. Obendrein hat Novalis das Glück des engen persönlichen Kontakts zu diesen beiden Gelehrten, die Gespräche und Diskussionen mit ihnen als besonders wertvolle Wissensquelle. Für die gesamte Freiberger Studentenschaft ist, wie Richard Samuel hervorhebt, »die ausgezeichnete zentrale Bergverwaltung ein Gegenstand gewinnbringenden Studiums«, auch durch die Nähe zum Geheimen Finanzkollegium, dessen erstes Departement »sämtliche Gegenstände des Berg- und Hüttenwesens in Haushalts- und Justizsachen verwaltet«, Aufgaben, mit denen der ausgezeichnete Jurist Hardenberg nach Abschluß des Studiums als Mitglied der Salinendirektion ständig zu tun haben wird.

Je näher das Ende der Studienzeit rückt, desto schärfer zeichnet sich der Wunsch nach einer festen Stelle in der Salinen-Administration ab – mit der Konsequenz harter Konzentration auf dieses Ziel und des Aufschubs anderer, vor allem poetischer Pläne: »Mit den romantischen Projecten«, schreibt Hardenberg, den Schlüsselbegriff der neuen Literatur heraushebend, im Dezember 1798 an Friedrich Schlegel, »muß ich auch eine Zeitlang zurückhalten. – Der Kaufmann ist jetzt an der Tagesordnung. Chymie – und Mechanik oder Technologie im allgemeinen Sinn müssen jetzt vorzüglich dran. Das Andre muß warten.« Caroline Schlegel versichert er am 20. Januar 1799: »Jetzt leb ich ganz in der Technik, weil meine Lehrjahre zu Ende gehen, und mir das bürgerliche Leben mit mancher Anforderung immer näher tritt. Für künftige Pläne sammle ich nur jetzt und gedenke diesen Sommer manches Angefangne oder Entworfene zu vollenden. Die Poesie mit lebendigen Kräften, mit Menschen, und sonst gefällt mir immer mehr. Man muß eine poetische Welt um sich her bilden und in der Poesie leben. Hieher gehört mein mercantilischer Plan. Diesem ordne ich die Schriftstellerey unter.« Er bittet die Empfängerin, den Brief an Friedrich weiter zu schicken, »dem ich nur sehr kurz geschrieben habe, weil ich jetzt viel unter der Erde bin und über der Erde mit so vielen nüchternen Studien geplagt bin.« In einer eigentümlichen, aus der Architektur geholten Metapher faßt Hardenberg seine momentane Lage zusammen: »Jetzt ist bey mir bürgerliche Baukunst.«

Dahinter steht selbstverständlich auch die sich anbahnende Liebesbeziehung zu Julie von Charpentier, dahinter steht der langgehegte Wunsch nach »Brautnacht, Ehe und Nachkommenschaft« – und die innere Gewißheit, daß Poesie und Schriftstellerei zeitweilig zurücktreten, aber niemals aufgegeben werden; im Gegenteil: Er sammelt, sie wachsen, und er schreibt: im Dickicht der Studiumsarbeit.

Weil Hardenberg als zahlender Student im Gegensatz zu den Stipendiaten keine schriftlichen Berichte vorweisen muß, gibt es nur wenige direkte Dokumente zu seiner Arbeitstätigkeit. Die Novalis-Forschung setzt als markantes Beispiel eine Vorlesungsnachschrift vom Spätjahr 1798 bis zum Frühjahr 1799 an – keinen geschlossenen Diskurs, sondern eine 39 Seiten lange Handschrift mit verschieden langen Einzel- und Gruppen-Notizen aus der Abteilung »Technische Aufzeichnungen und Notizen«, die offenbar Werners Vorlesung über Bergbaukunst entstammen und auch Eigenbemerkungen Hardenbergs enthalten; Gerhard Schulz faßt sie folgendermaßen zusammen:

> Sie beginnen mit Erörterungen über Wesen und Auffinden von Lagerstätten und über das Schürfen. Dann werden die verschiedenen Arten des Abbaus, vor allem der Strossenbau, Fürsten- oder Förstenbau und der Österbau kurz behandelt. Es folgen Aufzeichnungen zu der Wasserhaltung auf den Gruben mit direkten Bezügen zu einzelnen Freiberger Schächten. Die dazu nötigen Maschinen, die Kunstgezeuge, werden Punkt für Punkt aufgeführt. Dann gehen die Aufzeichnungen über zu den Aufbereitungsarbeiten mit dem geförderten Erz, dem Pochen und Waschen. Arten und Anlagen der Pochwerke sowie der Erzwäschen werden betrachtet. Schließlich finden sich noch Notizen zu den hüttenmännischen Arbeiten, dem Schmelzprozeß, den Zuschlägen und den Produkten und Edukten bei der Blei- und Silberarbeit. Es ist eine gedrängte, keineswegs vollständige Übersicht, in der auch Freiberger Persönlichkeiten wie Werner und der Maschinendirektor Mende erwähnt werden.

Gedrängt, unvollständig ist die Nachschrift zweifellos, andererseits aber auch ausladend, detailreich, ja: übergenau – sogar das »Ich« kommt vor und zeigt, wie tief sich Hardenberg auf die Materie eingelassen hat.

Im gedrängten Zeitraum von anderthalb Jahren fällt vieles zusammen: Es entstehen eine Fülle neuer Erfahrungen, mehrere schon genannte Korpora von Aufzeichnungen, wie sie Novalis seit den »Fichte-Studien« in ähnlich stoff-praller, aber unabgerundeter Gestalt aufgehäuft hat. Es gibt deutliche »Hin und her Directionen« zwischen Studien-Arbeit und technisch-bergmännischer Reflexion der Aufzeichnungen, die aber ihrerseits zugleich immer wieder mit Themen, Quellen, Auslegungen, Disputationen und Kritiken über die Freiberger Analyse hinausgreifen. Da die »Vorarbeiten zu verschiedenen Fragmentsammlungen« (1798) sich nur punktuell mit der Bergwerkspraxis und den technologischen Deutungen berühren, werden sie im biographischen Kontext den gleichzeitigen philosophischen und poetischen Ausführungen und Werken zugeordnet.

Zwei weitere Aufzeichnungs- und Notizen-Konvolute aus der Freiberger Epoche haben erhebliche thematische Gemeinsamkeiten und sind teilweise zeitgleich aufgeschrieben: die »Freiberger naturwissenschaftlichen Studien« (Juni 1798 bis Mai 1799) und »Das Allgemeine Brouillon – Materialien zur Enzyklopädistik« (September 1798 bis Anfang März 1799). Beide zeigen – in unterschiedlicher Häufigkeit und Akzentuierung – Wesenszüge, insbesondere formale Eigenarten und Defizite ähnlich wie bei den »Fichte-Studien«. Dabei erscheinen die naturwissenschaftlichen Studien als Modell und Paradigma geballter mathematisch-scientifischer Vielfalt und Auftürmung, zeigen aber eine Besonderheit, die beispielsweise dem »Allgemeinen Brouillon« fehlt: Sie sind, den Handschriften und wahrscheinlichen Datierungen folgend, in 17 thematische Gruppen unterteilt. Eine logisch-diskursive Reihenfolge liegt damit freilich nicht vor, auch stammen nur acht der nun aufgezählten, ankündigenden Haupt-Überschriften von Novalis selbst.

Gerhard Schulz hat folgende tabellarische Anordnung aufgestellt:

1. Chymische Hefte (1. Heft, 2. Heft)
2. Mathematisches Heft;
3. Großes physikalisches Studienheft;
4. Gravitationslehre;
5. Physikalische Fragmente;
6. Studien zu Schellings »Von der Weltseele«;
7. Mathematische Studien von Bossut und Murhard;
8. Mathematische Fragmente;
9. Studien zu Tiedemanns »Geist der spekulativen Philosophie« und Lamberts »Neues Organon«;
10. Werner-Studien;
11. Materialien zur Krystallologie;
12. Arithmetika universalis;
13. Astronomie von de la Lande und vermischte Studien;
14. Allgemeine Naturlehre – oder Algebraische Physik;
15. Medizinisch-naturwissenschaftliche Studien,
16. Alexander-von-Humboldt-Studien;
17. Chemische Bemerkungen.

Sehr deutlich erkennt man Hardenbergs genaue Beobachtung und Kenntnis der großen naturwissenschaftlichen Revolution seiner Epoche, etwa sein Bekenntnis zur antiphlogistischen Chemie nach Lavoisier und Lampadius, seine Einarbeitung in die Bereiche der Elektrochemie, der Kristallologie und der mit Spannung verfolgten Galvanismus-Experimente und -Theorien bis zu Voltas revolutionären Entdeckungen. Novalis teilt das weitverbreitete, sicher auch mit einem Hauch des Geheimnisvollen und Kosmisch-Unheimlichen umgebene zeitgenössische Interesse an universellen physikalisch-mathematischen Weltsystemen wie der »Exposition du Systeme de Monde« (1796, deutsch 1797) des Pierre Simon Marquis de Laplace mit seiner ausgefeilten Darstellung der Bewegungsabläufe von Himmelskörpern und des Wassers der Ozeane. Im zweiten »Chymischen Heft« sammelt Hardenberg akute Beobachtungen, Lesefrüchte und Kurzkommentare zu den Salzen, wovon er auch dem Vater berichtet, und zur Salzsäure.

Die »Freiberger Studien« und »Das Allgemeine Brouillon« spiegeln das rasche, zuweilen explosive Anwachsen der naturwissenschaftlichen und technischen Neuerungen und Kenntnisse wider, ebenso »die Verwerfungen einer sich abzeichnenden Disziplinenbildung«. »In dieser Situation«, schreibt Hans Jürgen Balmes, »wurden die Periodika nun zu einem wichtigen Kommunikationssystem, da nur noch sie die ständig wachsende Flut der Informationen und fast täglichen Entdekkungen aufnehmen und diskutieren konnten.« Novalis selbst besaß mehrere Bände von Lavoisiers und Fourcroys »Annales de Chimie« (1798 ff.) und A. N. Scherers antiphlogistischem »Allgemeinen Journal der Chemie« (1798 ff.) und las regelmäßig noch andere Zeitschriften. Die naturwissenschaftliche Revolution schlug sich auch in der Sprache nieder: Hardenbergs Ungenauigkeiten und Uneinheitlichkeiten in der Bezeichnung von Stoffen, Phänomenen und Prozessen sind Ausdruck der rasanten wissenschaftlich-technischen Entwicklungen – da bleibt zuweilen die Terminologie, die Nomenklatur hinter der Innovation zurück.

Neben thematischen Einzel-Zentren wie dem gefühlten Disput über Schellings Hauptwerk »Von der Weltseele«, das wie alles von diesem Philosophen Stammende auf Naturphilosophie und Naturgeschichte in Hardenbergs Denken verweist, neben Anstößen zum heiklen Verhältnis der jungen Romantik gegenüber den immer stärker dominierenden Naturwissenschaften und zur romantischen Synthese aller Wissenschaften überhaupt, neben der schon früher aufgetauchten Beschäftigung mit medizinischen Fragen und Thesen wie der Reiz-Theorie des schottischen Arztes und Philosophen John Brown steht die intensive, nachhaltige Beschäftigung und Auseinandersetzung mit dem Werk des verehrten, aber wissenschaftlich auch kritisierten Abraham Gottlob Werner.

Die nicht von Novalis selbst als »Werner-Studien« bezeichneten Notizen sind hartes Brot für den Leser: Durch ihre Diskontinuitäten, Sprunghaftigkeiten, Brüche, Brocken und Abkürzungen, vermischt mit Zitaten, geraten diese Studien, die selbstverständlich nicht zur Veröffentlichung bestimmt sind, immer wieder an den Rand der Unverständlichkeit. Klar ist, das Hardenberg Werners Werk »Von den äußerlichen Kennzeichen der Fossilien« zugleich würdigt und kritisiert, und zwar unter mineralogischen, geologischen, paläontologischen, geographischen und biologischen Aspekten sowie vor allem im Hinblick auf

Werners Klassifikationstheorie. So beanstandet er dessen Dreiteilung der »Naturgeschichte des Mineralsreiches« in Mineralogie, Geognosie und mineralogische Geographie als »sehr mangelhaft«; Werners angeführtes Beispiel von der Unterschiedlichkeit der Pflanze und des Fossils »beweißt gegen ihn und nicht für ihn«, denn »die Anatomie der Pflanze und des Fossils liefert einerley Resultate«. Zwar nennt Hardenberg Werners Grundsätze der Namensgebung »als Gesetze der provisorischen Nomenclatur sehr nüzlich und anwendbar«, doch sei die Einteilung der Arten des Bemerkens und der Kennzeichen »unvollständig und falsch«. Schließlich kritisiert er seinen Lehrer, weil dieser die Kristalle ans Ende seiner Abhandlung zur äußeren Gestalt von Fossilien setzt: »Mit den Krystallen, mein ich, sollte der Anfang gemacht werden. Es sind die gemeinkünstlichen Individuen. Sie sind auch die Frappantesten.«

Intensives Studium und kritische Würdigung von Werners Werk greifen auch auf das umfangreiche »Allgemeine Brouillon« über. Es erhielt seinen Titel – französisch »brouillon« heißt Skizze oder Skizzenbuch – von den ersten Editoren, die einer Selbstdarstellung von Hardenbergs Arbeitsweise die nahezu beiläufige Namensgebung entnahmen: »Gravitationslehre – und Arithmetica universalis will ich zuerst durchgehn. Jener soll Eine Stunde, dieser 2 Stunden gewidmet werden. Was mir nebenher einfällt, wird in das allgemeine Brouillon mit hineingeschrieben.« Das Gesamt-Konvolut umfaßt 1151 numerierte Aufzeichnungen; sie wurden von September 1798 bis Anfang März 1799 geschrieben, folgen zeitlich unmittelbar den »Vorarbeiten« und laufen parallel zum Hauptteil der »Freiberger naturwissenschaftliche Studien«. Die Einzelstücke sind unterschiedlich lang – oder kurz: Die vier kürzesten bestehen aus zwei Wörtern, der längste zusammenhängende Text füllt zweieinhalb Druckseiten. Die Sammlung zeigt in allen Teilen nahezu alle Eigenarten, die wir seit den »Fichte-Studien« kennen; von Diskursivität kann nur begrenzt die Rede sein; permanenter thematischer Wechsel kennzeichnet weite Teile und belegt die Spontaneität des Aufschreibens: »In der vorliegenden Niederschrift«, urteilt Mähl mit Recht, »ist das Brouillon nicht mehr als eine gedankenreiche, den ganzen Kosmos menschlichen Wissens und Ahnens umspannende Materialsammlung« – aber offenbar angelegt als Vorlauf eines künftigen Buches, wie Novalis gegenüber Friedrich Schlegel mehrmals durchblicken läßt.

»Das Allgemeine Brouillon« ist in vier Gruppen und einem losen Blatt überliefert, wurde durch Sophie von Hardenberg im Archiv Oberwiederstedt verwahrt und dort 1928 aufgefunden; 356 Oktavseiten insgesamt, ein »heftartiges Manuskript«, für alle Blätter gleiches Format und gleiches Papier, was auf die kurze Schreibzeit verweist. So wenig wie die »Fichte-Studien«, die »Vorarbeiten« und die »Freiberger Studien« ist das »Brouillon« eine Fragmentensammlung frühromantischer Provenienz, es ist nicht vergleichbar Hardenbergs »Blüthenstaub« oder mit Friedrich Schlegels Fragmenten-Werk. Entstanden ist ein mehrdimensionales Netzwerk, worin thematische Bezüge oft kreuz und quer, auch in »Hin und her Direction«, vorwärts und zurück, aber nur begrenzt linear herstellbar sind. Das ganze unvollendete Unternehmen ist obendrein dadurch charakterisiert, daß der Schreiber zahlreiche gedruckte Quellen verschiedenster Thematik aufnimmt, exzerpiert, zitiert, auswertet und einarbeitet.

Was aber ist Hardenbergs Ziel mit der gigantischen Materialsammlung des »Brouillons«, das in einer Zeit höchster Arbeitsanspannung entsteht? Gerhard Schulz hat diese Frage einleuchtend beantwortet:

> Hier wird aus der Beschäftigung mit den Naturwissenschaften und mit der Philosophie der Plan geboren, eine »Enzyklopädie«, eine »scientifische Bibel« zu entwerfen, in der alle Wissenschaften einander im Zusammenspiel erklären, in ihrer letzten Einheit sich gegenseitig beleuchten, und eine höhere romantische Synthese, eine Universalwissenschaft hervorgehen zu lassen. Dieser kühne Plan einer Verbindung alles Getrennten, einer im Grunde keineswegs nur theoretischen, sondern aktiven, auf die Veränderung des Lebens abzielenden Harmonie alles Gedachten und Seienden ist ohne die Voraussetzung von Hardenbergs Freiberger Studien nicht denkbar. Es muß sogar als sicher angenommen werden, daß Werner mit seiner Vorlesung über Enzyklopädie der Bergwerkskunde erst den Anstoß zu diesem Unternehmen gegeben hat, das freilich in seinem großen Entwurf sogleich auch ahnen ließ, daß seine Vollendung über die Kraft und Grenzen eines Menschenlebens weit hinausging.

So ist es. Novalis erkennt sehr schnell, an welche unüberwindlichen Grenzen er stößt: Unter Nr. 526 des »Allgemeinen Brouillons«, etwa Mitte Oktober 1798, liest man: »Wenn mein Unternehmen zu groß in der Ausführung werden sollte – so geb ich nur die Methode des Verfahrens – und Beyspiele – den allgemeinsten Theil und Bruchstücke aus den Besondern Theilen.« Mit anderen Worten: Er gibt die Enzyklopädistik, den Weg oder die Lehre, wie man zur Enzyklopädie gelangen könnte, durch Beispiele; folgerichtig vermeidet er die Bezeichnung Enzyklopädie fast ganz, wogegen er den Terminus Enzyklopädistik – mit Schreibvarianten – rund siebzigmal im Brouillon verwendet, beinahe programmatisch, meistens als Überschrift einer Nummer. Nach Nr. 616 aber, noch in der zweiten, der Oktober/November-Gruppe von 1798, bricht er diese Verwendung plötzlich ab, das Schlüsselnomen erscheint weder im weiteren Kontext des Brouillons noch in den »Fragmenten und Studien 1799–1800«, wohl aber im Brief an Friedrich Schlegel vom 7. November 1798: Novalis bekräftigt darin als Beispiel ihrer »innern Symorganisation und Symevolution« und der Notwendigkeit ihres »Zusammendaseyns«, daß er, genau wie der Freund, aber unabhängig von ihm, ein Bibelprojekt zu schreiben plane, die Bibel sei ja das Ideal jedweden Buches: »Die Theorie der Bibel, entwickelt, giebt die Theorie der Schriftstellerey oder der Wortbildung überhaupt.« Ihn beschäftige »eine vielumfassende Arbeit«, die für den Winter seine ganze Tätigkeit absorbiere: »Dies soll nichts anders, als eine Kritik des Bibelprojects – ein Versuch einer Universalmethode des Biblisirens – die Einleitung zu einer ächten Encyklopaedistik werden.«

Eine Einleitung, mehr nicht. Schon sie müßte voluminös werden, die Bibel, die er etliche Male schlicht »mein Buch« nennt, müßte riesig ausfallen – unmöglich, daß ein Einzelner sie gibt; Novalis ahnt – und schließlich weiß er es, das Fallenlassen des Signal-Terminus zeigt es an. »Das Allgemeine Brouillon« bleibt unvollendet, ein gewaltiges Bruchstück, ein Entwurf, wie vieles von diesem Dichter, Denker, Philosophen, Ingenieur, der darüber in einem Briefentwurf an Schlegel schreibt: »Soll es eine Recherche(oder Essai), eine Sammlung Fragmente, ein Lichtenbergischer Commentar, ein Bericht, ein Gutachten, eine Geschichte, eine Abhandlung, eine Recension, eine Rede, ein Monolog, oder Bruchstücke eines Dialogs etc. werden«, und in Nr. 945:

»Jedes Stück meines Buchs, das in äußerst verschiedner Manier geschrieben seyn kann – In Fragmenten – Briefen – Gedichten – wissenschaftlich strengen Aufsätzen etc. – Einem oder einigen meiner Freunde dedicirt.«

Für die praktisch-berufliche Laufbahn, zu der er sich entschlossen hat, ist das Urteil über die Zeit des Freiberger Studiums klar und unzweideutig: Der erfolgreiche Student absolviert eine wissenschaftlich, technisch und verwaltungskundlich exzellente Ausbildung, die ihn zum Eintritt in das Direktorium des kursächsischen Salinenwesens befähigt; seine juristischen Fachkenntnisse werden sich mit den Freiberger Errungenschaften sinnvoll vereinigen. Gleichzeitig stärkt, erweitert und verfeinert der anderthalbjährige Studiengang aber auch das philosophisch-poetische Weltbild Hardenbergs, das inmitten der sächsisch-thüringischen Provinzialität Denkgebäude und dichterische Kunstwerke ermöglicht, deren Universalität und Neuartigkeit unter dem Leucht-Zeichen »Romantik« den Rang von Novalis in der Geschichte der Weltliteratur begründen. Das wird zu seinen Lebzeiten freilich nur von kleinen Kreisen wahrgenommen, auch weil bedeutende Teile des poetisch-philosophischen Werkes und der Riesenkomplex seiner Aufzeichnungen erst lange nach seinem frühen Tod in die Öffentlichkeit gelangen werden.

Richard Samuel, der langjährige Mitherausgeber der Historisch-Kritischen Ausgabe, schreibt in seinem wegweisenden Aufsatz »Der berufliche Werdegang Friedrichs von Hardenberg« (1929), die Freiberger Epoche sei für die gesamte Ideenentwicklung des Dichters eine entscheidende Zeit gewesen. Gerhard Schulz, der sich um die Erforschung von Hardenbergs Berufstätigkeit besonders verdient gemacht hat, schätzt die Freiberger Periode als eine Wende-Phase für sein persönliches Schicksal, für die künftige Laufbahn als Salinenassessor und für das entstehende Werk ein:

> Freiberg wird in der Tat für Hardenberg der Ort einer persönlichen, beruflichen und geistigen Wendung, die Station eines inneren Reifeprozesses. Hier löst er sich von dem lähmenden Schmerz nach Sophies Tod, hier findet er neue Kraft zur Ausübung seines Berufs und

kann sich das erforderliche Wissen dafür aneignen, und hier entsteht auch in der Auseinandersetzung mit den Naturwissenschaften seine eigene romantische Philosophie ... für sein romantisches Denken, das sich in der Auseinandersetzung mit Kant und Fichte herausgebildet hatte und das nun gerade, im Herbst 1797, von Hemsterhuis die Idee einer höheren Vereinigung, Poetisierung aller Wissenschaften empfing, mußte die Beschäftigung mit den Naturwissenschaften geradezu unerläßlich erscheinen.

Dabei steht Novalis zwischen zwei einander widerstrebenden Entwicklungen. Einerseits hält er den Anspruch der Naturphilosophie, der Naturgeschichte aufrecht, durch philosophisches Denken und Forschen das Wesen, die Gesetze, Formen und Erscheinungen der sichtbaren Natur zu fassen, zu erkennen und zu deuten; andererseits stellt er sich den Neuerungen der stürmisch aufstrebenden »exakten« Wissenschaften, etwa im Bereich der Chemie und der Physik, die im damaligen Sprachgebrauch auch für umfassende Naturlehre steht und deren »Liturg«, so Novalis, Goethe sein wird. Besonders Hardenbergs Aufzeichnungen spiegeln das Anwachsen der das künftige 19. Jahrhundert beherrschenden meßbaren Naturwissenschaften. Deren Sieg über die immer heftiger verachtete Naturphilosophie und Naturgeschichte hat Novalis vorausgeahnt; seine romantische Vision der Union aller höheren Wissenschaften zu einer universalen, zugleich nach allen Seiten offenen, die Grenzen der Einzeldisziplinen ständig überschreitenden, freien Naturlehre blieb Vision, aber fern aller Abgeschlossenheit und Vollendung; die Enzyklopädistik blieb genial-schillernde Methode und kühner, unsystematischer Wurf.

In der Freiberger Zeit begegnete Hardenberg auch August Herder (1776–1838), dem Sohn des Weimarer Schriftstellers, Philosophen und Theologen, der zur gleichen Zeit Student der Bergakademie und mit ihm befreundet war, zumindest nach brieflicher Aussage seiner Mutter vom April 1799, kurz vor Hardenbergs Abschluß. Er selbst erwähnt Herder nur kurz in einem Brief an Werner Ende März 1800 und nennt den Namen Herder zweimal in den Aufzeichnungen, die Schwester Sidonie meldet im Oktober 1799 einen Besuch Herders in Weißenfels. Herder machte später Karriere, wurde 1826 Oberberghauptmann und stand in der Freiberger Montanregion aus gutem Grund in hohem Ansehen: »Über den Schacht Reiche Zeche gibt es ... einen Zugang zum Rothschönberger Stolln, dem tiefsten und jüngsten Freiberger Stollen mit einer Gesamtlänge von etwa 50 Kilometern. Der Bau dieses Stollens geht auf Oberberghauptmann Freiherr von Herder zurück, der an der Trasse dieses Stollens in der Halde des ›Drei König Schachts‹ unweit vom Schacht Reiche Zeche sein Grabmal hat.« Übrigens soll Herder dem Physiker Johann Wilhelm Ritter, von dem noch die Rede sein wird, laut dessen Autobiographie ein Porträt Hardenbergs gebracht haben, das wohl mit Ritters Nachlaß verloren ging.

Den Übersetzer Johann Diederich Gries (1775–1842), der unter anderem Texte von Calderon, Cervantes, Ariost und Tasso übertrug, hatte Novalis schon 1796 in Jena kennengelernt. In einer späten, in der dritten Person abgefaßten Autobiographie porträtierte Gries »diesen liebenswürdigen Mann«, mit dem er 1798 zeitweilig im gleichen Freiberger Haus wohnte, rückblickend auf den trauernden Hardenberg, der den »unersetzlichen Verlust« Sophies »nur durch einen grenzenlosen Eifer, mit welchem er die Wissenschaften ergriff«, ertragen konnte; seine Geliebte »war der Mittelpunkt seiner Philosophie und Metaphysik, auf die Wiedervereinigung mit ihr war sein ganzer Sinn gerichtet, und so war es bei seiner schwächlichen Körperbeschaffenheit sehr begreiflich, daß er solchen mannigfachen Anstrengungen bald erliegen mußte.« Hardenberg habe ihm und zwei Gefährten »das Amalgamationswerk« gezeigt, die Besucher im Hause des Bergrats von Charpentier eingeführt und »in ihrem Gasthofe die Bekanntschaft des berühmten Mineralogen Werner« vermittelt. Gries nahm Ende August am Dresdner Galerietreffen der Frühromantiker teil; auf der Rückreise nach Jena mit Schelling begegnete er in Freiberg Anfang Oktober August Herder; dieser »traf die Veranstaltung, mit ihnen eine Grube zu befahren, aus welcher Gries jedoch noch vor Schelling wieder ans Tageslicht zurückkehrte, weil es ihm dort unten nicht geheuer ward; Lampadius zeigte ihnen dann das Laboratorium und die chemischen Apparate.«

In der Freiberger Zeit bahnten sich bereits Kontakte zu Johann Wilhelm Ritter und dem norwegischen Schriftsteller, Philosophen und Naturforscher Henrik Steffens an, ebenso die Beziehung des Dichters zu

Julie von Charpentier und ihrer Familie; darauf wird später ausführlich eingegangen. Als die bedeutendste Freundschaft im beruflichen Umfeld ist Abraham Gottlob Werner anzusehen, mit dem Novalis bis an sein Lebensende eng verbunden war. Dabei stellt sich heraus, was der Meister-Schüler vom Lehrmeister vor allem lernen konnte. Es finden sich dazu zwei bedeutsame Erkenntnisse im »Brouillon«, Nr. 874 stellt fest: »Werner hat die Theorie eines speciellen Beobachtungsprocesses geliefert – Auf diesem Grunde kann man weiter bauen«. Steffens wird im September 1799 bezeugen, daß Novalis Werner als »einen Goethe des Beobachtens« bezeichnete. Unter Nr. 558 kündigt Novalis an: »Im Classificiren und definiren will ich mich an Werners System und an den Wissenschaften üben.« Schulz setzt diese selbstgestellte Aufgabe des »Studenten« sehr hoch an: Werner sei für ihn vor allem »der große Systematiker und Klassifikator«, mit dessen System er sich selbständig und kritisch auseinandersetze. Eine andere Qualität Werners, die Schulz hervorhebt, dürfte Hardenberg im persönlichen – und das hieß ja auch immer wissenschaftlichen – Umgang zu würdigen gelernt haben: die Vielseitigkeit des bewunderten Lehrers, innerhalb seiner akademischen Hauptarbeit, aber auch darüber hinaus, in Aufzeichnungen und Manuskripten über Berg- und Hüttenwesen, zu Mineralogie und Geologie; in Werners Nachlaß finden sich aber auch »umfangreiche Sprachstudien, sprachvergleichende Versuche, Etymologien, Studien zu Gotisch und Althochdeutsch, Anmerkungen und Gedanken zu Geschichte und Philosophie, zum Militärwesen, der Plan zu einer Enzyklopädie und vieles andere« – die Liste liest sich beinah wie ein weitgestreutes Programm von Hardenbergs eigenem Enzyklopädistik-Vorhaben. Hinter allem, was er von Werner – ungehindert kritisch, wo es ihm nötig scheint – lernt, steht als Fernziel das »Eine, Verbindende«, das in der Natur herrscht – so Schulz.

Ob Novalis seine Kritik an Theorien und Verfahren des Lehrmeisters ihm auch direkt vortrug und nicht nur aufzeichnete, weiß man nicht, es ist aber naheliegend – Werner wird solche Bedenken und Einwände großzügig aufgenommen haben. Jedenfalls hielt die beiderseitige Wertschätzung von Lehrer und Schüler auch nach dessen Studienabschluß an; Werner baute Hardenberg, der dadurch neben der Salinen-Arbeit eine weitere hoch interessante, zukunftsträchtige, auch in die dichterischen Werke hineinragende Berufstätigkeit erlangte, mit ausdrücklicher Genehmigung und Anordnung des Kurfürsten in sein umfangreiches geologisches Forschungsprogramm ein; neben dem Salineningenieur steht nach der Rückkehr aus Freiberg der Geologe Friedrich von Hardenberg – er trägt erneut eine hohe Bürde auf seinen Schultern.

Neuntes Kapitel

Erste Veröffentlichung unter Pseudonym Novalis: »Blüthenstaub« – Drei Jahre »Athenaeum« – Die Fragmentisten: Novalis und Schlegel – Goethes »Wilhelm Meister« – »Glauben und Liebe«: Königin Luise und König Friedrich Wilhelm III.

Noch im ersten Drittel der Freiberger Studienzeit, die den Einstieg in die Montanwelt bringt und den neuen Ansturm der Aufzeichnungen entfacht, vollendet Hardenberg sein erstes literarisches Hauptwerk und tritt mit ihm – Berlin 1798 im Verlag von Friedrich Vieweg dem Älteren – in die Öffentlichkeit.

Den Weg dorthin bahnen ihm die Brüder Schlegel, die nach dem Ende ihrer Tätigkeit als festangestellte Literaturkritiker selbst einen neuen Anfang suchen: August Wilhelm hat seine Arbeit bei der »Allgemeinen Literatur-Zeitung« hingeworfen, wo er, immer demütigend als Anonymus, über 300 Rezensionen publizierte; Friedrich kündigte sein Redakteursamt im »Lyzeum der schönen Künste«, als ihm der Herausgeber Reichardt einen Verriß gegen dessen Favoriten Voß verübelte. Die Brüder sind sich rasch einig, daß eine eigene Zeitschrift für die Publikation neuester Literatur gegründet werden muß. Die treibende Kraft ist Friedrich: »Die Hauptsache aber ist,« schreibt er dem Bruder am 31. Oktober 1797, »daß jetzt ein großer Plan Tag und Nacht alle meine Gedanken absorbiert. Mir hat es lange Zeit geschienen, unser gemeinschaftliches Journal anzufangen.« Es soll unter dem wohlvertrauten Signum »Symphilosophie« und der »Einheit des Geistes« hervortreten; neu und auch für August Wilhelm überraschend ist Friedrichs Idee, daß das »Journal von uns beiden nicht bloß ediert, sondern ganz allein geschrieben« werden solle, »ohne alle regelmäßige Mitarbeiter«. Die Gesamtliste der Beiträge weist tatsächlich die Schlegels als Verfasser einer großen Mehrheit aus; immerhin sieht auch der enthusiasmierte Jüngere »eine ganz neue Epoche der Wissenschaften und der Künste beginnen, wenn die Symphilosophie und Sympoesie so allgemein und so innig würde, daß es nichts Seltenes mehr wäre, wenn mehrere sich ergänzende Naturen gemeinschaftliche Werke bildeten.« Die erste und bedeutendste dieser Naturen neben den Brüdern aber ist Hardenberg. Er weiß offensichtlich schon seit dem Weißenfelser Sommer von den Plänen der Brüder; am 5. September signalisiert er Friedrich Schlegel seine Bereitschaft zur Mitarbeit – aus Kösen schreibt er in ungewöhnlich euphorischer Stimmung: »Mein Geist ist jetzt fruchtbarer, vielleicht glücklicher, als je. Sobald ich meine Beute ein wenig gemustert, und gesäubert habe, so sollst du Theil an meiner Habe nehmen.« Schlegel seinerseits beschreibt am 26. September, welche Rolle er bei dem Freund als künftigem Mitarbeiter spielen möchte: »Herrlich wär's wenn ich Dir auch in der Philosophie Diaskeuastendienste leisten könnte. Bescheiden gehe ich gewiß zu Werke, und einen schicklichen Platz will ich Dir dann auch wohl vorschlagen.« Und dem Bruder meldet er am 31. Oktober: »Hardenberg hat mir über den Meister und über manche philosophische Materie Sachen zum Druck geben wollen, für die ich mich als Diaskeuasten angeboten habe. Beides könnte gewiß nirgends anders gedruckt werden« – als in ihrer Zeitschrift »Athenaeum«, meint er.

Ganz in diesem Sinne teilt Hardenberg August Wilhelm am 25. Dezember mit, daß er sich sehr viel von dem neuen Unternehmen verspreche; er versichert seine Teilnahme, erbittet aber »noch einige Fristen« und meint, es seien vielleicht »mythische Fragmente«, was er anzubieten habe. Einen Tag später bekräftigt er gegenüber Friedrich: »Euer Journal ist lang von mir erwartet. Mit ihm kann eine neue Periode der Litteratur beginnen. Meine Theilnahme verspreche ich euch mit Freuden – Aber noch Geduld bis Ostern.«

Doch schon am 24. Februar 1798 schickt der vorgeblich Zögernde »beykommende Fragmente« an den älteren Schlegel – zunächst eher kleinhaltend, was er von dem Gelieferten etwa in der brüderlichen Redaktion erwarten könnte: Die meisten Texte, die er als »Vermischte Bemerkungen« schickt, »sind ältern Ursprungs und nur abgekehrt. Ihr beyderseitiges Urtheil mag Sie zum Feuer oder zum nassen Wege bestimmen – ich sag mich gänzlich davon los.« Solche Bescheidenheit dementiert er jedoch schon ein paar Zeilen weiter: »Steht Ihnen diese

Masse an, so kann ich noch mit mehr aufwarten. Ich habe noch einige Bogen logologische Fragmente, Poeticismen, und einen Anfang unter dem Titel, der Lehrling zu Saïs – ebenfalls Fragmente – nur alle in bezug auf Natur.«

Im selben Brief formuliert Hardenberg den Wunsch, die Brüder möchten im Druck seiner Fragmenten-Kollektion den »Beynamen«, das Pseudonym Novalis setzen, »welcher Name ein alter Geschlechtsname von mir ist, und nicht ganz unpassend« – er reicht bis ins 12. Jahrhundert zurück, als ›de Novali‹ mit dem Sinn: der das Neuland Bestellende. Ausschließlich unter diesem Namen wird der junge adlige Autor veröffentlichen, im Inhaltsverzeichnis des ersten Heftes der neuen Zeitschrift »Athenaeum«, die ihren Namen von August Wilhelm bekam, steht das klangvolle Pseudonym erstmals gedruckt. Gespannt verfolgt sein Träger die Resonanz auf das »Athenaeum«.

Die Redaktion des »Athenaeums« lag weitgehend in Friedrich Schlegels Händen: Er kümmerte sich um die Auswahl der wenigen Mitarbeiter, ebenso um technische Einzelheiten wie die Wahl des Papiers, die Qualität der Lettern und das Bogenformat. Er gewann den bekannten Berliner Verleger Vieweg, der zunächst ohne Bedenken zugriff. Man ging anfangs von sechs, später von vier Heften pro Jahr aus; in den drei Jahren ihres Bestehens von 1798 bis 1800 kam die Zeitschrift freilich nur auf drei Bände zu je zwei Heften. Vieweg bemängelte bald den angeblich fehlenden buchhändlerischen Erfolg: »Er sieht nicht ein, daß er in diesem Journal etwas auf die Dauer hat, sondern es soll gleich alles damit auf dem Reinen seyn und der Profit baar auf den Tisch«, berichtete Caroline Schlegel Novalis am 15. November 1798. Kurz darauf gab Vieweg die Zeitschrift auf. Immerhin sicherte Heinrich Frölich, in dessen Hände das »Athenaeum« danach überging, den Brüdern zu leicht reduzierten Honorarbedingungen die Publikation von vier weiteren Heften zu; daran hielt er sich, eine Weiterführung darüber hinaus kam nicht zustande. Novalis verfolgte diese Entwicklung je nach Sachlage sorgenvoll oder erleichtert, ohne deren Ausgang beeinflussen zu können; das letzte Heft erschien im August 1800 mit seinen »Hymnen an die Nacht« – zu einem Zeitpunkt, da der Ausbruch von Hardenbergs tödlicher Krankheit dieser Veröffentlichung eine düstere Symbolik verlieh.

Dem in der »Vorerinnrung Ersten Bandes Erstes Stück« durch die Brüder Schlegel verkündeten Programm des »Athenaeums« folgte Novalis ohne Zögern und Bedenken:

> Die ersten Stücke dieser Zeitschrift können den Leser hinlänglich über ihren Zweck und Geist verständigen. In Ansehung der Gegenstände streben wir nach möglichster Allgemeinheit in dem, was unmittelbar auf Bildung abzielt; im Vortrage nach der freyesten Mittheilung ... In der Einkleidung werden Abhandlungen mit Briefen, Gesprächen, rhapsodischen Betrachtungen und aphoristischen Bruchstücken wechseln, wie in dem Inhalte besondre Urtheile mit allgemeinen Untersuchungen, Theorie mit geschichtlicher Darstellung, Ansichten der vielseitigen Strebungen unsers Volkes und Zeitalters mit Blicken auf das Ausland und die Vergangenheit, vorzüglich auf das klassische Alterthum. Was in keiner Beziehung auf Kunst und Philosophie, beyde in ihrem ganzen Umfang genommen, steht, bleibt ausgeschlossen, so wie auch Aufsätze, die Theile von größeren Werken sind ... Wir theilen viele Meynungen mit einander, aber wir gehen nicht darauf aus, jeder die Meynungen des andern zu den seinigen zu machen. Jeder steht daher für seine eignen Behauptungen. Noch weniger soll das geringste von der Unabhängigkeit des Geistes, wodurch allein das Geschäft des denkenden Schriftstellers gedeihen kann, einer flachen Einstimmigkeit aufgeopfert werden.

Die in den »Vorerinnerungen« folgende Feststellung der Schlegel-Brüder, sie seien nicht bloß Herausgeber, sondern Verfasser des Journals, die ohne alle Mitarbeiter auskommen könnten, wurde durch Hardenbergs »Blüthenstaub« schon im ersten Heft eingeschränkt. Neben ihm erschienen hauptsächlich der junge Theologe Friedrich Schleiermacher und der schon erwähnte August Ludwig Hülsen als gewichtige Beiträger. Schleiermacher, zwischen 1797 und 1799 enger Freund und Mitbewohner Friedrich Schlegels in Berlin, gab namenlose Fragmente und unter dem Kürzel »S...r« mehrere Beiträge zu den gefürchteten kritischen »Notizen«; außerdem war er während der Romantikertreffen in Dresden (August 1798) und Jena (November 1799), von denen noch die Rede sein wird, Redaktionssekretär der Zeitschrift. Von Hülsen, der abseits des Wissenschafts- und Literatur-Betriebes lebte und ab 1799 nahe Fehrbellin ein Erziehungsinstitut in Form einer Sokratischen Schule unterhielt, erschienen im »Athenaeum« der Essay »Über die natürliche Gleichheit der Menschen« (Heft 3) und »Naturbetrachtungen auf einer Reise durch die Schweiz« (Heft 5.) Der Reisetext schildert die alpine Schweiz und die Stromlandschaft des Oberrheins für ein ständig angeredetes Du; Hülsens Prosa ist etwas überladen mit Lobpreisungen der Ewigkeit, die Dichte ihrer Naturschilderung aber hat in allen sechs Heften, wo reichlich über die Natur philosophiert wird, nicht ihresgleichen.

Eine Aufzählung der Beiträge beider Schlegels in chronologischer Folge durch die drei Jahresbände verdeutlicht die thematische Fülle des »Athenaeums«.

Zunächst August Wilhelm. Er gibt »Die Sprachen. Ein Gespräch über Klopstocks grammatische Gespräche« mit Poesie, Grammatik, Grille und sechs personifizierten europäischen Sprachen als Dialog-Partner; in der Rubrik »Beyträge zur Kritik der neuesten Literatur« Rezensionen über den Vielschreiber Lafontaine, über Tiecks Volksmärchen, Novellen und Lyrik, »der romantische Ausdruck der wahrsten Innigkeit, schlicht und fantastisch zugleich« und über Tiecks Shakespeare-Studien (Band I); in Band II folgen, unter ungenannter Mitwirkung Carolines, das große Gespräch »Die Gemählde« zum Dresdner Romantiker-Treffen; die Elegie »Die Kunst der Griechen – An Goethe«; ferner zur Illustrationskunst der Essay »Ueber Zeichnungen zu Gedichten und John Flaxman's Umrisse« mit scharfer Hogarth-Kritik; weiterhin die Übersetzung des 11. Gesangs aus Ariosts Epos »Der rasende Roland«, eine Folge von 83 Stanzen; dazu eine Nachschrift an Tieck zu dessen gepriesener Don-Quixote-Übersetzung; schließlich in der Abteilung »Notizen« Überlegungen zu Lichtenbergs Hogarth-Studien; nochmals sehr eindringlich zu Tiecks Cervantes-Übertragungen; in der nur kurze Zeit betriebenen Läster-Sparte »Litterarischer Reichsanzeiger« einige witzige kleine Satiren; in Band III sodann Verrisse der Lyriker Matthisson, Voß und Schmidt von Werneuchen mit einem parodistischen Wettkampf der drei gerupften Gedichtemacher; lange Überlegungen zu einem längst vergessenen französischen Autor

Parny; endlich »Idyllen aus dem Griechischen«, antike, teilweise dialogische Gedichte, schwer lesbare Übersetzungen mit steif-stelzigem Sprachkrampf; und schließlich ein Sonett »An Ludwig Tieck« mit dem 2. Terzett:

> Ja, Dank sey deinem liebenden Gemüthe,
> Heiligst die Kunst, verschönerst Heiligkeiten,
> Und machst zum Lied das Leid der Genoveva.

Die Lyrik gehört allemal zu den schwächsten Genres im Athenaeum.

Nicht weniger vielfältig ist die Liste von Friedrich Schlegels Beiträgen zu »seiner« Zeitschrift während deren dreijähriger Existenz. Nach den Einleitungen zu den »Elegien aus dem Griechischen« bewundert man in Heft 2 das monumentale Fragmenten-Konvolut auf über 140 Druckseiten, eines der Zentren romantischer Kunstauffassung und Philosophie, unmittelbar folgend der hochgelobte, entgegen allen Ankündigungen später nicht fortgesetzte und abgeschlossene Essay »Über Goethe's Meister«; in Band II folgt der appellative Essay »Ueber die Philosophie«, eine bewegte Adresse an die Geliebte Dorothea Veit; im Rahmen der »Notizen« hohes Lob für Schleiermachers Reden »Über die Religion«: »ein sehr gebildetes und auch sehr eigenes Buch«, auch »weil gewiß seit langer Zeit über diesen Gegenstand nicht größer und herrlicher ist geredet worden«; starke Anerkennung zugleich an Tieck: »ein Dichter und vertrauter Freund der alten romantischen Poesie«, Lob auch für seine Cervantes-Übersetzungen. Am Ende der Übersicht aus Band III beklagenswert ob ihrer gutgemeinten Mittelmäßigkeit die Gedichte »An Heliodora« und »An die Deutschen« (über hundert Verse mit verschlungenen Reimen), dazu vier eher fade Sonette auf aktuelle Druckwerke – die Gedichte verblassen hinter Hardenbergs »Hymnen an die Nacht« im selben Band, aber auch hinter Schlegels eigener Fragmentensammlung »Ideen« und seinem theoretischen Hauptwerk »Gespräch über die Poesie« samt Postskriptum »Über die Unverständlichkeit«.

Die Aufzählung zeigt eine bis an die Unübersichtlichkeit grenzende thematische, formale und qualitative Vielfalt, die ganz offensichtlich die Zielsetzung und Schreibabsicht der allzu dominanten Herausgeber widerspiegelt – nicht überall waren sie unumstritten. Man fragt sich auch, warum Hardenberg nur zweimal erscheint, obwohl die »Geistlichen Lieder« den Herausgebern vorlagen, und warum Tieck nur gelobt, aber nicht gedruckt wurde: zum Beispiel mit romantischer Lyrik von Rang.

Die Spannung zwischen enzyklopädischer Tendenz und offenem System, in der sich das »Athenaeum« bewegte, gilt auch für die Fragmentensammlung »Blüthenstaub« von Novalis. Die Darstellungsform (hier beschrieben auf der Basis des Erstdrucks im »Athenaeum«, Band I, Heft 1), die die Erst-Leser der Sammlung vorfanden, verdankt sich in Details Friedrich Schlegel, der beim Redigieren des von Hardenberg eingereichten Konvoluts 13 Stücke herausnahm und seinem eigenen Fragmenten-Großbau einfügte, seinerseits aber vier eigene Einzel-Teile im »Blüthenstaub« einstellte; die Sorge, er könne dadurch Verzerrungen bewirkt haben, erscheint unbegründet; Novalis hat ohnehin mit keinem Wort gegen die Detailverschiebungen protestiert. Ob Schlegel bei der Änderung des Titels von den sachlich richtigen, aber farblosen »Vermischten Bemerkungen« zum poetischen »Blüthenstaub« mitgewirkt hat, ist nicht bekannt.

Die Kollektion enthält 114, in späteren Ausgaben numerierte Einzel-Fragmente unterschiedlicher Länge; die kürzesten, im strengen Sinne aphoristischen Stücke bestehen mindestens aus einem kompletten Hauptsatz, Wortbrocken, Satzbruchstücke, Einzelwörter, wie sie in Hardenbergs Aufzeichnungen seit den Fichte-Studien in Mengen vorkommen, gibt es hier nicht, woran sich zeigt, daß an diesen im poetisch-philosophischen Verstande kompletten Fragmenten gearbeitet worden ist. Kürzere und im erwähnten Sinne kürzeste, einsätzige Stükke wechseln mit längeren Einheiten unsystematisch, romantisch-offen ab. Der längste Einzel-Text, Nr. 74, umfaßt 70 Zeilen, ihn und andere längere Fragmente könnte man auch als Abhandlungen oder Kurz-Essays bezeichnen. Dabei fällt auf, daß in manchen längeren Stücken ein schneller gedanklicher Fluß herrscht, wobei mögliche oder notwendige Streckenteile nicht ausgesprochen oder ausgeschrieben werden; solche Fließ-Texte zwingen, absurderweise, wegen ihrer strömenden Geschwindigkeit den Leser zu langsamem, innehaltendem, nachdenkendem Lesen: romantische Verkehrung der Zeit-Begriffe und, jedenfalls da und dort, Explosion oder Herabsetzung räumlicher Aufbauten. Entscheidend ist im Gesamt-Bau dieser Fragmentensammlung die Offenheit nach allen Seiten und Dimensionen mit romantischen Sprüngen, Abbrüchen, Anbahnungen und ausgelegten Netzen – Fernziel kann der Aufstieg ins Unendliche sein, das freilich niemals erreicht wird.

Der feine, Fruchtbarkeit und Flug, Duft und Farbe ausdrückende Werk-Titel bildet mit dem einleitenden, nicht numerierten Distichon und der Schlußbemerkung des Fragments 114 einen »botanischen« Rahmen für die gesamte Kollektion. Das Distichon bietet mit der Samen- und Ernten-Metapher und dem Aufruf an die übrigen Poeten einerseits Zuversicht, auf der Adjektiv-und-Attribut-Ebene aber Sorge um das Gelingen:

> Freunde, der Boden ist arm, wir müßen reichlichen Samen
> Ausstreun, daß uns doch nur mäßige Erndten gedeihn.

Die Schlußsätze sprechen nach getanem Werk allenfalls eine leicht freundlichere Sicht aus, prosaisch, ohne Vers und Metrum:

> Fragmente dieser Art sind litterarische Sämereyen. Es mag freylich manches taube Körnchen darunter seyn: indessen, wenn nur einiges aufgeht!

Von dieser Pflanzen-Bildlichkeit heben sich andere Fragmente aus dem Bereich des Naturhaft-Organischen, des organischen Denkens, Fühlens und Erlebens ab: »Was ich verstehn soll, muß sich in mir organisch entwickeln; und was ich zu lernen scheine, ist nur Nahrung, Incitament des Organismus ... Gerichtshöfe, Theater, Hof, Kirche, Regierung, öffentliche Zusammenkünfte, Akademieen, Kollegien u. s. w. sind gleichsam die speciellen, innern Organe des mystischen Staatsindividuums.« Ein nominaler Zentral-Begriff romantischen Welt- und Natur-Erlebens öffnet eine andere Gedanken-Bahn, die an der lebendigen »Hin und her Direction« nahe vorbeiführt: »Wunder stehn mit naturgesetzlichen Wirkungen in Wechsel: sie beschränken einander gegenseitig, und machen zusammen ein Ganzes aus. Sie sind vereinigt, indem sie sich gegenseitig aufheben. Kein Wunder ohne Naturbegebenheit und umgekehrt.«

Mit einem halben Fragment sind wir mitten in der schnell, bunt und kühn wachsenden frühromantischen Dichtungstheorie, die den Werken zumindest tendenziell vorauseilt: »Unsere Sprache ist entweder mechanisch, atomistisch, oder dynamisch. Die ächt poetische Sprache soll aber organisch, lebendig seyn.« Novalis gibt, verstreut über den ganzen Kontext, ästhetischen Problemen, Zielen und Idealen breiten Raum. Er reflektiert über das Wesen genialen Schaffens, über die Rolle von Witz und Humor, von Literaturkritik und der schwierigen Kunst des Übersetzens. Mit klarer Beziehung zu Friedrich Schlegels zentralem poetischen Epochen-Begriff der Moderne aus dem Buch über das Studium der griechischen Poesie erklärt er: »Das Interressante ist, was mich, nicht um mein selbst willen, sondern nur als Mittel, als Glied, in Bewegung setzt.« Der bedeutende Briefschreiber erklärt pointiert: »Der wahre Brief ist seiner Natur nach poetisch.« Schließlich stellt sich Hardenberg am gleichen Publikationsort »Athenaeum« und fast zur gleichen Zeit wie Friedrich Schlegel an die Spitze der romantischen Goethe-Verehrung: Mit scharfer Kritik an der »Majorität der kultivirten Deutschen«, die nicht »Zeitgenoß eines wahrhaft großen Mannes« sein wolle und »fein genug« sei, »um alles Große wegzuläugnen«, und »das Planirungssystem« befolge, erklärt Novalis, daß Goethe »jetzt der wahre Statthalter des poetischen Geistes auf Erden« sei. Daß der junge Dichter trotz dieser Erhöhung Goethes im schon zitierten letzten »Blüthenstaub«-Fragment zunächst behauptet, »die Kunst Bücher zu schreiben« sei noch nicht erfunden, ist selbstverständlich romantisch-ironisch gemeint, was schon der folgende Satz verdeutlicht: »Sie ist aber auf dem Punkt erfunden zu werden«, nämlich von der anrückenden Phalanx der jung-romantischen Poeten.

Ohne Goethe namentlich zu nennen, greift Hardenberg ein dessen Lesern wohlvertrautes Stichwort auf, um es zunächst vom »Meister«-Vorbild her exemplarisch zu verallgemeinern: »Lehrjahre im vorzüglichen Sinn sind die Lehrjahre der Kunst zu leben. Durch planmäßig geordnete Versuche lernt man ihre Grundsätze kennen und erhält die Fertigkeit nach ihnen beliebig zu verfahren.« Mühelos lenkt der Autor das ausgeweitete Stichwort auf eine andere Gedanken-Bahn: »Lehrjahre sind für den poetischen, akademische Jahre für den philosophischen Jünger. Akademie sollte ein durchaus philosophisches Institut seyn: nur eine Facultät; die ganze Einrichtung zur Erregung und zweckmäßigen Übung der Denkkraft organisirt.«

Den beiden Lehrjahre-Fragmenten folgt unmittelbar, in der ersten Person Plural, eine Umlenkung nach innen, die gedanklich klar und dennoch völlig offen, unabschließbar ist: »Ganz begreifen werden wir uns nie, aber wir werden und können uns weit mehr, als begreifen.« Diese Beweglichkeit, diese Fähigkeit zum Wenden und Umsteuern ist ein auffälliges Kennzeichen von Hardenbergs romantischer Fragmentkunst. Ein besonders kühnes, gewagtes, dichtes und dennoch schwebendes Beispiel fragmentarischer Mobilität wird durch mehrere Elemente globaler Sicht getragen: »Der Weltstaat ist der Körper, den die schöne Welt, die gesellige Welt beseelt. Er ist ihr nothwendiges Organ«, heißt es da, korrespondierend mit anderen Global-Figuren, zum Beispiel »Welt und Schicksal«, »die irdische Welt«, »Keim einer unermeßlichen Welt«, »Stelle außer der Welt«, »Weltgeschichte«, »in dieser Welt«, »Welten bauen«. Noch höher, ins Außerirdische aufsteigend, setzt im 16. Fragment eines der meistzitierten, tiefsinnigsten, hinter- und abgründigsten »Blüthenstaub«-Stücke ein:

> Die Fantasie setzt die künftige Welt entweder in die Höhe, oder in die Tiefe, oder in der Metempsychose zu uns. Wir träumen von Reisen durch das Weltall: ist denn das Weltall nicht in uns? Die Tiefen unsers Geistes kennen wir nicht. – Nach Innen geht der geheimnißvolle Weg. In uns, oder nirgends ist die Ewigkeit mit ihren Welten, die Vergangenheit und Zukunft. Die Außenwelt ist die Schattenwelt, sie wirft ihren Schatten in das Lichtreich. Jetzt scheint es uns freylich innerlich so dunkel, einsam, gestaltlos, aber wie ganz anders wird es uns dünken, wenn diese Verfinsterung vorbey, und der Schattenkörper hinweggerückt ist. Wir werden mehr genießen als je, denn unser Geist hat entbehrt.

Wie immer man den längeren präsentischen Teil mit seiner Vision vom geheimnisvollen Weg, von der Außenwelt als Schattenwelt deutet: als Rückgriff in die Vision vom Nachsterben, als Abtauchen ins von den Romantikern entdeckte Reich des Unbewußten mit seinen Untiefen, als Vorwurf zu den „Hymnen an die Nacht“: Mit der futurischen Wende nach den drei Adjektiven der Weltabgewandtheit, mit der Adversativ-Konjunktion „aber“ wird die Rückkehr ins Lichtreich eingeleitet und der geheimnisvolle Weg nach innen nicht versperrt, aber gleichgewichtig ergänzt:

> Der erste Schritt wird Blick nach Innen, absondernde Beschauung unsers Selbst. Wer hier stehn bleibt, geräth nur halb. Der zweyte Schritt muß wirksamer Blick nach Außen, selbstthätige, gehaltne Beobachtung der Außenwelt seyn.

Da schimmert das nachwirkende Fichtesche Ich durch. Der entscheidende, eigentlich romantische Schritt geht aber noch über die an unsere Sinne gebundene Wahrnehmung hinaus: »Das willkührlichste Vorurtheil ist, daß dem Menschen das Vermögen außer sich zu seyn, mit Bewußtsein jenseits der Sinne zu seyn, versagt sey. Der Mensch vermag in jedem Augenblick ein übersinnliches Wesen zu seyn. Ohne dies wäre er nicht Weltbürger, sondern ein Thier.« Einem Einwand, diese Feststellung sei apodiktisch oder nicht beweiskräftig, sucht Novalis durch differenziert-besänftigende Argumente zu begegnen: »Freylich ist die Besonnenheit, Sichselbstfindung, in diesem Zustande sehr schwer, da er so unaufhörlich, so nothwendig mit dem Wechsel unsrer übrigen Zustände verbunden ist. Je mehr wir uns aber dieses Zustandes bewußt zu seyn vermögen, desto lebendiger, mächtiger, genügender ist die Überzeugung, die daraus entsteht; der Glaube an ächte Offenbarung des Geistes. Es ist kein Schauen, Hören, Fühlen; es ist aus allen dreyen zusammengesetzt, mehr als alles Dreyes: eine Empfindung unmittelbarer Gewißheit, eine Ansicht meines wahrhaftesten, eigensten Lebens.« Mit anderen Worten: In der übersinnlichen Empfindung – das Substantiv ist wundervoll gewählt – gehen der geheimnisvolle Weg nach innen und die selbsttätige Erfahrung der Außenwelt ineinander über: als romantische Totalität und unabdingbare, dennoch offene, schwebende Wahrheit.

Die Sammlung »Blüthenstaub« greift neben einer ganzen Reihe von Einzelthemen – genannt seien menschliches Seelenleben und

Psychologie, Politik, Macht und Staat, Deutschland im späten 18. Jahrhundert, Kinder und Kindheit, Wissenschaft, Maschinenwesen – im 70zeiligen Kurz-Essay einen Gegenstand auf, der im engsten Zirkel der Frühromantiker offenbar das stärkste Interesse erweckte:

> Nichts ist zur wahren Religiosität unentbehrlicher als ein Mittelglied, das uns mit der Gottheit verbindet. Unmittelbar kann der Mensch schlechterdings nicht mit derselben in Verhältniß stehn. In der Wahl des Mittelgliedes muß der Mensch durchaus frey seyn. Der mindeste Zwang hierin schadet seiner Religion ... Je selbständiger der Mensch wird, desto mehr vermindert sich die Quantität des Mittelgliedes, die Qualität verfeinert sich, und seine Verhältnisse zu demselben werden mannichfaltiger und gebildeter: Fetische, Gestirne, Thiere, Helden, Götzen, Götter, ein Gottmensch ... Es ist ein Götzendienst im weitern Sinn, wenn ich diesen Mittler in der That für Gott selbst ansehe. Es ist Irreligion, wenn ich gar keinen Mittler annehme ... Wahre Religion ist, die jenen Mittler als Mittler annimmt, ihn gleichsam für das Organ der Gottheit hält, für ihre sinnliche Erscheinung.

Sozusagen zur Verfeinerung seiner ziemlich rigorosen Forderung und Abwehr, grenzt Novalis Pantheismus und Monotheismus gegeneinander ab: der Pantheismus verfechte die Idee, »daß alles Organ der Gottheit, Mittler sein könne, indem ich es dazu erhebe«; dagegen glaube der Monotheismus, »daß es nur Ein solches Organ in der Welt für uns gebe, das allein der Idee des Mittlers angemessen sey, und wodurch Gott allein sich vernehmen lasse«.

Das längste Fragment der »Blüthenstaub«-Kollektion zeigt einige für diese Kunstform und deren Realisierung im romantischen Kontext charakteristische Wesenszüge. Es ist über seinen geschriebenen Wortlaut hinaus offen – offen vor allem für das Weiterdenken und Weiterfragen durch den Leser: Novalis nennt als Exempel für Monotheismus das Christentum nicht, obwohl er es meint. Er nennt als stärksten Mittler Christus ebenfalls nicht, obwohl er den Gottessohn mit dem Gottmenschen meint (aber vielleicht nicht nur ihn?). Novalis entscheidet – anscheinend oder tatsächlich? – nicht, ob die alleinige monotheistische Mittlergestalt oder das vielgestaltige Mittelglied pantheistischer Prägung wahr sei – oder doch beide? Der literarische Debütant ist sich der Offenheit und Vorläufigkeit seiner Fragmente vollauf bewußt; viele von ihnen sind, auf hohem intellektuellen, stilistischen und damit auch poetischem Niveau, Versuche, Entwürfe, Experimente, auch indirekte Vorankündigungen künftiger größerer Werke – Friedrich Schlegel hat dem Fragmentarium des Freundes mit seinem feinen sympathetischen Gespür für das Außerordentliche und Neuartige einen Haupt-Platz im ersten Heft des ersten »Athenaeum«-Bandes eingeräumt und mit dem Abdruck des eigenen Fragmenten-Großblocks bis zum zweiten Heft gewartet.

Die befreundeten Fragmenten-Schreiber lernen voneinander, und Lernen ist Lob. Hardenberg hat Schlegels früheste Sammlung, die »Kritischen Fragmente« aus dem »Lyzeum der schönen Künste«, zweifellos genau studiert: »Deine Fragmente«, schreibt er am 26. Dezember 1797 wenige Sätze vor der Hoffnung auf eine neue Periode der Literatur, »sind durchaus neu – aechte revolutionaire Affichen. Manche haben mir bis ins Mark gefallen.« Schlegels beim Redigieren vom hochgeschätzten »Blüthenstaub« vorgenommene Umsetzungen und Einfügungen verraten sicher auch ein gewisses Maß an Kritik. Novalis wiederum reagiert auf die beiden Beiträge des Freundes im zweiten Athenaeum-Heft, Juli 1798, erst mit einem gewissen Zögern: »Deine Fragmente und das Bruchstück von Meister versteh' und genieß' ich immer mehr.« Diese grundsätzliche, aber nicht einschränkungslose Zustimmung hat Gründe: Hardenberg stößt in Schlegels Fragmente-Paket auf die berühmte poetologische Definition des Fragments mit der witzigen Metapher: »Ein Fragment muß gleich einem kleinen Kunstwerke von der umgebenden Welt ganz abgesondert und in sich vollendet seyn wie ein Igel.« Gemessen an diesem selbstgesetzten Postulat Schlegels, scheint Novalis eine ganze Reihe von Schwächen gefunden zu haben, die im schon erwähnten Konvolut »Vorarbeiten zu verschiedenen Fragmentsammlungen« enthaltene Mängelliste besteht größtenteils aus schnell hingeworfenen Urteils-Brocken ohne Details: »versteh ich nicht«, »kein Fragment«, »Nescio«, »falsch«, »unverständlich« (rund 15mal); nur ganz wenige Urteile geben kurze Begründungen. Daß Novalis sich an der im Igel-Fragment geforderten Abgesondertheit von der umgebenden Welt gerieben haben muß, da seine Fragmente absolut konträr zu dieser Isolation angelegt sind, kann man wegen der Knappheit der Urteile nur vermuten. Am Lob für die voluminöse Sammlung Schlegels ändert die Liste aber nichts: Sie betrifft nur 55 der 451 Fragmente, obendrein zeigt eine zweite Liste Hardenbergs geradezu rührend intensive Bemühungen um Freund Friedrichs Werk: Sie gibt für die ersten 213 Stücke treffende, akklamierende Titel-Überschriften.

Eine überraschende, wenn nicht sogar verwunderliche Merkwürdigkeit ist noch zu verzeichnen. Eines der 55 Fragmente hat zu Recht Berühmtheit erlangt, weil es eine Art Programm-Manifest romantischer Poetik darstellt. Es ist das Fragment 116 im »Athenaeum«-Band I, Heft 2:

> Die romantische Poesie ist eine progressive Universalpoesie. Ihre Bestimmung ist nicht bloß, alle getrennten Gattungen der Poesie wieder zu vereinigen, und die Poesie mit der Philosophie, und Rhetorik in Berührung zu setzen. Sie will, und soll auch Poesie und Prosa, Genialität und Kritik, Kunstpoesie und Naturpoesie bald mischen, bald verschmelzen, die Poesie lebendig und gesellig, und das Leben und die Gesellschaft poetisch machen, den Witz poetisiren, und die Formen der Kunst mit gediegnem Bildungsstoff jeder Art anfüllen und sättigen, und durch die Schwingungen des Humors beseeligen. Sie umfaßt alles, was nur, poetisch ist, vom größten wieder mehre Systeme in sich enthaltende Systeme der Kunst, bis zu dem Seufzer, dem Kuß, den das dichtende Kind aushaucht in kunstlosen Gesang. Sie kann sich so in das Dargestellte verlieren, daß man glauben möchte, poetische Individuen jeder Art zu charakterisiren, sey ihr Eins und Alles; und doch gibt es noch keine Form, die so dazu gemacht wäre, den Geist des Autors vollständig auszudrücken: so daß manche Künstler, die nur auch einen Roman schreiben wollten, von ungefähr sich selbst dargestellt haben. Nur sie kann gleich dem Epos ein Spiegel der ganzen umgebenden Welt, ein Bild des Zeitalters werden. Und doch kann auch sie am meisten zwischen dem Dargestellten und dem Darstellenden, frey von allem realen und idealen Interesse auf den Flügeln der poetischen Refle-

> xion in der Mitte schweben, diese Reflexion immer wieder potenziren und wie in einer endlosen Reihe von Spiegeln vervielfachen. Sie ist der höchsten und der allseitigsten Bildung fähig; nicht bloß von innen heraus, sondern auch von außen hinein; indem sie jedem, was ein Ganzes in ihren Produkten seyn soll, alle Theile ähnlich organisirt, wodurch ihr die Aussicht auf eine gränzenlos wachsende Klassizität eröffnet wird. Die romantische Poesie ist unter den Künsten, was der Witz der Philosophie, und die Gesellschaft, Umgang, Freundschaft und Liebe im Leben ist. Andre Dichtarten sind fertig, und können nun vollständig zergliedert werden. Die romantische Dichtart ist noch im Werden; ja das ist ihr eigentliches Wesen, daß sie ewig nur werden, nie vollendet seyn kann. Sie kann durch keine Theorie erschöpft werden, und nur eine divinatorische Kritik dürfte es wagen, ihr Ideal charakterisiren zu wollen. Sie allein ist unendlich, wie sie allein frey ist, und das als ihr erstes Gesetz anerkennt, daß die Willkühr des Dichters kein Gesetz über sich leide. Die romantische Dichtart ist die einzige, die mehr als Art, und gleichsam die Dichtkunst selbst ist: denn in einem gewissen Sinn ist oder soll alle Poesie romantisch seyn.

Man sollte meinen, dieser Text hätte Hardenbergs vollste Zustimmung gefunden. Dem ist jedoch nicht so; in der Liste der 55 steht, bezogen auf Schlegels meisterliche Analyse: »Zu herausgerissen eigenthümlich – nicht genetisch – oder generirend – der lezte Satz hebt das Ganze Vorhergehende auf.« Das ist, abgesehen von der Bemerkung über Schlegels letzten Satz, völlig undurchsichtig, grob – so als beneide Novalis den Freund um seine glänzende Darstellung und Deutung romantischer Poesie. Eine Antwort Schlegels ist nicht überliefert; an der grundsätzlichen Wertschätzung und verhaltenen gegenseitigen Kritik der beiden ändert das deplazierte punktuelle Verdikt von Novalis nichts.

Jedenfalls sind die Sammlungen der beiden Frühromantiker ihrem Charakter und ihrer sprachlichen Gestaltung nach eng verwandt; Schlegel und Novalis geben neben einer Anzahl von pointierten Ein-Sätzen reichlich Stücke von verschiedener Länge in bunter Mischung und Abwechslung; Schlegels längste Schöpfung, eine von der Laokoon-

Gruppe ausgehende Abhandlung über Schönheit und Kunstmittel antiker Werke, umfaßt 67 Zeilen, fast genau so viel wie Hardenbergs »Mittler«-Fragment. Überblickt man die Gesamtheit der vorliegenden Konvolute, so zeigt sich deutlich ein gemeinsamer Wesenszug: Die sie beherrschende oder durch sie erstrebte »Ideenassociation« läßt der Anordnung der verschiedenen Glieder große Beweglichkeit, weil bei erlaubten, ja: erwünschten Freiräumen keine ausgeführten Ein- und Überleitungen nötig sind. Unweigerlich bleiben innerhalb der jeweiligen Fragmentensammlung etliche, wenn nicht sogar viele strukturbedingte Lücken und freie Felder offen; sie regen die Lesenden zu eigenem Weiterdenken an, zum Symphilosophieren – idealerweise in Richtung auf das Unendliche. Daß mit der hier beschriebenen Schreibart auch die Gefahr der Beliebigkeit verbunden sein kann, ist den beiden führenden Aphoristikern der jungen Frühromantik bewußt und wird dazu beigetragen haben, daß Novalis keine zweite gleichartige Fragmenten-Kollektion schrieb: Die schnell folgende Sammlung »Glauben und Liebe oder Der König und die Königin« ist in der Thematik, der Komposition, der Aufeinanderfolge der gedanklichen Einheiten ungleich strenger und geschlossener als das Debüt-Werk »Blüthenstaub«.

Mitte Oktober 1798 meldet Caroline Schlegel dem auf frohe Botschaft hoffenden Schwager nach Berlin: Goethe habe August Wilhelm gegenüber beste Laune über die Zeitschrift gezeigt, habe Friedrichs »Meister«-Würdigung gelobt und ungemein interessiert über die Fragmente gesprochen: »Ihr hättet euch in Kriegsstand gesetzt, aber er hat keine einzige Einwendung dagegen gemacht.« Goethe bleibt den jungen Autoren und ihrer Zeitschrift auch weiterhin wohlgesonnen und verteidigt sie höflich, aber unbeirrt gegen scharfe Angriffe durch den vom Literaturstreit aufgebrachten Schiller; den Verfasser vom »Blüthenstaub« hebt Goethe allerdings nicht hervor.

Anders als Goethe – ganz gespalten – reagiert Wieland. Ende Mai sagt er gegenüber Karl August Böttiger (1760–1835), er wolle das ihm geliehene »Athenaeum« noch einige Tage behalten, »zur Nahrung und Stärkung meiner Seele an dem ›Blüthenstaube‹ des Hern Novalis«; dieses »Athenaeum« sei eine merkwürdige Erscheinung, »die beiden Dioskuren wollten wohl eine große Rolle in der literarischen Welt spielen und seien zu keiner subalternen bestimmt, wie sie protempore unter der Fahne ›des zeitigen wahren Statthalters des poetischen Geistes auf Erden‹ spielen«; Herr Böttiger werde »unter diesem Blüthenstaube hier und da wirklich prächtige Dinge finden – aber auch so possierliche Fratzen, Contorsionen und Affensprünge des verschrobensten, poetisch filosofischen Aftergenies, daß man seine Lust daran sieht.« Der auf Goethe neidische Kritiker bittet Böttiger, er möge doch erfahren, »wer der mit Zungen redende Novalis ist.« Wird er erfahren haben, daß es der einst von ihm geförderte Verfasser der »Klagen eines Jünglings« ist?

Am 11. Mai 1798, also kurz nach dem Erscheinen des ersten »Athenaeum«-Heftes, dessen Belegexemplare er noch nicht erhalten hat, schickt Hardenberg aus Freiberg ein Manuskript an Friedrich Schlegel, das er »gern bald irgendwo abgedruckt hätte«, und schlägt sogleich vor: »Am besten schickt es sich in die Jahrbücher der preußischen Monarchie, ihrem Plan nach. In euer Journal paßt es, wie mich dünkt, nicht.« Dem Buchhändler gegenüber läßt er dem überraschten Freund freie Hand, bittet sich sein Urteil über den Text aus und konstatiert: »Ohne Glauben und Liebe ist es nicht zu lesen.« Die Fragmentensammlung »Glauben und Liebe oder Der König und die Königin« dürfte zwischen 24. Februar und 11. Mai 1798 entstanden sein; es gelingt Schlegel, der sofort tätig geworden ist, das Manuskript bei dem angesehenen Verlagsbuchhändler Johann Friedrich Gottlieb Unger unterzubringen, wo schon »Wilhelm Meisters Lehrjahre«, August Wilhelm Schlegels Shakespeare-Übersetzungen sowie Werke von Tieck und Wieland erschienen sind. Seit Januar 1798 verlegt Unger die Monatszeitschrift »Jahrbücher der preußischen Monarchie unter der Regierung von Friedrich Wilhelm III.«, dem Ehemann der schönen, vom Volk geliebten Königin Luise. Das junge Paar hat am 16. November 1797 Preußens Thron bestiegen; die »Jahrbücher« übernehmen die Aufgabe, »die Regierungstätigkeit und das persönliche Leben dieses Fürstenpaares zu verfolgen und neben Kabinettordres, politischen Berichten u. dgl. kleine Züge aus dem Leben des Königs und der Königin zu veröffentlichen und huldigende Aufsätze und Gedichte zu bringen, die den Hoffnungen und Erwartungen des Volkes Ausdruck gaben.« Als Leser der »Jahrbücher« ist Novalis besonders von der Persönlichkeit der Königin und deren Verehrung durch die Bevölkerung beeindruckt, ebenso von der warmen Häuslichkeit der Monarchen-Familie im Kontrast zum frivolen, verschwenderischen Leben des königlichen Vaters Friedrich Wilhelms II., der dem Sohn außerdem noch 40 Millionen Taler Staatsschulden hinterließ. Hardenberg sympathisiert mit jenen aufgeschlossenen Adligen und Bürgerlichen, die nach dem Thronwechsel auf grundlegende Veränderungen im erstarrten preußischen Staat, auf einen weitreichenden Reformprozeß hoffen und »die Botschaft des neuen Königs, ein Regiment der Sparsamkeit, der Gerechtigkeit und der Ordnung führen zu wollen«, nachhaltig begrüßen.

Die Drucklegung von »Glauben und Liebe« wirft Probleme auf: Für ein Heft ist der Text zu lang, man einigt sich mit Schlegel auf eine Dreiteilung; die Gedicht-Gruppe »Blumen« erscheint am Ende des Juni-Heftes; die eigentliche Sammlung »Glauben und Liebe« kommt im Juli heraus; die vom Autor noch hinzugefügten 25 »Politischen Aphorismen« fallen dagegen der Zensur zum Opfer und wurden erst 1846 in einer postumen Ausgabe von Eduard von Bülow publiziert. August Wilhelm Schlegel, wohl vom Bruder aus der Hauptstadt informiert, meldet schon am 22. Juli: »Dieser Aufsatz hat in Berlin große Sensazion gemacht, die Aufmerksamkeit des Königs selbst auf sich gezogen, und ein Minister hat sich angelegentlich nach dem Verfasser erkundigt.«

Dabei wirken sicher die historischen Umstände mit, unter denen der Text erscheint und die sichtbar in ihn hineinwirken. Preußen steht dabei im Zentrum der Diagnosen: »Kein Staat ist mehr als Fabrik verwaltet worden, als Preußen, seit Friedrich Wilhelm des Ersten Tode. So nöthig vielleicht eine solche maschinistische Administration zur physischen Gesundheit, Stärkung und Gewandheit seyn mag, so geht doch der Staat, wenn er bloß auf diese Art behandelt wird, im Wesentlichen darüber zu Grunde«, so beginnt das Fragment 36; es beschreibt Zustand und Gefährdung des Staatswesens unter Friedrich II. dem Großen, und Friedrich Wilhelm II., als der maschinenhaft funktionierende Staat spätabsolutistischer Prägung erste Wesenselemente des aufkommenden bürgerlich-kapitalistischen Fabriksystems in sich aufnahm, was Novalis vor allem auf der ökonomisch-psychologischen

Ebene angreift: »Das Prinzip des alten, berühmten Systems ist, jeden durch Eigennutz an den Staat zu binden ..., aber der rohe Eigennutz scheint durchaus unermeßlich, antisystematisch zu seyn. Er hat sich durchaus nicht beschränken lassen, was doch die Natur jeder Staatseinrichtung nothwendig fordert. Indeß ist durch diese förmliche Aufnahme des gemeinen Egoismus, als Prinzip, ein ungeheurer Schade geschehn und der Keim der Revolution unserer Tage liegt nirgends, als hier.«

Übereinstimmend mit anderen kritischen Beobachtern dieser bedenklichen Entwicklungen, hegt Hardenberg nach der Krönung des jungen Herrscherpaares große Hoffnung auf Veränderungen – der Zeitpunkt seiner Publikation ist jedenfalls wohlüberlegt gewählt, zumal Deutschland seine Grenzen vor den Heeren des revolutionären Frankreich nicht mehr schützen kann und sogar das Ende des Heiligen Römischen Reiches droht, eine Situation, die Preußen sehr bald in eine Führungsrolle drängen könnte, die ihrerseits starke, weitblikkende Lenker erfordert.

Vor diesem historischen Hintergrund präsentiert Novalis seine zweite Fragmentensammlung in vier Abteilungen: Es sind die Gruppe »Blumen«, bestehend aus acht nicht numerierten, reimlosen Gedichten, die im verlorenen Handschrift-Manuskript vielleicht über das ganze Konvolut verteilt waren, sodann die »Vorrede« mit den Fragmenten 1 bis 6, der Hauptcorpus von 7 bis 43 und schließlich der Anhang »Politische Aphorismen« 44 bis 68. Fünf der Gedichte sind Distichen, ein Vierzeiler wirkt wie ein Doppel-, ein Sechszeiler wie ein Dreifach-Distichon; das teilweise stark verschlüsselte Poem »Der sterbende Genius« besteht aus acht alkäischen Strophen. Sämtliche Titelnomina der Gedichte erscheinen in der kleinen, erlesenen lyrischen Kollektion direkt oder bildhaft-metaphorisch als Leitmotive und thematische Vorsignale; alle acht Gedichte künden von einem Hauptthema des ganzen Werkes: von der Liebe, hier bezogen auf das königliche Paar; der Sechszeiler trägt als Überschrift das ahnungsvolle Wort aus dem Märchen von Goethes »Unterhaltungen deutscher Ausgewanderten«: »Es ist an der Zeit« – Vorankündigung des im weiteren Textverlauf eingeforderten unaufschiebbaren politischen Wandels. Die drei ersten »Blumen«:

An den König

Mehr, als ein Königreich gab der Himmel Dir in Louisen,
Aber Du brachtest Ihr auch mehr, als die Krone, Dein Herz.

Die Alpenrose

Selten haftet auf Höhn ein Funken himmlischen Lebens,
Aber, als Königin, blüht, dann auch die Rose des Bergs.

Der König

Nur wer mehr, als König schon ist, kann königlich herrschen,
Also soll König seyn, welcher die Herrlichste liebt.

Die folgende »Vorrede« ist die schwierigste Passage von »Glauben und Liebe«. Im Gegensatz zu den »Blumen« gibt es keine unmittelbare, zeitlich und örtlich gegenwärtige Beziehung der sechs Stücke zur Gesamtheit der politischen Verhältnisse und Leitfiguren Preußens. Sogar das Liebesthema steht abgehoben vom Königspaar und nur im vierten Fragment vor dem Leser; die erotische Aussage der Ich-Person und erst recht ihre angedachte Rolle wirkt eher philosophisch-transzendent: »Meine Geliebte ist die Abbreviatur des Universums, das Universum die Elongatur meiner Geliebten« – die sententiöse Formulierung erinnert stark an die schon zitierte aphoristische Verkündigung, die Liebe sei das Unum des Universums. Die merklich verschlüsselten übrigen Fragmente der »Vorrede« enthalten eine vielzitierte, auch hochgelobte, den romantischen Anspruch auf geheimnisvolle Chiffrierung bekräftigende Spracherfindung: Wenn man mit wenigen in großer, gemischter Gesellschaft heimlich reden wolle, aber nicht nebeneinander sitze, müsse man in einer besonderen, dem Ton oder den Bildern nach fremden Sprache reden; das werde »eine Tropen und Räthselsprache« sein. Vielleicht ist es erlaubt, diese durch antike Vorbilder von Geheimsprachen angestoßene Erfindung Hardenbergs als ein Beispiel für romantische Ironie zu lesen.

Eine Tropen- und Rätselsprache, die dazu dienen könnte, Geheimnisse mitzuteilen, aber zugleich unerwünschte Mithörer auszuschließen, widerspricht der Schreibabsicht dieser Fragmentensammlung, die niemanden ausschließt, sondern im Gegenteil ihre Adressaten vom Königspaar bis zum namenlosen Leser für neue Politik, Staatsform und Regierung mobilisieren will. Glücklicherweise verläßt der Dichter den Irrweg vom Fragment 7 an. Dabei springt er keineswegs sofort direkt zu dem Titelthema »König und Königin«, sondern nähert sich hinführend mit Bildern und Tönen der Natur: »Macht nur die Berge gleich, das Meer wird es euch Dank wissen. Das Meer ist das Element von Freiheit und Gleichheit«, heißt es in Fragment 12 – da werden fast beiläufig zwei der drei großen Losungen der Französischen Revolution eingebracht. Gleichermaßen warnend und prophetisch, um nicht zu sagen: ökologisch erhebt sich Fragment 21: »Die alte Hypothese, daß die Cometen die Revolutionsfackeln des Weltsystems wären, gilt gewiß für eine andre Art von Cometen, die periodisch das geistige Weltsystem revolutioniren und verjüngen. Der geistige Astronom bemerkt längst den Einfluß eines solchen Cometen auf einen beträchtlichen Theil des geistigen Planeten, den wir die Menschheit nennen. Mächtige Überschwemmungen, Veränderungen der Klimate, Schwankungen des Schwerpunkts, allgemeine Tendenz zum Zerfließen, sonderbare Meteore sind die Symptome dieser heftigen Incitation, deren Folge den Inhalt eines Weltalters ausmachen wird.« Ganz nahe rückt als Warnung vor dem Scheitern oder der Mißachtung des eben inthronisierten Paares der Ein-Satz (Fragment 11): »Ein einstürzender Thron ist, wie ein fallender Berg, der die Ebene zerschmettert und da ein todtes Meer hinterläßt, wo sonst ein fruchtbares Land und lustige Wohnstätte war.«

Hardenbergs Bild von König, Königin und Königspaar ist komplex, der Ansatz für den jungen Monarchen hoch: »Der König ist das gediegne Lebensprinzip des Staats; ganz dasselbe, was die Sonne im Planetensystem ist ... Man hat sehr unrecht, den König den ersten Beamten des Staats zu nennen. Der König ist kein Staatsbürger, mithin auch kein Staatsbeamter. Das ist eben das Unterscheidende der Monarchie, daß sie auf den Glauben an einen höhergebornen Menschen, auf der freiwilligen Annahme eines Idealmenschen, beruht.« Daß Novalis und König Friedrich Wilhelm III., Jahrgang 1770, fast gleichaltrig sind, wirkt sicher mit, wenn der Schriftsteller die generelle Hochschätzung und Idealisierung von Monarchen auf den gerade Gekrönten überträgt: »Dieser König ist der Erste König von Preußen. Er setzt sich alle Tage die Krone selbst auf, und zu seiner Anerkennung bedarf es keiner Negotiationen.« Eine Fürbitte aus der Vorrede zur Zeitschrift »Jahrbücher« wird in der Sache, wenn auch nicht im etwas sentimentalen Tonfall Hardenbergs Zustimmung gefunden haben: »Erfleht Ihm Zeit, Leben und ausdauernde Kraft, Ihm und dem Engel an seiner Seite, der wie ein wohltätiger Genius Ihn begleitet! Sie sei mit Ihrer Liebe die erhabene Repräsentantin der herzlichen Liebe seines Volkes!«

Königin Luise ist zum Zeitpunkt der Thronbesteigung 21 Jahre alt und seit 1793 mit Friedrich Wilhelm verheiratet. Sie gebar in 15 Jahren neun Kinder, darunter im März des Krönungsjahres Prinz Wilhelm, den späteren ersten deutschen Kaiser preußischer Herkunft. Ihre Schönheit, ihre menschliche Wärme, ihre Klugheit, ihre Ausstrahlung, ihre Tapferkeit in schwierigen Zeiten, wie zum Beispiel später gegenüber Napoleon, erhoben sie zur geliebten Kultgestalt ihres Volkes. Der junge Romantiker, der sie innigst verehrt, zeichnet ihr Bild: »Die Königin hat zwar keinen politischen, aber einen häuslichen Wirkungskreis im Großen. Vorzüglich kommt ihr die Erziehung ihres Geschlechts, die Aufsicht über die Kinder des ersten Alters, über die Sitten im Hause, die Verpflegung der Hausarmen und Kranken, besonders der von ihrem Geschlechte, die geschmackvolle Verzierung des Hauses, die Anordnung der Familienfeste, und die Einrichtung des Hoflebens von rechtswegen zu.« Das wäre, im Königshaus, ein fast bürgerliches Ambiente – dann folgt aber ein Sprung, der den zitierten ersten Teilsatz aufhebt oder doch unterläuft: »Sie sollte ihre eigne Kanzlei haben, und ihr Mann wäre ihr erster Minister, mit dem sie alles überlegte« – und mit dem sie regierte? Jedenfalls ruht die Hoffnung, daß der neue König eine Reformpolitik einleiten könne, vor allem auf der Königin und der nahezu einzigartigen Gewißheit, daß der König und die Königin keine im Hochadel übliche Verbindung aus Staatsraison oder machtpolitischen Gründen eingegangen sind, sondern eine Liebesehe führen, beispielhaft für ihr Volk und den ganzen Staat: »Von der öffentlichen Gesinnung hängt das Betragen des Staats ab. Veredlung dieser Gesinnung ist die einzige Basis der ächten Staatsreform. Der König und die Königin können und müssen als solche das Prinzip der öffentlichen Gesinnung sein.« Dazu gehört die Überzeugung, daß Liebesehe und glückliches Familienleben vom Herrscherhaus vorzuleben sind;

inwieweit das hohe Beispiel von dort aus weithin wirken wird, prognostiziert Novalis nicht als Gewißheit – im zentralen Fragment 37 läßt er in der hellen Vision auch Zweifel durchschimmern: »Die edle Simplizität des königlichen Privatlebens, das Bild dieses glücklichen, innig verbundenen Paars, würde den wohlthätigsten Einfluß auf die sittliche Bildung dieses Kerns der preußischen Jugend haben, und so würde dem König am leichtesten der angeborne Wunsch seines Herzens gewährt, der wahrhafte Reformator und Restaurator seiner Nation und seiner Zeit zu werden.«

Hardenbergs »Glauben und Liebe« ist voll hoher Verehrung für das Königspaar, richtet aber auch hohe Erwartungen an sie. Der König soll, zum Beispiel, neben militärischen auch zivile Adjudanten haben, damit er nicht nur fähige Generale, sondern auch fähige Präsidenten und Minister bekomme; bei Hofe solle der Fürst eine natürliche, schöne »Etiquette« besorgen und keine »gekünstelte, modische ... häßliche«; und da – echt romantische Vision – jeder Mensch Künstler sein solle, müsse ein wahrhafter Fürst »der Künstler der Künstler« sein. Eine besonders delikate, auf Bildung, Wissenschaft, die Künste abhebende Auflage erteilt dem Herrscher das Fragment 38: »Einen König sollte nichts mehr am Herzen liegen, als so vielseitig, so unterrichtet, orientirt und vorurtheilsfrey, kurz so vollständiger Mensch zu seyn, und zu bleiben, als möglich. Kein Mensch hat mehr Mittel in Händen sich auf eine leichte Art diesen höchsten Styl der Menschheit zu eigen zu machen, als ein König.« Novalis zählt dann eine Reihe »hoffnungsvoller bedeutender Unternehmungen« aus verschiedenen Bereichen des geistigen Lebens auf, die der König angehen sollte: »So würde dies ihn in Stand setzen seinen Staat unter andern Staaten, seine Nation in der Menschheit und sich selbst im Großen zu übersehen, und hier in der That sich zu einem königlichen Menschen zu bilden.«

An die verehrte Königin richtet der Dichter furchtlos einen drastischen moralischen Appell. Hinter dem zitierten Satz über Luises eigene Kanzlei liest man: »Zur Erziehung ihres Geschlechts würde Abschaffung der ausdrücklichen Anstalten seiner Corruption gehören. Sollte der Königin nicht beim Eintritt in eine Stadt schaudern, wo die tiefste Herabwürdigung ihres Geschlechts ein öffentliches Gewerbe ist? Die härtesten Strafen würden für diese ächten Seelenverkäufer nicht zu hart sein. Ein Mord ist weit schuldloser ... So wenig sich die Regierung in Privatangelegenheiten mischen dürfte, so sollte sie doch jede Beschwerde, jedes öffentliche Skandal, jede Anzeige, oder Klage eines entehrten Gegenstandes auf das strengste untersuchen. Wem steht das Schutzrecht des beleidigten Geschlechts mehr zu, als der Königin? Sie muß für den Aufenthalt in einer Stadt erröthen, die Asyle und Bildungsinstitute der Verworfenheit in sich befaßt« – Anspielung auf das Faktum, daß es damals in Berlin auf hundert Häuser ein Bordell gab.

»Wer den ewigen Frieden jetzt sehn und lieb gewinnen will, der reise nach Berlin und sehe die Königin.« Novalis selbst, der hier, in Fragment 42, auf Kants berühmte und vieldiskutierte Schrift »Zum ewigen Frieden« (1795) anspielt, reist nicht hin; er sammelt und empfiehlt Texte, Kunstwerke und Abbildungen der Königin; er wirbt für sie, ähnlich wie die offizielle königliche Bildpolitik: »Jede gebildete Frau und jede sorgfältige Mutter«, so Fragment 30, »sollte das Bild der Königin, in ihrem oder der Töchter Wohnzimmer haben. Welche schöne kräftige Erinnerungen an das Urbild, das jede zu erreichen sich vorgesetzt hätte. Ähnlichkeit mit der Königin würde der Karakterzug der Neupreußischen Frauen, ihr Nationalzug.« Und im Fragment 26: »Was sind Orden? Irrwisch, oder Sternschnuppen ... Ein Brief, ein Bild der Königin; das wären Orden, Auszeichnungen der höchsten Art, Auszeichnungen, die zu den ausgezeichnetsten Thaten entzündeten. Auch verdienstvolle Hausfrauen sollten ähnliche Ehrenzeichen bekommen.« Sollten heutige Leser aus den hier zitierten Sätzen (romantische) Ironie heraushören wollen: Sie wäre auf jeden Fall vom Autor her ungewollt.

Feinste und jenseits aller Ironie stehende Kunst aber ist Gottfried Schadows herrliches Doppelstandbild »Kronprinzessin Luise und ihre Schwester Friederike« (1795–1797), das die »Jahrbücher« als »Ideal der Schönheit im Bildnisse ausgedrückt« priesen. Novalis hebt die berühmte Marmorgruppe auf die Höhe des edelsten Ordens, den er zu vergeben hat und den er Sophie verlieh: »Die Gruppe von Schadow sollte die gute Gesellschaft in Berlin zu erhalten suchen, eine Loge der sittlichen Grazie stiften und sie in dem Versammlungssaale aufstellen. Diese Loge könnte eine Bildungsanstalt der jungen weiblichen Welt aus den kultivirten Ständen seyn, und der Königsdienst wäre dann, was der Gottesdienst auf eine ähnliche Weise seyn sollte, ächte Auszeichnung und Belohnung der trefflichsten ihres Geschlechts.« Aus Freiberg und Dresden aber fordert der junge Poet praktische Berliner Hilfe für seine Bildnis-Pädagogik an: Im vielzitierten Brief vom 11. Mai 1798 hält er Friedrich Schlegel an, er möge den gerade in Berlin befindlichen Bruder bitten, »mir das beste Bild des Königs und der Königin, in Biscuit oder Kupferstich mitzubringen.« Biscuit ist feines Porzellan, vorzüglich geeignet zur Abbildung von Medaillon-Porträts.

Monarchie oder Republik, fürstliche Alleinherrschaft oder Demokratie? Hardenbergs Urteil in »Glauben und Liebe oder Der König und die Königin« ist abgewogen und sorgfältig, aber zwiespältig; da er offenbar die Möglichkeit sieht, in den von vielen erwarteten Reformprozeß einzugreifen, verbietet er sich kurze Schlüsse, falsches Frohlocken und weitgehend auch Aggressivität. Das Tableau seiner Beobachtungen, Urteile und Vorschläge zeigt ein durchaus differenziertes, weithin antithetisches Bild: Einerseits erklärt er alle Menschen für thronfähig, also frei und reif, um mitzuherrschen; er lobt die Vortrefflichkeit der repräsentativen Demokratie und deren besondere Vorzüge: »Die vortrefflichsten Menschen der Nation ergänzen einander – In dieser Gesellschaft entzündet sich ein reiner Geist der Gesellschaft« – so jedenfalls in den »Politischen Aphorismen«. Novalis erklärt, daß zukünftig kein König ohne Republik bestehen könne, verlangt allgemeine Teilnahme der Regierten »am ganzen Staate«, also »ächten Republikanismus«, und bekräftigt eine Vision, die er schon im Fragment 122 der »Vermischten Bemerkungen«, entworfen hatte, das in »Blüthenstaub« aber entfallen war: »Der poetische Staat – ist der wahrhafte, vollkommene Staat. Ein sehr geistvoller Staat wird von selbst poetisch seyn – Je mehr Geist, und geistiger Verkehr im Staat ist, desto mehr wird er sich dem poetischen nähern.«

Andererseits kehrt Novalis aber fast alle prorepublikanischen Setzungen, mehrfach mit perfekter »Hin und her Direction«, in ihr Gegenteil um: Auf dem Thron sitzt keiner außer dem Monarchen; keine Republik kann ohne König bestehen; in Kontra-Abrechnung bleibt an der vortrefflichen Demokratie kein gutes Haar, Einrichtungen wie Konstitution, Versammlung, Abstimmung lehnt Novalis rigoros ab; worin dann die allgemeine Teilnahme der Bürger am ganzen Staat bestehen soll, klärt er nicht; die Französische Revolution wird nun als Aufstand egoistischer und bornierter Spießer abgetan. Letzten Endes, wenn auch vielleicht nicht für immer, neigt der Dichter der Monarchie zu, vor allem auch im Hinblick auf den poetischen Staat: »Eine wahre Demokratie ist ein absoluter Minus-Staat. Eine wahre Monarchie ist ein absoluter Plus-Staat«, heißt es schon im Blüthenstaub-Fragment 122, und in »Glauben und Liebe«, Fragment 67 wird für die poetische Staatsform »Familien – Formen – Monarchie« gewählt. Damit dürften alle Überlegungen zu Misch-Institutionen, die sich durchaus böten, erledigt sein. *Eine* solche Synthese-Möglichkeit baut Novalis zwar auf, ohne jedoch von ihr aus die Kardinal-Frage zu beantworten: »Der jetzige Streit über die Regierungsformen ist ein Streit über den Vorzug des reifen Alters, oder der blühenden Jugend« (58). »Republik ist das Fluidum deferens der Jugend. Wo junge Leute sind, ist Republik« (59). »Mit der Verheirathung ändert sich das System. Der Verheirathete verlangt Ordnung, Sicherheit und Ruhe – er wünscht, als Familie, in einer Familie zu leben – in einem regelmäßigen Hauswesen – er sucht eine ächte Monarchie.« (60)

Diese Problematik wurde, da Novalis zu keiner endgültigen Lösung gelangte, am Schluß der »Politischen Aphorismen« mit einem Appell für politische und religiöse Toleranz auf eine als höher empfundene Ebene gehoben:

> Diese Toleranz führt, wie mich dünkt, allmälig zur erhabenen Ueberzeugung von der Relativität jeder positiven Form – und der wahrhaften Unabhängigkeit eines reifen Geistes von jeder individuellen Form, die ihm nichts als nothwendiges Werkzeug ist.

Zehntes Kapitel

Resonanz auf »Glauben und Liebe« – »Dialogen und Monolog« – »Die Lehrlinge zu Saïs« – August 1798 Romantikertreffen in Dresden – Plotin – Atheismusstreit – Rückzug aus dem politischen Denken – Verlobung mit Julie von Charpentier

Von Novalis' Werken erregte zu Lebzeiten »Glauben und Liebe« am meisten Aufsehen. Dabei waren die Reaktionen aus dem Kreis der Frühromantiker eher zurückhaltend; sogar Friedrich Schlegel äußerte sich zunächst vorsichtig, gewann der Sammlung aber im Laufe der Zeit immer mehr Zustimmung ab: »Möchtest Du doch«, schrieb er dem Freund ein Jahr später, »bald wieder ein Glauben und Liebe offenbaren. – Weniges ehre ich so, und weniges hat so auf mich gewirkt.« Schon bald nach Eingang des Manuskripts hatte er Novalis am 28. Mai 1798 mitgeteilt: »Ein sehr interessantes und religieuses Mädchen die den Blüthenstaub ordentlich studirte, meynte von dem Glauben, er sey wie von einem betrunknen Gott.« Gemeint war die damals 27jährige Rahel Levin, Dorothea Veit-Schlegels Berliner Freundin.

Nach der Veröffentlichung von »Glauben und Liebe« im Juli 1798 und wohl auch angesichts der starken Berliner Resonanz darauf hat sich Friedrich Wilhelm III. mehrmals geäußert. Direkte schriftliche Belege liegen nicht vor, Novalis erreichten die Stellungnahmen über den Verleger Unger; dieser schrieb Ende Juli 1798 an Schlegel: »Ueber einige Äußerungen in Glauben und Liebe soll der König etwas verdrießlich gewesen seyn. Er hat gesagt: ›Von einem König wird mehr verlangt als er zu leisten fähig ist. Immer wird vergessen daß er ein Mensch sey. Man solle nur einem Mann, der dem König seine Pflichten vorhält vom Schreibpult zu Thron bringen und dann wird er erst die Schwierigkeiten sehen die ihn umgeben und die nicht möglich zu heben sind.‹ Er hat durch den Minister Schulenburg den Verfasser wissen wollen. – Im Allgemeinen wird dieser Aufsatz bewundert. Jedermann ist damit zufrieden.« (Schulenburg war Kabinetts-Minister und Chef der geheimen Polizei).

Schlegel erzählt dem Autor im gleichen Brief »noch eine allerliebste Anekdote aus einer andern Quelle. – Der König hat den Glauben und Liebe gelesen aber nicht verstanden, und daher dem Obristlieutenant Köckeritz Ordre gegeben, ihn zu lesen. Weil dieser ihn aber gleichfalls nicht verstanden, hat er den Consistorialrath Niemeyer zu Rathe gezogen. Dieser hat auch nicht verstanden, worüber er höchlich entrüstet geweßen und gemeynt hat, es müsse gewiß einer von den beyden Schlegeln geschrieben haben. Es ist nämlich für ihn wie für mehrere Philister Axiom: Was man nicht versteht, hat ein Schlegel geschrieben.«

Am 9. August, vielleicht verzögert, um Novalis nicht zu erschrecken, schob Schlegel noch weitere Informationen Ungers nach: »Der kleine Unwille des Königs, den er über Glauben und Liebe geäußert hat, erregte solche Furcht bey der Censur, daß die politischen Aphorismen nicht erlaubt wurden zu drucken. – Woher das allgemeine Gerücht sich verbreitet hat, ein Neveu des Ministers v. Hardenberg sey der Verfasser dieser Aufsätze, weiß ich nicht. U. widerspricht diesem Gerücht tapfer und behauptet der Verfasser sey in Rußland.«

Eine Art Eiertanz führte der Verleger freilich auf, als er erklärte, daß die Herren der Censur den König verkennten, wenn sie nun strenger zensierten; es sei gewiß nicht seine Absicht, Presseeinschränkungen zu machen: »Bloß die sclavische Furcht bringt sie hervor.« Im gleichen Atemzug aber fordert Unger Novalis auf, seinen Künstlernamen aufzugeben, unter dem gewiß nichts mehr gedruckt werde. Und der Herrscher wischt keineswegs das Verbot der »Politischen Aphorismen« mit einem Befehl vom Tisch. Gibt es dafür eine Erklärung?

Am 23. Juli trug der auf Reisen befindliche badische Pfarrer Johann Friedrich Abbegg in sein Tagebuch Notizen über Gespräche mit dem anscheinend wohlinformierten Herausgeber der »Berlinischen Monatsschrift«, Dr. Erwin Biester, ein: »Das, was Novalis – ein hier lebender Edelmann – über die Königin sage, sei halber Wahnsinn, und der König selber finde es abgeschmackt und unsittlich.« Gemeint war selbstverständlich der Appell an Luise von Preußen, die Bordelle schließen zu lassen – könnte das der König tatsächlich verübelt und mit der Strenge der Zensur bestraft haben? Die angebetete Königin aber – sie wird »Glauben und Liebe« gelesen haben. Öffentlich geäußert hat sie sich nicht, so wenig wie Novalis, von dem keinerlei Aussagen zur Aufnahme seines Werkes überliefert sind.

Er wird kein politisch-poetisches Werk mehr veröffentlichen. Überlegungen in der Novalis-Forschung, die Auswirkungen von »Glauben und Liebe« seien einer der Gründe für die Abwendung der Frühromantiker von der riskanten politischen Welt, hin zum Bereich der Kunst, sind einleuchtend. In diese Richtung weist Friedrich Schlegels warnender, aber auch pathetisch-anfeuernder Rat an den Freund in der Fragmentensammlung »Ideen«, die Novalis gewidmet ist: »Nicht in die politische Welt verschleudere du Glauben und Liebe, aber in der göttlichen Welt der Wissenschaft und der Kunst opfre dein Innerstes in den heiligen Feuerstrom ewiger Bildung.« Novalis antwortet prompt mit seiner Randbemerkung in der von Dorothea Schlegel aufgezeichneten Handschrift der Sammlung: »Ich folge diesem Worte, theurer Freund.«

Unbestreitbar ist freilich, daß »Glauben und Liebe«, so Richard Samuel, »die Grundlage der romantischen Staatsauffassung geworden« ist, besonders durch Adam Müller mit seinem Werk »Elemente der Staatskunst« (1809); auch hat »Glauben und Liebe« dazu beigetragen, »daß Novalis zu den ersten Ideologen des deutschen Konservatismus gerechnet wurde«, so Ludwig Stockinger – eine Einordnung, der die weiteren publizierten Schöpfungen nichts entgegensetzen und die sich durch Heinrich Heines Groß-Essay »Die romantische Schule« verfestigte.

Das Jahr 1798 als Periode weit ausholender Schreib- und Studienarbeit bringt noch ein weiteres stoffreiches Konvolut hervor – heterogene Materialien, die von den Herausgebern der Historisch-Kritischen Ausgabe aus mehreren Quellen als »Vorarbeiten zu verschiedenen Fragmentsammlungen« zusammengetragen und komponiert wurden: etwas gewaltsam, aber notgedrungen, eine prall-volle, chaotische, zum Teil erst viele Jahre nach dem Tod des Dichters zugänglich gemachte Masse – die Editoren leisteten Schwerstarbeit, wo zeit- und stellenweise auch Mühen der Entzifferung verlangt waren. Nun liegen 487 Einzelnummern in bekannter Weise des heterogenen Umfangs von Stichwörtern und Teilsätzen bis zu essayistischen Abhandlungen vor, größtenteils spontan abgeworfen, regellos, vielgestaltig, allenfalls da und dort bearbeitet, den Aufzeichnungs-Kollektionen näher als den beiden publizierten Fragmentensammlungen.

Man erkennt thematische Schwerpunkte: »Logologische Fragmente« zum Beispiel (der von Novalis geprägte Ausdruck meint soviel wie »Philosophie der Philosophie«, ist also selbstreflexiv gemeint), Goethe in Gestalt einer Essay-Skizze, Studien zur bildenden Kunst, regelrecht ausgeschüttet beim Dresdner Romantiker-Treffen August 1798, sowie »Poesie« und »Poeticismen«. Die 29 Aufzeichnungen unter diesen beiden Titeln (Nr. 31–59) lassen erkennen, daß man bei der Zuordnung und Verwertung der Vorarbeiten für Hardenbergs romantische Positionen vorsichtig sein muß; Richard Samuel erklärt in seiner Einleitung zu den Vorarbeiten, es werde »in den Blättern Poesie und Poeticismen die Grundlage für die Poetik und Ästhetik des Novalis und der Romantik gelegt.« Nun hat der Dichter aber selbst später 23 der 29 Einheiten gestrichen; Friedrich Schlegel und Tieck haben 1802 in den ersten Band der Novalis-Schriften nur wenige dieser Aufzeichnungen aufgenommen. Weitere Teilpublikationen gab es erst 1846 im 3. Band der Schriften, den Tieck und Bülow herausgaben. Auch eine der berühmtesten Definitionen von Romantik durch Novalis, fast ein Gegenstück zur großen Erklärung Friedrich Schlegels, erschien erst 1846 im Druck – die schöne, tiefsinnige, wundervoll formulierte Darstellung ist also 1802 von Schlegel und Tieck unbegreiflicherweise zurückgehalten worden: »Die Welt muß romantisirt werden. So findet man den ursprünglichen Sinn wieder. Romantisiren ist nichts als eine qualitative Potenzirung. Das niedere Selbst wird mit einem bessern Selbst in dieser Operation identifizirt. So wie wir selbst eine solche qualitative Potenzenreihe sind. Diese Operation ist noch ganz unbekannt. Indem ich dem Gemeinen einen hohen Sinn, dem Gewöhnlichen ein geheimnißvolles Ansehen, dem Bekannten die Würde des Unbekannten, dem Endlichen einen unendlichen Schein gebe so romantisire ich es.«

Erst recht ist Vorsicht geboten bei der Bewertung einer anderen in den Aufzeichnungen erscheinenden Hardenbergschen Formel, die von einigen Novalis-Forschern als eine Art zentrale Botschaft des Dichters herausgehoben wird: Magischer Idealismus. Tatsächlich spielt die einprägsame Losung in seinem Gesamtwerk eine begrenzte Rolle: Sie erscheint einmal in den Teplitzer Fragmenten und dreimal im

»Brouillon«, wo auch zweimal die Bezeichnung »magischer Idealist« auftaucht. Das heißt aber: Novalis verwendet die Formel nur in zu Lebzeiten unveröffentlichten Notizen, und zwar ausschließlich im zweiten Halbjahr 1798; nach 1798 kommt der Ausdruck »magischer Idealismus« nicht wieder vor, nicht einmal in den weiteren erst nach seinem Tod publizierten Konvoluten – es ist eine sozusagen in sich gekehrte Formel, die der Dichter ganz für sich behält, die er nirgends näher definiert und die der Deutung seines Denkens und seines Werkes allenfalls als Randerscheinung hilft.

Das überaus produktive Jahr 1798 bringt, als leichtere Lektüre, auch sechs Dialoge und einen Monolog hervor. Unter dem Eindruck der im späten 18. Jahrhundert heftig einsetzenden Leserevolution läßt Novalis zwei Männerfiguren A und B über einen Meßkatalog, über Sinn und (vermeintlichen) Unsinn des Lesens überhaupt, über Lust und Unlust, Natur und Naturphilosophie, über Hypothesen disputieren – insgesamt kann man die Zwiegespräche wohl als Einübungen in romantische Ironie lesen. Der Monolog schneidet kurz, aber subtil und präzise ein zutiefst romantisches Thema an: »Wenn man den Leuten nur begreiflich machen könnte, daß es mit der Sprache wie mit den mathematischen Formeln sei – Sie machen eine Welt für sich aus – sie spielen nur mit sich selbst, drücken nichts als ihre wunderbare Natur aus, und eben darum sind sie so ausdrucksvoll.«

Wir verzeichnen für das Jahr 1798 ferner eine kleine Lyrik-Gruppe und nennen, neben dem Zyklus »Blumen«, die Gedichte »Der Fremdling« und »Der müde Fremdling ist entschwunden«, die im Kontext von Hardenbergs Liebe zu Julie Charpentier näher betrachtet werden sollen, und das sechzehnzeilige, teilweise stark chiffrierte Hexameter-Poem »Kenne dich selbst« mit der beziehungsreichen Unterschrift »Freiberg, 11. Mai 1798«. Novalis zeigt darin drei Wege menschlicher Erkenntnis: Das Verstehen der Mythen, die Alchemie und ihre Experimente mit Elixieren, schließlich die wahre Selbsterkenntnis; zwei Schlüssel-Verse bilanzieren die Abkehr von den Elixieren:

Nur der vernünftige Mensch ist der ächte Adept – er verwandelt
Alles in Leben und Gold – braucht Elixiere nicht mehr.

Der letzte Werk-Plan des Arbeitsjahres 1798 ist das als »Naturroman« gedachte Projekt »Die Lehrlinge zu Saïs«, das im Brief an Friedrich Schlegel vom 24. Februar erstmals genannt wird und von dem wahrscheinlich, wenn auch nicht exakt datierbar, große Teile in diesem Jahr entstanden sind. Seine Werk-Geschichte ist aber, samt Unterbrechungen, Neu-Ansetzen und Abbruch, mit der »Vita« des »Heinrich von Ofterdingen« eng verbunden und wird daher erst im vierzehnten Kapitel ausführlich präsentiert.

Die anderthalb Freiberger Jahre sehen Hardenberg im begrenzten mitteldeutschen Raum recht häufig unterwegs. Selbstverständlich besucht er Eltern und Geschwister mehrmals in Weißenfels. Zweimal reist er nach Tennstedt und Grüningen: Im März 1798 zum ersten Todestag Sophies, um die Monatswende Mai/Juni auf Bitten der Familie Kühn/Rockenthien, kurz nach dem Tod von Jeannette Danscour – dies ist sein letzter Besuch dort, nur einige Briefe gehen noch hin und her; Sophie scheint entrückt, die neue Liebe hält Hardenberg in Bann, so scheint es. Während der ganzen Freiberger Zeit ist Dresden ein recht häufiges, schnell erreichbares Ziel. Novalis besucht die Stadt im Februar 1798 zusammen mit dem Vater und sieht dabei Thielmann und Funk wieder; einige Male trifft und besucht er die mit dem königlichen Hofwirtschaftssekretär Ludwig Emanuel Ernst verheiratete Schwester Charlotte der Brüder Schlegel: »Sie hat mir bey weiten in Dresden am besten gefallen«, lobt er sie im Brief an August Wilhelm; ihr Mann war übrigens gleichzeitig mit Hardenbergs Vater 1752/53 Schüler in Schulpforta. Beide Ernsts bieten den Romantikern in ihrem Pillnitzer Wohnsitz Gastfreundschaft und Geselligkeit.

In den Sommer 1798 fällt Hardenbergs einzige Auslandsreise: Der Tod der Gouvernante Danscour hat eine gesundheitliche Krise ausgelöst, derentwegen er eine mehrwöchige Kur in Teplitz/Böhmen antritt. Eine Anzahl von Notizen geht als »Teplitzer Fragmente« in die »Vorarbeiten« ein; Hardenberg lernt im Kurort auch, eher flüchtig, seine Leserin Rahel Levin kennen.

Es ist bekannt, daß Novalis nur wenige Male über den mitteldeutschen Raum hinaus gelangte; Lucklum, Teplitz und der undeutliche einmalige Aufenthalt in Berlin waren die Ausnahmen. Verkehrsmittel war hauptsächlich die Postkutsche – und gelegentlich das Pferd. 1798 bekommt er vom Vater eines geschenkt. »Ich befinde mich ziemlich wohl«, versichert er dem Schenker am 1. September, »mit dem Pferde hast Du mir einen unschätzbaren Gefallen gethan. Diese Bewegung scheint mir sehr gut zu bekommen. Meine Anfälle sind seltner und schwächer ... Für das Pferd dank ich Dir herzlich, denn schon der Glaube an die Heilsamkeit des Reitens ist mir zuträglich.« Welche gesundheitlichen Störungen genau vorlagen, ist vorerst nicht zu klären. Auf jeden Fall beschäftigte sich Novalis auch weiterhin mit den Theorien des schottischen Arztes John Brown.

Der Höhepunkt seiner Dresdner Besuche und Aufenthalte war das Frühromantiker-Treffen Ende August 1798. Allerdings scheint Hardenberg wegen der Anspannung im Studium zeitlich etwas beengt gewesen zu sein und seine Anwesenheit vom Dabeisein Schellings abhängig gemacht zu haben. Der junge Philosoph seinerseits, der eben in Jena zum Professor berufen worden war, kam bereits am 18. August an. Weitere Teilnehmer der Zusammenkunft waren Friedrich Schlegel, der Initiator des Treffens mit mehrjähriger Dresden-Erfahrung, Caroline und August Wilhelm Schlegel, Johann Diederich Gries und der von den Versammelten hochgeschätzte Johann Gottlieb Fichte – nicht ganz freiwillig und an den bildenden Künsten, von denen die Poeten in der berühmten Galerie fasziniert waren, wenig interessiert. Die angereisten poetischen Kunstfreunde scheinen durch ihre intensiven, manchmal wohl auch lautstarken – oder geflüsterten Gespräche aufgefallen zu sein. Sie besuchten zuerst, vom Inspektor der Antikengalerie Johann Gottlieb Becker geführt, die große Sammlung der Mengsschen Gipsabgüsse: »Wir haben die Antiken bey Fakkeln gesehn und hatten zur Belustigung den litterairischen Harlekin Boettger aus Weimar bei uns«, schrieb Novalis dem Vater; der gebildete, freilich auch recht geschwätzige Karl August Böttiger war ebenso Zuhörer und Zuschauer wie Charlotte Ernst – selbstverständlich erst recht in der Gemäldegalerie. Sie wurde zu einer Geburtsstätte der deutschen Frühromantik, Raffaels »Sixtinische Madonna« zu ihrem Kultbild – es war 1754 auf Betreiben vom Kurfürsten Friedrich August II. erworben worden.

Von Novalis selbst gibt es die schon erwähnten, in den »Vorarbeiten« sozusagen rein – oder roh überlieferten Notizen mit der bekannten Aufhäufung brockenhaften Materials, wenige Stichworte zur Madonna, mehrere zur Natur- und Landschaftsmalerei, vermischt mit allen möglichen Stoffen und Themen, mittendrin aber den Satz:

> Die Gemälde Gallerie ist eine Vorrathskammer indirekter Reitze aller Art für den Dichter.

Hier wird deutlich, wie wichtig die Kunsterfahrung des Galeriebesuchs der poetisch-existentiellen Selbstfindung des Autors war. Dies hatte sich bereits im »Athenaeums«-Brief vom 24. Februar an August Wilhelm Schlegel angekündigt: »Ihre Einladung auf bildende Kunst nehm ich mit Freuden an. Wenn bildende Kunst auch Poesie ist, so muß ich etwas davon verstehn. Das technische ist mir durchaus fremd – aber die *schöne* Gestalt – da hab ich doch, wie mich dünckt, Sinn für.« In der Vorratskammer indirekter Reize und in den Gesprächen vor Ort wird er einiges hinzugelernt haben, erst recht von einem großen Text, der sozusagen vor seinen Augen entstand.

Ein Jahr später wird August Wilhelm Schlegel mit Carolines Hilfe die künstlerische, religiöse und damit auch existentielle Tiefe und Schönheit der Madonna und des Christus-Kindes in seinem Dreipersonengespräch »Die Gemählde« meisterlich darstellen: mit den Augen und im Sinne der Freunde. Er läßt die Kunstliebhaberin Louise sprechen:

> Eine Göttin kann ich die Maria nicht nennen. Das Kind, was sie trägt, ist ein Gott, denn so hat noch niemals ein Kind ausgesehn. Sie hingegen ist nur das Höchste von menschlicher Bildung, und nimmt ihre Verklärung daher, daß sie den Sohn so still, so ohne sichtbare Regung von Entzücken oder Selbstgefühl auf ihren Armen hält, ohne Stolz und ohne Demuth. Es ist auch nichts ätherisches an ihr, alles gediegne feste Theile. Sie wandelt nicht unter uns, doch tritt sie schreitend auf die Wolken, und schwebt nicht in der Glorie, in die sich ihre große Gestalt hinzeichnet ... Die Kleidung verbirgt alles an ihr außer das Haupt, den Hals, die Hände und Füße; aber sie läßt sich von dem herrlichen Körper nicht trennen, der, obgleich bedeckt, sichtbar bleibt, besonders von den Schultern bis zur Mitte des Leibes, wo das rothe Kleid fest anschließt.

Der eindringlichen Beschreibung Marias folgt die wunderbare Präsentation des Gotteskindes:

> Es sitzt nach vorn gewendet und scheint nichts zu wollen, aber was es einst wird wollen können, ist unermeßlich, oder vielmehr was es gewollt hat: denn alles ist bereits geschehn, und es zeigt sich nur auf dem Arm der Mutter der Erde so wieder, wie es sie zuerst betrat. Die Formen sind die eines Kindes, der Kopf von breiter Rundung, die Glieder stark und voll, nicht von zarter Gattung, aber Auge und Mund beherrschen die Welt. Der Mund ist besonders ernst, sehr geschweift, beyde Enden der Lippen ziehen sich herunter. Dieser fremde Zug an einem Kinde giebt ihm den unbegreiflich hohen Ausdruck, glaube ich. So auch das kurze Haar, das emporstrebend den Kopf umgiebt. Die Augen scheinen zwey unbewegliche Sterne; sie liegen tief, die Stirn ist voll Nachdenken. Und doch kann man nicht sagen, dieser Knabe ist schon ein Mann. Es ist keine Ueberreife, aber Uebermenschlichkeit. Denn soweit sich das Göttliche in kindischer Hülle offenbaren kann, ist es hier geschehn, und ich kann mir den Mann zu diesem Kinde nicht einmal denken.

Das im dritten Heft des »Athenaeums« abgedruckte Kunstgespräch zwischen Louise, dem Maler Waller und dem Kunstinteressenten Reinhold, vielleicht das beste literarische Werk des älteren Schlegel, spiegelt Eindrücke und Ansichten der in Dresden Versammelten detail- und variantenreich wider. Dazu gehören, in Auswahl, auch Betrachtungen zu anderen Malern verschiedener Herkunft und Kunst-Auffassung: Leonardo da Vinci, Trevisani, Perugino, Andrea del Sarto und Correggio zum Beispiel, ebenso Claude Lorrain, Rubens, Poussin, insgesamt nur ein kleiner Teil der Bilder, mit italienischer Renaissance als größtem Schwerpunkt. Dichterisch nahm sich August Wilhelm Schlegel dabei einiges heraus: Er verlegte die Gespräche ins Freie und ließ die Bewunderer der Galerie aus der Erinnerung an die Bilder disputieren: »Hier, dächte ich«, spricht Reinhold, »ließen wir uns nieder: wir können keinen bequemeren und anmuthigeren Sitz finden. Vor uns der ruhige Fluß; jenseits erhebt sich hinter dem grünen Ufer die Ebne in leisen Wellen, dort unten spiegelt sich die Stadt mit der Kuppel der Frauenkirche im Wasser, oberhalb ziehn sich Rebenhügel dicht an der Krümmung hin, mit Landhäusern besäet und oben mit Nadelholz bedeckt.« Ganz nahe kommen die drei fiktiven Disputanten den Dresdner Verläufen, wo sie das Verhältnis von Malerei und Poesie/Sprache erörtern: ohne eindeutiges, aber doch mit abgewogenem Urteil: »Der Eindruck ist nur ein Schatte von dem Gemählde oder der Statue; und wie unvollkommen bezeichnen wieder Worte den Eindruck! Das Rechte kann man gar nicht nennen«, so Reinhold; darauf Waller: »Es fällt mir nicht ein, mit der Sprache eben das ausrichten zu wollen, was nur ein sinnlicher Abdruck leisten kann. Ich sage bloß, daß sie fähig ist, den Geist eines Werkes der bildenden Kunst lebendig zu fassen und darzustellen.« Novalis plante unter dem Eindruck der Dresdner Kunstwelt einen eigenen Text über die Antiken, gab die Idee aber auf, nachdem er das Gemälde-Gespräch bereits im Herbst als Manuskript gelesen hatte.

Das Dresdner Treffen ist in die Literaturgeschichte eingegangen, auch weil es für einige Zeit den Zusammenhalt der frühromantischen Poeten und ihrer Begleiterinnen und Trabanten festigte. Ludwig Tieck allerdings, der mit seinem verstorbenen Romantiker-Freund Wilhelm Wackenroder die »Gemählde« zu Dresden schon 1796 besucht hatte, war offenbar nicht eingeladen.

Über die persönlichen Beziehungen Hardenbergs zu Schelling, der sechs Wochen in Dresden verbrachte, ist nichts Näheres bekannt. Auf jeden Fall muß es philosophische und naturwissenschaftliche Gespräche gegeben haben; wie schon aus der Themenliste der Freiberger Studien ersichtlich, las Hardenberg Schellings eben erschienenes Werk »Von der Weltseele«, wovon etliche Blätter mit Aufzeichnungen, zu größeren Teilen Exzerpte, zeugen. Bei allem beiderseitigen naturwissenschaftlichen Interesse sah, so Gerhard Schulz, Novalis Schellings Ansichten doch auch als unreif an: Wo er »immer stärker das Einende, Verbindende der Natur zu entdecken« suchte, ging es dem jungen Philosophen zuerst um den »allgemeinen Dualismus der Natur«, um »Duplizität und strenge Entgegensetzung«, die nicht mit geistiger Hilfe zu überbrücken waren. Wachsende persönliche Spannungen zwischen beiden Denkern sollten sich beim Jenaer Herbsttreffen 1799 deutlich zeigen.

War es ein Zufall, war es Hardenbergs immer wache Beobachtung des Buchmarkts und seiner Neuerscheinungen – jedenfalls stieß er spätestens im Herbst 1798 auf das sechsbändige Monumentalwerk »Geist der spekulativen Philosophie« (Marburg 1791–96) des Philosophiehistorikers Dietrich Tiedemann (1748–1803), und im dritten Band von 1793 auf die 170seitige Darstellung des Philosophen Plotin (etwa 205 bis 270 n. Chr.), der als Hauptrepräsentant des spätantiken, »eine abschließende Synthese der gesamten griechischen Philosophie« bildenden Neuplatonismus gilt. »Ich weis nicht,« meldete Novalis Friedrich Schlegel, »ob ich Dir schon von meinem lieben Plotin schrieb. Aus Tiedemann lernt ich diesen für mich gebornen Philosophen kennen – und erschrack beynah über seine Ähnlichkeit mit Fichte und Kant – und seine idealische Aehnlichkeit mit ihnen. Er ist mehr nach meinem Herzen als beyde ... Warum ist aber alles still davon? In Plotin liegt noch vieles ungenüzt – und er wäre wohl vor allen einer neuen Verkündigung werth.«

Eine Anzahl unsystematischer Notizen, gemischt mit Exzerpten, aus der Zeit zwischen Ende November 1798 und 20. Januar 1799 kann wohl als Ansatz zu einer »neuen Verkündigung« Plotins gelesen werden; dabei ist festzuhalten, daß Novalis Plotins Werk nur aus Tiedemanns zitatenreicher Präsentation und Kommentierung kannte; Tiedemann war erklärter Rationalist, der aber jenseits – oder vor seiner Parteinahme Plotin und andere Philosophen so sachlich und objektiv wie möglich in ihrer jeweiligen Eigenart vorzustellen bemüht war, wodurch sein Werk zu einer vortrefflichen Quellensammlung für Novalis wurde, die er benutzte, ohne sich an Tiedemanns aufklärerischen Urteilen zu kehren.

Der Plotin-Herausgeber und -Übersetzer Christian Tornau, der erstaunlicherweise weder Tiedemanns noch Hardenbergs Arbeit am großen Neuplatoniker berücksichtigt, faßt 2001 dessen Weltbild gestrafft zusammen: »An der Spitze der hierarchischen Seinsordnung steht als erstes Prinzip das Eine, das zugleich das Gute ist; aus ihm geht der Geist hervor, der mit dem Sein identisch ist, und aus dem Geist geht wieder die Seele hervor. Diese drei göttlichen Prinzipien (›Hypostasen‹) bilden die eigentliche Realität. Erst unterhalb von ihnen folgt die sinnlich erfahrbare Welt, und die unterste Stufe bildet die dieser zugrunde liegende Materie, die auch das Prinzip des Bösen ist.« Novalis war deutlich fasziniert von der Verankerung unseres Seins im Transzendent-Übersinnlichen; Plotins Vision vom »Einen« korrespondierte mit seiner Vorstellung der einen, einheitlichen Natur, in der alles Wissen und alle Erfahrung als eine »Theologische Physik« sich vereinigt – »diesen heiligen Weg zur Physik«, deren Liturg Goethe werden sollte, hatten Hemsterhuis und Spinoza schon erahnt, aber »Plotin betrat, vielleicht durch Plato erregt, zuerst mit ächtem Geiste das Heiligthum – und noch ist nach ihm keiner wieder so weit in demselben vorgedrungen«. Und während Tiedemann mißbilligte, daß Plotin ständig »aus der intellektuellen Region hinüber in die sinnliche springe«, daß er unentschieden zwischen Realismus und Idealismus schwanke, war dies für Novalis »das poetische Verfahren schlechthin«, so Mähl in seinem Essay »Novalis und Plotin«. Geistig-religiöse Verwandtschaft des deutschen Dichter-Philosophen mit dem antiken Denker stellte sich her, wenn »Plotin den Weg zur Gottheit beschrieb, indem er die Seele ermahnte, in ihr Inneres einzukehren« – das erinnert an Novalis' zentrale Vision vom nach innen gehenden geheimnisvollen Weg. Trotz dieser Nähe über viele Jahrhunderte hinweg blieb Hardenbergs Hinwendung zu Plotin Episode; mit dem zitierten Brief an Caroline Schlegel enden die Notizen zum Neuplatoniker.

Haben einige drastische Urteile Tiedemanns Novalis beirrt – oder überzeugt, weil er, ungeachtet seiner Hochachtung für Plotin, ähnliches Mißbehagen empfand? Tiedemann beklagt die »verborgenen und sehr verschlungenen Irrgänge im Gehirn eines hypermetaphysischen Schwärmers« und meint: »Was er aufzeichnete, war höchst dunkel und verworren. Man setze hinzu, daß er sehr oft nicht einmahl ordentlich dachte, weil er, gleich allen Schwärmern von den Eingebungen seiner brausenden Phantasie hingerissen ward ... Auf Plotins schwindelnder Höhe kann sich der Verstand nicht lange erhalten, er fühlt, nach erster verrauchter Hitze der Phantasie, ein gewisses Leere, das durch nichts, als Begriffe aus seinem eigenen Kreis ausfüllbar ist ... Welch ein Spiel mit Worten und Begriffen! Welch ein unbefugtes Hüpfen von einem auf das andre ... Hier steht man betroffen, und bewundert den Tausendkünstler; wer nicht auf seiner Hut ist, den reißt er mit sich fort.«

Überraschend wird Hardenberg um die Jahreswende 1798/99 mit zwei brisanten politischen Konflikten konfrontiert. Zunächst mit dem sogenannten Atheismusstreit: Im Jenaer »Philosophischen Journal« der Herausgeber Niethammer und Fichte erscheinen Anfang November der Aufsatz »Entwicklung des Begriffs der Religion« des Saalfelder Konrektors Friedrich Karl Forberg und der darauf abgestimmte Fichte-Text »Über den Grund unseres Glaubens an eine göttliche Weltregierung.« Kurz darauf beschuldigt das Dresdner Oberkonsistorium beide Autoren beim Kurfürsten Friedrich August III. des atheistischen Denkens, fordert die in solchen Fällen übliche Konfiszierung des Heftes und darüber hinaus – mit scharfer Spitze auf die Jenaer Universität – die Bestrafung der Philosophen in den Erhaltstaaten der Hochschule, wodurch auch Herzog Karl August von Sachsen-Weimar und Minister Goethe mobilisiert werden; sollten die Aufzufordernden nicht folgen, habe man kurfürstlichen Untertanen das Betreten jener Akademie zu verbieten. Einer von fünf Unterzeichnern der Anzeige, die devot vor dem Monarchen, aber inquisitorisch gegenüber den Angeklagten abgefaßt wurde, ist der Oberhofprediger Reinhard, Julie von Charpentiers Schwager.

Das Heft wird tatsächlich konfisziert, die Autoren werden befragt. Nach dem Urteil fast aller Beobachter sind die Atheismusvorwürfe ungerechtfertigt. Fichte selbst hält die Verdächtigungen für Alibi-Vorwürfe mit politischem Hintergrund; er versucht daher in einer umfangreichen »Appellation an das Publikum über die ihm beigemessenen atheistischen Äußerungen«, die seine Existenz bedrohenden Vorwürfe theologisch zu widerlegen – in scharfer Tonart, er spricht von drohendem Scheiterhaufen. Fichte war der Obrigkeit, auch Karl August und den Kirchenoberen, schon länger ein Dorn im Auge, und nun deckt er auch noch die wirklichen Motive seiner Gegner auf: »Die Triebfeder ist klar; sie ist notorisch, nur daß keiner den Namen des Dinges aussprechen will ... Ich bin ihnen ein Demokrat, ein Jakobiner, dies ist's. Von einem solchen glaubt man jeden Greuel ohne weitere Prüfung. Gegen einen solchen kann man gar keine Ungerechtigkeit begehen ... Recht geschieht ihm auf jeden Fall; und es ist politisch, die das wenigste Aufsehen erregende, die populärste Anklage zu ergreifen, um seiner habhaft zu werden.« Sie werden es, indem sie ihn sozusagen in den Flanken treffen: Er begeht den – später bereuten – Fehler, mit einem scheinbaren Privatbrief an einen hohen Beamten den Dienstweg zu umgehen; er fordert außerdem Anerkennung seiner absoluten Unbescholtenheit, andernfalls muß er seine Demission einreichen. Karl August erteilt ihm gezielt einen Verweis, da geht er »freiwillig«, so sind sie ihn los, auch Goethe kann oder will ihn nicht retten; sie wahren ihr Gesicht – scheinbar: In den Jahren nach Fichtes Weggang verlassen viele Gelehrte die Universität, zu deren Schaden, zum Schaden der Regierung, der Studenten, denen man drei Petitionen für Fichte abgeschmettert hat.

Wie schon angedeutet, erweisen sich die Frühromantiker allesamt als sympathisierende, de facto freilich machtlose Verteidiger des in Jena Hinausgeekelten. Hardenberg appelliert Anfang Februar 1799 aus Freiberg an den Vetter Dietrich von Miltitz: »Fichtes Apellation ans Publikum bitt ich Dich aufmerksam zu lesen. Es ist ein vortreffliches Schriftchen und macht Dich mit einem so sonderbaren Geiste und Plane unsrer Regierungen und Pfaffen bekannt, mit einem zum Theil in der Ausführung begriffenen Unterdrückungsplane der öffentlichen Meynung – daß es die Aufmerksamkeit jedes vernünftigen Menschen erfordert, diese Schritte zu verfolgen und einen bedeutenden Schluß aus diesen Prämissen zu ziehen.« Schon einige Wochen vorher hat August Wilhelm Schlegel im Brief vom 12. Januar – vielleicht nach Gesprächen mit Fichte – überraschend scharf reagiert und gewarnt: »Der wackere Fichte streitet eigentlich für uns alle, und wenn er unterliegt, so sind die Scheiterhaufen wieder ganz nahe herbei gekommen.«

Der Name von Miltitz führt uns auf das zweite politische Ereignis des Winters 1798/99, ausgelöst durch eine aufgeklärt-adlige Gruppierung in und um Dresden. Miltitz, früheres Mündel des Salinendirektors, durchbrach zum heftigen Ärger des Vormunds die Standesgrenzen, indem er einerseits mit der Französischen Revolution sympathisierte und jahrelang ins Ausland ging, und andererseits mit der Londoner Gastwirtstochter Sarah Anne Constable die Ehe schloß und diese auch dank ihrem Charme und gegen den Unmut von Vater Hardenberg in Deutschland legalisiert bekam; 1815 ging er übrigens nach Preußen und stieg dort zum General auf.

Ein anderer aufgeklärter Adliger war Hans Georg von Carlowitz auf

Gut Oberschöna bei Freiberg, Nachfahre eines bekannten Geschlechts, das schon dem bedeutendsten Wettiner Herrscher, Kurfürst Moritz von Sachsen, um 1550 einen hochgeschätzten Ratgeber gestellt hatte. Carlowitz war Jahrgangsgefährte und Studienfreund von Novalis; er plante, »das Menetekel der Französischen Revolution« vor Augen, »die verzopfte sächsische Ständeverfassung zu reformieren, bevor womöglich auch im Kurfürstentum Sachsen jakobinische Gewalt einen Flächenbrand entfachen würde.« Durch ständige Anwesenheit im Dresdner Landtag, in dem auch die Hardenbergs Sitz und Stimme hatten, freilich ohne sie zu nutzen, durchschaute er die desolaten Verhältnisse sehr klar, indem er besorgt war, »das Räthsel der sächsischen Verfassung zu ergründen, die, wie der Mantel der christlichen Liebe, alle Dummheiten in sich faßt, und jetzt das mächtige Banner der Ignoranz, der Brutalität und des Egoismus geworden ist ... Du glaubst nicht, wie groß die Thorheit und der Unverstand der sächsischen Stände ist«, schreibt Carlowitz am 20. Januar 1799 und fordert Hardenberg auf, ebenfalls, und sei es nur für einen Tag, in die Ständeversammlung zu kommen – vergebens. Leider ist keine schriftliche Antwort von Novalis erhalten; sie scheint aber in der Einschätzung der Stände ähnlich scharf gewesen zu sein: »Dein Bild von den Ständen«, entgegnet Carlowitz, »ist leider sehr wahr, aber der Entschluß, nie auf dem Landtage zu erscheinen, ist nicht patriotisch. Jeder thut für die gute Sache was er kann, und gerade Du würdest viel können. Du bist der einzige mir bekannte Mensch, dem ich zutraue, daß er eine ganze Generation erheben und die verhaßte Stimme des Egoismus, der Dummheit und der Brutalität unterdrücken könnte.« Carlowitz traut dem Freund eine Menge zu mit Blick auf den inneren Zustand des Adels: »Nur Du könntest die Scheidewand zwischen den Guten und Bösen bei uns vernichten und das Band wieder knüpfen, das man muthwillig zerrissen hat, um uns Alle der allgemeinen Verachtung und vielleicht künftig der Verantwortung blos zu stellen. Ich wollte gern Alles darum geben, wenn Du unter uns wärst, denn der Schmerz, daß auch ich, beim besten Willen, von der Welt und, bei der heftigsten Widersetzlichkeit, an meiner Ehre leiden muß, ist unerträglich.« Hardenberg blieb fest in seiner Verweigerung. War sein eigenes Zutrauen schwächer als das des Ermutigers? Dachte er womöglich an eine komplette Auflösung der Ständeversammlung?

Schien ihm ein seltsamer, nur kurz gehegter Plan – »Die Errichtung eines litterairischen, republicanischen Ordens – der durchaus mercantilisch politisch ist – einer ächten Cosmopoliten Loge« momentan wichtiger und sinnvoller als die Erneuerung einer längst überlebten Institution? Oder hob er, wie ansatzweise schon in »Glauben und Liebe«, die zukünftig-bessere Welt hoch über das Jetzige hinaus als Apotheose ins Transzendent-Religiöse: »Absolute Abstraction – Annihilation des Jetzigen – Apotheose der Zukunft – dieser eigentlichen bessern Welt, dies ist der Kern des Xstenthums«, schrieb er Friedrich Schlegel – am gleichen 20. Januar 1799 wie der Oberschönaer Freund an ihn.

Im übrigen gab dieser schon am 28. April 1798 einem französischen Emigranten namens Bouc in Leipzig ein subtiles Porträt Hardenbergs: »Hardenberg ist bei mir – ein edler vortrefflicher Mann, den Sie genauer kennen lernen sollten, ganz dazu gemacht, um mit wenigen Funken ein alles verzehrendes Feuer zu verbreiten, um das scheue Auge vom verderblichen Abgrund weg in eine schöne Ferne zu locken weil es verdienstlicher ist, mit Bewußtsein zu fallen. Wie soll ich dem Himmel für einen Mann danken, der mich rettete, da alles außer mir mich verließ, da ich in mir nur noch die Schlacken eines verkohlten Geistes, Unmut und Unentschlossenheit fand, der mich mir selbst zurückgab, ohne meine Exaltation zu unterbrechen.« Hinter diesem Brief stand eine komplizierte Liebesaffäre des Schreibers mit einer Dame von Schönberg, wobei er in Weimar Ränkespielen dortiger Kavaliere zum Opfer fiel, seine Duellforderung abgewiesen wurde und er in Gemütskrankheit fiel, aus der ihn Novalis befreite.

Eine Liebesbeziehung, von der leider der gesamte Briefwechsel des Paares verloren ist, krönt Friedrich von Hardenbergs Freiberger Aufenthalt. Schon zu Jahresbeginn 1798, nach anfänglichen Klagen über Einsamkeit am Studien-Ort, findet er durch Freund Thielmann Zugang in Haus und Familie von Professor und Bergrat Johann Friedrich Wilhelm Toussaint von Charpentier, dessen normannischer Adel 1784 durch Kaiser Josef II. erneuert worden ist. Thielmann, bürgerlich, ist mit der Tochter Wilhelmine von Charpentier verheiratet – in dem offenen, gastfreundlichen, von Standesdünkel freien Haus Burgstraße 11 wird der Student Hardenberg freundlich aufgenommen; schon am 22. Januar widmet er Madame von Charpentier das Gedicht »Der Fremdling«. Sie bleibt in den Dokumenten übrigens eigentümlich konturlos; auch die älteste Tochter Ernestine, Gattin des Oberhofpredigers Reinhard, erscheint nur undeutlich. Ins Zentrum von Hardenbergs Interesse rückt Julie, die jüngste Tochter des hospitablen Ehepaares. Novalis schildert im Briefentwurf vom Januar 1800 an Oppel seine Verfassung beim Eintritt ins Haus Charpentier: »Ich hatte noch oft Anwandlungen von tiefer Trauer und Ängstlichkeit, die mir jede herzliche Theilnahme, jede milde, stille Geselligkeit unendlich wünschenswerth machten. Ich glaubte nicht lange mehr zu leben und schloß mich daher an freundliche Menschen mit doppelter Innigkeit an.«

In dieser Innigkeit erscheint ihm Julie. Geboren am 16. März 1776, ist sie, anders als Sophie, eine erwachsene Frau. Sidonie von Hardenberg, die älteste nach ihm geborene Schwester Friedrichs, Jahrgang 1779, die besonders innig am großen Bruder hängt, charakterisiert sie als »das sanfteste, liebevollste weibliche Wesen, das ich noch je sah« (9. Mai 1799); einen Monat später schildert sie die künftige Schwägerin in deren beseligendem, inspirierendem Wirken auf Fritz: »Ich ahnde viel von dem Glücke, das Julchens liebevolle, schöne Natur meinem Bruder geben wird; es nannte sie mir neulich jemand von Fritzens Freunden seine Harmonika; daß man sie nicht besser charakterisieren könnte; durch die Sympathie mit seinen schönsten Empfindungen, durch dies Mitgefühl an allem, was ihn interessiert, gibt sie seinem ganzen Wesen eine höhere Belebung und Wärme, und von dem weicheren, zärteren Widerklange ihres Herzens empfängt er selbst das Heiligste, seines Gemüts und himmlischer zurück.« Ganz ähnlich steht Julies Persönlichkeit 1805 in Justs Novalis-Biographie: »Julie von Charpentier, Tochter des Berghauptmanns, war es, deren gebildeter Verstand und sanftes edles Herz, von Schönheit und Grazie begleitet, erst seine Hochachtung, dann seine Liebe verdiente und gewann.« Eine nicht mit Namen bekannte Freundin von Rahel Just urteilt, Julie sei eine feine Blondine, der die Oberhofpredigerin, also Ernestine, nur auf den ersten Blick den Vorzug streitig mache, wenn Julie aber spreche, sei so viel Leben und Grazie in ihrem Gesicht und im ganzen Wesen, daß sie die Schwester übertreffe. Noch 1840 bekräftigt Henrik Steffens, der Gast im Hause Charpentier und ein glühender Verehrer von Novalis war, das helle Bild von Julie: »Die jüngste Tochter, Julie, schön, weich, mit einen wehmütigen Ausdruck, zog mich vorzüglich an, denn sie war die Braut Hardenbergs«, den Steffens in seinen Memoiren glanzvoll und hingerissen porträtierte.

Julies Neckname Harmonika, abgeleitet von einer Glasharmonika, dem Musikinstrument, das sie vorzüglich spielte, kam bei den Romantikerfreunden auf; ob er wirklich von Caroline Schlegel metaphorisch geprägt wurde, ist nicht sicher – die den Namen verwendeten, ohne Spott, eher heiter-zärtlich, fühlten wohl den Hintersinn von Harmonie, die Julie auf Novalis ausstrahlte und die er seinerseits, tröstend und tragend, erwiderte, wenn er ihr wegen eines heftigen Gesichtsschmerzes beistand, der sie nach einer anstrengenden Pflege des erkrankten Vaters befiel, monatelang anhielt und erst zu Weihnachten 1798 plötzlich von selber verschwand.

Im starken Gegensatz zur Viertelstunden-Entscheidung vom 17. November 1794 flammte Hardenbergs neue Liebe nicht spontan und blitzartig auf; seine ersten Eindrücke von Julie waren sogar zwiespältig und gar nicht schmeichelhaft: »Julchen ist ein schleichendes Gift«, teilte er Caroline Just mit, »man findet sie, eh man sich versieht, überall in sich und es ist um so gefährlicher, je angenehmer es uns däucht. Als ein junger Wagehals würde ich einmal eine solche Vergiftung probiren – So aber, abgestumpft, wie ich bin, reizt es meine alten Nerven nur so eben zu leichten, frölichen Vibrationen, und erwärmt stundenlang mein starres Blut ... ich bin nicht mehr, der ich vor war – ich tauge nicht mehr in die Welt.« Er irrte sich und ließ das sogar im gleichen Brief durchblicken, indem er einen Abend mit Julie und ihrer unverheirateten Schwester Caroline schilderte, »wie ich beyden Abends in einer großen Stube, wo wir ganz allein waren, einige Ideen über Zukunft, Natur und Menschenleben vortrug, und von Ihrer wahrhaften Aufmercksamkeit und thätigen Theilnahme begeistert, wie ein Eleusinischer Priester, vor Ihnen saß.« Hardenberg begriff, als er aus Teplitz zurückkam, angesichts ihrer Schmerzen, was er inzwischen empfand und zu tun hatte. »Jetzt fiel mir der Gedanke ihr mein Leben zu widmen lebhaft ein. Ich sah«, berichtete er Oppel rückblickend Ende Januar 1800, »daß ohne eine liebende Gehilfin das Leben und jede Theilnahme an weltlichen Angelegenheiten nur eine drückende Last seyn und bleiben würde – Juliens ganze Lage stellte sich mir lebhaft vor Augen – ich wußte daß ich nie eine treuere, zuverlässigere und zärtlichere Gattin finden könnte ... Sie kennen Julien Charpentier und es wird Sie gewiß nicht wundern, daß das sanfte, bescheidne Wesen dieses liebenswürdigen Mädchens mich bald vorzüglich in meiner Stimmung anziehn und mir Zutraun zu ihr einflößen mußte.« Philosophische Erkenntnisse vertieften seine Einsichten und Wünsche: »Die Liebe ist der Endzweck der Weltgeschichte – das Unum des Universums«, notierte er im September 1798.

Scheinbar folgerichtig verlobten sich Julie und Friedrich, zunächst noch ohne Wissen beider Eltern, Weihnachten 1798 in Freiberg. Caroline Schlegel reagierte am 20. Februar 1799 hocherfreut auf seine Nachricht und deutete den Entschluß auch als innere Abkehr von der Bindung an Sophie. Friedrich Schlegel hatte seinem Bruder schon am 5. Februar versichert: »Hardenbergs Schicksal ist nun wohl so gut wie entschieden. Er fühlt sich geliebt, und wird also wohl thun, was man bey diesem Gefühl thut. Seyd aber ja behutsam diese Sayte zu berühren, und erwartet, was er sagt. – Ich freue mich unbeschreiblich darüber.«

Tatsächlich hat Hardenberg dem Freund gegenüber bereits am 20. Januar 1799 bekräftigt: Die Erde scheine ihn »noch viele Zeiten hindurch festhalten zu wollen«, das neue Verhältnis sei inniger und fesselnder geworden: »Ich sehe mich auf eine Art geliebt, wie ich noch nicht geliebt worden bin« – eine Aussage, die auf eine vollkommene, auch physische Liebesvereinigung hindeutet; es hänge jedenfalls das Schicksal eines sehr liebenswerten Mädchens an seinem »Entschlusse«, auch bedürften Freunde, Eltern, Geschwister seiner mehr denn je: »Ein sehr interessantes Leben scheint auf mich zu warten«, schreibt er – da kündigt das Signal-Verb »scheinen« schon den folgenden schroffen, erschreckenden Bruch an: »indeß aufrichtig wär ich doch lieber todt.« Der Leser erkennt sofort, daß auch das kurz vorher scheinbar positiv gemeinte Nomen »Entschluß« als doppelsinniger Rückverweis auf den scheinbar versunkenen Wunsch zum Nachsterben wirkt – der Todeswunsch fährt blitzartig, wie aus den unbewußten Tiefen des Nacherlebten, Versunkenen, Verschwiegenen, Geheimnisvollen aufgestiegen, in den Text. Das letzte Wort ist es aber nicht:

Der Brief geht ja noch weiter, spricht zwar auch zweimal – wenig konkret – von Krankheit und einmal von Angst, obendrein über Entfernung von der Feder durch »Geschäfte, Reisen ..., technische Studien aller Art in den lezten Monaten meines Hierseyns« – zugleich aber ist die Rede von Freude und Liebe, von Gespanntsein auf Schlegels Roman »Lucinde« und von dessen künftigem Lebensplan, auch wird über die Verhältnisse von Raum und Zeit als »Angeln der Welt« philosophiert, ebenso – wir zitierten das schon – über Apotheose der Zukunft und Geheiße des Christentums.

Und selbst wenn man meint, es liege ein Schatten von Vorläufigkeit über allem Persönlich-Privaten dieser Lebensphase Hardenbergs: In seinen Planungen und Handlungen steuert er, ungeachtet seines Ausbruchs, das Ziel der Gemeinsamkeit mit Julie scheinbar unbeirrt an: die Ehe. Freilich gibt es auf dem Weg dorthin noch Hindernisse. Zwar haben seine Mutter und Sidonie die Braut im April 1799 in Leipzig kennen und schätzen gelernt; unklar bleibt jedoch, wie der Vater auf diese Verbindung reagieren wird, zumal wenn er erfährt, daß die Eltern Charpentier der Tochter keine ansehnliche Mitgift geben können. Auch ist die als materielle Basis des Ehelebens angestrebte feste Anstellung des Bräutigams zum Zeitpunkt der Rückkehr nach Weißenfels noch nicht gesichert. Und schließlich muß Novalis von Julies Eltern als anerkannter und willkommener Gatte der jüngsten Tochter aufgenommen werden.

Elftes Kapitel

Feste Anstellung bei der Saline – Technik und Ökonomie – Ökologie und Soziales – Der »Erdkohlenbericht« – Die nichtfiktionale Poesie der Berufsschriften

Am 12. Mai 1799, Pfingstsonntag, kehrt Friedrich von Hardenberg aus Freiberg nach Weißenfels zurück. Um den 15. Mai nimmt er seine Tätigkeit als Salinenakzessist wieder auf. Kurz darauf beginnt eine mehrere Wochen dauernde kommissarische Inspektion der drei kursächsischen Salinen durch den Geheimen Finanzrat Julius Wilhelm von Oppel, was den Berufsanfänger ins kalte Wasser wirft: Novalis wird sofort zum Protokollführer und Berichterstatter der Untersuchung berufen, deren Hauptziele die Analyse, Erhöhung und Verbilligung der Salzproduktion und die stärkere Verwendung von Braunkohle (»Erdkohle«) zur Befeuerung der Salinen sind. Der hochqualifizierte Absolvent der Bergakademie bewältigt die Aufgabe glänzend und gewinnt sehr schnell Respekt, Anerkennung und Vertrauen des Kommissars. Die Liste der überlieferten Salinenschriften verzeichnet chronologisch elf Protokolle und Berichte für die Zeit der Revision: 21. Mai (zwei Niederschriften) und 2. Juni für Dürrenberg, 7. und zweimal 9. Juni aus Artern, 12. Juni zu Kösen, 12., 13., 14. und 15. Juni nochmals für Dürrenberg; das letzte Datum markiert Oppels abschließende Sitzung mit dem Salinendirektorium. Im größeren Rahmen und Umkreis der Inspektion schreibt der Protokollant weitere 13 Statistiken, Aufsatzentwürfe und Materialien zu Berichten; diese und spätere in Frage kommende amtliche Äußerungen Hardenbergs bis hinauf zu Schreiben an den Kurfürsten zeigen, daß er die auch seinerzeit unerläßliche verschrobene Kanzleisprache beherrscht.

Nach dem Abschluß der Inspektion bedankt sich Hardenberg bei Oppel für dessen freundschaftliches Verhalten ihm gegenüber und die Entlastung des Vaters bei der Überprüfung; gleichzeitig spricht er die

Hoffnung aus, daß der Vorgesetzte sein Bemühen um eine feste, finanziell akzeptable Anstellung fördern werde. Am 5. Juli richtet der Salinendirektor einen Antrag auf eben diese Position an den Fürsten. Unter höflichen Hinweisen auf Friedrichs erfolgreiches Studium und die erworbene Salinen-Praxis schreibt er:

> In sofern ich mir nun mit der Hoffnung schmeicheln darf, daß er auch in Freyberg seine Zeit nicht vergeblich verwendet, so kann ich den Wunsch nicht bergen, meinen Sohn durch feste Anstellung bey praktischen Arbeiten Gelegenheit zu schaffen sich zu einem nützlichen Diener bey Höchst Dero Salzwerken zu bilden. Ich unterstehe mich daher Ew. Churfürstl. Durchl. um eine solche zweckmäßige Anstellung meines Sohnes bey den Churfürstlichen Salinen unterthänigst zu bitten, wobey ich zugleich bey dießen mit beständigen Reisen verknüpften Geschäften um gnädigste Bewilligung einer verhältnißmäßigen Besoldung so wie eine Huldreiche Beylegung eines schicklichen Praedicats submißest nachsuche.
>
> Ich beharre in tiefster Ehrfurcht
> Ew. Chur Fürstl. Durchlaucht
>
> unterthänigster treugehorsamster
> Heinrich Ulrich Erasmus von Hardenberg.

Der Antrag des Vaters wird durch Oppels exzellente Beurteilung unterstützt: »Anlangend das einzuführende Haushalts-Protocoll«, stellt er am 29. Juli in seinem Bericht über die Inspektion fest, »so ist zu dessen Führung unter allen dermaligen Offizianten keiner so zu gebrauchen, möchte auch nicht leicht ein geschickteres und so vorbereitetes Subject zu finden sein, als der schon ad Acta und zum Protocollieren verpflichtete von Hardenberg.«

Dem Lob folgt sogleich eine klare Zukunftsperspektive: »Dieser aber könnte überdem zu mehreren, sehr nützlichen und fast unentbehrlichen Verrichtungen angestellt werden. Ihm dürfte nämlich die Bearbeitung der auf das Haushaltsprotokoll sich beziehenden Berichte und sonstige Schriften, nicht minder die Fortstellung der Gebirgsuntersuchungen auf Erdkohlen und die specielle Oberaufsicht über die den Salinen eigentümlich zustehenden Erdkohlenwerke, vielleicht auch, wie ich jetzt noch hinzuzusetzen wage, über die bei Dürrenberg anzulegende chemische Fabrik und Arbeits-Stätte nebst dem Vortrage der zu allen diesen Gegenständen gehörigen Sachen bei den Konferenzen der Lokal Direktion mit Nutzen zu übertragen, überdem aber, da er bei seinem neuerlichen Aufenthalte zu Freyberg dem geognostischen Studio vorzüglich oblegen hat, die Mitbereisung des Landes in geognostischer Hinsicht nach Anweisung des Oberbergamts zu Freyberg unter Adhibierung dortiger Stipendiaten in dem seit vorigen Jahre mit Vortheil versuchten Maaße unmaßgeblich aufzugeben sein.«

Sodann stellt der Finanzrat dem derart Empfohlenen ein brillantes Zeugnis aus: »Zu diesen Beschäftigungen halte ich ihn für vollkommen geschickt, da ich das große Maaß seiner theoretischen Kentnisse in den Hülfswissenschaften, den guten Anfang, welchen er im Praktischen gemacht, seine vortrefflichen Anlagen und seinen unermüdeten Fleiß hiermit bezeugen kann.«

Folgerichtig befürwortet Oppel die feste Anstellung, einschließlich Gehalt und Titel. Die vom Finanzrat anvisierte Rolle des Werner-Schülers als Braunkohleexperte in der Salinenverwaltung läßt sich rasch realisieren, auch im Hinblick auf Entdeckung und Erschließung neuer Fundstätten; die Bekanntschaft und Freundschaft mit dem nur sieben Jahre Älteren, der, ebenfalls Schüler von Werner, fortschrittlichen Ideen aufgeschlossen ist und als angesehener hoher Beamter zeitweilig engen Kontakt zum späteren preußischen Reformer von Stein pflegte, ist für Novalis ein Glücksfall; er vertraut ihm auch seine Liebe zu Julie und seine literarische Tätigkeit an.

Am 5. Oktober 1799 greift das Geheime Finanzcollegium – zehn adlige Mitglieder und Unterzeichner – Oppels Vorschlag auf und schlägt dem Kurfürsten vor, »daß der dermalige Accessist, George Philipp Friedrich von Hardenberg als Assessor bey der Local Salinen Direction zu den vorangegebenen Dienstleistungen mit einem jährlichen Gehalt, wozu 4–500 Reichsthaler aus der Salinen Kasse sonder Maßgabe angestellt werden dürfe.« Unter dem 7. Dezember genehmigt Friedrich August III. Amt und Titel mit einem Jahresgehalt von 400 Reichstalern. Damit gehörte Hardenberg dem Salinendirektorium an, und der »Churfürstliche Sächsische Hof- und Staatskalender auf das Jahr 1800« verzeichnet nun neben H. U. E. von Hardenberg als Salinen-

Direktor, F. W. Heun als Salinen-Kondirektor und E. F. Senff als Salinen-Inspektor auch G. P. F. von Hardenberg als Salinen-Assessor und damit viertes Mitglied der »Local-Direction bei den Churfürstl. Salzwerken«, laut Präambel der späteren Instruktion »jedoch dergestalt, daß er sich in Anwesenheit seines Vaters, des Salinen Directoris, des Votirens enthalte«. Die Bürokratie hat seit dem Antrag des Salinendirektors fünf Monate bis zur Anstellung gebraucht; die »vorangegebenen Dienstleistungen« hat Novalis die ganze Zeit über schon erbracht; das Jahresgehalt ist, auch im Hinblick auf die künftige Ehe, eher niedrig.

Ebenfalls Anfang Dezember erhält Oppel von Hardenberg einen wunderbar geschriebenen, aber in bezug auf die Ergebnisse noch vorläufigen Einarbeitungsbericht zum Braunkohlewesen, meldet dabei, daß er, wohl Mitte November, »das Wettiner Steinkohlenwerk befahren« habe, und stellt eine Gruppe anderer möglicher Kohlengruben zusammen. Am 11. Januar 1800 leistet er in Anwesenheit Heuns und des kurfürstlichen Amtmanns Jahns den Amtseid; dem folgt am Monatsende der in einem weiteren Brief an den Finanzrat erwähnte »ehrenvolle, geognostische Auftrag« des Kurfürsten zur Teilnahme an den von Werner vorbereiteten geologischen Landesexpeditionen; Ende Januar bedankt sich Novalis bei mehreren Herren für deren Mitwirkung an seiner Ernennung. Am 24. März meldet er Professor Werner, den er mit »verehrungswürdigster Lehrer und Freund« anspricht, daß sein »Aufsatz über unsere Erdkohlenlager« in Kürze an den Meister abgehen werde – die Handschrift ist verloren, der Text war jedenfalls nicht identisch mit dem berühmten »Erdkohlenbericht« vom 28. April. Im gleichen Schreiben wirft Novalis kurz, folgenlos und vielleicht nicht recht ernst gemeint, die Frage auf, ob er mit einer Stellung an der Bergakademie »in Ihrer Gesellschaft ein weit anziehenderes Leben führen würde«; von einer Entgegnung Werners ist nichts bekannt.

Am 10. April 1800 bewirbt sich Hardenberg beim Monarchen um die freigewordene Stelle als Amtshauptmann des Thüringischen Kreises im Kurfürstentum Sachsen mit den Ämtern Weißenfels, Heldrungen und Sachsenburg. Er begründet seine Eignung für das zusätzliche Arbeitsfeld, worin er eine Art regionaler Statthalter für das politische, soziale und wirtschaftliche Leben wäre. Zweifellos steht hinter der etwas überraschenden Bewerbung auch die Hoffnung auf gesteigerte Einkünfte.

Am 19. April schlägt das Oberbergamt Freiberg vor, Hardenberg die technisch-organisatorische Leitung »auf dem den Salinen zustehenden Erdkohlenwerk« zu übertragen – gemeint ist das von einem Schichtmeister Erler entdeckte Kohlelager Kolditz, südlich von Grimma, das Werner für abbauwürdig erklärt hat. Am 26. April kündigt das Oberbergamt dem Salinenassessor eine noch zu erwartende Anweisung Werners für die am 1. Juni beginnende geognostische Landesuntersuchung an und weist ihm den vier Jahre jüngeren Bergstipendiaten Friedrich Traugott Michael Haupt als Assistenten zu. Am 28. April schickt Novalis seinerseits Werner den schon erwähnten Erdkohlebericht über die »bituminösen Holzerdenlager der hiesigen Gegend« aus Weißenfels zu – darauf wird noch einzugehen sein.

Auf Bitten von Just besucht Novalis mit diesem am 1. Mai das Amalgamwerk eines Hauptmanns von Witzleben in Hohenebra und schreibt am 4. Mai einen Bericht darüber, worin er dafür plädiert, dem wirtschaftlich-technisch gescheiterten Fabrikherrn eine Alters-Gratifikation zukommen zu lassen. Am 23. Mai schickt der verehrte Lehrer aus Freiberg dem Assessor die angekündigte Instruktion: »Einiche Anhaltungs-Punkte zu der von dem Herrn Assessor von Hardenberg übernommenen und unter Assistenz des Bergakademist Haupts zu machende geognostische Untersuchung der Gegend von Zeitz, Pegau, und Zwenka, bis Leipzich.« Es ist der siebte von neun Bezirken, in die Werner das Land eingeteilt hat.

Die Expedition Hardenbergs und Haupts findet, beginnend in Zeitz, vom 1. bis 15. Juni statt. Am 10. Juni schreibt der »Chef« einen Vorbericht an Werner; die geognostischen Erträge halten sich in Grenzen, die Stimmung der beiden Bodenforscher ist aber gut: »In 8–10 Tagen können wir schon in Leipzig seyn. Das Journal wird Haupt mitbringen. Den eigentlichen Bericht werde ich dann sofort besorgen. Freylich hätten wir gewünscht glücklicher zu sein. Sonst sind wir gesund und munter.« Die Expedition ist Hardenbergs letztes berufliches Unternehmen vor Ausbruch der tödlichen Krankheit; den Bericht wird er nicht mehr schreiben.

Am 21. Juni 1800 bittet Friedrich August III. das Geheime Finanzkollegium um ein Gutachten zu Hardenbergs Bewerbung als Amtshauptmann. Am 28. Juni empfiehlt das Gremium, Hardenberg zu ernennen. Am 19. Juli erklärt der Kurfürst, er sei gesonnen, Novalis zu berufen, »wenn derselbe seine Geschicklichkeit durch eigene Ausarbeitung einer Probeschrift dargelegt haben« werde, wozu ihm das Kollegium Akten und Aufgabe vorlegen müsse. Am 14. Juli hat die Bürokratie endlich Hardenbergs Instruktion für die Salinen-Arbeit übermittelt. Er selbst bittet den Kurfürsten am 4. August, er möge die Übersendung der Akten für die Probeschrift veranlassen, und entwirft Dankschreiben an fünf Herren des Finanzkollegiums für ihre Hilfe; alle sechs Schriftstücke sind – man kann es nicht anders sagen – Muster devotesten Kanzleistils. Am 28. September schickt der Kranke die fertige Probeschrift dem Kurfürsten zu: »Höchstdero weisester Dijudication in aller Unterthänigkeit.« Mit kräftigem Lob für diese Arbeit empfiehlt das Kollegium am 5. November dem Herrscher nun endgültig die Ernennung. Am 6. Dezember 1800 wird Hardenberg, schon schwer krank, »zum Supernumerar-Amtshauptmann im Thüringischen Creise« ernannt, und zwar »in der Voraussetzung, daß er die eigne Verfertigung der ... Probeschrift, eidlich versichern und wegen seiner Ansässigkeit im Thüringischen Creise eine befriedigende Erklärung beybringen werde.« Am 20. Dezember bestätigt er den Empfang dieser Nachricht aus Dresden; die vorgezeichnete neue Laufbahn kann er nicht mehr einschlagen.

Über die anderthalb Jahre Tätigkeit des Salinenassessors Friedrich von Hardenberg informieren die »heimgekehrten« sogenannten Salinenschriften, ein Konvolut von über 70 handschriftlichen Einzeldokumenten, Überlieferungen von hoher Vielfältigkeit, die Gabriele Rommel und Gerhard Schulz mit ihrer Arbeitsgruppe vorbildlich ediert und in etliche reichhaltige Lebenszeugnisse, vor allem Briefe, eingebettet haben. Schulz gelingt es vortrefflich, ihre kulturellen, wissenschaftlichen, technischen, politischen, soziologischen, sprachgeschichtlichen Hintergründe zu veranschaulichen, die Hardenberg so erhellend wie – scheinbar – selbstverständlich aufbaute.

Novalis hat auch die Geschichte seiner Arbeitsstätten im Blick: Im »Hauptbericht aufs Jahr 1799« zum Haushalt der drei Salinen, einer der längsten Salinenschriften überhaupt, spricht er den Fürsten mehrmals direkt an und resümiert dabei: »Die sächsischen Salinen wurden erst im Laufe dieses Jahrhunderts angelegt und mannichfaltige Schwierigkeiten verhinderten ihre Ausbildung. Erst nach dem Siebenjährigen Kriege, unter Ew. glorreichen Regierung ward Ihre Erweiterung und Verbesserung mit Ernst angegriffen, und durch die neue Salzeinrichtung ein fester und ausgebreiteter Absatz mit ihnen consolidirt«, schreibt der Berichterstatter mit deutlicher Anspielung auf das Retablissement und die Gründung der »Local Direction bey den chursächsischen Salzwerken« in seinem Geburtsjahr 1772.

Die Ursachen für den gravierenden Salzmangel auf der Dürrenberger Saline im Winter 1798/99, der auch zu sinkenden Vorräten in Artern und Kösen und letztlich zur Entsendung der Kommission geführt hatte, fanden sich augenscheinlich während Hardenbergs gesamter Dienstzeit bis Ende 1800 nicht. Technische Mängel spielten mit Sicherheit eine Rolle, wie der Salinenassessor dem Finanzrat zum Beispiel Ende Januar 1800 mitteilte: »Zu viel Pumpen und zu enge Pumpen haben die Wircksamkeit der Maschine gehemmt«, wobei die Dürrenberger Kunstgezeuge gemeint sind. Immerhin erhob der Inspekteur keine ernsthaften Vorwürfe gegen das Direktorium, dem allerdings auferlegt wurde, Möglichkeiten organisatorischer Neuerungen zu prüfen. Mit der Herausbildung, Einübung und Etablierung von Regularien hatten im Gefolge der Inspektion und in der Weißenfelser Zeit bis Ende 1800 wichtige Aufgaben Hardenbergs zu tun: Die erst noch »durchzusetzende regelmäßige Haushaltsführung« im Direktorium, die ebenso strikte Protokollführung, die Verpflichtung zu ständigem Vortrag »über die ihm anvertrauten Geschäfte« – mit einem Kopisten für die reine Schreibarbeit, für Tabellarien und Abschriften; dazu die Teilnahme an den regelmäßigen, zweimal wöchentlich stattfindenden Direktionsberatungen. Von herausragender Bedeutung sind Hardenbergs appellative Äußerungen zu den sozialen Problemen der Salinenarbeiter, insbesondere seine Würdigung der Härte ihrer Tätigkeiten:

> Daß aber ihre Größe und Zulänglichkeit nicht nach andern Löhnen oder Arbeiten richtig beurtheilt werden kann – indem nothwendig

genaue Kenntniß der Salinenarbeiten dazu gehört um diese Löhne nicht überhaupt übertrieben und unverhältnißmäßig zu finden. Alle Classen der Arbeiter – besonders aber die Sieder und Scheit und Kohlenführer haben eine beschwerliche, ununterbrochene und mit manchen Unannehmlichkeiten verbundene Arbeit, die mit keiner andern in Vergleichung kommen kann. Bei den Siedern geht sie Tag und Nacht fort. Selbst die 6 Ruhestunden des Purschen werden 2mal unterbrochen, – indem er alle 2 Stunden auf und Salzstücke mit auf die Trockenkammern transportieren helfen muß. Oft wird 4–6 Wochen hintereinander nicht einmal über Sonntags geruht. Dabei muß der Salzsieder wegen der beständigen Ausdünstung, in welcher er bleibt, besser essen und mehr trinken, als andre Arbeiter. Seine Familie ist von ihm getrennt und auch dies vermehrt seine Unkosten, und die theurung der Lebensmittel und besonders der Quartiere in den umliegenden Dörfern, die oft mit 12–16 Groschen bezahlt werden müssen macht seinen Lohn noch spärlicher.

Hardenberg rechnet die erforderlichen Lohnerhöhungen mit allergrößter Genauigkeit vor und registriert im Abschluß-Protokoll, daß der »Herr Commissarius« versprach, »diese wolthätigen billigen und indirecte gewiß zum Besten der Cocturen gereichenden unterthänigsten Anträge möglichst zu empfehlen und zu unterstützen.«

Eine wichtige Rolle spielt der Hardenberg auferlegte »Hauptbericht aufs Jahr 1799, über den Haushalt der 3 Chursächsischen Salinen, Artern, Kösen und Dürrenberg.« Der Rückblick wird direkt an die kurfürstliche Durchlaucht gerichtet und »in drey Abschnitte getheilt, von denen der Erste eine Übersicht des Salzhaushalts, der Andre Bemerkungen über die anderen Zweige des Haushalts und einige besondere Gegenstände, und der Dritte die nöthigen Erläuterungen der Tabelle enthält.« Der ganze Report steht im Zeichen des Salzmangels in Dürrenberg, wofür Witterungseinflüsse als stark verursachend erscheinen, und der als sehr produktiv, erleichternd und ermutigend verstandenen und gedeuteten Inspektion durch Oppel. Über den Hauptbericht hinaus, doch in deutlichem Bezug zu ihm beschreibt der Salinenassessor die beiden zentralen, untrennbar zusammenwirkenden Prozesse der Salzgewinnung:

> Die Gradirung ist diejenige Salinenarbeit, wo durch Bewegung, Wärme und sonstige Beschaffenheit der Atmosphaere, der Soole eine beträchtliche Menge Wasser entzogen, und mithin eine Abscheidung des, wegen seiner geringen Auflösbarkeit, in der übrig bleibenden Menge Soole nicht mehr beständigen Gypses bewirkt wird ... Die Siedung ist die eigentliche Hauptarbeit eines Salzwercks. Es wird hier durch das Feuer die Scheidung des Kochsalzes vom Wasser und den meisten anders fremdartigen einer Salzsoole beigemischten Bestandtheile völlig bewürckt.

Witterungseinflüsse betreffen vor allem die im Freien verlaufende Gradierung, und obwohl Bergrat Senff im Vorjahr »monatliche Vergleichungstabellen über die Witterung auf allen 3 Kocturen« anzulegen begonnen hat, beurteilt Novalis die Chancen zur Eindämmung ungünstiger Wettereinflüsse auf die Produktion recht skeptisch:

> Das Klima unserer Gegenden ist bekanntlich äußerst unregelmäßig. Noch hat man keine Witterungsgesetze weder durch Erfahrung noch durch Schlüsse finden können. Überdem hat man erst in den ganz neuesten Zeiten angefangen die Atmosphäre genauer zu studiren ... Diese Veränderlichkeit der hiesigen Witterung wird nie aufhören den Natural und Geld Ertrag eines Salzwercks, wo Gradierhäuser nöthig sind, unaufhörlich zu variiren, und keine Sorgfalt, kein Diensteifer, keine Kenntnisse und Talente werden die Eigenheit einer Salzfabrication aufzuheben vermögend seyn.

Weitere in die Weißenfelser Epoche gehörige Salinen-Themen Hardenbergs sind Probleme und denkbare Neuerungen der Kunstgezeuge, die in der Kösener Coctur oft Kunstgestänge heißen, Fragen des Debits, also der Verkäufe des gewonnenen Salzes, die jahrelange Groteske eines Streits mit dem Kösener Müller Fridrich wegen dessen vertragswidriger »Weigerung sein Mahlgerinne bey jetzigen niedrigen Wasserstande zum Behuf des nöthigen Umtriebs der Kunstgezeuge zum Theil oder nach Befinden ganz zuzusetzen«, und schließlich die etwas undurchsichtigen Mangelprobleme der Dürrenberger Produktion von Düngesalz, die wohl unter »höchstem« Befehl Druck auslösten – das streift ein insgesamt nur am Rande erwähntes, aber gewichtiges Faktum: Daß der Kurfürst, wie schon sein Großvater August der Starke, von den Salinen finanzielle Gewinn-Abschöpfung einfordert – Hardenberg nennt das an einer Stelle ohne Kritik »die Wichtigkeit dieser Fabriken für die herrschaftliche Kasse.«

Aus eigenem Antrieb bildet sich Hardenberg ständig durch das Studium der neuesten wissenschaftlichen Publikationen weiter. So besitzt und studiert er das Standardwerk »Anleitung zur Technologie« des Göttinger Ökonomie-Professors Johann Beckmann, der die Technologie in den Rang einer Wissenschaft erhob; so befaßt er sich mit aktuellen Publikationen über Salinistik. Obendrein kommt es durch ständigen Kontakt mit Werner und Lampadius zur produktiven Vereinigung von salinistischem und bergmännischem Wissen.

Nur auf dem Hintergrund dieses umfassenden Wissens und seiner überzeugenden Bewährung in der vielfältigen Praxis wird Hardenbergs erstaunlich steile Karriere verständlich. Dazu trug auch sein Ehrgeiz bei, in allen Feuerungsprozessen der drei Salinen Holz beschleunigt und dauerhaft durch Kohle zu ersetzen. »Seit anno 1790«, schrieb er mahnend im Juni-Protokoll 1799 aus Kösen, »ist auf hiesiger Saline die Erdkohlenfeurung im Großen betrieben und zur Verminderung der Feuerholzbedürfnisse angewandt worden.« Hardenbergs Formulierung läßt erkennen, daß der Prozeß der Veränderung noch nicht abgeschlossen war, als die Inspektion lief. Ohnehin verlangte die ökonomisch-technologische Neuerung ständiges Aufspüren, Einschätzen und Erwerben weiterer Kohlenlager.

Hardenbergs häufige Reisen im sächsischen Salinen-Gebiet galten jedenfalls oft dieser Hauptaufgabe. Er besichtigte neuentdeckte Kohlenlager, er erwog, empfahl und vollzog die Acquisition.

Der Salineningenieur schreibt im Sommer 1800 selbst den Entwurf eines Regulativs zur Erdkohlenwerksverfassung; er stellt präzise »die Unkosten der Salzfabrication auf jedes Stück in Betracht des Feuerwercks« fest; er studiert und beschreibt die »zweyerley Arten« des Kohlenabbaus: »durch Abraum, auf eine ähnliche Weise, wie man in Steinbrüchen zu verfahren pflegt – und bergmännisch – durch Absinkung von Schächten, Stolln und Streckenbetrieb und Anlegung von unterirdischen Brüchen. Die letztere Arbeit ist fraglich die Schwierigere und Kostbarere« (die teurere). Hardenberg beklagt, daß der Transport »zeither die größeste Beschwernis« sei, für die man eigene Wege anlegen müsse, wobei er »auf die nahe Aussicht der Frankfurter Chaussee« hofft, ein vom Kurfürsten angestoßenes und schon begonnenes Fernstraßenprojekt.

Er stellt auch das vor, was man später Brikett nennen wird: »Nur eine geringe Quantität der gewonnenen Kohle kann als grobe Kohle, in derben Stücken verbrannt werden. Der bey weiten größeste theil hingegen muß in Ziegel gestrichen werden.«

Novalis ist ein Befürworter der Erdkohleförderung und -feuerung, aber er verschweigt bestehende Probleme nicht. Sie zeigen sich schon in der Sprache, mit Schwankungen in der Terminologie. Neben dem dominanten Namen »Erdkohle« gibt es Varianten – da erscheint im Regulativ-Entwurf schon einmal die Bezeichnung »Steinkohle« für »jede gegrabene, zum Brennen taugliche und Kohlen ähnliche Masse« – sowie Unfestigkeit der Fachausdrücke überhaupt. Da tauchen temporär Zweifel an der wirklichen Leistung der Erdkohlenfeuerung auf. Vorübergehend erscheint die neue Antriebskraft gegenüber der älteren, nie ganz abgeschriebenen Holzfeuerung schwächer, was scheinbar mit Zahlen zu belegen ist: »Es ist fast unmöglich zu glauben, daß durch Nachlässigkeit in der Streicherey oder plötzliche, ohne wahrnehmbare Ursache erfolgte Verschlechterung der Kohlen« deren Wirkung hinter der »Holzwirckung« zurückbleibe, grübelt Novalis inmitten umfangreicher Zählungen, Berechnungen und Bilanzierungen im September 1799 und schlägt vergleichende Tests mit verschiedenen Kohlesorten vor; wenig später konstatiert er: »indeß wurde durch die Einführung der ErdKohlenfeuerung und die Seltenheit des Holzes derselben eine neue Grenze gesezt, ein Zeitverlust herbeygezogen und dem Haushalte große Schwierigkeiten in den Weg gelegt.« Ein weiteres Defizit scheint eher organisatorisch-personeller Art zu sein: »Mangel an Menschen und Fuhrwerk störten dieses Geschäft, das so viel Menschenhände und so viel Transport erfordert.«

Novalis schneidet in bezug auf Besitz und Erwerb von Kohlen-Arealen auch ein heikles Thema an: Die Frage, wem die sozusagen fruchtbaren Grundstücke eigentlich gehören, die als privater, kirchlicher, kommunaler Landbesitz gehandelt werden. Endgültige Antworten scheint es darauf nicht zu geben; der Kurfürst und letzten Endes auch sein Protokollant sind aber der Ansicht, daß »Steinkohlen ad regalia« gehören, also von Alters her Eigentum des Landesherrn sind; der Salinenassessor zitiert dazu ältere, teilweise weit zurückliegende Dokumente, zum Beispiel einen Erlaß vom 12. Dezember 1705: »An den Rath von Haynichen«, dem Geburtsort des Dichters und Gelehrten Gellert: »Gestalt an dem, daß die Steinkohlen vermöge landüblicher Bergrechte und uralter Specialrescripte allerdings unter das hohe Landesfürstliche Bergregale gehörig, und selbige dahero, gleich andern Bergwerk überall zu suchen und zu bauen einem jeden freystehet, sogar daß dem Grundherrn, er sey hohen oder niedrigen Standes, solches zu verwehren und zu hindern, bey hoher Strafe, verboten ist.« Bezogen auf Sachsen Ende des 18. Jahrhunderts hieße das: Der Kurfürst ist kraft sehr alter Rechte oberster Landesherr, erlaubt aber anderen Eigentümern, adligen wie nichtadligen, freie Nutzung – man ist versucht zu sagen: Er fördert jenen Eigennutz, den Novalis in »Glauben und Liebe« verurteilt. Zumindest in krassen Formen wären diese Freiheiten einzuschränken, denn wenn auch, so liest man im Regulativ-Entwurf, »alle gegebene Vorschriften und concedirte Freyheiten lediglich zu schwunghafterer, und ungestörter Betreibung dieser nüzlichen Werke abzielen, so scheint doch nach der zeitherigen Erfahrung jene landesväterliche Berücksichtigung ... von einzelnen Individuen, zu habsüchtigen, verderblichen und jenem Zweck zu widerlaufenden Unternehmungen gemißbraucht und falsch ausgelegt worden ... zu seyn.«

Es verwundert jedenfalls nicht, daß staatlicherseits Gegenmaßnahmen beschlossen oder wenigstens erwogen werden: Ständige Kontrollen der errichteten oder noch zu errichtenden Kohlenwerke; Meldepflichten; besondere Genehmigungen, aber auch deren Entzug; halbjährliche Revisionen durch landesherrliche Oberaufsicht; Aufseher, die den Betreibern von »Privatkohlenwerken« auf die Finger sehen; die Anweisung, man habe sich »aller Turbationen der Kohlenwerke bey nahmhafter Strafe zu enthalten.« Hardenberg bekräftigt gegenüber Oppel die Berechtigung der vom Fürsten verfügten Maßnahmen und erklärt: »So wäre es doch äußerst wünschenswerth, daß der Landesherr bewandten Umständen nach, alle beträchtlichen Kohlenlager acquiriren möchte um die Naturschätze so vortheilhaft für das

Land zu benutzen, als möglich, da sie gemeiniglich in den Händen der Privatleute unverantwortlich bewirthschaftet werden, wie dies z. B. gleich bey dem höchst wichtigen Riestädter Werke der Fall ist, seitdem es sich in den Händen der Bauern befindet.«

Ein besonderer, das Groteske streifender Fall, aber in umgekehrter Richtung, betrifft das Mitglied der Salinendirektion Senff: ausgerechnet, könnte man meinen. Ein Text, der von Hardenberg geschrieben wurde, in dem aber Senff in der Ich-Person spricht, berichtet, daß der Vorkämpfer der Sonnensalzfabrikation fünf Einwohnern des Ortes Knapendorf bei Merseburg Kohlenfeldstücke abgekauft, den Brennstoff ausgegraben und abgefahren hat – was er mit der Erdkohle tun, wem und wann er sie verkaufen will, teilt er nicht mit. Unerwartet gerät er aber in Streit mit der Gemeinde, die eine Entschädigung von anfangs 300, später 150 Reichstalern verlangt, und als Senff die Zahlung verweigert, definitiv erklärt, »daß sie überhaupt die Kohlen dort nicht ausgraben lassen wolle, welches mir einen sehr empfindlichen Schaden bringen würde.«

Der zweite Teil des Dokuments, in der ersten Person Plural begonnen, wendet sich an den Kurfürsten: »Wir müssen allerdings gestehn«, setzt eine appellative Stellungnahme ein, »daß dieses Factum die höchste Aufmercksamkeit zu verdienen scheint und haben deshalb Ew. unsern unterthänigsten Bericht darüber zu erstatten für rathsam gehalten. Bey der anerkannten Unentbehrlichkeit der Kohlenwerke in hiesiger Gegend zur Vorbeugung des gefährlichen Mangels an Brennmaterial ist jede Behinderung ihrer Aufnahme und Betreibung von Bedeutung.« Im weiteren Kontext des Appells an die Durchlaucht erscheint der schon zitierte Satz von der absoluten Unentbehrlichkeit des Kohlenbergbaus; mit überraschender, fast bedrohlicher Schärfe warnt der Bittbrief sodann: »Sollte die Gemeynde Knapendorf mit ihren Beeinträchtigungen fortkommen, so werden bald bey allen Kohlenwerken ähnliche Ansprüche sich einfinden und diesen so höchstwichtigen Unternehmungen die größesten Schwierigkeiten entgegentreten.« Die Entschiedenheit der Warnung bezeugt aber auch die nicht durch Rückschläge und Störungen zu erschütternde Überzeugung des Salinenassessors von der Notwendigkeit und der Produktivität der Erdkohlen für die Salzgewinnung.

Ohne diese Gewißheit hätte Novalis das kompakte Erforschungs- und Deutungs-Dokument nicht verfassen können, das als »Erdkohlenbericht an Werner« in seine Biographie eingegangen ist. Der Brief ist mit »Weißenfels, den 28sten April 1800« datiert, die Einleitung bezeichnet ihn als »die anbefohlenen Notizen über die bituminösen Holzerdenlager der hiesigen Gegend« – eine Umschreibung, fachgerecht für den verehrten Lehrmeister, wenngleich etwas irreführend wegen der Verwendung des Wortbestandteils »Holz«.

Das Schreiben beginnt mit Hardenbergs Entscheidung, seine Resultate nicht mit unvermeidbarer Umständlichkeit dem Oberbergamt, sondern Werner »geschwinder« privatim mitzuteilen: »Die freye Briefform erlaubt das Nothwendige kürzer zusammen zu fassen.« Es folgt ein namenreiches Panorama der angeschauten Örtlichkeiten, eine Art Landkarte in Worten: »Die Hauptniederlagen der bituminösen Holzerde, finden sich im Amt Weißenfels, diesseits der Saale – Im Amt Freyburg, nach Merseburg zu, im Gebiet der Geisel und im Stifte Merseburg zunächst der Saale, an den Abhängen ihrer Zuführungsthäler.« In diesem Areal, wo außer den genannten Städten größere Orte wie Naumburg, Querfurt, Wettin, Sangerhausen, Mansfeld, Eisleben, Aschersleben, Hettstedt, Wurzen, Zeitz und Altenburg liegen, hat der Berichterstatter über achtzig Ortschaften aufgesucht, deren große Mehrheit Kohlenlager und –werke beherbergt; die meisten sind Dörfer, über vierzig davon zählt Hardenberg in drei numerierten Listen auf. Er gibt auch eine Umgrenzung des Terrains durch fließende Gewässer: »Der südliche Theil des Amts Weißenfels, diesseits der Saale, wird nach Westen vom Wethabach, nach Süden und Südost vom Floßgraben und der Elster, und nach Nordost von der Gruna und Rippach begränzt. Sein Hauptabhang ist nach Nordosten, welcher das ganze Gebiet der Rippach ausmacht. An diesem, und zwar an den Seiten seiner Nebenschluchten, sind die meisten Niederlagen dieses Bezirks.«

Der Topographie des Gebiets folgt die minutiöse Beschreibung der Bodenbeschaffenheit der Kohlenlager, ihrer inneren Struktur und der Arbeitsprozesse: »Unter den Kohlenlagern finden in Rücksicht ihrer geognostischen Situation wenig Verschiedenheiten statt. Sie sind auf mehr oder weniger ebenen, oft wellenförmigen Boden, meist mantel-, kessel- oder muldenförmig gelagert. Aus dem Ansehn der äußeren Fläche ist selten ein genauer Schluß auf die Beschaffenheit ihrer Lagerung zu machen.« Hardenberg schildert dann die Substanz der oberen Schichten und der Flöze, die »meist in mehreren Schichten von ungleicher Stärke, Güte und Ansehn getheilt« und auch verschiedenfarbig sind. Die Kohle ist an unterschiedlichen Stellen verschieden nutzbar: »Je besser die Kohle ist, desto weniger Asche läßt sie zurück und desto gleicher brennt sie. Schlechte Kohle fladdert entweder wie Stroh, oder glimmt blos.«

Hardenberg beschreibt ferner den Abbau der Kohle, »theils über Tage durch Abraum, theils unterirdisch, durch Bruchbau« – diese Art ist zur Zeit aber »nur in Artern, Mertendorf, Beuchlitz und Schlettau in Gebrauch«. Der Abbau wird ausführlich dargestellt, auch mit Blick auf den Abtransport durch Jungen mit Schiebekarren. Ebenso eingehend schildert der Berichterstatter die Streicherei, also die Herstellung der Briketts. An jedem Streichtisch arbeiten fünf Mann: »Ein Tisch kann täglich 6.-8000. einfache Ziegel oder 3.-4000 doppelte streichen ... Den ganzen Sommer durch werden gemeiniglich 500 000 Stück einfache Ziegel auf den Tisch gerechnet.« Weitere Gegenstände der umfassenden Darstellung des Erdkohlenwesens sind Wetter-Einflüsse, die schon erwähnten Lohn-Fragen der Arbeiter, der offenbar horrende Fuhrwerk-Mangel, die Einrichtung der Öfen und Herde, der Gebrauch von Kohlen als gutes Düngemittel, dazu ein Rückblick in die Geschichte der Erdkohlenfeuerung, wie man, zum Beispiel, nach der Übernahme der Salinendirektion durch den Vater des Assessors »mit allem Ernst Anstallt gemacht, auch in Kösen und Dürrenberg mit Erdkohlen zu feuern und wo möglich das Holz ganz zu ersparen«. Der gesamte »Erdkohlenbericht« liest sich wie ein im hohem Grade sachkundiges Lehrstück über das damals modernste Verfahren zur Gewinnung von Siedesalz.

Die vorgesehene Fortsetzung dieser Arbeit, den »eigentlichen« Bericht über die geognostische Expedition vom 1. bis 15. Juni mit Bergstipendiat Haupt konnte Novalis wegen seiner Erkrankung nicht mehr schreiben. Immerhin enthält der zitierte Brief vom 10. Juni an Werner eine Art Skizze der Erkundungsmärsche beider Geologen, geschrieben in dem Augenblick, da sie »im Stande waren den aufgegebenen Distrikt größtentheils zu übersehn und zu beurtheilen«.

Die Exkursion verlief von Zeitz über die Hauptstationen Gera und Meuselwitz, sodann zurück nach Zeitz und bis Leipzig. Hardenberg und Haupt visitierten und passierten dabei über sechzig Ortschaften mit ihrer jeweiligen Umgebung. Hauptziele waren einerseits die Braunkohlengebiete südlich Leipzig im Meuselwitzer Raum, andererseits das Thüringer Flözgebirge mit seinen sechs von Werner vorgegebenen Hauptformationen. Im Brief vom 10. Juni warf Hardenberg eine Reihe von geologischen Beobachtungen und Merkmalen aufs Papier – man merkt den Notizen deutlich ihre Vorläufigkeit an, obwohl sie im Kern »der sorgfältigsten mündlichen Instruirung« Werners und dessen schriftlichen Anweisungen vom 23. Mai entsprachen, die der Professor selber nur »Anhaltungs-Punkte« nannte.

Hardenbergs vorläufige Notizen lassen sich aus Werners großem, im Archiv der Bergakademie aufbewahrten Abschlußbericht über sein vom Kurfürsten gefordertes Geognostik-Programm ergänzen: »Die Reise erfolgte grundsätzlich zu Fuß. Sie begann morgens gegen vier Uhr. Vormittag und Mittag waren für Untersuchungen im Gelände vorgesehen. Die Beobachtungen wurden sofort in Schreibtafeln eingetragen. Alle Koppen sollten untersucht werden, vorwiegend aber mußte in Tälern und Schluchten gegangen werden. Von einem hohen Punkte aus war dann die beobachtete Gegend insgesamt zu überblicken, und die Einzelbeobachtungen waren zusammenzusetzen. Nachmittag und Abend waren für die Führung des Tagebuchs, für die Schlagung und Numerierung von Belegstücken, für das Führen der Rechnung, für die Korrespondenz und für Besprechungen mit verschiedenen Personen vorgesehen. Schließlich war noch der Tagesplan für den nächsten Tag aufzustellen.«

Hinzugefügt sei noch, daß Haupt den Abschlußbericht der Expedition vom Juni 1800 erst 1802 nach nochmaliger Besichtigung der Region unter dem Titel »Geognostische Untersuchung der Gegend zwischen Gera, Borna, Zeitz und Leipzig auf Höchsten und Hohen Befehl unternommen im Jahre 1800« abschloß. Die Arbeit umfaßt 160 Seiten Text und eine Landkarte der untersuchten Region; das ungedruckte Manuskript liegt als »Geognostische Untersuchung Nr. 10« im Oberbergamt Freiberg.

Besonders durch die täglichen Fußmärsche waren Novalis und

Haupt starken körperlichen Strapazen ausgesetzt; davon ist im Zwischenbericht nichts zu spüren, es gibt keine Anzeichen von Krankheitssymptomen beim Assessor. Ein Brief vom 18. Juni an Friedrich Schlegel mit der Einladung an die Jenaer Freunde zum Besuch in Weißenfels am folgenden Wochenende und der beinahe sprühend-zuversichtlichen Antwort auf Schlegels »Ofterdingen«-Kritik wirkt kraftvoll und läßt keine Müdigkeit spüren. Tatsächlich kamen am 20. bis 22. Juni nur Tieck mit Frau und Tochter nach Weißenfels – über diese letzte Begegnung der Freunde wird Tieck 1815 im Vorwort zur dritten Auflage von »Novalis Schriften« ein positives Bild von Hardenbergs Befinden geben.

Der Salineningenieur Friedrich von Hardenberg/Novalis ist ein Dichter und ein Philosoph. In einem seiner schönsten, als Entwurf erhaltenen Briefe hebt er Anfang Dezember 1799 das Erdkohlenwesen und die geognostische Forschung auf jene höhere Ebene, die er für die poetisierte Wissenschaft schon lange gewählt hat. Aus Artern schreibt er seinem stets mit vornehmem Respekt angesprochenen freundschaftlichen Wohltäter Oppel:

> Ich habe mich diese Zeit über mit dem Erdkohlenwesen bekannt zu machen gesucht. Mein Vater hat mir die Etats auf künftiges Jahr fertigen lassen und hier werd ich den für die Saline Artern ausarbeiten. Der mir aufgetragne rückständige Bericht über die Erdkohlenlager in diesem Theil von Sachsen erfodert um ihn so vollständig und gründlich zu machen, als möglich – noch viel Zeitaufwand. Es sind noch eine Menge Reisen nöthig um den geognostischen Theil zu vollenden. Hier hab ich mir vorgenommen das bisher Gesammelte zu ordnen und das hiesige Werck, als das Interressanteste der mir bekannten genau kennen zu lernen. Diese Untersuchung hat mich die Unvollständigkeit der bisherigen Beobachtungen der Flötz und aufgeschwemmten Gebürge recht lebhaft fühlen lassen. Der Geognost, durch Werners großen systematischen Geist erregt, hat ein mühsames und weitläuftiges Geschäft. Die Rücksichten sind so mannichfaltig und der Blick aufs Ganze mit großen Schwierigkeiten verknüpft. Der Mangel an richtigen Situationskarten ist ein

großes Hinderniß. Scheinbare Unregelmäßigkeiten hemmen die glückliche Entwicklung der geogenischen Geschichte aus großen einfachen Thatsachen. Überall stößt man auf unangebautes Feld und dunkle Stellen. Besonders mercklich wird die Unmöglichkeit ein einzelnes Stück der Erdoberfläche richtig zu bestimmen. Die Urkunden dieser uralten Naturgeschichte sind voll Interpolationen und unleserlichen Stellen. Überdem fehlen uns noch höchstwichtige Capitel aus der Grammatik dieser Sprache der allgemeinen Physik und selbst Werners kühn entworfnes Alphabet und Syntax scheint noch große Lücken zu haben.

Belohnend sind die Anstrengungen und der Fleiß des Geognosten allerdings. Jede Reise trägt Früchte. Die Lesung physicalischer Schriften und Reisebeschreibungen – die Ansicht von Carten, und Cabinettern vermehrt den Vorrath geognostischer Bemerkungen und Anwendungen und die Größe und Mannichfaltigkeit der Gegenstände regt unsre Wißbegierde und Fantasie mit nicht geringer Kraft an. Ich bin Wernern auch für diese Erhöhung meines Lebensgenusses den innigsten Dank schuldig, wenn ich auch nicht jeden Tag Gelegenheit fände seinen divinatorischen Blick zu bewundern. Wie wichtig würde mir eine Reise in seiner Gesellschaft durch Thüringen seyn. Die neuen Formationen hat er noch nicht so reichlich ausgestattet, wie die Ältern und er würde gewiß hier die herrlichsten Entdeckungen machen. Die Urgebürge haben auf den ersten Anblick etwas Anziehenderes – aber die Flötzgebürge sind beynah dem Geognosten wichtiger, da hier die Natur mannichfaltiger und deutlicher gearbeitet hat, und da sie noch nicht lange aufgestanden ist oder wohl gar noch bey ihrer Arbeit überrascht werden kann.

Der herausragende Brief-Text öffnet den Durchblick auf eine Unio poetica et technologica, die Novalis in seiner letzten Lebens- und Schaffenszeit errichtet und die er in programmatischen Äußerungen der »Fragmente und Studien« vom Sommer 1800 definiert: »Auch Geschäftsarbeiten kann man poetisch behandeln. Es gehört ein tiefes poetisches Nachdenken dazu, um diese Verwandlung vorzunehmen. Die Alten haben dies herrlich verstanden. Wie poetisch beschreiben die Kräuter, Maschinen, Häuser, Geräthschaften etc.« Der Dichter hat diesen Ansatz nicht mehr zum ausgearbeiteten poesietheoretischen Programm erheben können; er hat die Ebene der angekündigten Verwandlung aber schon mit den Salinenschriften der Inspektionsphase betreten – es entsteht neben der romantischen Poesie der Romane »Die Lehrlinge zu Saïs« und »Heinrich von Ofterdingen« sowie den »Geistlichen Liedern«, den »Hymnen an die Nacht« und einigen unzyklischen Gedichten eine nichtfiktionale Prosa-Poesie. Novalis arbeitet in dieser Zeit fast täglich auf beiden Feldern der Textproduktion; scheinbar heterogene Sujets und Schreibarten beeinflussen einander und greifen ineinander über: Der Dichter-Ingenieur arbeitet hochkonzentriert am Gradierwerk und öffnet gleichzeitig die Tore der Phantasie zu Klingsohrs wirbelndem Märchen; die Niederschrift der Salinen- und der Erdkohlen-Berichte wird zur ständigen Vorschule einer Ästhetik der Arbeitswelt.

Novalis erreicht die höchste Vervollkommnung seiner Kunst; seinen postumen Weltruhm verdankt er dem poetischen Werk im strengen Sinn, doch haben an der Verfeinerung dieser Kunst-Schönheiten die besten salinistischen und geognostischen Texte ihren Anteil; als der schwerkranke Dichter die Feder niederlegen muß oder doch, ärztlicher Weisung folgend, nicht mehr schreiben darf, bleibt ihm das Nach-Denken über Werke und Pläne bis ganz zuletzt erhalten: Am 17. April 1801 wird Friedrich Schlegel seinem Bruder zum möglichen Fortgang des »Ofterdingen«-Romans versichern: »Noch den letzten Tag sagte er mir, daß er seinen Plan ganz und durchaus geändert habe.« Das heißt: Den letzten Tag, den der Schwerkranke noch zu sprechen in der Lage war, nicht der letzte Lebenstag.

Zwei solcher Muster-Texte, die – in gewollt-nachdenkender Schreibabsicht oder aus eigenmächtiger Immanenz – literarischen Rang erreicht haben, mögen hier neben dem Brief-Entwurf vom Dezember 1799 als Beispiele stehen. Im »Erdkohlenbericht« an Werner schildert Novalis die Brikett-Herstellung:

> Die Operation ist folgende: Der Streicher benezt seine Form, deren weite Seite oben liegt, mit Wasser, damit der Stein sich leicht löse, faßt von dem Kohlenhaufen auf dem Tisch einen hinreichenden Klumpen, drückt ihn auf die Form, füllt jedes Fach gehörig aus,

> streicht mit der flachen Hand die Oberfläche gerade, ergreift seine Form bei der Handhabe, zieht sie vom Pult herunter und trägt sie an das Ende des Platzes, wo er die erste Reihe anfängt, setzt die Form auf die Erde, und kippt nun aus der weitern Seite den Ziegel heraus, läuft zurück, spült seine Form in den Eimer ab und fährt nun auf obige Weise fort. Durch Uibung lernt er die nöthige Quantität Kohle auf einmal greifen. Eine Nachfüllung verursacht, daß oft das angeklebte Stück aus dem Ziegel bei der Trocknung bröckelt. Auch gehört Geschicklichkeit zum Abheben der Form, zum verticalen Tragen und zum Auskippen, damit der Ziegel nicht zu früh herausfällt. Der Aufseher hat beim Streichen hauptsächlich auf die gehörige Ausfüllung und das Geradestreichen der Oberfläche zu sehn, indem, wenn die flache Hand nicht gleich gehalten wird, Hohlungen entstehen.
>
> Bei der Zubereitung, wo die Kohle in den Kästen mit Wasser eingeweicht und nachher zu einem dicken stehenden Brey getreten wird, kommt vorzüglich viel auf die gehörige Consistenz an. Wird eine Kohle nicht gehörig durchgetreten, und bleibt sie zu steif, so läßt sie sich nicht gut streichen, und läuft in der Form nicht gehörig zusammen. Ist sie zu naß, so trocknet der Ziegel übermäßig ein, verliert an seiner vorgeschriebenen Masse, und der brennbaren Beschaffenheit der Kohle wird geschadet.

Das Dürrenberger Protokoll vom 12. Juni 1799, das inhaltlich in den weiten Umkreis von Hardenbergs salinistischer Hauptaufgabe gehört und zugleich ein stilistisches Kern-Element fast aller Texte aus seiner Berufsarbeit ins Zentrum rückt, beginnt mit einem kurzen historischen Rückblick:

> Ehmals ward das Feuerwercks Bedürfniß der Saline Dürrenberg ganz mit Holz bestritten, welches meist von der Saalenflöße erkauft jedoch auch zu einem geringen Theile der Elsterflöße entnommen ward. Seit anno 1788, wo mit der Erdkohlenfeuerung der Anfang gemacht wurde, hat sich das Holzconsumo immer mehr vermindert und nur dann wieder etwas mehr betragen, wenn Witterung oder andere Hindernisse die nöthige Quantität Kohlen anzuschaffen un-

möglich machten. So vielfach auch die Bemühungen der Direction waren, neue Erdkohlenlager besonders in der Nähe aufzusuchen, Kohlengrundstücke zu acqiriren und vortheilhafte Lieferungs und Anfuhrcontracte abzuschließen, die nöthigen Anstalten zur Verstreichung der Kohlenerde zu Ziegeln und Verwahrung derselben in Schuppen: sowohl zu Dürrenberg als auf den Gewinnungsplätzen selbst zu treffen, auch die benöthigte, zahlreiche Mannschaft zu diesem Behuf aufzubringen, und so, wo möglich, die Erdkohlenfeurung zur Ausschließlichen und wohlfeilen Feurung auf der Saline Dürrenberg zu machen, und die Befriedigung des jährlichen Bedürfnisses auf mehrere Jahre hinaus sicher zu stellen, so konnte es doch nicht an mannichfaltigen Behinderungen der vollkommnen Ausführung dieses verwickelten, oeconomischen Planes fehlen.

Ein Muster-Stück besonderer Art soll den Gang durch die nichtfiktionalen Poesien des Dichter-Ingnieurs Novalis beschließen – ein Text, der auf der Direktionsebene der Salinen-Szenerie wie eine Haupt-Übung für seine romantische Erzähl-Prosa unter dem Aspekt konträrer Personen-Charakteristiken gelesen werden könnte. Zu Bergrat Senffs Versuch, den einzelnen Mitgliedern des Direktoriums größere Unabhängigkeit von deren Teamarbeit zu erwirken und dabei Mißbehagen mit dem bisherigen Regierungsstil auszudrücken, nimmt Novalis, durchaus kühn dem Kritiker wie dem Vater gegenüber, im Gutachten »Bemerkungen« Stellung:

Bey allen Verschiedenheiten des Charakters der bisherigen Directorial-Mitglieder, bey den häufigen Fällen entgegengesetzter Meinungen und Handelsweisen ist es bisher in Bezug auf Geschäfte nie zu einer gänzlichen Discrepanz gekommen. Im Gegentheil scheint eine Unähnlichkeit des Directors und des Herrn Bergrath Senfs, die Vorliebe des letzteren zu Neuerungen, zu heftigen Maaßregeln des Angriffs und Widerstands, sein Widerwillen gegen Rechnungssubtilitaeten und strenge Oeconomie und seine allzu große Nachgiebigkeit gegen geschickte aber sonst undisciplinirte Subjecte, und die beständige Opposition des Ersteren gegen neue Vorschläge, seine Zögerung und Bedachtsamkeit bey Communicationen, Entschließungen und Berichten, seine ängstliche Achtsamkeit auf Genauigkeit im Haushalt und Rechnungswesen, und seine ascetische Strenge und Mißtrauen gegen die Subalternen, eine sehr vortheilhafte Verbindung zu seyn, die durch die gemäßigte Temperatur des Herr Bergrath Heuns dem herrschaftlichen Interresse und dem Einverständniß noch günstiger wird. Ich weis nicht, ob sich Herr Bergrath Senf bey einem unpartheyischen Ueberblick seiner Verhältnisse mit dem Director über Mangel an Zutraun von demselben selbst bis in die neusten Zeiten mit Grund beklagen kann. Aus eigner Erfahrung kann ich bezeugen, daß ich einen Einfluß von Privatmißverständnissen und Differenzen auf die Freyheit des Bergrath Senfs seine Ideen zu realisiren, insofern sie nicht unbearbeitet und unbewiesen waren, nicht zu bemerken im Stande gewesen bin. Die Fälle sind zu mannichfaltig und notorisch, als daß ich einige in Errinnerung zu bringen nöthig hätte. Eine unbedingt Nachgiebigkeit kann der Herr Bergrath unmöglich von dem Charakter des Direktors, und einem männlichen, treuen Diener, nach seinen eignen Grundsätzen verlangen, und eine langsamere Überzeugungsfähigkeit, und eine strenge Gewissenhaftigkeit nicht mit einem absichtlichen Hinderungsbestreben vermengen, welches letztere er gewiß nicht, nach so vielfachen Erfahrungen beim Director vermuthen kann.

Der letzte zusammenhängende und abgeschlossene Text Hardenbergs steht außerhalb aller künstlerischen Zuordnungen und Urteile; es ist die Probeschrift zur Erlangung der Amtshauptmanns-Stelle im Thüringischen Kreis mit dem Titel »Bericht in Sachen Martins, des Erbrichters zu Hermsdof contra Fiscum, in Betreff der Contractmäßigen Gewährleistung der zeitherigen Steuerbefreyung seines Gutes«. Nach sorgfältiger juristischer Prüfung plädiert Hardenberg für die Aufhebung dieser Steuerfreiheit, aber für eine angemessene Entschädigung des Erbrichters durch den Staat. Die gesamte, in wohl unvermeidlichem juristischen Fachjargon abgefaßte Arbeit ist für Laien weitgehend unverständlich; sie bezeugt aber, daß Hardenberg ungeachtet seiner Erkrankung zumindest im September 1801 noch zur Bewältigung einer solchen hochgespannten Denk-, Urteils- und Schreib-Aufgabe fähig war.

Zwölftes Kapitel

Schlegel & Dorothea – Skandal um Schlegels »Lucinde« – Freundschaft mit Ludwig Tieck

Auch während der Salinen-Arbeit seit Mai 1799 ist Novalis der Austausch mit den gleichgesinnten Frühromantikern wichtig. Leider sind ab März 1799 keine Briefe Friedrich Schlegels an Novalis erhalten; auch von Hardenberg existieren nur noch vier Schreiben an den Freund von Januar bis Ende September 1800. Die drei ersten befassen sich ausgiebig mit den entstehenden dichterischen Hauptwerken von Novalis – sie werden im Rahmen von deren Besprechung eine Rolle spielen. Die relativ kleine Zahl dieser Zeugnisse deutet nicht etwa auf Lockerung der Zusammenarbeit, sondern auf rege persönliche Begegnungen, besonders seit Friedrich Schlegels Rückkehr nach Jena im September 1799. Schon am 17. Juli lernt Novalis bei August Wilhelm Ludwig Tieck kennen; am 28./29. September ist er wieder in Jena und erhält dort, wie schon erwähnt, die Handschrift von Friedrichs »Ideen«; im November nimmt er am Jenaer Frühromantiker-Treffen teil; Ende April 1800 macht er auf dem Weg nach Tennstedt in Jena Station, wo er den Freunden aus »Heinrich von Ofterdingen« vorliest und von Friedrich Schlegel Schleiermachers »Monologe« erhält. Das berühmte »Symphilosophieren« lebt also weiter, sicher auch Mitte September 1800 noch, als der Erkrankte den Hofrat Starke in Jena konsultiert.

Friedrich Schlegels im Berliner Salon von Henriette Herz begonnene Liebesbeziehung zu Brendel, der Tochter des berühmten jüdischen Aufklärungsphilosophen Moses Mendelssohn, ist zur festen Bindung geworden. Ihr Vater, gegenüber der eigenen Tochter ganz und gar nicht aufgeklärt handelnd, hatte die Vierzehnjährige mit dem zehn Jahre älteren Bankier Simon Veit verlobt, in der 1783 geschlossenen Ehe wird sie Mutter zweier Söhne, im übrigen aber tief unglücklich. Dorothea, wie sie sich seit 1797 nennt, verliebt sich in den neun Jahre jüngeren Schriftsteller und bringt den Mut auf, gegen die religiösen Gebräuche und die familiären Erwartungen zu rebellieren und sich von dem ungeliebten Mann scheiden zu lassen. Sie geht die Verbindung zu einem Mann ein, der wenig materielle Sicherheit zu bieten hat, aber sie zu geistiger Selbständigkeit ermutigt – es sei erinnert an Schlegels bereits erwähnten Essay-Brief »Ueber die Philosophie« im »Athenaeum« 1799.

Die Äußerungen Hardenbergs zu dieser ungewöhnlichen Beziehung waren eher spärlich oder sind nur unzureichend überliefert. Schlegel hat den Freund jedenfalls relativ bald über seine neue persönliche Situation informiert: »Du würdest Dich an ihr freuen, an einer Frau, die sich in einem so langen Elende ohne eine Stütze als die Energie der Verzweiflung mit dieser Würde emporgehalten hat, und nun mit dieser stillen Kraft daraus hervortritt.« So stellt er die Geliebte am 17. Dezember 1798 vor, in einer Replik auf Hardenbergs langes Schreiben vom 10. Dezember, worin dieser – noch immer oder ahnungsvoll? – den frühen Tod vor Augen sieht, aber doch versichert:

> Mit der größesten Fassung und in der heitersten Ruhe hab ich scheiden wollen. Jetzt scheint sich manches gegen meinen Plan zu verbinden – anstatt mich entbehrlich zu sehn – und werden zu sehn – fühl ich mich durch ein Gefühl von Pflicht an alte und neue Bekannten gebunden – ich fühle, wie nüzlich ich noch vielen seyn kann, wie Kameradschaft mich zwingt, meine Lieben in diesem verwirrenden Zustande nicht zu verlassen, und jede Not dieses Lebens mit ihnen zu theilen.

Damit ist freilich keine finanzielle Unterstützung gemeint; Hardenberg, ohne eigene Einkünfte, beim aufwendigen Studium weiterhin von der väterlichen Kasse abhängig, kann derzeit nicht helfen. Trotzdem empfängt Schlegel die weitgespannten, auf keine namentlich genannte Person gemünzten moralischen Versicherungen dankbar: »Dein herrlicher, liebevoller Brief ist uns ein rechter Labsal gewesen«, beginnt die Antwort vom 17. Dezember – dahinter steht die unvermeidliche Betroffenheit der unmittelbar Beteiligten, erst recht die massenhafte »moralische« Empörung der »Anständigen« über das skandalöse

Verhalten des unkonventionellen Paares: »Die Scheidung Dorotheas und ihr Zusammenleben mit Schlegel«, urteilt die Biographin Carola Stern einleuchtend, »galt als Herausforderung für jeden ihrer Freunde. Jeder mußte sich entscheiden, ob er ihr Handeln billigen und ihr beistehen wollte.« Die Freundinnen Rahel Levin und Henriette Herz standen ihr bei – Henriette beugte sich dem Verlangen ihres Mannes nicht, den Umgang mit Dorothea abzubrechen; Schleiermachers Freundschaft zu Schlegel und seiner tapferen Geliebten stand bedingungslos.

Zwei unmittelbare Äußerungen Hardenbergs zielten auf eine zukunftsorientierte Lösung der Konflikte. Schon am 20. Januar 1799 berichtete er dem Freund von einigen sehr schönen Dresdner Stunden bei dessen hochgeschätzter Schwester Charlotte Ernst: »Du und Deine neuen Verhältnisse waren der Hauptgegenstand unsers Gesprächs. Ein Wunsch bleibt uns übrig – diese Verhältnisse auch bürgerlich sanctionirt zu wissen, wenn es möglich wäre – da die Unannehmlichkeiten nicht zu übersehen sind, die für euch daraus entspringen können. Die Ernsten sagte mir so Viel Gutes von Deiner Lebensfreundinn, und wir beide wünschten uns je eher, je lieber zu Dir, um Sie persönlich kennen zu lernen.« Am gleichen Tag rückt Novalis in einem Brief an Caroline Schlegel die Aussichten auf eine Eheschließung noch tiefer in die Nähe der Unerfüllbarkeit: »Auch über Friedrichs glückliche Verbindung hab ich mich innig gefreut ... Freylich sähe ich auch die bürgerliche Verbindung sehr gern, wenn es möglich wäre.« Er weiß wohl bereits, weswegen Dorothea in den nächsten Jahren keine neue Ehe eingehen kann: Sie würde den sechsjährigen Sohn Philipp, der bis zum Alter von zehn Jahren bei ihr bleiben darf, sofort dem Vater lassen müssen, verlöre allen Einfluß auf die Erziehung des älteren Sohnes Jonas und müßte bei der Eheschließung unweigerlich zum Christentum übertreten – zu allen anderen Kränkungen der Mutter und der Geschwister wäre dies die schlimmste.

Im übrigen braucht die Rebellin keinen Ehering – schon Mitte November 1798, nach vierzehn Monaten Gemeinsamkeit, hat ihr Geliebter seinem Freund Novalis versichert: »Sie ist seitdem von Stufe zu Stufe meine Frau geworden und wird es ewig bleiben ... Ich werde mich nie von ihr trennen, und wünsche nichts mehr als ganz vereinigt mit ihr zu leben, gleichviel in welcher Form.« Novalis steht mit seinem Wunsch nach bürgerlicher Sanktion der Verbindung nicht allein, das weiß auch Dorothea: »Ihr alle«, schreibt sie noch am 11. April 1800 an Schleiermacher, »würdet euch doch besser in uns finden, wenn wir getraut werden, auch Hardenberg und Charlotte; wer wird nun solchen Freunden zu Liebe nicht thun was man auch sonst vielleicht nicht getan hätte?« Der Fragesatz ist sicher sanft ironisch gemeint; tatsächlich heiraten Friedrich und Dorothea Schlegel erst Anfang April 1804, es ist eine protestantische Trauung in Paris.

Hardenbergs Wunsch, die »Lebensfreundinn« kennenzulernen, erfüllte sich nur äußerlich, als sie Anfang Oktober 1799 Friedrich aus Berlin nach Jena folgte. Von Novalis ist keine direkte Äußerung über sie bekannt; Mendelssohns Tochter aber gibt, noch bevor sie ihn kennenlernt, Seltsames, ja Konfuses von sich: Auf der Fahrt von Leipzig nach Jena, meldet sie Schleiermacher am 11. Oktober, habe der Wagen einen Mittag in Weißenfels gehalten; ein mitreisender Dr. Lindner habe Hardenberg besucht, sie jedoch nicht, so begierig sie auch gewesen sei; nach allem, was sie höre (im Jenaer Klatsch, versteht sich), komme er ihr »erschrecklich paradox und eigensinnig« vor, er sei ganz toll in Tieck und dessen Frau verliebt, verachte alles übrige, man wisse nicht, wie lange »dieses Delirium« anhalte. Am 28. Oktober fügt sie für den Berliner Prediger hinzu: Eine so interessante Bekanntschaft bringe sie immer in eine Verlegenheit, die erst allmählich, mit der Zeit abnehme; Hardenberg komme gewiß noch im Winter her; er habe erst »ganz kürzlich eine sehr wunderliche Manier angenommen« – es folgt nochmals die Behauptung, er sei »ganz toll und rasend in Tieck verliebt«.

Eine vielleicht uneingestandene Furcht kann Abneigung geschaffen haben, wohl dadurch verstärkt, daß Novalis Friedrichs »Lebensfreundinn« bei der ersten Begegnung zum November-Treffen kaum beachtete. Jedenfalls bleibt die Fremdheit zwischen Dorothea und Novalis bestehen. Entsprechend zwiespältig sind ihre Bemerkungen über ihn. Am 15. November 1799, unmittelbar nach dem Romantiker-Treffen, berichtet sie Schleiermacher: »Hardenberg ist hier auf einige Tage. Sie müssen ihn sehen; denn wenn Sie dreißig Bücher von ihm lesen, verstehen Sie ihn nicht so gut, als wenn Sie einmal Tee mit ihm trinken.

Ich rede nur von der reinen Anschauung, zum Gespräch bin ich gar nicht mit ihm gekommen, ich glaube aber er vermeidet es; er ist so in Tieck, mit Tieck, für Tieck, daß er für nichts anders Raum findet. Enfin, mir hat er's noch nicht angethan. Er sieht aber wie ein Geisterseher aus, und hat sein ganz eignes Wesen für sich allein, das kann man nicht läugnen.« Drei Tage später gibt sie im Brief an Rahel ein weiteres Urteil ab: »Seine Freunde behaupten, er hätte sich zu seinem Nachtheil verändert; ich aber behaupte, gemein wird man nicht, das ist einem angeboren.« Welche Freunde das sein sollen, sagt sie nicht; was das semantisch mehrdeutige, sicher abfällig gemeinte Adjektiv »gemein« hier genau ausdrücken soll, bleibt unklar.

Erst als Hardenberg schon ernsthaft krank war, gegen Ende August 1800, hat sich Dorotheas Einstellung zu ihm gewandelt; sie möchte offenbar einen intimen Kreis von Künstlern und Wissenschaftlern bei sich etablieren und schreibt dazu an Schleiermacher: »Sie, Friedrich, Ritter und Hardenberg!« Nach schwerem Zerwürfnis mit Caroline gibt sie dieser die Schuld an ihrem Mißfallen über den Dichter: »Hardenberg rechne ich mit, der soll auch kommen; ich habe jetzt mehr Vertrauen zu ihm als anfangs, wo ich mit Carolinens Hilfe alles schief ansah, und die Schuld war, daß mich wieder alles schief ansah.« Für ein wirkliches Vertrauen zwischen ihr und Novalis kommt das zu spät; vielleicht nimmt der Kranke ihr Bemühen um ihn gar nicht mehr wahr.

Das 1792 begonnene, bis kurz vor Hardenbergs Tod geführte symphilosophische Gespräch der Freunde über romantische Poetik und über eigene dichterische Werk-Beispiele erreicht 1799 einen teils dringlich, teils zögernd angestrebten Höhepunkt mit Friedrich Schlegels schon vor seinem Erscheinen umstrittenen Roman-Experiment »Lucinde« – die Angaben über sein Erscheinen bei Heinrich Frölich in Berlin schwanken zwischen Mai und Herbst. Das Prosawerk wird als »Erster Theil« eines Romans angekündigt, bleibt aber trotz Bemühungen des Autors fortsetzungslos.

Einem Petrarca, Boccaccio und Cervantes gewidmeten Prolog folgt unter dem ironischen Untertitel »Bekenntnisse eines Ungeschickten« ein fünfzehnteiliges Opus, dessen jeweilige Zwischentitel schon andeuten, wie heterogen das Konstrukt ist. Das schreibende und redende Ich namens Julius verspricht Verwegenes: »Als ein gebildeter Liebhaber und Schriftsteller« wolle er versuchen, »den rohen Zufall zu bilden und ihn zum Zwecke gestalten«, dieser Zweck aber sei, »daß ich gleich Anfangs das was wir Ordnung nennen vernichte, weit von ihr entferne und mir das Recht einer reizenden Verwirrung deutlich zueigne ..., da der Stoff, den unser Leben und Lieben meinem Geiste und meiner Feder giebt, so unaufhaltsam progressiv und so unbiegsam systematisch ist.« Herauskommen soll dabei »das schönste Chaos von erhabnen Harmonien und interessanten Genüssen«, nachgebildet und ergänzt.

Die deutliche Anspielung auf die romantische als eine progressive Universalpoesie – 116. Athenaeumsfragment – steht im ersten Teilkapitel, dem Brief von Julius an seine Geliebte, die junge Kunstmalerin Lucinde, sie hatte, mit einem »entschiednen Hang zum Romantischen« ausgestattet, »mit kühner Entschlossenheit alle Rücksichten und alle Bande zerrissen und lebte völlig frey und unabhängig.« Das Thema des Romans ist beider radikale Liebesbeziehung und die Liebe überhaupt, als universale Kraft. Schlegel malt diese Liebe über den ganzen Text hinweg aus: Sie gibt »die volle ganze Menschheit in mir und in dir ... Die äußersten Enden der zügellosen Lust und der stillen Ahndung leben zugleich in mir ... Durch alle Stufen der Menschheit gehst du mit mir von der ausgelassensten Sinnlichkeit bis zur geistigsten Geistigkeit ... Nur in der Antwort seines Du kann jedes Ich seine unendliche Einheit ganz fühlen ... Sie waren ganz hingegeben und eins und doch war jeder ganz er selbst, mehr als sie es noch je gewesen waren.«

Schlegel untermalt die Wunder und die Schönheit dieser Liebe, indem er das Paar und seine romantische Vereinigung in die Natur einbettet: »Wir beide werden noch einst in Einem Geiste anschauen, daß wir Blüthen Einer Pflanze oder Blätter Einer Blume sind, und mit Lächeln werden wir dann wissen, daß was wir jetzt nur Hoffnung nennen, eigentlich Erinnerung war ... Nun hat uns die Natur inniger verbunden, ganz und unauflöslich. Die Natur allein ist die wahre Priesterin der Freude; nur sie versteht es, ein hochzeitliches Band zu knüpfen. Nicht durch eitle Worte ohne Seegen, sondern durch frische Blüthen und lebendige Früchte aus der Fülle ihrer Kraft.«

Der Romancier schafft mit seiner Vision hoher Liebes-Vereinigung auch eine Veredelung der Ehe weit über die gegebene, häufig graue bürgerliche Alltäglichkeit hinaus ins Menschheitliche, ins Mystische – und heiter-deftig zugleich: Schlegel schildert freimütig die schöne nackte Körperlichkeit des Paares, und er präsentiert »die dithyrambische Fantasie über die schönste Situazion in der schönsten Welt!« Wir lesen im zweiten Teil-Kapitel: »Eine unter allen ist die witzigste und die schönste: wenn wir die Rollen vertauschen und mit kindischer Lust wetteifern, wer den andern täuschender nachäffen kann, ob dir die schonende Heftigkeit des Mannes besser gelingt, oder mir die anziehende Hingebung des Weibes.« Ahnte Schlegel den Aufruhr des Publikums voraus? Er fügte jedenfalls halb scherzend, halb vorbeugend hinzu: »Aber weißt du wohl, daß dieses süße Spiel für mich noch ganz andre Reize hat als seine eignen? Es ist auch nicht bloß die Wollust des Ermattens oder das Vorgefühl der Rache. Ich sehe hier eine wunderbare sinnreich bedeutende Allegorie auf die Vollendung des Männlichen und Weiblichen zur vollen ganzen Menschheit.«

In letzter Instanz hebt der Schöpfer des Romans »Lucinde« die von ihm universal gedeutete Liebe der Geschlechter auf die Höhe der Religion. So erinnert Julius die Geliebte: »Wir umarmten uns mit eben so viel Ausgelassenheit als Religion ... So schlingt die Religion der Liebe unsre Liebe immer inniger und stärker zusammen.« Gegen Schluß des längsten, größtenteils in der dritten Erzählperson verfaßten Teilstückes »Lehrjahre der Männlichkeit« resümiert der Autor: »Aber die volle Harmonie fand er auch von dieser Seite allein in Lucindens Seele, wo die Keime alles Herrlichen und alles Heiligen nur auf den Strahl seines Geistes warteten, um sich zur schönsten Religion zu entfalten.«

Die Reaktion der lesenden oder nur vom Hörensagen alarmierten Öffentlichkeit war »moralisch« drapierte Entrüstung, ein Gemisch aus Verlegenheit und lüsterner Schnüffelei. Entlarvte man doch sofort Romanfiguren als reale Personen: Julius war natürlich der Autor selber, Lucinde war Dorothea, und überhaupt setzte der unsittliche Roman der illegitimen Liaison die Krone auf, auch mit den drei Seiten des Teilkapitels »Charakteristik der kleinen Wilhelmine«, einem der besten Stücke und einem der feinsten Kinderporträts der deutschen Literatur, das freilich in eine Szene einmündet, die erst recht den Zorn der selbstgefälligen Moralisten wecken mußte: »Und nun sieh! Diese liebenswürdige Wilhelmine findet nicht selten ein unaussprechliches Vergnügen darin, auf dem Rücken liegend mit den Beinchen in die Höhe zu gesticuliren, unbekümmert um ihren Rock und um das Urtheil der Welt.«

Auch die Freundinnen und Freunde des Romantikerkreises taten sich schwer, waren zumindest irritiert. Sie kritisierten Schlegel, weil er Dorothea bloßgestellt, aber auch diese selbst, weil sie das Erscheinen der erotischen Szenen nicht verhindert habe. Caroline, sozusagen das Sprachrohr des Zirkels, fand einerseits, daß dem Schwager keine Dichtung von Rang gelungen sei, und erklärte im Brief an Novalis kategorisch: »Wenn ich seine Geliebte wäre, so hätte es nicht gedruckt werden dürfen.« Offensichtlich war sie, wie die zahlreichen selbsternannten Tugendwächter, außerstande, Lucinde, die wenig Ähnlichkeit mit Dorothea hatte, und Julius erst einmal als Kunstfiguren zu sehen – was Schlegels Geliebter freilich, zumindest anfänglich, auch schwer fiel. Dorothea litt unter der Vorstellung, »daß das Innerste so herausgewendet werden soll – was mir so heilig war, so heimlich«, klagte sie bei Schleiermacher, dem vertrauten Freund; schließlich tröstete sie sich mit der Gewißheit, daß der eigene Schmerz vergehen, das Werk aber »Ewig seyn werde.«

Die aktuellen Befürworter des neuartigen Romans blieben eine kleine Minderheit. Abgesehen von Gruppen aufgeschlossener junger Leute, an die Rahel Levins späterer Ehemann, Karl August Varnhagen von Ense, in seinen Memoiren erinnern wird, sprachen nur zwei eigenständige, als Charaktere höchst unterschiedliche Geister für »Lucinde«: Fichte nannte den Roman »eines der grösten Genie Producte«, die er kenne, er habe es gleich dreimal hintereinander gelesen; Schleiermacher stand bedingungslos zu Persönlichkeit und Werk des Freundes und verteidigte ihn in »Vertrauten Briefen über Friedrich Schlegels Lucinde« (anonym Mai 1800): »Durch die Liebe wird das Werk nicht nur poetisch, sondern auch religiös und moralisch. Religiös, indem sie überall auf dem Standpunkte gezeigt wird, von dem sie über das Leben hinaus ins Unendliche sieht; moralisch, indem sie von der Geliebten aus sich über die ganze Welt verbreitet und für Alle, wie für sich selbst, Freiheit von allen ungebührlichen Schranken und Vorurtheilen fordert.«

Und Novalis? Er äußert sich nicht öffentlich wie Schleiermacher und die aggressiven Kritiker; er äußert sich aber früher als alle anderen, jedoch nicht direkt beim Autor. Es gibt allerdings eine Vorbemerkung im Brief vom 26. Dezember 1797 an den Freund, worin er dessen Befähigung zum Roman-Schreiben anzweifelt: »Am Aufmercksamsten bin ich auf Deine Philosophie – und Deinen Roman – Lezterer ist mir freylich Räthsel – Du und einen Roman – non credo.« Mehrere Monate vor dem Erscheinen der »Lucinde« hat Friedrich seinem Bruder und seiner Schwägerin die ersten fünf Teilkapitel geschickt, und diese reichen sie am 20. Februar 1799 weiter an Hardenberg; Caroline fragt ihn nach seiner Meinung. Sie selbst urteilt zwiespältig: »Es ist weit phantastischer, als wir uns eingebildet haben. Rein ist der Eindruck freilich nicht, wenn man einem Verfasser so nahe steht. Ich halte immer seine verschlossene Persönlichkeit mit dieser Unbändigkeit zusammen und sehe, wie die harte Schale aufbricht – mir kann ganz bange dabei werden.« Es folgt der zitierte kategorische Verbotssatz; sodann aber die Versicherung: »Das alles ist indeß keine Verdammniß. Es giebt Dinge, die nicht zu verdammen, nicht zu tadeln, nicht wegzuwünschen, nicht zu ändern sind, und was Friedrich thut, gehört gemeiniglich dahin.«

Novalis antwortet umgehend. Am Morgen des 27. Februar 1799, Freiberg, sieht er sich »plötzlich im Besitz der sonderbaren Lucinde«, auf die er sich so lange schon gefreut hat. Seine rasche, locker aufgeschriebene, ungefeilte und unsystematische Entgegnung an Caroline nennt er »Spuren des ersten Eindrucks« – also Vorläufiges: »Friedrich lebt und webt drin ... Man sieht das Treiben seines Innern, wie das Spiel der chymischen Kräfte in einer Auflösung im Zuckerglase, deutlich, und wunderbar vor sich. Tausend mannichfaltige, helldunkle Vorstellungen strömen herzu und man verliert sich in einem Schwindel.« An romantischen Anklängen fehle es nicht, sinnt der Empfänger, aber das Ganze sei noch nicht leicht und einfach; Vergleiche mit Heinse, dem Verfasser des »Ardinghello«, könnten nicht ausbleiben; die kleine Wilhelmine sei allerliebst, ebenso der Prometheus im fünften Teilkapitel (»Idylle über den Müßiggang«).

Im längsten Abschnitt seiner Spurensuche polemisiert Novalis, überraschend für einen Romantiker, gegen Traum und Fantasie: Fantasie habe »das Unsittlichste – das geistig-thierische am liebsten«, Fantasie und Traum seien zum Vergessen, man dürfe sich nicht dabei aufhalten, am wenigsten den Traum verewigen, und dann: »Vielleicht gehört der Sinnenrausch zur Liebe, wie der Schlaf zum Leben – der Edelste Theil ist es nicht – und der rüstige Mensch wird immer lieber wachen, als schlafen« – da taumeln Begriffe und Vorstellungen erheblich durcheinander, man spürt Hardenbergs Irritation. Im übrigen sieht er die drohende Verurteilung der »Lucinde« voraus: »Ich prophezeye nur wenig Gutes von der Aufnahme ... Viele werden sagen – Schlegel treibts arg – nun sollen wir ihm auch noch das Licht zu seinen Orgien halten. Andre ... dies ist ein falscher Messias des Witzes – kreuziget ihn.« Novalis fragt sich auch, ob das Werk des Freundes der Zeit voraus sei: »Sollte dieser Roman nicht voreilig ... seyn, ein wenig zu früh, nach bürgerlichen Gesetzen – das Licht der Welt erblicken. In zehn Jahren würde man die Bekenntnisse des Ungeschickten, um des Autors willen, vielleicht mit Wärme und Nachsicht aufnehmen. Jetzt ist alles noch unreif.«

Eines steht für Novalis fest: »So viel seh ich unsre ersten Romane werden himmelweit verschieden« – der seinige soll schon im Sommer fertig werden; ob er damit »Die Lehrlinge zu Saïs« oder »Heinrich von Ofterdingen« meint, ist unklar; die skizzierte Vision, daß er Lust habe, sein ganzes Leben »an Einen Roman zu wenden – der allein eine ganze Bibliothek ausmachen« solle, ist groß – und unerfüllt.

Den Brief von Novalis hat Caroline sofort ihrem Schwager geschickt, der in seinem letzten überlieferten Schreiben an den Freund meldet, daß er in vierzehn Tagen den »Ersten Theil« der »Lucinde« beendet haben werde, und sich, unbeirrt durch Hardenbergs warnende Kritik, erfreut bedankt: »Daß Dich Lucinde so interessirt, freut mich sehr. Auch gefällt mir das, was Du an Caroline darüber schriebst.« Gewichtiges von Novalis zum Roman liegt seither nicht mehr vor; zwei knappe Äußerungen von Ende Januar und Anfang April lassen ein Interesse an den Fortsetzungen erkennen – sie wurden nicht mehr geschrieben.

Ein Teil des damaligen Befremdens erklärt sich auch durch die ungewöhnliche künstlerische Form von Schlegels »Lucinde«: Der Roman hat keine kontinuierliche Erzähl-Handlung; der narrative Diskurs wird ständig unterbrochen; dasselbe widerfährt den zeitlichen Strukturen und Abfolgen. Der Leser sieht sich einer Mischung, einem unsystematischen Ineinander heterogener Elemente verschiedenster Art konfrontiert: dem mehrfachen unangekündigten Wechsel der erzählenden oder reflektierenden Romanfigur zwischen erster und dritter grammatischer Person; der für die romantische Poesie charakteristischen, die Handlung unterbrechenden Selbstreflexion des Autors; dem jähen Wechsel von Erzählung und Beschreibung, von Fabulieren und Philosophieren; dem plötzlichen Sprung zur Du-Anrede oder zum dramenartigen Dialog der Liebenden; dem achtfachen Auftauchen des rumorenden Schlüsselbegriffs »Chaos«; der Entfaltung der Romanfabel in Briefen; dem schroffen Abbruch von Geschehnisverläufen oder gedanklichen Aufbauten; dem unvermittelten Einsetzen eines neuen, von Rückblenden unterstützten Handlungsstrangs in zwei Julius-Briefen an einen bis dahin unbekannten Freund Antonio. Eine wichtige Rolle spielen ferner plötzlich erscheinende Träume, Geheimnisse und Phantasien – das Schlußkapitel »Tändeleyen der Fantasie« ist voll von »in geheimer Bilderschrift« vorgetragenen Wandlungen der mehrgestaltig erscheinenden Seele: »Welche Seele solche Träume schimmert, die träumt sie ewig fort, auch wenn sie erwacht ist. Sie fühlt sich umschlungen von den Blüthen der Liebe, sie hütet sich wohl die losen Kränze zu zerreißen, sie gibt sich gern gefangen und weiht sich selbst der Fantasie.«

Dem heutigen Leser erscheint Schlegels Mannigfaltigkeit als erstaunliches, unabgeschlossenes, unabschließbares Paradigma romantischer Prosa-Dichtung. Wir erkennen heute, was Hardenbergs und Schlegels Zeitgenossen nicht wissen konnten: Hier steht auf 120 Seiten ein Fragment gebliebener Vorläufer moderner Romankunst, näher verwandt mit James Joyce' »Ulysses«, Virginia Woolfs »Mrs. Dalloway« oder auch Hermann Brochs »Tod des Vergil« als mit Goethes »Wilhelm Meister«.

Zwei Monate nach seinem Wiedereinstieg in die Salinenarbeit, am 17. Juli 1799, hat Novalis bei den Schlegels in Jena den ein Jahr jüngeren Ludwig Tieck kennengelernt, der seit 1795 besonders durch die Romane »William Lovell« (1795/96) und »Franz Sternbalds Wanderungen« (1798) frühen Ruhm erntete und in Berlin häufig mit Friedrich Schlegel zusammen traf. Hardenberg hatte schon mehrere seiner Publikationen gelesen: den Künstler-Roman über die Dürerzeit »Franz Sternbalds Wanderungen«, den Friedrich Schlegel »ein göttliches Buch« nannte, mit dem Tieck die narrative Großform des romantischen Romans begründete und der Novalis produktive Anregungen für seinen Künstlerroman »Heinrich von Ofterdingen« gab, so durch das Leitmotiv von Reise und Wanderung mit Fern- und Heimweh und der Liebesthematik. Mit den rund vierzig, zum Teil zyklisch oder in Wechselgesängen eingebauten Liedern des »Sternbald« lernte Novalis auch die Lyrik Tiecks kennen, die er schon im »Brouillon«, Herbst 1798, »durchaus auch musicalisch« nannte. Zu Tiecks Band »Phantasien über die Kunst für Freunde der Kunst« (1799), der zum Teil aus Texten des am 13. Februar 1798 früh verstorbenen engen Tieck-Freundes Wilhelm Wackenroder bestand und den ihm August Wilhelm Schlegel am 17. Januar 1799 empfahl, schrieb er schon drei Tage später an Caroline: Die Phantasien enthielten »so viel Schönes ..., so könnte doch weniger darinn seyn. Der Sinn ist oft auf Unkosten der Worte menagirt. Ich fange an, das Nüchterne, aber ächt fortschreitende, Weiterbringende zu lieben – indeß sind die Fantasien fantastisch genug und vielleicht wollen Sie auch dies nur seyn.« Hinzugefügt sei noch, daß am Ende des »Allgemeinen Brouillons«, März 1799, ein subtiles »Phantasien«-Zitat über Kinder als Vorboten der »goldenen Zeiten« steht und Novalis auch von Tiecks »Volksmärchen« und der Übersetzungsarbeit am »Don Quijote« des Cervantes Kenntnis hatte – er war also auf die Begegnung mit dem Poeten vorbereitet.

Sie verlief geradezu sensationell. Das Dokument dazu stammt vom schon zitierten Tieck-Biographen Rudolf Köpke, einem engen Freund des Dichters, der sich auf dessen mündliche und schriftliche Äußerungen berufen konnte – die direkten Aussagen und Handlungen der beiden Poeten nach dem Treffen geben Köpkes in schlichtem Deutsch geschriebener Erzählung Glaubwürdigkeit:

> Es war ein schöner Abend, als die Freunde während des Besuchs, den Tieck im Sommer 1799 in Jena machte, zum ersten Mal vereint waren. Novalis war aus Weißenfels gekommen. A.W. Schlegel

hatte den Vermittler gemacht. In bewegten Gesprächen hatten sie die Herzen gegeneinander aufgeschlossen, geprüft und erkannt, die Schranken des alltäglichen Lebens fielen, und beim Klange der Gläser tranken sie Brüderschaft. Mitternacht war herangekommen, die Freunde traten hinaus in die Sommernacht. Wieder ruhte der Vollmond, des Dichters alter Freund seit den Tagen der Kindheit, magisch und glanzvoll auf den Höhen um Jena. Sie erstiegen den Hausberg, und eilten weiter über die Hügel. Endlich begleiteten sie Novalis nach Hause, der Morgen war nicht mehr fern. Als man Abschied nahm, sagte Tieck: »Jetzt werde ich den ›Getreuen Eckart‹ vollenden. »Wenn du das kannst nach diesem Abend, nach diesem Spaziergange« erwiderte Schlegel, »dann werde ich dich hoch in Ehren halten.« Tieck löste sein Wort ein. In den Morgenstunden vollendete er die Erzählung, und noch an demselben Tage theilte er sie den Freunden mit.

Da sich Tieck, gewiß auch unter dem Eindruck der stürmisch geschlossenen Freundschaft zu Hardenberg, entschloß, im Oktober mit seiner jungen Frau Amalie geborene Alberti und dem Anfang des Jahres geborenen Töchterchen Dorothee nach Jena überzusiedeln, ergaben sich weitere vertrauliche Kontakte. Am 20. Juli speisten Tieck, Hardenberg und Schlegel bei Goethe. Um den 26. Juli begleitete der Salineningenieur die Tiecks nach Burg Giebichenstein bei Halle zur Familie des Komponisten, Zeitschriften-Herausgebers und derzeitigen Salinendirektors Johann Friedrich Reichardt, der mit Amalies älterer Schwester Johanna verheiratet war und ein gastfreundliches Haus hielt – Novalis bedankte sich am 6. August »mit Liebe jenes frohen Abends« auf Burg Giebichenstein, »der so reich an mannichfachen Genüssen war und durch den schönen Ort noch schöner ausgehoben wurde. Eine einfache Beschreibung gäbe ein liebliches Romantisches Bruchstück.« Gleichzeitig übermittelte er Frau Tieck von Mutter und Schwester »auf das freundlichste« eine Einladung zum Besuch in Weißenfels – es weht durch diese wie durch die noch folgenden Äußerungen eine herzliche menschliche Wärme, die aus Hardenbergs tiefer familiärer Grundstimmung erwächst; wir beklagen dabei nur, daß leider kein Brief Tiecks an den Weißenfelser Freund überliefert ist.

Der Einladung folgte die Familie Tieck Mitte Oktober auf der Durchreise von Berlin nach Jena. Sidonie von Hardenberg hob den Besuch und die sich anbahnende Freundschaft der Familien inmitten reichlicher anderer Gäste-Aufwartungen lobend hervor: »Die schönste der Abhaltungen ... war ein Besuch des Dichters Ludwig Tieck und seiner Frau aus Berlin mit einem Kinde, ich habe ihnen einen frohen Tag zu danken.« Laut Köpke soll Tieck im Weißenfelser Familienkreis besonders vom ernsten, stillen Leben einer prunklosen, aber wahren Frömmigkeit nach Herrnhuter Lehre beeindruckt gewesen sein; der Gastgeber, »der alte Hardenberg ... eine hohe, ehrwürdige Natur, stand wie ein Patriarch in der Mitte talentvoller Söhne und lieblicher Töchter ..., wenn die Gelegenheit es bot, konnte er derb und rückhaltlos seine Ansichten aussprechen, oder in plötzlichem Jähzorn auflodern.« Merkwürdigerweise steht dazu in Tiecks kurzer Novalis-Biographie, die 1815 als Vorwort zur dritten Auflage seiner Schriften erschien, gar nichts.

Die Freunde waren kurz danach beim Frühromantiker-Treffen erneut vereint; wir werden darauf noch eingehen. Am 15. November 1799 besuchten beide Jean Paul in Weimar. Bis zum letzten Zusammentreffen vom 20. bis 22. Juni 1800 in Weißenfels, wenige Tage nach Hardenbergs großer geognostischer Expedition, haben wir nur zwei, allerdings gewichtige Briefe an Tieck, 23. Februar und 5. April. Über den Juni-Besuch selbst liegen zwei eindrucksvolle Dokumente vor. Der Brief Sidonies an Wilhelmine Thielmann, Julies Schwester, datiert auf den 7. Juli, ist eines der schönsten Zeugnisse um Novalis, die nicht von seiner Hand und nicht an ihn gerichtet sind. Die sehr kluge, feinfühlige junge Frau zeichnet darin ein verbales Silberstift-Porträt der Amalie Tieck, die beim November-Treffen von den Schlegel-Damen herabgesetzt und – aus Neid auf ihre Jugendlichkeit? – lächerlich gemacht worden war. Sidonie sieht »ein ganz reines und unverdorbnes weibliches Wesen voll tiefen Gefühls und zarter Fantasie, sie hat Sinn für alles und weiß immer das Schönste und Beste heraus zu finden; sie ist wirklich außerordentlich gebildet und es scheint doch eben alles nur Natur, so natürlich und anspruchslos spricht sie ihre Urteile aus, die doch gewöhnlich sehr richtig und in den Geist der Schriftsteller eindringen; was mir aber an ihr am meisten gefällt, ist ihre Zärtlichkeit für ihren Mann und ihr Kind, die sie beide mit der größten

Leidenschaft liebt.« Weiter entwirft Hardenbergs Schwester ein treffliches Tieck-Porträt, preist seine Liebenswürdigkeit, das ungemein Anziehende seiner Physiognomie, sein stilles Äußeres – und dem entgegen jene später, durch Tiecks Dresdner Zimmer-Theater europaweit berühmt gewordene Vortragskunst des Dichters bei Ein-Mann-Lesungen aller Rollen, die er nach Sidonies Schilderung in Weißenfels aus Dramen Holbergs und Shakespeares vorführte.

Das zweite Dokument zum Tieckschen Besuch im Juni 1800 in Weißenfels ist ein Nachtrag: 1815 schildert der Dichter des »Sternbald«, auf die letzte Begegnung mit Novalis zurückblickend, den Freund als »wohl und heiter, auch sein Ansehn unverändert, obgleich die Seinigen ... etwas besorgt ... Blässe so wie zunehmende Magerkeit an ihm bemerken wollten.« Hardenbergs aufmerksame Diät als unnötig kritisierend, glaubte Tieck Novalis in guter Verfassung:

»Wir gingen oder ritten alltäglich spatzieren, bei schnellem Hinanklimmen der Hügel, bei jeder auch gewaltsamen Bewegung konnte ich keine Schwäche der Brust, oder kürzeren Athem an ihm wahrnehmen ... Er war begeistert vom Planen seines künftigen Glücks, seine Wohnung war schon eingerichtet, denn im August wollte er mit seiner Braut feyern; ebenso gern sprach er von der baldigen Vollendung des Ofterdingen und anderer Bücher; sein Leben schien sich in die reichste Thätigkeit und Liebe auszubreiten ... Als ich von ihm Abschied nahm, konnte ich durchaus nicht ahnden, daß ich ihn nicht wieder sehn würde.«

Dieser Abschied geschah in Giebichenstein, wohin Hardenberg den Tiecks, die von dort aus nach Berlin zurückkehrten, ein zweites Mal gefolgt war, diesmal für drei harmonische Tage.

Die Bedeutung der neuen Freundschaft stellte Hardenberg bereits im Einladungs- und Dankbrief vom 6. August 1799 heraus: »Deine Bekanntschaft hebt ein neues Buch in meinem Leben an – An Dir hab ich so manches vereinigt gefunden – was ich bisher nur vereinzelt unter meinem Bekannten fand – Wie meine Julie mir von allen das Beste zu besitzen scheint, so scheinst auch Du mir jeden in der Blüthe zu berühren und verwandt zu seyn. Du hast auf mich einen tiefen, reitzenden Eindruck gemacht – noch hat mich keiner so leise und doch so überall angeregt wie Du. Jedes Wort von Dir versteh ich ganz. Nirgend stoß ich auch nur von weiten an. Nichts menschliches ist dir fremd – Du nimmst an allem Theil – und breitest Dich leicht wie ein Duft, gleich über alle Gegenstände und hängst am liebsten Dich an Blumen. Gehe ja in Weißenfels nicht vorbei.«

Die intuitive Geschwindheit, mit der Novalis am Abend des 17. Juli 1799 das hier Ausgesprochene offenbar schon nach kurzem Austausch empfand, erinnert an die schnelle Ergriffenheit beim Anblick von Sophie am 17. November 1794; die Übereinstimmung mit Julies Wesenheit und die vielblättrige Blüten-Blumen-Metapher drücken die Tiefe, Feinheit und Universalität der Freundesliebe aus, wobei Tieck im Gegensatz zum eher schroffen, scharfen, heftigen, aggressiven Freund Friedrich Schlegel weich, zartfühlend, sensibel erscheint, was Novalis ebenfalls im Bilde des Blühens einfängt. Tieck war ganz und gar Poet, Phantasie-Dichter auch des Wunderbaren, Unheimlichen, Unendlichen, das man bald als Wesenszüge des Romantischen deuten wird; er war außerordentlich vielseitig als Lyriker, Romancier, Schöpfer von Märchen und Novellen, Dramatiker, Essayist, Entdecker und Herausgeber altdeutscher Dichtung wie des Nibelungenliedes, Übersetzer großer ausländischer Literatur – Dichtungstheorie und Philosophie lagen ihm nicht, und Novalis nahm das alles mit seiner vielfach bewährten intuitiven Auffassungsgabe brüderlich wahr.

Das galt auch für Tiecks Schwächungen und Schwankungen durch Krankheiten: einen Sturz vom Pferd, quälenden Rheumatismus: »Es thut mir herzlich leid, daß Du noch immer Dein Kniereißen nicht los bist. Hoffentlich hast Du alles gebraucht, was in solchen Fällen versucht wird – als warme Bäder, Bandagen von Wachstaffent, Elektricität, Guajac und Tafia, Säuren und Mercurialmittel ... Du musst im Frühjahr nach Teplitz gehen, wenn es sich nicht verliert.«

Hardenberg suchte dem Freund auch in seinen anhaltenden Finanznöten zu helfen – freilich nicht mit zahlungskräftigen Verlegern, die ihm fehlten, sondern durch einen überraschenden, aber wohl einleuchtenden Ratschlag: Das Schlimme sei, daß Tieck keinen bestimmten Aufenthalt habe; viel leichter könne er Geld kriegen, wenn er an einem Ort heimisch werde und mit vielen Leuten auf vertraulichem Fuße stehe: »Sähen sie dann Deine genaueingerichtete Wirthschaft und Du hättest Geldbedürfnisse, so würden sie Dir ohne große Umstände borgen.« Hardenberg meinte auch, daß Tieck, wenn er nur eine kleine Stelle hätte, eine Menge Kreditgeber fände – Novalis wußte freilich auch, daß Tieck trotz aller finanziellen Bedrängnisse nichts anderes als freier Schriftsteller sein wollte.

Es leuchtet ein, daß gerade auch in dieser Lage die beiden Dichter Werkstattgespräche führen. Im zitierten Knieschmerz-Brief spricht Novalis den Freund auf dessen mit August Wilhelm Schlegel geplante Cervantes-Übersetzungen an und schreibt: »Ich höre, daß Du eine wundersame Melusine gedichtet hast« – Tieck hat in der Tat eine 1456 als deutsches Volksbuch erschienene, ursprünglich altfranzösische Sage von einer Meerjungfrau als »Sehr wunderbare Historie von der Melusine« in den 2. Band seiner »Romantischen Dichtungen« (1800) aufgenommen. Ein zweiter Plan des Freundes scheint Novalis noch stärker zu interessieren: »Dein Gedicht über Böhme.« Etwa zur gleichen Zeit, da die Kooperation von Novalis und Tieck beginnt, hat sich der »Sternbald«-Verfasser nämlich intensiv mit dem Görlitzer Mystiker Jakob Böhme (1575–1624) beschäftigt, freilich ohne das angekündigte Poem wirklich zu schreiben. Der Tieck-Biograph faßt wesentliche Züge des Böhmeschen Werkes und seiner Wirkung auf den deutschen Romantiker zusammen: »Tieck, kein Kenner der Mystik, aber empfänglich für religiöses Empfinden, mochte sich durch vieles angesprochen fühlen: durch die poetische Dunkelheit und den Reichtum an Assoziationen und Widersprüchen, durch das neuplatonische Bewußtsein, daß die umgebende Natur Zeugnis des Göttlichen sei; durch den Gedanken, mystische Erleuchtung hebe theologische Spekulationn auf. Böhme lehrte ihn, Gott sei in allem und so in jedem, der nach dem Göttlichen strebt ... Jakob Böhme sah in der Phantasie den Traum, den Schlaf, in den Pflanzen und Blumen des Paradieses den Ausdruck der Liebe und des Ewigen – und diese Vorstellungen konnte Tieck mühelos übernehmen.« Das galt prinzipiell auch für Novalis, der den seinerzeit der Ketzerei Beschuldigten immer nur »Böhm« nannte – punktuell hatte er schon vor dem Bund mit Tieck Anstöße durch Empfindungen, Bilder und Visionen des dichtenden und spekulierenden Schusters empfangen; jetzt studierte er Werke, wenn auch wohl nicht systematisch; er legte, vermutlich noch Ende 1800, eine siebzehnteilige Werkliste an und schickte dem befreundeten Anreger eine Böhm-Miniatur: »Man sieht durchaus in ihm den gewaltigen Frühling mit seinen quellenden, treibenden, bildenden und mischenden Kräften, die von innen heraus die Welt gebären – Ein ächtes Chaos voll dunkler Begier und wunderbaren Leben – einen wahren, auseinandergehenden Microcosmus.«

Im selben Brief signalisiert Novalis Tieck den Fortgang seiner Arbeit an den literarischen Hauptwerken; gleichzeitig informiert er auch Friedrich Schlegel darüber, der ihm gerade mitgeteilt haben muß, daß die »Geistlichen Lieder« im »Athenaeum« erscheinen sollen, und dem er noch ein langes Gedicht ankündigt – gemeint ist die erste Fassung der »Hymnen an die Nacht.« Überhaupt steckt er voller Schreib-Pläne: »Ich habe jetzt nichts im Kopfe, als Romane und Lustspiele. Der Lehrling zu Saïs kommt nach der Vollendung des obigen Romans sogleich in die Arbeit«; Lieder und Reden stehen an, er sammelt, ungeachtet des Ballasts der Berufstätigkeit, Stoff zu einem geistlichen Journal: »Ich bin mit Arbeiten überhäuft.« Es scheint freilich, als habe der freie Autor Tieck diese Ebene des schreibenden Freundes ebenso wenig betreten wie Friedrich Schlegel. Zurückschauende Erklärungen für Tieck stellen dar, wie Novalis zum Romanschreiben kam und daß ihm der Weg dorthin nicht leicht fiel: Das jetzt entstehende Buch sei ein erster Versuch in jeder Hinsicht, die erste Frucht der bei ihm wieder erwachten Poesie, »um deren Erstehung Deine Bekanntschaft das größeste Verdienst hat« (eine Bestätigung, die dem Romancier Schlegel für »Lucinde« nie zuteil wurde). Novalis gesteht, daß er »unter Speculanten«, sprich: Philosophen, »ganz Speculation« geworden sei; nun sei es ihm lieb, einen Anfang mit der Ausführung einer größeren Idee gemacht zu haben – viele Jahre habe er es nicht gekonnt, »einen größern Plan mit Geduld auszuführen, und nun seh ich mit Vergnügen diese Schwierigkeit hinter mir.« Daß mit dieser Erleichterung nicht die Vollendung des Romans gemeint sein kann, ist klar; seine beiden Romane blieben ja Fragmente.

Dreizehntes Kapitel

Schleiermachers Reden über Religion – Das Jenaer Romantikertreffen – Goethe als Schiedsrichter – Caroline & Schelling – Zerwürfnis zwischen Caroline und Dorothea – Tod Augustes – Johann Wilhelm Ritter

Ohne daß Novalis und er sich je persönlich kennengelernt hätten, kreuzt der theologische Mitstreiter der Poeten, Friedrich Schleiermacher, doch mehrfach Hardenbergs Pfade. 1768 in Breslau geboren, nach einem frühkindheitlichen Unfall mit Hoch- oder Schiefschultrigkeit geschlagen, Sohn eines Militärpfarrers, nach Kinder- und Jugendjahren in der pietistischen Herrnhuter Brüdergemeine Studium der protestantischen Theologie, seit 1796 Prediger an der Berliner Charité, befreundet, aber nicht liiert mit Henriette Herz, seit 1797 enger Freund Friedrich Schlegels, den er bewundert, auch Dorothea Veits Vertrauter. Der schon berühmte Schlegel, mit dem Schleiermacher längere Zeit die Wohnung teilt, wird ihn gegenüber dem Bruder August Wilhelm freimütig rühmen: »Er ist nur drei Jahre älter wie ich, aber an moralischem Verstande übertrifft er mich unendlich weit. Ich hoffe noch viel von ihm zu lernen. Sein ganzes Wesen ist moralisch.«

Noch vor dem Erscheinen der »Lucinde« veröffentlicht der Theologe anonym eine Schrift, deren Titel scharfsinnig-provokant klingt und Pietisten sicher nicht gefallen kann und deren Kernthesen zumindest im Umkreis der Romantiker starke Beachtung finden: »Über die Religion. Reden an die Gebildeten unter ihren Verächtern«. Über die Religion heißt es da:

> Ihr Wesen ist weder Denken noch Handeln, sondern Anschauung und Gefühl. Anschauen will sie das Universum, in seinen eigenen Darstellungen und Handlungen will sie es andächtig belauschen, von seinen unmittelbaren Einflüssen will sie sich in kindlicher Pas-

sivität ergreifen und erfüllen lassen ... sie will im Menschen nicht weniger als in allen andern Einzelnen und Endlichen das Unendliche sehen, dessen Abdruck, dessen Darstellung ... Vom Anschauen muß alles ausgehen, und wem die Begierde fehlt, das Unendliche anzuschauen, der hat keinen Prüfstein und braucht freilich auch keinen, um zu wissen, ob er etwas Ordentliches darüber gedacht hat ... Anschauen des Universums, ich bitte, befreundet euch mit diesem Begriff, er ist der Angel meiner ganzen Rede, er ist die allgemeinste und höchste Form der Religion, woraus Ihr jeden Ort in derselben finden könnt, woraus sich ihr Wesen und ihre Grenzen aufs genaueste bestimmen lassen.

Schleiermachers Reden über die Religion gipfeln in einer berühmt gewordenen schlagwortartigen, um nicht zu sagen: reißerischen Bilanz: »Religion ist Sinn und Geschmack fürs Unendliche.«

Friedrich Schlegel hat seit seinem Bund mit Schleiermacher diesen und Novalis ständig übereinander informiert, menschlich wie literarisch-theologisch; beiderseitige Texte lernen sie außerdem über das »Athenaeum« kennen. Hardenbergs Verlangen nach den »Reden« erscheint beinahe alarmiert – Schlegel, der es ausgelöst hat, meldet dem Verfasser am 20. September 1799, daß Hardenberg sich das Buch »vor einigen Tagen durch einen Expressen holen« ließ: »Den Erfolg wollen wir nun abwarten.« Er ist nicht durch den Empfänger selbst dokumentiert, sondern durch den Alarmierer – Anfang Oktober berichtet Schlegel Schleiermacher: »Hardenberg hat Dich mit dem höchsten Interesse studirt und ist ganz eingenommen, durchdrungen, begeistert und entzündet. Er behauptet nichts von Dir tadeln zu können, und in sofern einig mit Dir zu seyn.« Das gilt freilich eher Schleiermachers Persönlichkeit als dem Gehalt der »Reden«, und: »Er hat mir einen Aufsatz über Katholizismus verheißen, auch will er über Dein Buch mir etwas aufschreiben.« Das geschah wohl nicht; Schlegel wiederholt zwar in einem Bericht an Schleiermacher, daß dieser auf Hardenberg »eine ungeheure Wirkung gemacht« habe, direkte Meinungsäußerungen des Weißenfelser Dichters zu den »Reden« fehlen jedoch. Übrigens sieht diese auch Friedrich Schlegel zunehmend kritisch und verschweigt das dem Freund nicht, was wiederum zur allmählichen

Abkühlung ihrer Brüderlichkeit und zur Beendigung von Schleiermachers romantischer Phase beiträgt – spürbar wohl bald nach dem Jenaer Treffen, über das Dorothea und Friedrich den zeitweilig als Redaktionssekretär des »Athenaeums« in Berlin tätigen Prediger aber noch prompt und zuverlässig unterrichten.

Das Treffen, das als erster Höhepunkt der jungen frühromantischen Bewegung in die Literaturgeschichte einging, fand vom 11. bis 14. November 1799 in einem geräumigen Hinterhof-Haus des Jenaer Löbdengrabens nahe dem Roten Turm statt. Hier wohnte August Wilhelm Schlegel, derzeit Professor für Literatur und Ästhetik und während der Tagung eine Art Vorsitzender, mit seiner Ehefrau Caroline und deren inzwischen vierzehnjähriger Tochter Auguste – sie weilte zur Zeit des Treffens in Dessau bei der Familie des bekannten Malers Tischbein, der sie im gleichen Jahr porträtierte. Friedrich Schlegel und seine Geliebte wohnten schon seit ihrem Umzug aus Berlin im gleichen Haus, die Tiecks seit Oktober ebenso; Schelling, auf Goethes Empfehlung außerordentlicher Professor der Philosophie, hatte seinen Wohnsitz ohnehin in der Saale-Stadt. Novalis, der am 10. November auf dem Familiengut Schlöben nahe Jena der Trauung seiner älteren Schwester Caroline mit dem Oberlausitzer Gutsherrn Friedrich von Rechenberg beiwohnte, konnte sich in den folgenden Tagen vom Salinendienst freimachen; sein Bruder Karl, inzwischen Leutnant, der auch als Lyriker dilettierte, begleitete ihn. Der mit Karl gleichaltrige, eigenwillige Physiker Johann Wilhelm Ritter, den Novalis durch seine Schrift »Beweis, daß ein beständiger Galvanismus den Lebensprozeß in dem Tierreich begleite« (1798) entdeckt hatte und während des Treffens erstmals besuchte, wurde als Gast der Dichter aufgenommen.

Die viertägige Begegnung war durch lange, leidenschaftliche Gespräche und Diskussionen über die vorgelesenen Texte und über Grundfragen der jungen romantischen Poesie geprägt; es wurde also intensiv gearbeitet – daß es dabei auch hoch, gesellig und heiter hergehen konnte, verrät eine Schilderung Friedrich Schlegels an Schleiermacher: »Hier geht's ziemlich bunt und störend durcheinander – Religion und Holberg, Galvanismus und Poesie. Du kannst es leicht denken, was zwey solche Feuer und Wasser sprudelnde Menschen wie Hardenberg und Tieck für ein Wesen zusammen treiben.«

Das Poetenfestival hatte zwei Höhepunkte: Die Lesungen von Novalis und Tieck. Der Weißenfelser Dichter trug – wohl in der Reihenfolge, die der eben zitierte Brief Schlegels an Schleiermacher verzeichnet – »einen Aufsatz über Christentum« vor, der viel später, nach langwieriger Publikationsgeschichte, als »Die Christenheit oder Europa« einen Platz im postum veröffentlichten Werk bekam – und sodann, laut Schlegel, »christliche Lieder ... das göttlichste was er je gemacht«, Gedichte also aus dem späteren Zyklus »Geistliche Lieder«. Ludwig Tieck las an zwei Abenden sein monumentales Drama »Leben und Tod der heiligen Genoveva«; das über 6000 Verse umfassende Werk, das er Anfang Dezember auch einem Hörerkreis um Goethe darbot, und die Lieder von Novalis erhielten starken Beifall der Versammelten.

Wieviele und welche Lieder Hardenberg las, ist nicht belegt. Immerhin gibt es, zum Beispiel durch Auswertung der Handschriften, die für zehn von fünfzehn der »Geistlichen Lieder« erhalten sind, hohe Wahrscheinlichkeiten, wobei aber festzuhalten ist, daß die Zusammenführung der Texte als Zyklus samt Numerierung nicht vom Dichter selbst stammt und daß bis November 1799 erst ein Teil dieser wohl bekanntesten Novalis-Gedichte geschrieben war: »Eine Analyse der erhaltenen Handschriften datiert die Lieder Nr. I, II, IV, V, VIII und IX auf den Sommer und Herbst 1799«, so Hans Jürgen Balmes. Wir geben ihre Anfangsverse: »Was wär ich ohne dich gewesen« (I), »Fern in Osten wird es helle« (II), »Unter tausend frohen Stunden« (IV), »Wenn ich ihn nur habe« (V), »Weinen muß ich, immer weinen« (VIII), »Ich sag' es jedem, daß er lebt« (IX) – die postume Bekanntheit der Lieder wird schon durch diese Eingangzeilen deutlich.

Auf dominierendem religiösen Grund zeigten die erfolgreichen Hardenbergschen und Tieckschen Texte ungeachtet ihres kolossal unterschiedlichen Umfangs einige besondere, auch von den Zuhörern gefühlte und gewürdigte Gemeinsamkeiten: erotische Obertöne, mystische Anklänge und die Todesthematik, was freilich den Spötter Friedrich Schlegel nicht daran hinderte, sich im Brief an Schleiermacher über Tieck lustig zu machen: Der wolle ja auch solche Lieder wie Hardenberg machen, obwohl er kein derartiges Lied herausbringe, »auch wenn er Millionen innerliche Burzelbäume schlägt.«

Im Gegensatz zu den Gedichten fand Hardenbergs »Aufsatz über

Christenthum« wenig Anklang, wohl hauptsächlich wegen seines tatsächlichen oder vermeintlichen Katholizismus. Der Verfasser nahm die Abwehr der Freunde gelassen hin – selbst die Attacken Schellings, den die starke religiöse Dominanz des Treffens insgesamt und Hardenbergs Aufsatz im besonderen zu ärgern schien: »Da die Menschen«, meldete Friedrich Schlegel nach Berlin, »es so grimmig trieben mit ihrem Wesen, so hat Schelling durch einen neuen Anfall von seinem alten Enthusiasmus für die Irreligion bekommen, worin ich ihn denn aus allen Kräften bestätigte. Drob hat er ein Epikurisch Glaubensbekenntniß in Hans Sachs Goethes Manier entworfen, welches Du auch das nächstemal haben sollst.« Das an Ort und Stelle wohl über Nacht verfertigte Pamphlet hieß vollständig »Epikurisch Glaubensbekenntnis Heinz Widerporstens« und war in holprigen, um nicht zu sagen plumpen, rasch hingeworfenen Knittelversen abgefaßt.

Unter den Teilnehmern des Dichter-Kolloquiums kam der Gedanke auf, sowohl den Essay Hardenbergs, der auf »Widerporst« amüsiert reagierte, als auch Schellings grobianischen Wurf im »Athenaeum« zu veröffentlichen. Als keine Einigung darüber zustande kam, wurde beschlossen, Goethe um ein Gutachten zu bitten – er riet, nach einigem Überlegen, von der Publikation ab. Novalis nahm die Entscheidung ohne Groll hin; daß er den brisanten Text, den er auch als Rede für geeignet und publizierbar hielt, schließlich zur Seite legte, trug sicher zum jahrzehntelangen Verschwinden bei. Immerhin sind drei unmittelbare Reaktionen auf die Befolgung von Goethes Rat überliefert, sie sind alle an Schleiermacher gerichtet. Friedrich Schlegel schrieb sarkastisch: »Du weißt nun, daß Wilhelm nach seiner Weisheit, der ichs überlassen, beschlossen hat, beide Geisteswerke im Abyssus des Ungedruckten ruhen zu lassen. Goethe hat ihm dasselbe gerathen, und Du hast wenigstens diesmal mit dem alten Herrn eingestimmt, denn an ein Aendern ist bei Hardenberg nicht eben sehr zu denken.« August Wilhelm begrüßte Goethes Rat vorbehaltlos: »Daß die Nicht-Einrükkung des Aufsatzes von Hardenberg und des Widerporst beschlossen worden, wird Friedrich gemeldet haben. Ich war schon früher dieser Meynung, wurde aber überstimmt und provocirte auf Goethe. Dieser ist dann sehr in die Sache eingegangen, und hat mit umständlicher und gründlicher Entwicklung gegen die Aufnahme und für mich entschieden. Ich wollte, daß Sie die schönen Reden, die er mir bey diesen und andren Gelegenheiten gehalten, mit hätten anhören können, es würde Sie entzückt haben. Ueberhaupt hat sich Goethe bei diesem ganzen Handel so herzlich und wahrhaft väterlich gegen uns genommen, daß sein Rath alle Rücksicht verdient.«

Aus vollem Herzen stimmte Dorothea Veit Goethes Vorschlag zu: »Europa und Widerborst werden beyderseits nicht im Athenaeum gedruckt. Dem Himmel sey es tausendmahl und noch tausendmahl gedankt. Ich war gleich von vorne herein sehr dagegen, aber das war eine Stimme in der Wüste. Endlich wollte es Wilhelm nicht ohne eine Note, die wollte Schelling nicht, Goethe ward zum Schiedsrichter genommen und der hat es ganz und gar verworfen! Vivat Goethe!« Ihr triumphales Votum gegen beide Opera paßte zu ihrer durchaus kritischen Sicht auf das Romantiker-Treffen überhaupt, wobei auch von ihr Einwände gegen die große Rolle christlicher Themen zu hören waren: Noch hatte sie ja dem ihr von Kindesbeinen an eingepflanzten jüdischen Glauben nicht entsagt – so ist auch die ihrem Urteil zu Hardenbergs ganz eigenem Wesen folgende, etwas schnippische Bemerkung kurz nach dem Ende des Treffens nicht verwunderlich: »Das Christenthum ist hier à l'ordre du jour; die Herrn sind etwas toll. Tieck treibt die Religion wie Schiller das Schicksal; Hardenberg glaubt Tieck, ist ganz und gar seiner Meinung; ich will aber wetten was einer will, sie verstehen sich selbst nicht, und einander nicht.«

Dorotheas Goethe-Enthusiasmus hat freilich noch einen im doppelten Sinne schmeichelhaften Hintergrund: Schon am 14. November, dem letzten Tagungstag, in der mittäglichen Arbeitspause geschah etwas Überraschendes, das sie dem Berliner Freund freudig, aber auch mit einem sympathischen Schuß Selbstironie schilderte:

> Nun hören Sie! Gestern Mittag bin ich mit Schlegel's, Caroline, Schelling, Hardenberg, und einem Bruder von ihm dem Lieutenant Hardenberg, im Paradiese (so heißt ein Spaziergang hier) – wer erscheint plötzlich vom Gebirg herab? Kein andrer als die alte göttliche Excellenz, Goethe selbst. Er sieht die große Gesellschaft, und weicht etwas aus, wir machen ein geschicktes Manöver, die Hälfte der Gesellschaft zieht sich zurück, und Schlegels gehen ihm mit

mir grade entgegen. Wilhelm führt mich. Friedrich und der Lieutenant gehen hinterdrein. Wilhelm stellt mich ihm vor, er macht mir ein auszeichnendes Compliment, dreht ordentlicher Weise mit uns um, und geht wieder zurück und noch einmal herauf mit uns, und ist freundlich und lieblich, und ungezwungen und aufmerksam gegen Ihre gehorsame Dienerin. Erst wollte ich nicht sprechen, da es aber gar nicht zum Gespräch zwischen ihm und Wilhelm kommen wollte, so dachte ich, hohl der T. die Bescheidenheit, wenn er sich ennuirt, so habe ich unwiederbringlich verloren! Ich fragte ihn also gleich etwas, über die reissenden Ströhme in der Saale, er unterrichtet mich, und so ging es lebhaft weiter, ich hab ihn mir immer angesehen, und an alle seine Gedichte gedacht; dem W. Meister sieht er jetzt am ähnlichsten. Sie müssten sich todt lachen wenn sie hätten sehen können wie mir zu Muthe war, zwischen Goethe und Schlegel zu gehen.

In Dorotheas Schilderung fallen drei Details auf: Tieck fehlt beim Spaziergang, er ist sicher bei Frau und Kind; Novalis ist dabei, aber ganz zurückhaltend, Gespräch oder Wortwechsel finden nicht statt; und die Berichterstatterin nennt, eine Generationsschranke sprachlich aufstellend, Goethe die alte Exzellenz – er ist gerade fünfzig!

Das Jenaer Romantiker-Treffen fand keine gleichartige Fortsetzung und begründete keine neuen dauerhaften literarischen Verbindungen – zu eigenwillig und empfindlich waren die einzelnen Protagonisten, ungeachtet aller Gemeinsamkeiten ihrer theoretischen Positionen und ihrer poetischen Praxis. Spannungen waren jedenfalls unvermeidlich und blieben während der vier »heißen« Tage allenfalls verdeckt. Sie trafen zum Beispiel die Tiecks: So stark die »Genoveva« gelobt wurde, es blieben doch Anstößigkeiten: Zu sehr ließ der Dichter wohl seine finanziellen Kalamitäten spüren, zu geringschätzig wurde seine junge Frau, im krassen Gegensatz zur freundschaftlichen Weißenfelser Wärme, besonders durch Caroline und Dorothea gemustert und bekrittelt; daß Novalis – wie seine Schwester – Amalie Tieck mochte, führte zu Lästereien und scheint ihr eher geschadet zu haben: »Hätte sie Anmuth und Leben, und etwas mehr am Leibe als einen

Sack, so koente sie für hübsch gelten«, meldete Caroline an Tochter Auguste über »die Tiek«; Dorothea behauptete, man halte »Malchen ... allenthalben für das Unbegreifliche an Tieck« – der seinerseits die Lästermäuler in einem Brief an seine Schwester Sophie als »diese abgeschmackten Huren« schalt, die ihre Männer »zu wahren Affen« machten. Die schon erwähnte Mißbilligung von Hardenbergs Zuneigung zu den Tiecks ist gewiß übertrieben, trug aber zu den Spannungen bei; außerdem wirkte sie über das Treffen hinaus weiter: Dorothea urteilte im März 1800, bereits nach dem Ausbruch der Entfremdung zwischen ihr und Caroline, gegenüber Schleiermacher: »In der Despoten Republik sind Tiecks übrigens die outlaws.«

Novalis, der sich nur ab und zu bei den Schlegels am Löbdengraben blicken ließ, blieb in seinen Freundschaftsbekundungen unbeirrt. Unter Hinweis auf Tiecks hartnäckiges Rheuma-Leiden bat er Friedrich Schlegel am 31. Januar 1800: »Grüße diesen lieben Menschen und seine Frau auf das zärtlichste und brüderlichste von mir. Ich liebe sie unaussprechlich.« Möglichem Unwillen des derart Gebetenen, der keine sonderlich hohe Meinung von Tiecks künstlerischen Qualitäten hatte, beugte er klugerweise vor, indem er ihn nach seinen Terzinen »An die Deutschen« fragte, ihm und Wilhelm für die »Geistlichen Lieder« im »Athenaeum« den Titel »Probe eines neuen, geistlichen Gesangbuchs« vorschlug, den Brüdern gleichzeitig »ein langes Gedicht«, nämlich die »Hymnen an die Nacht« schickte und Friedrich die bevorstehende Vollendung des Romans »Heinrich von Afterdingen« ankündigte: noch vor der – allerdings umfangreicheren – Information an Ludwig Tieck vom 23. Februar 1800.

Zwei Entwicklungen, die zeitweilig ineinander wirkten, trugen zum Zerfall der Jenaer Gemeinsamkeit bei: Das Liebesverhältnis von Caroline Schlegel und Schelling, das zur Auflösung ihrer Ehe mit August Wilhelm führte, und das Zerwürfnis zwischen Dorothea und Caroline.

Caroline schien zunächst eher kritisch über den zwölf Jahre jüngeren Philosophieprofessor zu urteilen: Er sei, schrieb sie dem Schwager, »ein Mensch um Mauern zu durchbrechen«, eine rechte Unnatur, als Mineralie betrachtet, echter Granit. Friedrich entgegnete, scheinbar eher belustigt: »Aber wo wird Schelling, der Granit, eine Granitin finden? Wenigstens muß sie doch von Basalt seyn?« – so beide Ende

Oktober 1798. Am 4. Februar 1799 rückt Caroline das Bild des jungen Gelehrten gegenüber Novalis schon in helleres Licht: »Was Schelling betrifft, so hat es nie eine sprödere Hülle gegeben. Aber ungeachtet ich nicht 6 Minuten mit ihm zusammen bin, ohne Zank, ist er doch weit und breit das Interessanteste was ich kenne, und ich wollte, wir sähen ihn öfter und vertraulicher.«

Zur Zeit des Dichtertreffens im November 1799 ist aus Vertraulichkeit innige Liebe geworden, für Caroline nach zwei Ehen die erste wirkliche Liebe ihres Lebens. Die nicht alltägliche Beziehung wird während der Zusammenkunft nicht verschwiegen, bleibt auch am Ort nicht verborgen und trägt zur weitgehenden gesellschaftlichen Isolierung der Künstler bei, über die sich Goethe hinwegsetzt – die junge Frau des Verlegers Frommann, mit dem Tieck erfolgreich über Publikation verhandelt, empört sich über »Fälle von Misachtung der ehelichen Treue und ... die Leichtigkeit, womit manche Ehe geschlossen und gelöst wurde.« Gewichtiger und folgenreicher für die unmittelbar Betroffenen ist die Reaktion Friedrich Schlegels, bei dem eine intellektuelle Eifersucht gegenüber Schelling mitspielen mag: Obwohl sein Bruder, der selber außereheliche Beziehungen hat und nicht die Rolle des eifersüchtigen Partners spielen will, das Verhältnis seiner Frau hinnimmt und das Getuschel der Jenaer Spießer ignoriert, deutet Friedrich das Verhältnis der von ihm früher selbst still geliebten Schwägerin als Kränkung August Wilhelms und versucht – vergeblich –, diesen gegen das Liebespaar aufzustacheln.

Zweitens: Die Feindseligkeit zweier intelligenter Frauen, die – peinlich für beide, ergiebig für Biographien – jahrelang auf einem psychischen Schlachtfeld gegeneinander kämpfen. Dabei liebt Dorothea ihren Mann, vergißt oder verdrängt aber, daß sie selber aus der aufgezwungenen Ehe mit einem ungeliebten Mann ausgebrochen ist. Caroline hingegen kann immer darauf verweisen, daß sie ihren Ehemann nicht aus Liebe geheiratet hat, vergißt aber, daß diese Ehe für sie Schutzraum in schwieriger Lebenslage war.

Novalis hat diese Kämpfe sicher wahrgenommen, sich aber nicht dazu geäußert – bis zu einem alle Beteiligten völlig überraschenden Ereignis. Schon Jahre vor dessen Eintreten im Juli 1800 hatte er, wie wir wissen, freundschaftliche Beziehungen zu den Schlegels, mit Caroline zwischen Anfang Juli 1798 und Ende 1799 sogar einen kürzeren, aber sehr lebendigen Briefwechsel – erhalten sind von beiden Partnern je drei Schreiben, dazu von Caroline eine Kurzmeldung, an mehreren Stellen aber sind Lücken von verlorenen Briefen zu erkennen. Alle diese Zeugnisse sind freundlich, teils herzlich, insbesondere wo die Rede von Julie von Charpentier, von ihrem Gesichtsschmerz und von der vertraulich mitgeteilten Verlobung ist. Auch Schelling kommt vor, Hardenberg kritisiert die schriftstellerischen Schwächen des Philosophen: »Je tiefer ich in die Unreife von Schellings Weltseele eindringe – desto interressanter wird mir sein Kopf – der das Höchste ahndet und dem nur die reine Wiedergebungsgabe fehlt – die Göthe zum merckwürdigsten Physiker unsrer Zeit macht. Schelling faßt gut – er hält schon um vieles schlechter und nachzubilden versteht er am Wenigsten.« Caroline gibt, ausgehend von der metaphorischen »spröderen Hülle«, ein profiliertes Charakterbild des »weit und breit Interessantesten« – auf die keimende große Liebe spielt sie nicht an. Was Novalis heraushört, weiß man nicht.

Caroline erwähnt Ritter, Steffens, nach deren Bekanntschaft auch Hardenberg verlangt, und – kritisch – Schillers Wallenstein-Dramen; sie beklagt zum Treiben der Romantiker, daß sie »wenig ... von eurem Wesen begreife«, das ihr wie »ein rechter Zauberkessel« vorkommt; auch ihre bereits erwähnten Anmerkungen zur »Lucinde« gehören hier hin. Andere Themen des Briefwechsels sind der Atheismusstreit um Fichte, Hardenbergs Leben zwischen dem Bergbaustudium und dem Wunsch nach Poetisierung des Daseins, seine Beschäftigung mit Ritter und Baader, mit Goethe als »Liturg der Physik«, Reflexionen über die Frauen als Naturmenschen – manches spontan und aktuell, anderes lange durchdacht und auf hohem Niveau, und alles, selbst im Widersprechen, respektvoll, vertraulich, warmherzig: »Wir lieben Sie herzlich«, beendet Caroline ihren Brief vom 15. November 1798; »mein liebster Freund« nennt sie ihn nach der Verlobungsnachricht – und Novalis seinerseits: »Die Madonna erhalte Sie gesund und beschütze unsre Freundschaft« (September 1798); »Wilhelm und Augusten tausend herzliche Grüße« (Januar 1799).

Am 30. September 1799 ist eine leichte, durch Eifersucht bedingte, wohl vorübergehende Trübung der Freundschaft nachweisbar: Caroline klagt im Brief an die Tochter, Hardenberg habe bei einem Kurzbesuch »recht abgeschmacktes Zeug« mit ihr besprochen, weil er »die Tiek mir vorzieht«. Die dramatische Zerstörung der Freundschaft ereignet sich, unvorhersehbar für alle Beteiligten, erst im Juli 1800. Caroline erkrankt im Bann der großen Liebe zu Schelling und das Ende ihrer Ehe vor Augen, Anfang März 1800 lebensgefährlich an »Nervenfieber«, sprich: Ruhr oder Typhus; ein hilfloser Arzt versagt; Schelling wendet daraufhin eine auf der Erregungstheorie des schottischen Arztes John Brown beruhende Medikation »mit Reizmitteln wie Chinin, Wein, Moschus, Opium, Bouillon und ›nährenden Cremen‹« an – und hat Erfolg.

Zwei Monate später kann Caroline, von ihrer Tochter Auguste begleitet, eine Kur antreten. Wilhelm bringt beide bis Rudolstadt, Schelling führt sie nach Süddeutschland; Mutter und Tochter bleiben erst mehrere Wochen in Bamberg und treffen sich Anfang Juli mit dem Philosophen in Bad Bocklet nahe Bad Kissingen. Caroline erholt sich weiter, aber plötzlich erkrankt Auguste, Diagnose Ruhr. Schelling mißtraut dem Badearzt, kann aber diesmal nicht helfen: Auguste stirbt am 12. Juli, zweieinhalb Monate nach ihrem fünfzehnten Geburtstag.

Alle, die Auguste kannten, schildern sie als eine außergewöhnliche Persönlichkeit. Ricarda Huch schließt aus den überlieferten Quellen: »Das seltsame Geschöpfchen, unschön zuerst, aber von immer zunehmendem Liebreiz, wie es bei Menschen der Fall ist, an deren Schönheit der sich entwickelnde Geist großen Anteil hat, altklug, kindisch, naiv, frühreif, wissensdurstig und vergnügungssüchtig, ein staunenerregendes Durcheinander, mit demselben weichen Gesicht und der blumenhaften Neigung des Kopfes, wie es der Mutter eigen war«. Das paßt zu den Porträts, die Tischbein von Mutter und Tochter gemalt hat. Augustes Gewandtheit drückt sich auch in ihren Briefen an Caroline und Schelling aus – und sie war in die Liebesgeschichte der beiden eingeweiht. Auguste war so etwas wie das Ideal-Kind der Frühromantiker; auch ihr Stiefonkel Friedrich hing an ihr, wechselte Briefe mit ihr, weckte bei ihr die – anfänglich wohl fehlende – Sympathie für Hardenberg und fragte diesen schon Ende September 1797: »Endlich hast Du doch auch Augusten bemerkt. Begreifst Du wohl, daß man so ein Kind so lieben kann?«

So blitzartig wie die Todesnachricht selbst, die ihm Friedrich Schlegel in einem leider verlorenen Brief übermittelt hat, schlägt auch Hardenbergs Reaktion darauf ein. Am 28. Juli antwortet er:

> Du hast mir eine sehr traurige Nachricht geschrieben. Wilhelm dauert mich am Meisten. Hat ihr Tod einen Zusammenhang mit Karolinens Geschichte? Du schreibst mir nicht deutlich darüber. Auguste war ein schönes, liebes Mädchen. Die hellen Farben und der schlanke Wuchs kündigten das frühe Hinscheiden wohl an. Sie wäre sehr reitzend geworden. Der Himmel hat sich Ihrer angenommen, da Ihre Mutter sie verließ und ihr Vater sie hingab. Eben auf der Schwelle der Welt mußte sie umkehren. Sie ist einem trüben Schicksal entgangen, und laß ihr uns glückwünschen und uns freuen, daß sie ein reines, jugendliches Andenken von dieser Welt noch mitnahm.
>
> Der Frieden ihrer Seele komm auf Wilhelm. Für die Mutter ist es eine ernste Warnung. Ein solches Kind läßt sich nicht so leicht, wie ein Liebhaber, erhalten. Sie ist nun ganz frey, ganz isolirt. Ich zweifle, daß Sie es so nimmt, wie es zu nehmen wäre. Die Eitelkeit ist ein unsterbliches Kind.

Ein Hauch von gewagter Obsession geht von dem jungen Naturwissenschaftler aus, den Novalis zum Dichtertreffen mitnahm: Johann Wilhelm Ritter, geboren 1776, protestantischer Pfarrerssohn, ein Leben lang Autodidakt, durch die erwähnte Publikation über Galvanismus bekannt geworden, origineller Anreger in Feldern wie Elektrizitätslehre, Magnetismus und Chemie, in Jena laut Caroline im Brief an Hardenberg als unsichtbarer, nicht ansprechbarer Absender von Fröschen tätig, aber von Goethe als »eine Erscheinung zum Erstaunen, ein wahrer Wissenshimmel auf Erden« gepriesen, ewig in Geldnöten, vor allem wegen komplizierter Versuchsreihen, die er in ärmlichen Zimmern ausführte – oft rücksichtslos am eigenen Körper: »Manche der Selbstversuche, z. B. am Auge, konnten bis heute nicht nachgeprüft werden, weil sich niemand einfand, um eine ähnlich schonungslose Behandlung an sich selbst durchzuführen.«

Ritter hinterließ autobiographische »Fragmente aus dem Nachlasse eines jungen Physikers« (1810), worin er sich als »Unser Freund«

in der dritten Person präsentiert: »Er lebte damals in der größten Zurückgezogenheit in einer abgelegenen Gasse, in einem kümmerlich ausgestatteten Zimmer, und welches er oft vier Wochen lang nicht verließ; im Grunde, weil er nicht wußte, warum, und zu wem es übrigens auch der Mühe werth sey, zu gehen. Seine ganze Gesellschaft waren lange Zeit seine wenigen, aber guten Bücher, dann sein alter, wunderbarer Hauswirth, und er selbst. gewesen.« In diese Kärglichkeit trat Hardenberg im November 1799 ein. »Unser Freund« fährt fort: »In solcher Einsamkeit, und wo unser Freund gewiß nicht glaubte, daß jemand Ursache finden könne, sich um ihn zu kümmern, war es, daß einst ein Mann in sein Zimmer trat, der äußerlich äußerst unbedeutend aussehen konnte, aber kaum noch zu sprechen anfangen durfte, um jedem gleich wie ein uralter Bekannter, der alles um einen wusste, und mit dem man im geringsten nicht Umstände nötig habe, zu erscheinen. Novalis und unser Freund verstanden sich den Augenblick; fürs erste lag auch nicht die geringste Merkwürdigkeit in ihrem Zusammenkommen; letzterem war schlechterdings nur eben, als wenn er einmal laut mit sich selber sprechen könnte. Solches aber war von jeher das Zeichen völliger Gleichgesinntheit, und einer Freundschaft von Aechtheit und Dauer.«

Die Schnelligkeit, mit der sich Novalis und »Unser Freund« fanden, beruht auf beiderseits vorliegender Werkkenntnis und dem Einverständnis darüber, wie man die Natur anschauen, begreifen und deuten müsse: sehr wohl mit den Maßstäben, Instrumenten und Experimenten der revolutionären modernen Naturwissenschaften, aber doch nie ohne das große Ganze im Auge zu behalten. So rückten die neuen Freunde in tiefgreifenden Gesprächen, bei Ritterschen Experimenten-Vorführungen zur Vereinigung von empirischer Forschung und spekulativer, womöglich transzendenter Schau eng zusammen; so notierte Novalis etliche Gedanken Ritters in den »Fragmenten und Studien 1799/1800« und resümierte:

> Ritter sucht durchaus die eigentliche Weltseele der Natur auf. Er will die sichtbaren und ponderablen Lettern lesen lernen, und das Setzen der höhern geistigen Kräfte erklären. Alle äußre Processe sollen als Symbole und lezte Wirkungen innerer Processe begreiflich werden.

Ein konkretes Beispiel ihrer Gespräche gibt Novalis im zitierten Geognosie-Brief an Oppel Anfang Dezember 1799 wieder: Ritter trug ihm Überlegungen zu Experimenten des französischen Chemikers Guyton vor, »die vermuthen ließen, daß die Kieselerde vielleicht nichts, als verbrannter Diamant und also ein Kohlenoxyd sey«.

Selbstverständlich hatte Novalis sofort erkannt, daß der geniale Eigenbrötler finanzielle Hilfe brauchte. Er wandte sich deshalb Ende Januar 1800 an Dietrich von Miltitz, schickte ihm ein nicht überliefertes Bittschreiben Ritters und bat, dem Bittsteller und seinen Forschungen hohes Lob spendend, den Vetter um Hilfe: »Der Bittende ist von Geist und Herz der herrlichste Mensch der Welt. Der ganze Vortrag seines Wunsches wird Dich rühren und Zutraun zu ihm einflößen. Du kannst mit dieser kleinen Summe, die ich im Nothfall Dir gewähren will, einen der edelsten Menschen, dessen Studien unendliche Ausbeute versprechen, auf seine Lebenszeit glücklich machen.« Ein Mensch, fährt Hardenberg fort, der drei Jahre mit 200 Reichstalern auskomme, sich Maschinen und Bücher kaufe, die wichtigsten Entdeckungen mache, dabei den kindlichsten, unverdorbensten Charakter habe, verdiene gewiß jede Aufmerksamkeit und Unterstützung. Am 12. Februar 1800 bedankte sich der Vermittler für die übersandten 60 Reichstaler überschwenglich unter nochmaliger Lobpreisung des armen Empfängers.

Glaubhaft, nur nicht direkt dokumentarisch belegt, ist eine bewegende Reminiszenz Ritters, der sich vorwarf, in Hardenbergs letzter Lebenszeit ihn »nicht mehr so wie früher im Auge behalten zu haben.« Nach dem Tod des Helfers berichtete er: Unser Freund »wurde ruhiger, als ihm aus dessen hinterlassenen Papieren ein Brief zugestellt wurde, den dieser noch wenige Tage vor seinem Tode an ihn angefangen, aber nicht mehr hatte vollenden können. Er enthielt Ermunterungen an ihn, seinem bisherigen Streben treu zu bleiben, und mehrere Aussichten, die dann ihm ganz nothwendig in Erfüllung gehen müßten. Über beyde war hier ein Wort von außerordentlicher Bedeutung gesagt, und wie ein Heiligthum hat unser Freund dasselbe verwahrt und gepflegt.« Der Brief ist, wie Ritters gesamter Nachlaß und ein ihm angeblich vom jungen Herder geschenktes Novalis-Bild, leider verloren gegangen.

Wir fügen dem Porträt des kauzig-genialen Autodidakten noch einige in der Tonart »Kuriosa« geschriebene Sätze hinzu. In seiner ersten dokumentarischen Erwähnung Ritters verwendet Novalis eine selbstironische Metapher: »Ritter ist Ritter und wir sind nur Knappen. Selbst Baader ist nur sein Dichter«, so am 20. Januar 1799 zu Caroline. Ritter hatte auch vertrauliche Kontakte zu Friedrich Schlegel und Dorothea; sie schrieb: »Ich kann Ritter mit nichts vergleichen als mit einer elektrischen Feuermaschine, an der man nur die stille Künstlichkeit bewundert und eben nichts gleich wahrnimmt als das klare Wasser. Wer sie aber versteht, bringt auf den leisesten Druck eine schöne Flamme hervor. Übrigens ist er auch, wie der erste Brief der Lucinde, Schelmerei und Andacht und Essen und Gebet, alles durcheinander.«

Mit der Erinnerung an Friedrich von Hardenbergs Freiberger Studienzeit, an die »Geburt« des in die Öffentlichkeit tretenden Autors Novalis durch »Blüthenstaub« sowie »Glauben und Liebe« 1798 bestaunen wir ein weiteres Mal den geistig-künstlerischen Höhenflug des großen Arbeiters. Gleichzeitig mit den technisch-sozialen Aufgaben und gehäuften Niederschriften des Salinenassessors und Geologen, mit dem Aufstieg in der avantgardistischen Poesie-Bewegung der Frühromantik, mit der schrittweisen Annäherung an das seit Jahren ersehnte Glück von Brautnacht und Ehestand schreibt Novalis von Anfang 1798 bis Ende 1800 die Werke, die ihn nach seinem Tod in den Rang des Welt-Künstlers erheben werden – wobei in diesen drei Jahren auch noch eine besondere werkimmanente Simultanität eintritt: Die Prosa-Texte »Die Lehrlinge zu Saïs«, »Heinrich von Ofterdingen«, »Die Christenheit oder Europa« und die Lyrik-Einheiten »Geistliche Lieder«, »Hymnen an die Nacht« und »Letzte Gedichte« wachsen nicht eines nach dem anderen, sondern überschneiden einander zeitlich, werden sozusagen mehrhändig vorgenommen, lösen einander ab, was auch die jeweiligen Gattungs-Arten und –Zuordnungen betrifft.

Vierzehntes Kapitel

»Die Lehrlinge zu Saïs«

Die Arbeit am Prosawerk »Die Lehrlinge zu Saïs« erwähnt der Dichter erstmals im Brief an August Wilhelm Schlegel vom 24. Februar 1798 als »einen Anfang, unter dem Titel, der Lehrling zu Saïs – ebenfalls Fragmente – nur alle in Beziehung auf Natur« – gleichzeitig mit den »Vermischten Bemerkungen« in derselben Sendung. Offenbar schreibt Novalis gerade den kürzeren ersten Teil »Der Lehrling«, unterbricht die Arbeit aber bis zum Sommer, wohl auch für theoretische Aufzeichnungen, entwirft und vollendet das Märchen von Hyazinth und Rosenblüthchen und schreibt ab Januar 1799 den Hauptteil »Die Natur«, um sodann erneut zu unterbrechen, dokumentarisch: für die Niederschrift ersten Teils vom »Ofterdingen«.

»Um so besser ist es, daß die Lehrlinge ruhn – die jetzt auf eine ganz andre Art erscheinen sollen«, meldet er Tieck am 23. Februar 1800. Dies als Beleg für die werkimmanente Gleichzeitigkeit; weiterer Text fehlt, auch weil die von Julie festgehaltene Handschrift ebenso wie eine von Karl veranlaßte Abschrift verloren ist.

Nur zwei Personen, die Hauptfiguren des Märchens, tragen Namen – schon das ein Hinweis auf die symbolischen Wesenszüge dieser Prosa, die man nicht einfach »Roman« nennen kann. Mehrere andere Gestalten sind zumindest individuell oder als Gruppe benannt, so der herausgehobene Lehrling als Titelfigur des ersten Teils, der Lehrer, der eine ganze Gruppe von Lehrlingen führt und erzieht, ein Ungeschickter, der seine Hemmungen aber schließlich unerwartet ablegt, und ein Kind, das von allen geliebt wird, beide Personen nur im ersten Teil erscheinend. Im zweiten Teil, »Die Natur«, treffen wir neben dem ersten Lehrling und dem Lehrer auch die gesamte Gruppe der Lehrlinge, einen munteren »Gespielen, dem Rosen und Winden die Schläfen zierten« und der das Märchen erzählt, endlich auch fremde Reisende; sie berichten den Lehrlingen und dem Lehrer über »merkwürdige Erinnerungen ihrer weiten Reisen. Voll Sehnsucht und Wißbegierde hatten sie sich aufgemacht, um die Spuren jenes verloren gegangenen Urvolks zu suchen, dessen entartete und verwilderte Reste die heutige Menschheit zu seyn scheinen, dessen hoher Bildung sie noch die wichtigsten und unentbehrlichsten Kenntnisse und Werkzeuge zu danken hat«. Das ist eine Anspielung auf die »goldene Zeit«, diesen zentralen Topos in den Schriften von Novalis, der an vier anderen Stellen der »Lehrlinge« direkt verwendet wird.

Der bisher vorgestellten Personenschar steht eine andere Gruppe fast unscheinbar gegenüber: Die Unbenannten, die gänzlich Anonymen, vorgestellt nur mit Zahlen, unbestimmten Numeralen, zum Beispiel »Einige«, »Mehrere«, »Wenige«, »der Eine«, »ein Anderer«, »ein Dritter«, »der, welcher zuerst gesprochen hatte«. Ein kühner Kunstgriff des Dichters, der als Element der Spannung und der Überraschung wirkt, sorgt dafür, daß im ebenso souverän aufgebauten wie dicht gedrängten Geflecht der Naturdarstellungen, dem Herzstück dieses einzigartigen Stückes Prosa, beträchtliche Teile in filigraner Variabilität von anonymen Sprechern vorgetragen werden. Denn wie verschiedenartig auch die aufgestellten Personen vom weisen Lehrer in Saïs bis zu dem, welcher zuerst gesprochen hatte, tatsächlich sind: Sie haben ausnahmslos alle eine eigene Stimme; die Natur im »Naturroman« des Weißenfelser Poeten ist nicht nur ein visuelles, sichtbares, sondern erst recht ein akustisches, erhörtes Universum.

Vor dem Eintritt in dieses wunderbare, unendliche Reich blicken wir noch genauer auf die von Novalis in den Diskurs eingebauten, aber nicht dominierenden narrativen Passagen. Novalis schildert den Lehrer aus der Sicht seiner Schüler mit den Worten des Lehrlings in der ersten Person Plural:

> Ein eigenes Licht entzündet sich in seinen Blicken, wenn vor uns nun die hohe Rune liegt, und er in unsern Augen späht, ob auch in uns aufgegangen ist das Gestirn, das die Figur sichtbar und verständlich macht. Sieht er uns traurig, so tröstet er uns und verheißt dem ämsigen treuen Seher künftiges Glück.

Es folgt eine bewegte Rückblende von der Kindheit und Jugend in die Erwachsenenwelt des Lehrers: Sternenhimmel, Luftmeer, Strände, vielerlei Tiere und Pflanzen, Höhlen, Felsbilder und Erdschichten faszinierten ihn ebenso stark wie vielfältige Begegnungen mit Menschen:

> In große bunte Bilder drängten sich die Wahrnehmungen seiner Sinne: er hörte, sah, tastete und dachte zugleich. Er freute sich, Fremdlinge zusammen zu bringen. Bald waren die Sterne Menschen, bald die Menschen Sterne, die Steine Tiere, die Wolken Pflanzen, er spielte mit den Kräften und Erscheinungen.

In der Gegenwart schützt der Lehrer zwar seinen erzählenden Schüler trotz dessen eigener Ungeschicklichkeit, jedoch urteilt der heftig Suchende und Schwankende in echter »Hin und her Direction«: »Den Lehrer kann und mag ich nicht begreifen. Er ist mir just so unbegreiflich lieb. Ich weiß es, er versteht mich, er hat nie gegen mein Gefühl und gegen meinen Wunsch gesprochen. Vielmehr will er, daß wir den eignen Weg verfolgen.« Dieser Weg führt den Lehrling an das verschleierte Bild zu Saïs, das Novalis dem gleichnamigen Gedicht Schillers entnahm, aber ohne dessen tragischen Schluß: »Wenn kein Sterblicher, nach jener Inschrift dort, den Schleyer hebt«, läßt der Romantiker den Lehrling verkünden, »so müssen wir Unsterbliche zu werden suchen; wer ihn nicht haben will, ist kein ächter Lehrling zu Saïs.«

Gehoben wird der Schleier freilich nur – im Märchen, das der muntere Gespiele ausdrücklich dem vermeintlich »ächten Lehrling zu Saïs« wegen dessen Bangigkeit und seinem Grübeln über »die sich kreutzenden Stimmen« erzählt, denn der in »fremden Ländern, unbekannten Gegenden« die heilige Göttin Iris suchende Hyazinth, der wegen dieser Sehnsucht die geliebte, traurige Rosenblüthe verläßt, erreicht »den geheiligten Wohnsitz der Iris« schließlich – im Traum: »Unter himmlischen Wohlgedüften entschlummerte er, weil ihn nur der Traum in das Allerheiligste führen durfte ... und er stand vor der himmlischen Jungfrau, da hob er den leichten, glänzenden Schleyer, und Rosenblüthchen sank in seine Arme.« Der Erwachte lebte noch lange mit ihr, sie hatten viele Kinder »und unzählige Enkel ... denn damals bekamen die Menschen so viel Kinder, wie sie wollten.« Mit diesem Musterbeispiel romantischer Ironie endet das Märchen, das im Kontext des Werks die längste erzählerische Partie darstellt – nicht mehr und nicht weniger als ein brillanter Nebenstrang.

Zum Eintreten und Umher-Hören und -Sehen in den Aufbauten der Natur verhilft dem Leser eine territorial, temporal, gattungsmäßig übergreifende Wortfamilie: Menschen. Sie wird im gesamten Text mehr als sechzigmal angewandt, ist adjektivisch wie substantivisch über das ganze, knapp dreißig Druckseiten umfassende Werk unsystematisch verteilt und erscheint bereits im ersten Satz: »Mannichfache Wege gehen die Menschen.« Die Naturphänomene und ihre Wahrnehmungsweisen zeigen sich massenhaft: »Man steht mit der Natur gerade in so unbegreiflich verschiedenen Verhältnissen, wie mit den Menschen«, liest man; die Lehrlinge bekunden die gleiche Erfahrung nach dem Anhören des Märchens: »Das wunderbare Gespräch in zahllosen Sprachen unter den tausendfachen Naturen, die in diesen Sälen zusammengebracht und in mannigfaltigen Ordnungen aufgestellt waren, dauerte fort.« Ein Anonymus, »der Zweite«, stellt fest, daß nichts »so bemerkenswerth, als das große Zugleich in der Natur« sei. Die hinter solchen Leitsätzen stehende Vision des Dichters von einer Einheit aller Naturwesen und -prozesse erscheint ihm bedroht oder gar verloren, »den alten einfachen Naturstand herzustellen« sei den späteren Menschen unmöglich.

Ungeachtet solcher Besorgnisse erhält Novalis für die Naturphänomene und ihre Konstellationen die Hoffnung aufrecht, »neue, mannichfaltige Verbindungen unter ihnen zu bewirken. Je vereinigter sie sind, desto vereinigter, desto vollständiger und persönlicher fließt jeder Naturkörper, jede Erscheinung in sie ein.« Wo er den menschlichen Körper wörtlich, um nicht zu sagen: fleischlich-gliedmäßig nimmt, fließt ihm in wunderbarer Sprache ein Schlüsselphänomen romantischer Poesie in die Feder – dazu läßt er »den Einen« sprechen:

> Den Inbegriff dessen, was uns rührt, nennt man die Natur, und also steht die Natur in einer unmittelbaren Beziehung auf die Gliedmaßen unsers Körpers, die wir Sinne nennen. Unbekannte und geheimnißvolle Beziehungen unsers Körpers lassen unbekannte und geheimnißvolle Verhältnisse der Natur vermuthen, und so ist die

> Natur jene wunderbare Gemeinschaft, in die unser Körper uns einführt, und die wir nach dem Maaße seiner Einrichtungen und Fähigkeiten kennen lernen.

Ohne das Schlüsselwort »Geheimnis« auszusprechen, läßt es der Dichter doch in einer Passage anklingen, die in ihrer erotischen Delikatesse sogar an »Lucinde« erinnert:

> So wird auch keiner die Natur begreifen, der kein Naturorgan, kein innres naturerzeugendes und absonderndes Werkzeug hat, der nicht, wie von selbst, überall die Natur an allem erkennt und unterscheidet und mit angeborner Zeugungslust, in inniger mannichfaltiger Verwandtschaft mit allen Körpern, durch das Medium der Empfindung, sich mit allen Naturwesen vermischt, sich gleichsam in sie hineinfühlt. Wer aber einen richtigen und geübten Natursinn hat, der genießt die Natur, indem er sie studirt, und freut sich ihrer unendlichen Mannichfaltigkeit, ihrer Unerschöpflichkeit, und bedarf nicht, daß man ihn mit unnützen Worten in seinen Genüssen störe. Ihm dünkt vielmehr, daß man nicht heimlich genug mit der Natur umgehen, nicht zart genug mit ihr reden, nicht ungestört und aufmerksam genug sie beschauen kann. Er fühlt sich in ihr, wie am Busen seiner züchtigen Braut und vertraut auch nur dieser seine erlangten Einsichten in süßen vertraulichen Stunden. Glücklich preis' ich diesen Sohn, diesen Liebling der Natur, dem sie verstattet sie in ihrer Zweyheit, als erzeugende und gebärende Macht, und in ihrer Einheit, als eine unendliche, ewigdauernde Ehe, zu betrachten.

Einem bislang nicht erwähnten »Jüngling mit funkelndem Auge« – vielleicht, in heller Maskierung, dem erhobenen Lehrling – hat Novalis diese Delikatesse in den Mund gelegt. Aus der gleichen Stimme geht ein erotisch gefärbtes Motiv voraus, das Wasser, »dieses erstgeborene Kind luftiger Verschmelzungen«, könne seinen wollüstigen Ursprung nicht verleugnen und zeige sich, so schwärmt der Poet, »als Element der Liebe und der Mischung mit himmlischer Allgewalt auf Erden.« Das Motiv erinnert an Novalis' Ritt durchs Wasser in der Nähe von Schloß Grüningen.

Der Text setzt sich in einer längeren, strömenden, geheimnis- und genußvollen Passage fort, nicht ohne Klagen über unverständige Verkenner der »Wonne des Flüssigen«, das dann aber ins Hymnisch-Ideale mündet, jedoch als warnendes Präteritum:

> Wie diese Wellen, lebten wir in der goldnen Zeit; in buntfarbigen Wolken, diesen schwimmenden Meeren und Urquellen des Lebendigen auf Erden, liebten und erzeugten sich die Geschlechter der Menschen in ewigen Spielen, wurden besucht von den Kindern des Himmels und erst in jener großen Begebenheit, welche heilige Sagen die Sündflut nennen, ging diese blühende Welt unter; ein feindliches Wesen schlug die Erde nieder.

Das wundersame Prosa-Epos »Die Lehrlinge zu Saïs« ist ein vielstimmiges Werk, in dem sich poetische Akustik und Optik und scheinbar sogar Herrlichkeit und Abscheulichkeit der Natur die Waage halten: Einige der stärksten Stimmen und der schärfsten Sprecher bringen mehrere der grandiosesten Teil-Texte hervor: mit der Natur als Zerstörerin! Novalis läßt »einige« Anonyme wüten, die der bisher vorgestellten humanen Glanz-Schöpfung der Natur »neue Arten, neue Zusammensetzungen, neue Erscheinungen bis ins Unendliche« entgegen setzen – allgegenwärtig, unausrottbar? »Auch bleibe«, sagen die Warner, »die Natur, so weit man käme, immer eine furchtbare Mühle des Todes, überall ungeheurer Umschwung, unaufhörliche Wirbelkette, ein Reich der Gefräßigkeit, des tollsten Übermuths, eine unglücksschwangere Unermeßlichkeit« – so tobt sich die in deutscher Rede besonders kräftige Unheils-Vorsilbe »un-« aus. Es folgt der vielleicht furchtbarste Satz, den Novalis je geschrieben hat: »Wie ein Heiland stehe dem armen Menschengeschlechte der Tod zur Seite.« Wird das grammatisch bekräftigt vom durchgehenden Konjunktiv der Prädikate in dieser Passage? Immerhin folgt noch die Absturz-Vision einer von der bösen Natur ruinierten Menschheit: »sey nicht alles, was man sehe, schon ein Raub des Himmels, eine große Ruine ehemaliger Herrlichkeit, Überbleibsel eines schrecklichen Mahls«, ein Werk »dieser fürchterlich verschlingenden Macht?« Dagegen erheben sich aber auch mutigere Stimmen im Indikativ:

> Laßt unser Geschlecht einen langsamen, wohldurchdachten Zerstörungskrieg mit dieser Natur führen. Mit schleichenden Giften müssen wir ihr beizukommen suchen ... Euch unterthänig muß sie werden ... jede Gewalttat soll ihr zur schweren Buße werden. In den begeisterten Gefühlen unsrer Freyheit laßt uns leben und sterben, hier quillt der Strom, der sie einst überschwemmen und zähmen wird ... Bis hierher reicht die Wuth des Ungeheuers nicht, ein Tropfen Freyheit ist genug, sie auf immer zu lähmen und ihren Verheerungen Maaß und Ziel zu setzen.

Die düstere Vision von der zerstörerischen Natur ist nicht das letzte Wort des Dichters; es gibt in diesem singulären Prosa-Wurf, den auf der sprachlichen Ebene poetische Genialität trägt, überhaupt kein erstes oder letztes Wort, sondern »nur« das Panorama aufgeschriebener Reden und Ansichten, wobei die verschiedenen, auch konträren Aufschreibungen von Natur versetzbar erscheinen können und einander nicht aufheben müssen. Eines ist aber sicher: Trotz der dargestellten Wucht der Katastrophen-Natur beherrscht diese das Werk und die in ihm präsentierte Wirklichkeit von Hardenbergs Zeitalter nicht.

Schon relativ früh im zweiten Teil des Textes gibt es erhebende und beglückende Naturbilder, eine historisch tief verankerte Vision freundlicher Natur, getragen von einem sehr alten Topos: »So scheint allmählich die goldne Zeit zurückzukommen, in der sie den Menschen Freundin, Trösterin, Priesterin und Wunderthäterin war, als sie unter ihnen wohnte und ein himmlischer Umgang die Menschen zu Unsterblichen machte.« Mehrmals ruft Novalis mit unterschiedlichen Nomenklaturen Verkünder und Deuter der Natur sowohl unter individuellen als auch unter menschheitlichen Aspekten auf: Mit ausdrücklichem Hinweis darauf, daß die Natur nur dann nicht Natur sei, wenn sie keinen Geist habe, malt der Dichter »die wesentlichen Erfordernisse eines ächten Naturfreundes« aus, als da sind »langer, unablässiger Umgang, freie und künstliche Betrachtung, Aufmerksamkeit auf leise Winke und Züge, ein inneres Dichterleben, geübte Sinne, ein einfaches und gottesfürchtiges Gemüth«. Die Gabe des »Naturhistorikers« und »Zeitensehers« sei es, mit der Geschichte der Natur vertraut zu sein, ebenso auch »mit der Welt, diesem höheren Schauplatz der Naturgeschichte«. Novalis betont sodann: »Ein Verkündiger der Natur zu seyn, ist ein schönes und heiliges Amt, was beinahe erhabene Pflichten fordert«, das »aechte Erforderniß eines Naturkündigers« aber erfülle nur, wer mit Andacht und Glauben von ihr spreche.

Der Dichter sucht und findet solche Auserwählte, die auch von der Natur zu ihren Lieblingen ausersehen sind, »in allen Ständen, unter jedem Alter und Geschlecht, in allen Zeitaltern und unter jedem Himmelsstriche«. In seiner unmittelbaren Gegenwart findet er den wahren Sinn für die Natur »in den Werkstätten der Handwerker und der Künstler«, denen er selbst nahe steht, aber auch dort, »wo die Menschen in vielfältigem Umgang und Streit mit der Natur sind, als da ist beim Ackerbau, bey der Schifffahrt, bey der Viehzucht, bey den Erzgruben, und so bey vielen andern Gewerben.« Hier zeigt sich Hardenbergs nie versagender Realitätssinn: Das Nomen Streit signalisiert, daß um den rechten Sinn für die Natur auch gekämpft werden müsse.

Diese klare Einsicht hindert Novalis aber nicht, eine Künstlerschaft als obersten Verkündiger der Natur zu küren. Einen schönen Jüngling läßt er versichern:

> Nur die Dichter haben es gefühlt, was die Natur den Menschen seyn kann, alles finden sie in der Natur. Ihnen allein bleibt die Seele derselben nicht fremd, und sie suchen in ihrem Umgang alle Seligkeiten der goldnen Zeit nicht umsonst. Für sie hat die Natur alle Abwechslungen eines unendlichen Gemüths, und mehr als der geistvollste, lebendigste Mensch überrascht sie durch sinnreiche Wendungen und Einfälle, Begegnungen und Abweichungen, große Ideen und Bizarrerieen.

Es sei, erwägt der Poet, die Dichtkunst das liebste Werkzeug der eigentlichen Naturfreunde gewesen, in Gedichten sei der Naturgeist am hellsten erschienen – wer das Gemüt der Natur recht kennen wolle, müsse sie in der Gesellschaft der Dichter suchen, denn dort sei sie offen und ergieße ihr wundersames Herz. Hier personifiziert Novalis die Natur. Der Begriff »Gemüth« steht für die Gesamtheit des menschlichen Geistes- und Seelenlebens und wird vom Poeten auf die Natur übertragen: Inniger kann man sich die Einheit von Natur und Poesie nicht vorstellen.

Das Prosawerk »Die Lehrlinge zu Saïs« ist kein Roman, sondern hat nur romanhafte Züge, zum Beispiel im Märchen; Novalis selbst benutzt den einschränkenden Terminus »Naturroman« nur einmal; Tieck wird 1802 den Text als »Anfang eines physikalischen Romans« bezeichnen. In der Romantikforschung gibt es Versuche, den ganzen Text wie auch die beiden Teile in sich triadisch zu gliedern; erstellt wird dadurch allenfalls ein Strukturmodell, mit dem für die Deutung des antikategoriellen Textes wenig gewonnen wird. Der Text enthält Sprünge, Abbrüche und chaotische Elemente, passagenweise fehlen feste Formen überhaupt; das ganze Opus ist ein faszinierender Misch-Text, mit dem sich der Autor provokative Freiheiten herausnimmt. Eigenarten, die auch an Hardenbergs Enzyklopädistik-Entwürfe erinnern, aber immer syntaktisch ausgeformt sind, fern dem Brocken- und Stückwerk-Charakter der Aufzeichnungen. Hinzu kommt, unmittelbar am Anfang der »Lehrlinge«, eine gewagte Vision, entsprungen aus sprachlicher Stärke, anwendbar auf alle möglichen Lebenswelten, Phänomene, Personen, Gegenstände, Abläufe:

> Mannichfache Wege gehen die Menschen. Wer sie verfolgt und vergleicht, wird wunderliche Figuren entstehen sehn; Figuren, die zu jener großen Chiffernschrift zu gehören scheinen, die man überall, auf Flügeln, Eierschalen, in Wolken, im Schnee, in Krystallen und in Steinbildungen, auf gefrierenden Wassern, im Innern und Äußern der Gebirge, der Pflanzen, der Thiere, der Menschen, in den Lichtern des Himmels, auf berührten und gestrichenen Scheiben von Pech und Glas, in den Feilspänen um den Magnet her, und sonderbaren Conjuncturen des Zufalls, erblickt.

Den Schlüssel zu dieser Schrift kann man ahnen, »allein die Ahndung will sich selbst in keine festen Formen fügen«, man gerät in die Gefahr scheiternder Dechiffrierung, mit dem Anzeichen von Unverständlichkeit – ›Von weitem hört' ich sagen‹ – bricht der Gedankengang ab. An späteren Stellen aber leuchtet die Möglichkeit der Dechiffrierung wieder auf. Anknüpfend an die Hoffnung auf Freiheit im Kampf gegen die zerstörerische Natur sprechen »Mehrere«: »So ist uns alles eine große Schrift, wozu wir den Schlüssel haben, und nichts kommt uns unerwartet, weil wir voraus den Gang des großen Uhrwerks wissen.« Dem gegenüber läßt der Dichter »Einen« nur sehr vorsichtig über die Lesbarkeit der Natur urteilen:

> Hätte man nur erst einige Bewegungen, als Buchstaben der Natur, herausgebracht, so würde das Dechiffriren immer leichter von statten gehen, und die Macht über die Gedankenerzeugung und Bewegung den Beobachter in Stand setzen, auch ohne vorhergegangenen wirklichen Eindruck, Naturgedanken hervorzubringen und Naturcompositionen zu entwerfen, und dann wäre der Endzweck erreicht.

Die Überlegungen zu »Chiffrenschrift«, »Wunderschrift«, »Dechiffriren« stehen paradigmatisch für die Schreibabsicht des frühromantischen Dichters: Hier herrscht Multiperspektivik von Bilder-Schrift, Stimmen-Rede und Sprecher-Zahl gleichermaßen; die Einheit des Kunstwerkes schließt Enzyklopädik von Darstellung und Meinung ein; mit der schon seit dem »Blüthenstaub« erprobten thematischen und strukturellen Offenheit ist das Werk seiner Zeit weit voraus – es versteht sich, daß die hier vorgelegte Interpretation nur eine begrenzte Anzahl von Schwerpunkten anschauen kann. Dabei steht die Vielfalt der »sich kreutzenden Stimmen« als genialer Kunstgriff obenan, weil die Reden verschiedenartiger Sprecher, auch der Naturen untereinander, die beste Basis eines »Zeiten und Räume« übergreifenden Gesprächs ist. Insgesamt scheint in den »Lehrlingen« das Hören dem Sehen, das Ohr dem Auge, die Sprache der Schrift überlegen zu sein. Dabei dominieren längere Einzelreden; diese enthalten Gedanken und Motive aus den großen Aufzeichnungs-Sammlungen des Dichters, aus den Schriften von Hemsterhuis und naturphilosophische Ideen von der Antike bis zur zeitgenössischen Philosophie, zum Beispiel von Schelling.

Im September 1802 schreibt Ludwig Tieck seiner schriftstellernden Schwester Sophie Bernhardi: »Ich bin so glüklich gewesen, ein Manuscript noch zu erhalten, welches schon verlohren geachtet war, die Lehrlinge zu Saïs, und welches nach meinem Gefühl das Schönste ist, was er noch jemals gemacht hat.« Am 20. September äußert sich August Wilhelm Schlegel gegenüber Tieck erfreut: »Den wiedergefundenen Aufsatz von Hardenberg haben wir alle mit großem Entzükken gelesen, es ist ein herrliches und vielleicht sein eigenthümlichstes Werk.« Beiden Urteilen ist nichts hinzuzufügen außer der Feststellung, daß Außerordentlichkeit nicht mit Bekanntheit und Popularität gleichzusetzen ist. Auch der Glanz der geschriebenen Sprache, die Wunder der akustischen und optischen Präsentation, der syntaktischen Höhenflüge, der Zauberspiele von Tempora und Modi, der semantischen Verwegenheiten, sind einzigartig, die fabelhafte Fülle der dargebotenen Gegenstände, Figuren und Stimmen tut ein übriges – populär werden konnte das Werk trotzdem nicht.

Fünfzehntes Kapitel

»Die Christenheit oder Europa«

Über »Die Christenheit oder Europa«, Novalis' zweites Prosawerk, schreibt Richard Samuel unter Anspielung auf das Scheitern einer Publikation im »Athenaeum«: »Ein ähnlich turbulentes Schicksal wie zu Novalis' Lebzeiten hat die umstrittene Rede auch nach seinem Tode gehabt. Eine Handschrift ist nicht vorhanden.« Jahrzehntelange Bemühungen, vor allem von Friedrich Schlegel, um vollständige Veröffentlichung stießen immer wieder auf Hindernisse; ob der Werk-Titel vom Autor stammt, ist zweifelhaft, er selbst nannte den Aufsatz im Brief an Schlegel vom 31. Januar 1800 schlicht »die Europa«. Eine erste scheinbar komplette Edition kam 1826 in der 4. Auflage der »Schriften« heraus; darin fehlten aber mehrere eindeutig von Novalis stammende Abschnitte, daher der Zusatz »Ein Fragment«. Der Essay wurde erst 1880 neu gedruckt; die Historisch-kritische Ausgabe beruht auf der Fassung von 1826 – und ergänzt die dort fehlenden Stellen.

Fest steht, daß das provozierende und umstrittene Prosastück in einer dramatischen historischen Situation entstand und daß der Dichter es abschloß, als Napoleon im Herbst 1809 nach Frankreich zurückkehrte und das Directoire stürzte. Schon im Sommer 1799 hatten napoleonische Truppen den Vatikan besetzt, Papst Pius VI. arretiert und in die Zitadelle Valence verschleppt, wo er am 29. August starb – eine Neuwahl verboten die Franzosen, zur Schreibzeit der »Europa« hatte die katholische Christenheit also kein Oberhaupt.

Der 18 Druckseiten umfassende Text hat eine auffällige strukturelle Eigenschaft: Er zeichnet sich durch strenge, nahezu chronikale Geschlossenheit aus, die auch durch Wechsel der Perspektiven, Reflexionen, Tempus-Wechsel oder rednerische Rhetorik nicht angetastet wird. Der Anfang des Prosawerkes erscheint als leuchtende, in eine ferne Vergangenheit verlegte Utopie:

Es waren schöne glänzende Zeiten, wo Europa ein christliches Land war, wo Eine Christenheit diesen menschlich gestalteten Welttheil bewohnte; Ein großes gemeinschaftliches Interesse verband die entlegensten Provinzen dieses weiten geistlichen Reichs.

Mit einem einzigen, vom akzentuierenden Singular-Einheits-Numerale beherrschten Satzgefüge baut der Dichter einen ganzen christlichen Kontinent auf; eingeschlossen in Gedankenstriche, die wie Ehrfurcht heischende Atempausen für nachdenkende Leser oder Hörer wirken, erscheint sodann in einem klaren Hauptsatz das die großen politischen Kräfte lenkende und vereinigende Eine Oberhaupt – die Bezeichnung »Papst«, etwa gar mit Namen, wird für die schönen glänzenden Zeiten nicht verwendet.

Novalis lenkt, kaum daß er die Spitze des christlichen Welttheils festgemacht hat, das Hauptaugenmerk auf die »zahlreiche Zunft«, will sagen: auf die frühmittelalterliche Geistlichkeit, die hierarchisch nach oben ausgerichet ist und nach unten starke Fundamente hat. Eine mächtige, wortreiche, stellenweise überschäumende Lobeshymne feiert die Priester: Sie befestigten »die wohlthätige Macht« des Oberhaupts; sie waren, sozial gesehen, »Trost oder Hülfe, Schutz oder Rath« für »die gemeinen Leute«, die, gern beherrscht, physisch gesichtslos erscheinen; die »auserwählten, mit wunderbaren Kräften ausgerüsteten Männer« der Zunft »waren wie Kinder des Himmels, deren Gegenwart und Zuneigung mannigfachen Segen verbreitete«. Novalis schildert sie metaphorisch als »die erfahrnen Steuerleute auf dem großen unbekannten Meere«. »Sie predigten nichts als Liebe zu der heiligen, wunderschönen Frau der Christenheit«, sie erzählten »von längst verstorbenen himmlischen Menschen, die durch ihre Anhänglichkeit und Treue an jene selige Mutter und ihr freundliches, himmlisches Kind« (Novalis stand wohl die Dresdner Madonna mit dem Jesuskind vor Augen) zu göttlichen Ehren gelangten und »schützende, wohlthätige Mächte ihrer lebenden Brüder« geworden waren – Schutzheilige also.

Novalis preist »die schönen Versammlungen in den geheimnißvollen Kirchen«, die Reliquien, die Pflege mit himmlischer Gnade geweihter Bilder und Gräber – alles in allem glorifiziert der Dichter, sicher auch, aber nicht vorwiegend in symbolisierender Absicht, »diese mächtige, friedenstiftende Gesellschaft« und ihre Bemühungen, »alle Menschen dieses schönen Glaubens theilhaftig zu machen« – dazu sandte sie »ihre Genossen, in alle Welttheile, um überall das Evangelium des Lebens zu verkündigen, und das Himmelreich zum einzigen Reiche auf dieser Welt zu machen.«

Gegenüber anderen, älteren wie neueren Quellen und Forschungen, zum Beispiel der nüchternen Einschätzung durch den Engländer Edward Gibbon, ist Hardenbergs Bild des Mittelalters euphorisch. Einen gewissen Widerspruch kann er freilich nicht vermeiden. Einerseits billigt er nämlich, daß sich »das weise Oberhaupt der Kirche, frechen Ausbildungen menschlicher Anlagen auf Kosten des heiligen Sinns, und unzeitigen gefährlichen Entdeckungen, im Gebiete des Wissens« widersetzte: »So wehrte er den kühnen Denkern öffentlich zu behaupten, daß die Erde ein unbedeutender Wandelstern sey.« Andererseits besteht der Chronist darauf, daß sich um den »Vater der Christenheit … alle klugen und ehrwürdigen Menschen aus Europa« versammelt hätten – wie wohltätig und der inneren Menschennatur angemessen diese Regierung gewesen sei, das zeige »das gewaltige Emporstreben, aller andern menschlichen Kräfte, die harmonische Entwicklung aller Anlagen; die ungeheure Höhe, die einzelne Menschen in allen Fächern der Wissenschaften des Lebens und der Künste erreichten und der überall blühende Handelsverkehr mit geistigen und irdischen Waaren, in dem Umkreis von Europa und bis in das fernste Indien hinaus.«

Novalis urteilt: »Das waren die schönen wesentlichen Züge der ächtkatholischen oder ächt christlichen Zeiten.« Dieses Resümee des bisherigen glanzvollen Zeitalters ist, vom Verfasser schonungslos gesetzt, zugleich die Ansage des Verfalls, denn: »Noch war die Menschheit für dieses herrliche Reich nicht reif, nicht gebildet genug.« Es folgen das Entschlummern der Herrlichkeit »im Drucke des Geschäftslebens«, »eigennützige Sorgen«, »innere große Spaltung«, zerstörende Kriege, merkwürdige »Schädlichkeit der Kultur für den Sinn des Unsichtbaren«, den heiligen Sinn, der, da unsterblich, zwar nicht vernichtet, »aber getrübt, gelähmt, von andern Sinnen verdrängt« werden kann, so durch den dominierenden Sinn für die alleinigen Mittel des Wohlbefindens, ausgeübt durch den habsüchtigen Menschen, der »keine

Zeit zum stillen Sammeln des Gemüths, zur aufmerksamen Betrachtung der innern Welt übrig« hat.

Mit Hilfe eines Selbstzitats zeigt der Autor sodann den kulturellen Wandel auf Konflikt-Ebene; »In Collisions-Fällen« scheine dem Menschen das gegenwärtige Interesse näher zu liegen, »und so fällt die schöne Blüte seiner Jugend, Glaube und Liebe ab, und macht den derbern Früchten, Wissen und Haben Platz.« Tiefe Einsicht in womöglich gesetzmäßige Geschichtsprozesse und, inmitten der geschilderten Krise, Zukunftshoffnung lassen den Historiker-Poeten drei drängende Fragen aufwerfen:

> Ueberdem haben wir ja mit Zeiten und Perioden zu thun, und ist diesen eine Oszillation, ein Wechsel entgegengesetzter Bewegungen nicht wesentlich? Und ist diesen eine beschränkte Dauer nicht eigenthümlich, ein Wachsthum und ein Abnehmen nicht ihre Natur?, aber auch eine Auferstehung, eine Verjüngung, in neuer, tüchtiger Gestalt, nicht auch von ihnen mit Gewißheit zu erwarten? fortschreitende, immer mehr sich vergrößernde Evolutionen sind der Stoff der Geschichte.

Vorerst aber verzeichnet Novalis den Niedergang des einst weiten geistlichen Reichs. Vernichtend ist dabei sein Urteil über den Klerus; er hält ihm sozusagen den Spiegel vor und sieht darin nur noch eine Fratze. Seine Vorwürfe sind massiv: Unendliche Trägheit wirft er den einstigen Steuerleuten vor, Bequemlichkeit, niedrige Begierden, »Gemeinheit und Niedrigkeit ihrer Denkungsart«, Widerlichkeit bis in die Kleidung hinein. Von ihrem Reich blieb nur der »Leichnam der Verfassung«, der gerade noch »vor zu schleuniger Auflösung« bewahrt blieb: »Was war natürlicher«, folgert der deutsche Dichter, »als daß endlich ein feuerfangender Kopf öffentlichen Aufstand gegen den despotischen Buchstaben der ehemaligen Verfassung predigte, und mit um so größerm Glück, da er selbst Zunft-Genosse war.«

Wiederum beginnt Novalis mit einem Signalsatz: »Mit Recht nannten sich die Insurgenten Protestanten, denn sie protestierten feyerlich gegen jede Anmaßung einer unbequemen und unrechtmäßig scheinenden Gewalt über das Gewissen.« Selber von Hause aus Protestant, gelangt der Kritiker schnell zu scharfer Fundamentalattacke gegen die Aufrührer: »Sie trennten das Untrennbare, theilten die untheilbare Kirche und rissen sich frevelnd aus dem allgemeinen christlichen Verein, durch welchen und in welchem allein die ächte, dauernde Wiedergeburt möglich war.« Der Zustand religiöser Anarchie, warnt Novalis, dürfe nur vorübergehend sein, erst recht wegen der unglücklichen Einmischung der Fürsten, welche die kirchliche Spaltung »zur Befestigung und Erweiterung ihrer landesherrlichen Gewalt und Einkünfte benutzten« – wobei Novalis nicht ausdrücklich hervorhebt, daß die der Religion schädliche Machtpolitik auch von den katholischen Herrschern betrieben wurde. Das Resultat dieser Politik steht für den Kritiker aber fest: »So wurde die Religion irreligiöser Weise in Staats-Gränzen eingeschlossen ... So verlor die Religion ihren großen politischen friedenstiftenden Einfluß, ihre eigenthümliche Rolle des vereinigenden, individualisirenden Prinzips, der Christenheit.«

Geballte Vorwürfe bekräftigen dieses Urteil. Sie treffen besonders den feuerfangenden Kopf Luther (der erste Personenname im Text), seine überhaupt willkürliche Behandlung des Christentums, die »heilige Allgemeingültigkeit der Bibel« und damit eine »höchst fremde Wissenschaft in die Religionsangelegenheiten gemischt – die Philologie – deren auszehrender Einfluß von da an unverkennbar wird.« Novalis verwirft die Kanonisierung der Lutherschen Übersetzung und diese selbst als »dem religiösen Sinn ... höchst verderblich« – es verschlägt einem fast die Sprache, wie der selbstbewußte Frühromantiker Luthers Übertragungswerk zerschmettert: Durch die behauptete »absolute Popularität der Bibel ... drückte der dürftige Inhalt, der rohe abstracte Entwurf der Religion in diesen Büchern desto merklicher, und erschwerte dem heiligen Geiste die freie Belebung und Offenbarung unendlich.«

Es folgt die wohl schärfste Anklage gegen die ehemaligen Insurgenten: »Daher zeigt uns auch die Geschichte des Protestantismus keine herrlichen großen Erscheinungen des Ueberirdischen mehr, nur sein Anfang glänzt durch ein vorübergehendes Feuer des Himmels, bald nachher ist schon die Vertrocknung des heiligen Sinns bemerklich; das Weltliche hat die Oberhand gewonnen.« Das vermeintliche Gesamturteil über die Reformation klingt so lapidar-sarkastisch wie endgültig:

> Mit der Reformation wars um die Christenheit gethan. Von nun an war keine mehr vorhanden. Katholiken und Protestanten oder Reformirte standen in sektirischer Abgeschnittenheit weiter von einander, als von Mahomedanern und Heiden.

Friedrich von Hardenbergs »Europa« war immer umstritten, Widerreden und Mißverständnissen ausgesetzt, klischeehaften Zuordnungen unterworfen – scheinbare oder tatsächliche Widersprüche des Textes trugen dazu bei. »Widerborstige« Reaktionen zieht der kurz nach dem exotischen Vergleich folgende Abschnitt schon bei seinem Einstieg auf sich:

> Zum Glück für die alte Verfassung that sich jetzt ein neu entstandener Orden hervor, auf welchen der sterbende Geist der Hierarchie seine letzten Gaben ausgegossen zu haben schien, der mit neuer Kraft das Alte zurüstete und mit wunderbarer Einsicht und Beharrlichkeit, klüger, als je vorher geschehen, sich des päbstlichen Reichs und seiner mächtigern Regeneration annahm.

Der Autor, der den Jesuiten-Orden nicht beim Namen »Gesellschaft Jesu« oder »Societas Jesu« nennt, rühmt ihn als religiöse Institution: Noch keine solche Gesellschaft sei in der Weltgeschichte anzutreffen gewesen; mit größerem Verstand sei die Ausführung einer größeren Idee noch nicht gedacht worden; diese Gesellschaft werde ewig ein Muster aller Gesellschaften sein, die eine organische Sehnsucht nach unendlicher Verbreitung und ewiger Dauer fühlten; alle Zauber des katholischen Glaubens seien unter der Hand des Ordens noch kräftiger geworden, die Schätze der Wissenschaften in seine Zelle zurückgeflossen; auch die Jesuiten seien in den Bemühungen um Popularität nicht zurückgeblieben: »Ueberall legten sie Schulen an, drangen in die Beichtstühle, bestiegen die Katheder und beschäftigten die Pressen, wurden Dichter und Weltweise, Minister und Märtyrer, und blieben in der ungeheuren Ausdehnung von Amerika über Europa nach China in dem wunderbarsten Einverständniß der That und der Lehre.«

Wohl wissend, daß er sich mit kritiklosem hohen Lob der Jesuiten unglaubhaft machen würde, stellt Novalis scharf, wenn auch weniger ausführlich, in einer Art »Hin und her Direction« dem hellen Gemälde düstere Visionen gegenüber: »Gegen die Lutheraner predigten sie mit zerstörendem Eifer und suchten die grausamste Vertilgung dieser Ketzer, als eigentlicher Genossen des Teufels, zur dringendsten Pflicht der katholischen Christenheit zu machen.« Im letzten Satz dieses Teilstücks erscheint die Gesellschaft Jesu als »dieser furchtbare Orden«, der »in armseliger Gestalt an den Grenzen von Europa« schläft.

Je näher Novalis auf dem Weg durchs 18. Jahrhundert der eigenen Gegenwart rückt, desto komplizierter zeigt sich ihm und er uns die Lage. Das chronikalische Vorgehen wird nicht aufgegeben, verläuft aber auf breiterer querschnittartiger Bahn unter dem Stern der Gleichzeitigkeit miteinander verschränkter Phänomene und Prozesse. Novalis vollzieht nun auch in bezug auf die Reformation einen Akt der »ordo inversus«: »Die Reformation war ein Zeichen der Zeit gewesen. Sie war für ganz Europa bedeutend ... Die guten Köpfe aller Nationen waren heimlich mündig geworden, und lehnten sich im täuschenden Gefühl ihres Berufs um desto dreister gegen verjährten Zwang auf.« Dabei traten Glauben und Wissen immer schärfer in Opposition zueinander, und »überall litt der heilige Sinn unter den mannigfachen Verfolgungen seiner bisherigen Art«. Novalis sieht tief besorgt das Anwachsen des Hasses auf den katholischen Glauben zum Religionshaß überhaupt – dieser »machte die unendliche schöpferische Musik des Weltalls zum einförmigen Klappern einer ungeheuren Mühle, die vom Strom des Zufalls getrieben und auf ihm schwimmend, eine Mühle an sich, ohne Baumeister und Müller und eigentlich ein ächtes Perpetuum mobile, eine sich selbst mahlende Mühle sey.« Diese berühmte Metapher ist in der Forschung auch als eine Voraussage und Warnung in bezug auf das künftige Maschinenzeitalter gedeutet worden.

Die moderne französische Philosophie und die Doktrinen der Aufklärung, die mechanistische Naturbetrachtung und deren Kontrahenten, die Sorge um den Frieden als höchstes Wunsch-Ziel der Menschen in endlosen Kriegszeiten, die Rolle der bedrohten Poesie im rationalistischen Zeitalter, die Hoffnung auf eine neue goldene Zeit, die Beschaffenheit des Staates unter dieser Perspektive – all dies wird in der Sicht von Novalis überwölbt und im Idealfall geleitet von einer neuen christlichen Religiosität. An mehreren markanten Schnittstellen leuchtet diese in der Sicht des Dichters dringend notwendige Perspektive einer Glaubens-Revolution auf – ja: die religiöse Revolution, die letzten Endes transzendentalen Charakter hat, ist die eigentliche, die wahre Revolution. Dabei ruft sich der Epochen-Kritiker gewissermaßen selbst zur Räson:

> Ruhig und unbefangen betrachte der ächte Beobachter die neuen staatsumwälzenden Zeiten. Kommt ihm der Staatsumwälzer nicht wie Sisyphus vor? Jetzt hat er die Spitze des Gleichgewichts erreicht und schon rollt die mächtige Last auf der andern Seite wieder herunter.

Und dann folgt die unweigerliche Forderung, in direkter appellativer Anrede, zweite Person Plural:

> Sie wird nie oben bleiben, wenn nicht eine Anziehung gegen den Himmel sie auf der Höhe schwebend erhält. Alle eure Stützen sind zu schwach, wenn euer Staat die Tendenz nach der Erde behält, aber knüpft ihn durch eine höhere Sehnsucht an die Höhen des Himmels, gebt ihm eine Beziehung auf das Weltall, dann habt ihr eine nie ermüdende Feder in ihm, und werdet eure Bemühungen reichlich gelohnt sehn. An die Geschichte verweise ich euch, forscht in ihrem belehrenden Zusammenhang, nach ähnlichen Zeitpunkten, und lernt den Zauberstab der Analogie gebrauchen.

Novalis glaubt, daß man in Deutschland schon mit voller Gewißheit die Spuren einer neuen Welt erkennen könne, weil sich hier, im Gegensatz zu den von Krieg, Spekulation, Parteiengunst beherrschten übrigen europäischen Ländern, eine höhere Epoche der Kultur bilde: in den Wissenschaften, den Künsten, bei den Schriftstellern:

> Eine gewaltige Ahndung der schöpferischen Willkühr, der Grenzenlosigkeit, der unendlichen Mannigfaltigkeit, der heiligen Eigenthümlichkeit und der Allfähigkeit der innern Menschheit scheint überall rege zu werden.

Das wird aber sofort eingeschränkt:

> Noch sind alles nur Andeutungen unzusammenhängend und roh, aber sie verrathen dem historischen Auge eine universelle Individualität, eine neue Geschichte, eine neue Menschheit, die süßeste Umarmung einer jungen überraschten Kirche und eines liebenden Gottes, und das innige Empfängniß eines neuen Messias in ihren tausend Gliedern zugleich.

Novalis weissagt mit einer Kette euphorischer Attribute »eine neue goldne Zeit mit dunkeln unendlichen Augen, eine profetische, wunderthätige und wundenheilende, tröstende und ewiges Leben entzündende Zeit« – eine große Versöhnungszeit mit einem »Heiland, der wie ein ächter Genius unter den Menschen einheimisch, nur geglaubt nicht gesehen werden kann«.

Auch den Wunsch nach Frieden sieht Novalis nur erfüllbar, wenn man den Palmenzweig ergreife, den allein eine geistliche Macht reichen könne. Unter den streitenden Mächten allein, warnt der Autor, könne kein Frieden geschlossen werden, weltliche Mächte könnten nicht selbst ein Gleichgewicht setzen, nur ein drittes Element, das zugleich weltlich und überirdisch sei, könne diese Aufgabe lösen. Mißverständnisse darüber, wie dieses dritte, erlösende Element aussehen müßte, sind – man muß das kritisch feststellen – auch dadurch hervorgerufen worden, daß Novalis auf den letzten Seiten seines Aufsatzes mehrmals nachdrücklich auf die am Textanfang verklärte mittelalterlich-katholische Sozietät zurückverweist, zum Beispiel so:

> Angewandtes, lebendig gewordenes Christentum war der alte katholische Glaube, die letzte dieser Gestalten. Seine Allgegenwart im Leben, seine Liebe zur Kunst, seine tiefe Humanität, die Unverbrüchlichkeit seiner Ehen, seine menschenfreundliche Mittheilsamkeit, seine Freude an der Armuth, Gehorsam und Treue machen ihn als ächte Religion unverkennbar und enthalten Grundzüge seiner Verfassung.

Zugleich weiß Novalis, daß die »zufällige Form« dieses Glaubens so gut wie vernichtet, das alte Papsttum begraben, Rom zum zweiten Mal eine Ruine ist – dorthin führt also kein Weg zurück.

Wohin aber führt der Weg? Zur Beantwortung dieser Frage brauchen wir eine Textbeobachtung für das letzte Drittel des Essays. Offenbar hat Novalis nach der Lesung im November 1799 und der folgenden Erkenntnis, daß eine Publikation zunächst nicht möglich war, nicht mehr am Text gearbeitet. Dieser verliert in seinen späteren Passagen zwar nicht seine Geschlossenheit, wirkt aber zumindest da und dort unkonzentriert, diffus, zerfasert – die Antworten auf die Frage nach dem anvisierten Weg liegen nicht in einem dichten Block zusammen, sie müssen aufgelesen und gedanklich zusammengefügt werden, was zu Mehr- und Vieldeutigkeiten führt.

Folgendes stellt sich der frühromantische Poet, Denker und Gesellschaftskritiker vor: Eine zweite, umfassende, eigentümlichere Reformation sei unvermeidlich; dazu müsse der Protestantismus einer neuen, dauerhaften Kirche Platz machen; ein himmlisches Eiland werde als Wohnstätte des neuen Menschen sichtbar; die Christenheit müsse wieder lebendig und wirksam werden, es müsse sich »eine sichtbare Kirche ohne Rücksicht auf Landesgränzen bilden, die alle nach dem Ueberirdischen durstige Seelen in ihrem Schooß aufnimmt und gern Vermittlerin, der alten und neuen Welt wird«. Den Gläubigen verspricht der Visionär in unmittelbarer Ansprache: »Ihr werdet damit Christen und Mitglieder einer einzigen, ewigen, unaussprechlich glücklichen Gemeinde.« Daß er für »die heilige Zeit des ewigen Friedens« keinen bestimmten Zeitpunkt angeben kann, ist einleuchtend. Zwei andere Aspekte seiner tiefgreifenden Weltsicht sind von besonderer Wichtigkeit: »Das Wesen der Kirche wird ächte Freiheit seyn« – dieses Versprechen führt mit der Freiheits-Vision einen neuen, beinahe unerhörten, gewissermaßen demokratischen Grundsatz in die religiöse Revolution ein. Der andere Aspekt überspannt und charakterisiert das ganze singuläre Prosastück gewiß nicht unerwartet: In allen Überlegungen, Entwürfen, Vorschlägen und Idealen, die es vorträgt, bleibt das erneuerte, junge Christentum die entscheidende Wegweiserin und Lenkerin – irdisch handelnd, überirdisch verankert: »Nur die Religion kann Europa wieder aufwecken und die Völker sichern, und die Christenheit mit neuer Herrlichkeit sichtbar in ihr altes friedenstiftendes Amt installiren.« Am Schluß von »Die Christenheit oder Europa« ruft Novalis die »Genossen meines Glaubens« dazu auf, »mit Wort und That das göttliche Evangelium« zu verkündigen und »dem wahrhaften, unendlichen Glauben treu bis in den Tod« zu bleiben.

In der Novalis-Forschung gibt es eine Tendenz, »Die Christenheit oder Europa« ausschließlich als Rede anzusehen und zu deuten; diese Auffassung ist einseitig und eng. Novalis selbst hat das Opus nur einmal als Rede bezeichnet. Im Brief an Friedrich Schlegel vom 31. Januar 1800 bittet er: »Die Europa schikt mir wieder – ich habe eine andre Idee damit – Sie kann mit einigen Veränderungen zu einigen andern öffentlichen Reden kommen, und mit diesen besonders gedruckt werden.« Diese anderen Reden sind nie geschrieben worden: außer einer Hochzeitsrede für Schwester Caroline im November 1799 zu Schlöben hat der Dichter keine Rede gehalten; allerdings gibt es vor und nach dem Jenaer Treffen einige Aufzeichnungen, mehr nicht.

Zweifellos enthält der Aufsatz wirklich rede-typische Darstellungs-Mittel. An vier Stellen spricht Novalis ein Publikum auffordernd und warnend direkt an, wie die zitierte Äußerung zur Anknüpfung politischen Handelns »an die Höhen des Himmels« zeigt; hier und an zwei weiteren Stellen arbeitet der »Redner« sprachlich mit den Personal- und Possessivpronomina der zweiten Person Plural »ihr/euch/euer« und mit verbalem Imperativ, in der vierten Passage am Textende nur mit der Befehlsform und der Anrede »Genossen meines Glaubens«. Rund fünfzehnmal »spricht« Novalis in akzentuierenden, auch emphatischen Ausrufen – »Wie heiter«, »Was war natürlicher«, »Wie wohlthätig, wie angemessen«, »Mit welcher Heiterkeit« – oder mit bekräftigenden Adverbien wie »gerne«, »mit Recht«, »gewiß«; das sind passende Stilmittel, die freilich auch in anderen Textsorten angemessen sind, zum Beispiel in Erzählwerken und in Gedichten.

»Die Christenheit oder Europa« ist weit mehr als eine Rede. Es ist ein Essay, zum Bespiel in Gestalt der uns aus dem Fragmentenwerk wohlvertrauten kurzen Abhandlungen; es ist Erzählung, zum Beispiel in Gestalt der verklärenden Mittelalter-Geschichte, der Geschichtsschreibung über Jesuitentum und Protestantismus; es ist Geschichtsphilosophie unter dem Ideal und Ethos des ewigen Friedens, im Gefolge von Lessing und Kant; es ist, unter dem schönen Zeichen der Mannigfaltigkeit, Fundgrube und Speicher von Poetik und Theologie, Naturwissenschaft und Künsten – es ist ein multiperspektivisches Sprachkunstwerk, worin Rede und Rhetorik ihren guten Platz haben.

Alle für »Die Lehrlinge zu Saïs« vorgestellten künstlerischen Elemente finden sich auch im Aufsatz »Die Christenheit oder Europa« wieder. Hinzu tritt als besonders herausragender Wesenszug die außerordentliche Dichte des Kontextes; es ist faszinierend zu verfolgen, welche großen Stoffmassen der Dichter auf begrenztem Raum zu bewegen vermag. Auffällig sind auch inhaltlich erforderte Stilwechsel: Die Fülle glänzender Leit-Adjektive auf den ersten beiden Seiten bei der leuchtenden Präsentation des frühen Mittelalters – heilig, himmlisch, göttlich, schön – schwindet folgerichtig dahin, wo Novalis den Niedergang dieser Hoch-Zeit darstellt. Ironische Fügungen und skeptische Formulierungen wiederum kennzeichnen das Wirken der rationalistischen Philosophie:

> Frankreich war so glücklich der Schooß und der Sitz des neuen Glaubens zu werden, der aus lauter Wissen zusammen geklebt war ... Klügere Mitglieder wußten jedoch die schon warmgewordenen Zuhörer sogleich wieder mit kaltem Wasser zu begießen ... So entstand eine neue europäische Zunft: die Philanthropen und Aufklärer. Schade daß die Natur so wunderbar und unbegreiflich, so poetisch und so unendlich blieb, allen Bemühungen sie zu modernisiren zum Trotz.

Was romantisches Schreiben ist, zeigt das letzte Beispiel aus »Die Christenheit oder Europa«, eine Aufzählung, die zwischen hohem Ernst und Komik zu schillern scheint; sie gilt dem erwähnten, vorgeblich unsichtbaren Heiland, der

> unter zahllosen Gestalten den Gläubigen sichtbar, als Brod und Wein, verzehrt, als Geliebte umarmt, als Luft geathmet, als Wort und Gesang vernommen, und mit himmlischer Wollust, als Tod, unter den höchsten Schmerzen der Liebe, in das Innre des verbrausenden Leibes aufgenommen wird.

Sechzehntes Kapitel

»Geistliche Lieder« – »Hymnen an die Nacht« – »Vermischte Gedichte«

Für die »Geistlichen Lieder« hat sich folgende Numerierung eingebürgert:

»Was wär ich ohne dich gewesen« (Lied I)
»Fern in Osten wird es helle« (II)
»Wer einsam sitzt in seiner Kammer«(III)
»Unter tausend frohen Stunden« (IV)
»Wenn ich ihn nur habe« (V)
»Wenn alle untreu werden« (VI)
»Hymne« (VII)
»Weinen muß ich, immer weinen« (VIII)
»Ich sag es jedem, daß er lebt« (IX)
»Es giebt so bange Zeiten« (X)
»Ich weiß nicht, was ich suchen könnte« (XI)
»Wo bleibst du Trost der ganzen Welt« (XII)
»Wenn in bangen trüben Stunden« (XIII)
»Wer einmal, Mutter, dich erblickt« (XIV)
»Ich sehe dich in tausend Bildern« (XV).

Schon diese Übersicht läßt erkennen, daß die »Geistlichen Lieder« zwar keinen geschlossenen, streng logisch gebauten, gruppierten Zyklus bilden, wohl aber einen zusammenhängenden lyrischen Komplex. Lediglich die »Hymne« mit ihren reimlosen freien Rhythmen und ihrer explosiven Erotik fällt aus dem Rahmen. Die Betrachtung geht von einem der auffälligsten Phänomene des Liederkomplexes aus: den sprechenden und dargestellten, weithin namenlosen Personen und Personen-Gruppen, repräsentiert durch die Personal- und Possessivpronomina.

Das lyrische Ich erscheint in zehn der fünfzehn »Geistlichen Lieder«, und zwar schon in den vier ersten Stanzen des zwölfstrophigen Liedes I: »Was wär ich ohne dich gewesen? Was würd' ich ohne dich nicht seyn?« – so spricht Novalis Christus in den Eingangsversen der Sammlung an; dies ist übrigens die einzige namentliche Nennung des Heilands im gesamten Liederkomplex. Nach spannungssteigernden Konjunktiv-Versen, die das beunruhigende »Ohne dich« gramvoll ausmalen, preist der Poet seine Geborgenheit und seine Reife unter Christi Obhut und Lenkung: Mit ihm sei er erst Mensch geworden. Im Lied III widerspricht das lyrische Ich einem in einsamer Kammer bitterlich Weinenden in seinem Kummer und sucht ihn nach eigenem Vorbild zu jenem Wesen zu leiten, »das innig liebte, litt und starb.« Unter Jesu Opfertod litt auch der Dichter zeitweise, doch dann, so Lied IV:

Ward mir plötzlich, wie von oben
Weg des Grabes Stein gehoben,
Und mein Innres aufgetan.

Nicht immer müssen die Erfahrungen und Verhaltensweisen des poetischen Ichs einen biographischen Hintergrund haben; offensichtlich experimentiert Novalis auch mit Rollendichtung, so etwa in Lied VIII »Weinen muß ich, immer weinen« mit einem Ich, das immer nur das Leiden Christi sieht und darum auf Erden nie wieder glücklich sein kann, ja: mit dem Erlöser gestorben zu sein behauptet. Das gilt auch für das lange, durch die Sixtinische Madonna und den ernsten Gottessohn angeregte Marienlied (XIV), dessen metrische Mängel obendrein signalisieren, daß Novalis es noch nicht für publikationsreif hielt.

Indirekt, aber jedenfalls mitwirkend erscheint das lyrische Ich selbstverständlich in allen Liedern, wo Novalis die erste Person Plural sprechen läßt. So bezeichnet die Pronominal-Gruppe »Wir – uns – unser« einerseits die Gesamtheit vorchristlicher, irrender, irregeleiteter, leidender, klagender, Rettung suchender Menschen – ein beinahe dramatisches »Wir«, zum Beispiel in der sechsten Stanze von Lied I:

Wir irrten in der Nacht wie Blinde,
Von Reu und Lust zugleich entbrannt.
Ein jedes Werk schien uns Verbrechen,
Der Mensch ein Götterfeind zu seyn,
Und schien der Himmel uns zu sprechen,
So sprach er nur von Tod und Pein.

Andererseits kündigen dieselben Pronomina spiegelverkehrt die junge Gemeinde der Gläubigen unter Gottes Gebot und Lenkung an, so im zweistrophigen Lied XIII:

O! dann neigt sich Gott herüber,
Seine Liebe kommt uns nah,
Sehnen wir uns dann hinüber,
Steht sein Engel vor uns da,
Bringt den Kelch des frischen Lebens,
Lispelt Muth und Trost uns zu.

Auch im Hinblick auf die Sangbarkeit und die an Adressaten gerichtete Wirkungsmöglichkeit seiner geistlichen Lieder greift Novalis ein altes Stilmittel auf: die direkte appellative Anrede, hier als »Du – dir – dich – dein« im Singular, als »Ihr – euch – euer« pluralisch verwendet – sie kann an Christus, sogar an Gott selbst gerichtet sein, aber auch dem Appell an Mitmenschen und als Selbstanrede des Dichters dienen, der antreibend mit sich selbst vor dem Spiegel spricht. Diese Anrede kann regelrechte Schelte der Ungläubigen sein, so in Lied XI:

Hat er sich euch nicht kund gegeben?
Vergaßt ihr, wer für euch erblich?
Wer uns zu Lieb' aus diesem Leben
In bittrer Qual verachtet wich?
Habt ihr von ihm denn nichts gelesen,
Kein armes Wort von ihm gehört?
Wie himmlisch gut er uns gewesen,
Und welches Gut er uns bescheert?

Für die mehrmalige Ansprache des Dichters, die an Gott selbst oder an Christus gerichtet sein kann, steht die pathetische vorletzte Strophe desselben Liedes:

Nimm du mich hin, du Held der Liebe!
Du bist mein Leben, meine Welt,
Wenn nichts vom Irdischen mir bliebe,
So weiß ich, wer mich schadlos hält.

Das vielgestaltige, weithin anbetende, wenn auch nicht trübungslose lyrische Gemälde von Christus nimmt im Komplex der »Geistlichen Lieder« den größten Raum ein. Bereits im ersten Gedicht tritt uns, teils im Präsens, teils im historischen Präteritum vorgestellt, »ein Heiland, ein Befreyer, ein Menschensohn, voll Lieb' und Macht« entgegen. Lichtes Leben verzehrt durch ihn die bodenlose Finsternis des Unglaubens, das Leben wird zur Liebesstunde, die ganze Welt sprüht Liebe und Lust – die Liebe, das zeigt die ganze Lieder-Sammlung, ist unter seinen »tausend Gaben« die höchste und reichste, Christus brachte uns die Liebe Gottes, wir fühlten uns glaubend und hoffend »mit Gott verwandt«; wir sahen den Himmel offen »als unser altes Vaterland« – Novalis wird den patriotischen Ausdruck im Lieder-Reigen mehrmals mit dem erlesenen religiösen Sinn einsetzen; in diesem Vaterland verschwand die Sünde, das Leben zog »wie ein sel'ger Traum« in »ew'ger Lieb' und Lust« vorüber:

Noch steht in wunderbarem Glanze
Der heilige Geliebte hier,
Gerührt von seinem Dornenkranze
Und seiner Treue weinen wir.

Die Treue ist die gelebte, praktizierte Liebe. Christus übt sie bedingungslos:

Du stehst voll treuer Liebe
Noch immer jedem bey,
Und wenn dir keiner bliebe,
So bleibst du dennoch treu.

Das steht so in Lied VI; Novalis fordert, daß diese nahezu überirdische Treue erwidert werden soll, und versichert stolz, aber in bezug auf die Menschheit keineswegs zuversichtlich in demselben Gedicht:

> Wenn alle untreu werden,
> So bleib' ich dir doch treu.
> Daß Dankbarkeit auf Erden
> Nicht ausgestorben sey.

In das Christus-Bild des deutschen Frühromantikers Novalis gehören auch zwei stark kontrastierende Elemente. Das eine bringt die angedeutete punktuelle Trübung mit sich: Nach dem Aufheben des Grabsteins, im Augenblick der Wiederauferstehung, bleibt der Dichter in Lied IV – absichtlich? gehemmt? unsicher? mangels Worten? – merkwürdig unscharf:

> Wen ich sah, und wen an seiner
> Hand erblickte, frage Keiner,
> Ewig werd ich dieß nur sehn.

Was »dieß« war, sagt er nicht; daß Christus Sophie an der Hand hielt, ist weder undenkbar noch belegbar.

Um so heller, feuriger, sprühender das Lied V mit dem gewissermaßen umgeschalteten Refrain an den Strophen-Anfängen: Viermal das herrliche, innige »Wenn ich ihn nur habe« mit der Variation in der Schlußstrophe »Wo ich ihn nur habe« – dazu die hochfliegenden Zweit-Verse »Wenn er mein nur ist«, »Lass' ich alles gern«, »Schlaf' ich fröhlich ein«, »Hab ich auch die Welt« und »Ist mein Vaterland« – wunderbare, farbige Jubel-Poesie für den Heiland und den Glauben an ihn.

Die äußeren Strukturen der Texte sind, dem angestrebten Gesangbuch-Charakter entsprechend, konstruktiv auf die Kombination mit musikalischen Formen angelegt; aus dem Rahmen fällt auch auf dieser Ebene die »Hymne«. Drei Gedichte haben achtzeilige Strophen, also Stanzen, fünf bestehen aus sechs, sechs andere aus je vier Versen. Acht Lieder haben jambisches, sechs trochäisches Metrum, in der Mehrzahl beider Versmaße vierhebig. Acht Gedichte zeigen Kreuzreime, eines hat nur Paarreime, fünf bilden Mischungen aus beiden Reim-Typen. Klingende und stumpfe Kadenzen wechseln insgesamt in gleicher Zahl miteinander ab. Der längste Text ist mit 10 Stanzen, also 80 Versen Lied I: »Was wär ich ohne dich gewesen?« Das kürzeste Gedicht ist Lied XV mit acht Versen: »Ich sehe dich in tausend Bildern.«

Novalis beherrscht die Konstruktion der lyrischen Gerüste so vollkommen, als hätte er jahrelang schreibend nichts anderes geübt. Dabei ist aber zu beachten, daß man ein zentrales Postulat des Dichters für »Xstliche Lieder« aus den »Fragmenten und Studien« nicht einseitig auslegen darf: »Einfach müssen Lieder und Predigten seyn und doch hoch poetisch.« Offensichtlich wußte Novalis in seinem frühromantischen Zirkel schon sehr genau, was Brecht weit über hundert Jahre später schmerzlich erfuhr: Daß das Einfache unter Umständen schwer zu machen ist. In der vermeintlich schlichten ersten Strophe des kürzesten geistlichen Liedes gibt der Dichter geheimnisvoll Verborgenstes über die tausend Bilder Marias hinaus zu deuten auf:

> Doch keins von allen kann dich schildern,
> Wie meine Seele dich erblickt.

Etwas Hochpoetisches, ein feinst-chiffrierter Vorgang ist das Erblicken Marias durch die Seele des Dichters. Die Spur führt zu Raffael, auf den sich Wackenroder in seinem Text »Raffaels Erscheinung« bezog, wobei er das Urbild zu einer zwei Druckseiten umfassenden, wundersam erfundenen Vision des Malers ausbaute. Daß Novalis diese Erzählung kannte und als Anregung aufnahm, ist wahrscheinlich.

Selbstverständlich enthalten die christlichen Lieder von Novalis eine Fülle in hohe Poesie umgesetzter volksliedhafter Einfachheiten. Im texttragenden Bereich von Bildlichkeit und Metaphorik überschreitet der Dichter jedoch diese Grenzen. Eine Reihe von Beispielen möge das belegen. Negativ besetzte Metaphern sind zum Beispiel »des Todes Richterschwerdter«, die an Scharfrichter und Exekutionen denken lassen; ebenso das sinnverwirrende Bild vom Getümmel, das zweimal erscheint; und die in ihrer Unscheinbarkeit des ersten Eindrucks hingehauchte Trauer über das Abfallen der Menschen von Christus, eine musikalische, an schwindende Glockentöne erinnernde Anrede: »Und doch bist du verklungen.« Im Gegensatz dazu setzt Novalis mehrmals starke, aufrüttelnde Metaphern: Der Heiland als Befreier »hat ein allbelebend Feuer / In unserm Innern angefacht«; ebenso: »Hinunter in das tiefe Meer / Versank des Todes Graun«; wie die sprachliche Umsetzung eines christlichen Gemäldes erscheint die Gewißheit von der Auferstehung Christi: »daß er in unsrer Mitte schwebt / Und ewig bei uns ist.« Eindringlich und nicht leicht zu entschlüsseln sind auch Personifizierungen. Unheimliches strahlen in bangen Zeiten dreifüßige Jamben von Lied V aus: »Es schleichen wilde Schrecken / So ängstlich leise her ... Der Wahnsinn naht und locket / Unwiderstehlich hin.« Dagegen schwebt sanft und hoffnungsvoll das schöne, schwierige Sprach-Bild: »Anbetend sinkt der Himmel nieder.«

Anteil an der reichen, zum künstlerischen Rang der »Geistlichen Lieder« Entscheidendes beitragenden Metaphorik haben auch Naturimpressionen, niederdrückende und erhebende: »Die Zukunft lebt in dürrer Öde«; die verzweifelte, immer weinende Person von Lied VIII klagt: »Grün wird bald sein Hügeln stehen / Und der Wind darüber wehen«. Im hellen Gegen-Sinn bittet das lyrische Ich wohl sich selbst, nach dem Gottessohn zu schauen: »Mußt dich immer nach ihm wenden, / Blüthe nach dem Sonnenschein.« Einzigartig schließlich, ein lyrisches Wunder aus genialer, tiefsinniger Wahrnehmung aufgestiegen, sind die beiden Anfangsverse von Lied II:

Fern in Osten wird es helle,
Graue Zeiten werden jung.

Man solle sie als »Probe eines neuen geistlichen Gesangbuchs« verstehen und einordnen, hatte Novalis den »Geistlichen Liedern« mit auf den Weg gegeben. Das Verfassen von Kirchenliedern hatte im 18. Jahrhundert Tradition: Gellert, Klopstock, Lavater und Zinzendorf waren Vorläufer, in gewissen Grenzen auch Anreger und Vorbilder Hardenbergs. Kirchliche Behörden neigten dazu, Texte für Gesangbücher zu kürzen oder umzudichten, wenn sie mit aktuellen Dogmen nicht übereinstimmten; andererseits gab es auch Reformversuche, in Sachsen auf herrscherliches Geheiß zeitweilig sogar eine Kommission zur Erneuerung der Gesangbücher. Auf diesem Weg sind Novalis' »Geistliche Lieder« bekannt geworden. Sie wurden in den Gemeinden gesungen und reizten mehr oder weniger talentierte Komponisten zu Vertonungen – für »Wenn ich ihn nur habe« fand der Novalis-Herausgeber Jakob Minor schon vor hundert Jahren etwa zwanzig musikalische Umsetzungen. Gedruckt wurden die »Geistlichen Lieder« erst postum: Die Texte I bis VII im »Musenalmanach auf das Jahr 1802«, den Tieck und August Wilhelm Schlegel edierten, die übrigen im 2. Band der »Schriften« von Novalis.

Auf der anderen Ebene erkennen wir die »geistliche« Stellung des Dichters, wie sie sich in den Liedern ausdrückt. Gerhard Schulz beschreibt sie so: Die Lieder seien »eine freie Gestaltung seiner innersten, persönlichen Überzeugung von der Existenz einer höheren, transzendenten Welt und von der heilenden, friedenstiftenden Kraft, die solche Erkenntnis der Menschheit bedeuten kann.« Novalis habe sich als Christ empfunden, »aber in die Dogmatik einer christlichen Konfession passen diese Lieder ebenso wenig wie die Christenheit oder Europa in ein Geschichtsbuch.« Freilich ist eines sicher: Noch stärker als im »Xstus und Sophie«-Statement des »Journals« von 1797 steht der Heiland jetzt unangefochten im Herzen von Hardenbergs Glauben. So jedenfalls sprechen die Stimmen der »Geistlichen Lieder«: auf der Ebene hoher Poesie, in Gottes Namen.

Zusammen mit der erwähnten Sendung einer »Probe eines neuen, geistlichen Gesangbuchs« schickte Hardenberg am 31. Januar 1800 »noch ein langes Gedicht« an Friedrich Schlegel. Das waren die »Hymnen an die Nacht«, die dann – überraschend? – statt der »Geistlichen Lieder« im »Athenaeum« von August 1800 erschienen. Gründe für diesen von Novalis offenkundig akzeptierten Tausch sind nicht dokumentiert; denkbar ist, daß das lange Gedicht in sich geschlossener, aber auch kühner und neuartiger wirkte als die Lieder-Kollektion.

Von den »Hymnen an die Nacht« gibt es zwei Fassungen: das am 31. Januar 1800 eingereichte lange Gedicht, dessen erhaltene, in der Bibliotheca Bodmeriana, Genf-Cologny, aufbewahrte Handschrift ausschließlich in großenteils kurzzeiligen Versen besteht, und die im Winter 1800 gefertigte »Athenaeum«-Version, ein handschriftlich nicht überlieferter Prosazyklus mit fünf aus der ursprünglichen Basis übernommenen Lyrikeinlagen. Der gedruckte Text weicht in etlichen Details von den Ur-Hymnen ab, ohne die Grund-Substanz anzugreifen. Für den Wechsel in Richtung Prosa-Lyrik-Mischpoesie gibt Balmes eine plausible Erklärung: Die Prosafassung mit ihren langen, rhythmischen, syntaktisch verschachtelten Bögen scheine dem Gedicht weit mehr gerecht zu werden als die Kurzverse der Handschrift. Daß für den so beschriebenen Wechsel die Herausgeber des »Athenaeums« ratgebend mitgewirkt haben, ist wahrscheinlich.

Daß Sophies Tod den entscheidenden persönlichen Anstoß gab, ist sicher. Die erste Hymne beginnt mit einer funkelnden Bewunderung des Lichts, eingeleitet durch jeden Lebendigen und Sinnbegabten, der »das allerfreuliche Licht« mit seinen Farben, Strahlen und Wogen liebt:

> Wie des Lebens innerste Seele athmet es der rastlosen Gestirne Riesenwelt – athmet es der funkelnde, ewigruhende Stein, die sinnige, saugende Pflanze, und das wilde, brennende, vielgestaltete Thier – vor allen aber der herrliche Fremdling.

Das Licht erscheint als »ein König der irdischen Natur«, es ruft »jede Kraft zu zahllosen Verwandlungen« zwischen Himmel und Erde: »Seine Gegenwart allein offenbart die Wunderherrlichkeit der Reiche der Welt.« Ein persönlicher Verkünder des Lobpreises wird weder nominal noch pronominal genannt.

Das alles ändert sich schlagartig und radikal im zweiten Teil der ersten Hymne:

> Abwärts wend ich mich zu der heiligen, unaussprechlichen, geheimnißvollen Nacht.

Gleichzeitig erscheinen in diesem einen Satz drei Phänomene: Ein in allen folgenden Hymnen auftretendes Ich, eine gefeierte, durch den gesamten Zyklus geführte Nachtvision, und eine entschiedene, dem Licht entgegengesetzte Bewegung nach unten: Liegende Welt, tiefe Gruft, tiefe »Wehmuth«, hinuntersinkendes Ich, Sonnenuntergang – man verbietet sich, weil es der Text und sein Dichter nicht wollen oder meinen, die naheliegende Assoziation »Unterwelt, Orkus, Hölle«. Ins Bild der Nachtvision paßt es, daß Wesenheiten des Tag-Lichts wie Wünsche der Jugend, Kindheits-Träume, »des ganzen langen Lebens kurze Freuden und vergebliche Hoffnungen« nun in grauen Kleidern kommen.

Unvermittelt spricht das Ich im dritten Abschnitt die »dunkle Nacht« erst fragend, dann zuversichtlich, geschwisterlich oder freundschaftlich mit »Du« an, erweitert sich dabei mehrmals verheißungsvoll zum Wir-Plural, schilt das Licht mit beinahe verächtlichem »Du« als »arm und kindisch«, da es nur deshalb seine Allmacht aufzurichten suchte, »weil die Nacht dir abwendig machte die Dienenden.« Pathetisch verkündet das sprechende Ich: »Himmlischer, als jene blitzenden Sterne, dünken uns die unendlichen Augen, die die Nacht in uns geöffnet«, verzückt ruft es den »Preis der Weltköniginn, der hohen Verkünderinn heiliger Welten, der Pflegerinn seliger Liebe« aus, »sie sendet mir dich, zarte Geliebte – liebliche Sonne der Nacht«; das Oxymoron hält immerhin fest, daß die wirkliche, die Licht-Sonne zwar abendlich untergegangen, aber nicht ganz und gar oder für immer vergangen ist. Die erste Hymne endet mit der Vorstellung einer ewig währenden Brautnacht. Was dem Licht versagt bleibt, gelingt der Liebe: Die Geliebte kehrt zurück, wenn auch nicht als Person.

Nach beklommenen Fragen, ob denn der Morgen immer wiederkommen müsse und »des Irdischen Gewalt« nicht ende, verkündet der Dichter in der zweiten Hymne mit Fichtescher Entschiedenheit das Gesetz: »Zugemessen ward dem Licht seine Zeit; aber zeitlos und raumlos ist der Nacht Herrschaft. – Ewig ist die Dauer des Schlafs«, der nun als »Du« angeredet wird. Die Toren nur verkennen seine Heiligkeit, und »sie wissen nicht, daß du es bist der des zarten Mädchens Busen umschwebt und zum Himmel den Schoß macht«. Ein vorher nur erst angedeuteter erotischer Grundzug des Hymnen-Zyklus tritt nun deutlicher hervor.

Mit einem Sprung ins Präteritum schildert das lyrische Ich in der dritten Hymne durch eine Kette schwarzer Erfahrungen und Schlüsselwörter eine Szenerie tiefer Verzweiflung: Bittere Tränen, Schmerz, zerronnene Hoffnung, »einsam am dürren Hügel«, enger, dunkler Raum, »einsam, wie noch kein Einsamer war«, unsägliche Angst, Elend. Aus diesem Abgrund in »des Lichtes Fessel« riß ihn die Flucht »in eine neue, unergründliche Welt:« »Du Nachtbegeisterung, Schlummer des Himmels kamst über mich ..., über der Gegend schwebte mein entbundner, neugeborner Geist.« Novalis rückt die befreiende Rede in dichte Nähe zur berühmten Vision vom 13. Mai 1797 an Sophies Grab zu Grüningen, was ihm mit Hilfe ganz weniger wörtlicher Übernahmen aus dem dargestellten Journal gelingt:

> Zur Staubwolke wurde der Hügel – durch die Wolke sah ich die verklärten Züge der Geliebten. In ihren Augen ruhte die Ewigkeit – ich faßte ihre Hände, und die Tränen wurden ein funkelndes, unzerreißliches Band. Jahrtausende zogen abwärts in die Ferne, wie Ungewitter. An Ihrem Hals weinte ich dem neuen Leben entzückende Tränen. – Es war der erste, einzige Traum – und erst seitdem fühl ich ewigen, unwandelbaren Glauben an den Himmel der Nacht und sein Licht, die Geliebte.

Die gesamte dritte Hymne präsentiert deutlich ein individuelles Erleben; Schlüssel-Angaben wie »Jahrtausende« und »ewig / Ewigkeit« wie auch die Positionierung der Geliebten zeigen an, daß Novalis ein transzendentes Weiterleben vorschwebt.

Die dreigeteilte vierte Hymne zeigt das Ich im Moment, »wenn der letzte Morgen seyn wird«, in Erwartung des Schlummers als unerschöpflicher Traum, sodann weit ausholend und erschöpft: »Weit und ermüdend ward mir die Wallfahrt zum heiligen Grabe, drückend das Kreutz« – dann unversehens in die dritte Person Singular verfallend, verallgemeinert der wandernde Dichter-Poet:

> ... wer oben stand auf dem Grenzgebürge der Welt, und hinübersah in das neue Land, in der Nacht Wohnsitz – warlich der kehrt nicht in das Treiben der Welt zurück, in das Land, wo das Licht in ewiger Unruh hauset.
>
> Oben baut er sich Hütten, Hütten des Friedens, sehnt sich und liebt, schaut hinüber, bis die willkommenste aller Stunden hinunter ihn in den Brunnen der Quelle zieht ...

Aber noch nicht endgültig, denn mit geradezu jähem Umsprung kehrt das redende Ich rühmend in die Licht-Welt um:

> Gern will ich die fleißigen Hände rühren, überall umschaun, wo du mich brauchst – rühmen deines Glanzes volle Pracht – unverdrossen verfolgen deines künstlichen Werks schönen Zusammenhang – gern betrachten deiner gewaltigen, leuchtenden Uhr sinnvollen Gang – ergründen der Kräfte Ebenmaß und die Regeln des Wunderspiels unzähliger Räume und ihrer Zeiten.

Fast scheint es, als verteidige der dichtende Techniker hier seine anspruchs- und sinnvolle Berufsarbeit – freilich blendet er so unvermittelt, wie er das Reich des Lichtes feiert, wieder um: »Aber getreu der Nacht bleibt mein geheimes Herz, und der schaffenden Liebe, ihrer Tochter.«

Danach läßt der Dichter, als müsse er die unverhoffte Preisung des leuchtenden Tag-Lebens beschämt zurücknehmen, einen wahren Pfeil-Regen spitzer Fragen und Herabsetzungen des per Du herausgeforderten Lichtwerks los, das von der Nacht abhänge: »Sie trägt dich mütterlich und ihr verdankst du all deine Herrlichkeit. Du verflögst in dir selbst – in endlosen Raum zergingst du, wenn sie dich nicht hielte.« Das herausfordernde Ich, das schon vorher das gescholtene Licht gefragt hat, welche Wollust und welchen Genuß sein Leben aufbiete, »die aufwögen des Todes Entzückungen«, steigert sich zu der kühnen Behauptung: »Warlich ich war, ehe du warst.« Immerhin gesteht »Ich«, daß die göttlichen Nacht-Verheißungen noch nicht gereift und erst noch wenige »Spuren unserer Offenbarung« da sind; trotzdem sei alle Geschäftigkeit und aller Widerstand der Licht-Welt »gegen den alten herrlichen Himmel« vergebens: »Unerbittlich steht das Kreutz – eine Siegesfahne unsers Geschlechts.«

Im dritten Stück dieser romantisch vibrierenden Hymne schwenkt Novalis von ausladender lyrisierender Prosa zu einem Gedicht mit 28 zweihebigen, teils jambischen, teils daktylischen Kurzversen, wobei nur die jeweils zweiten Zeilen stumpf miteinander reimen – ein sehr schwungvoller Lyrismus, der das »Hinüber« durch »des Todes verjüngende Flut« beinahe tänzerisch als Pforte für »unendliches Leben« im

Schoß der Liebe mit deutlicher Erotik zum Geliebten feiert. Wir zitieren die Eingangs- und die Schlußverse:

> Hinüber wall ich,
> Und jede Pein
> Wird einst ein Stachel
> Der Wollust seyn ...
> Ich lebe bey Tage
> Voll Glauben und Muth
> Und sterbe die Nächte
> In heiliger Glut.

In der fünften, der längsten, achtteiligen Hymne taucht Novalis zunächst tief in die Urzeiten der Menschheit zurück. Er gibt keine meß- und datierbare Historie, sondern kosmologisch-mythologische Erzählung:

> Über der Menschen weitverbreitete Stämme herrschte vor Zeiten ein eisernes Schicksal mit stummer Gewalt ... Unendlich war die Erde – der Götter Aufenthalt, und ihre Heymath ...
>
> ... ein ewig buntes Fest der Himmelskinder und der Erdbewohner rauschte das Leben, wie ein Frühling, durch die Jahrhunderte hin – Alle Geschlechter verehrten kindlich die zarte, tausendfältige Flamme, als das höchste der Welt. Ein Gedanke nur war es. Ein entsetzliches Traumbild,
>
> Das furchtbar zu den frohen Tischen trat
> ...
> Es war der Tod, der dieses Lustgelag
> Mit Angst und Schmerz und Tränen unterbrach.

Da neigte sich, in scheinbar unlösbarer Todesfessel und bei einsamer, lebloser Natur, die alte Welt dem Ende zu: dargestellt in breiter, ausdifferenzierter Prosa auf die entscheidende Wende hin, wo die Nacht vom Poeten als »der Offenbarungen mächtiger Schooß« in »neuen herrlichern Gestalten« aufgerufen wird: »In der Armuth dichterischer

Hülle« – »Ein Sohn der ersten Jungfrau und Mutter«, der Erlöser Christus, der – wundersamer künstlerischer Einfall – von einem »sein ganzes Herz dem Wunderkinde« ergebenden Sänger in einer exponierten einzelnen Stanze angekündigt wird:

> Im Tode ward das ewge Leben kund,
> Du bist der Tod und machst uns erst gesund.

Novalis kleidet das tiefste, der Menschheit – »uns« – zugedachte Versprechen in diese alle Glieder schüttelnde extreme Paradoxie: Indem Christus, dessen Name übrigens im Text wiederum nicht fällt, am Kreuz starb, öffnete er sich und uns das ewige, jenseitig-überirdische Leben:

> Erwacht in neuer Götterherrlichkeit erstieg er die Höhe der neugebornen Welt – begrub mit eigner Hand der Alten Leichnam in die verlaßne Höhle, und legte mit allmächtiger Hand den Stein, den keine Macht erhebt, darauf.

In feierlich-erhabener Prosa, mit Du-Anrede für den Heiland, schildert der Dichter die Rührung der Lieben Christi, – sie sehen ihn »freudig erschreckt auferstehn – und sich mit dir«, sehen »dich« eilen »in des Vaters Arme«, sehen die dem Sohn bald nacheilende Mutter – und in langen Zeiten die sich regende neue Schöpfung, »... tausende ... dir nach ... mit dir und der himmlischen Jungfrau im Reiche der Liebe« – sie »dienen im Tempel des himmlischen Todes und sind in Ewigkeit dein.« So erscheint der irdische Tod als Pforte zu ewigem Leben.

Wie schon die vierte, beschließt Novalis die fünfte Hymne mit einem Gedicht: Sieben Stanzen, dreihebige Jamben, Kreuzreime mit der Ausnahme eines umarmenden Reimes: der einzigen, wo das Nomen Tod vorkommt. Das Poem resümiert die bisherigen Präsentationen, Reflexionen, Tröstungen und zuversichtlichen Ausblicke, wobei die dritte Strophe die Mutter Maria im Rahmen des religiös-mythologischen Kontextes noch ausdrücklich hervorhebt, ebenfalls in vertraulich-gebetshafter Anrede:

Nach dir, Maria, heben
Schon tausend Herzen sich.
In diesem Schattenleben
Verlangten sie nur dich.

Der ästhetische, vor allem der bildlich-metaphorische Glanz verleiht dem Gedicht trotz seiner tiefernsten Gedanklichkeit eine schwebende Helligkeit; hier die Schlußstrophen:

Getrost, das Leben schreitet
Zum ewgen Leben hin;
Von innrer Glut geweitet
Verklärt sich unser Sinn.
Die Sternwelt wird zerfließen
Zum goldnen Lebenswein,
Wir werden sie genießen,
Und lichte Sterne seyn.

Die Lieb' ist frei gegeben,
Und keine Trennung mehr.
Es wogt das volle Leben
Wie ein unendlich Meer.

Nur eine Nacht der Wonne –
Ein ewiges Gedicht –
Und unser aller Sonne
Ist Gottes Angesicht.

Die sechste und letzte »Hymne an die Nacht« ist ein ästhetisch vollkommenes Gedicht mit dem Titel »Sehnsucht nach dem Tode«. Es hat zehn Strophen zu je sechs jambischen Versen: die jeweiligen Verse 1, 3, 5 und 6 sind vierhebig und haben stumpfe Kadenzen, alle Zeilen 3 und 4 sind dreihebig mit jeweils klingendem Versausgang; das Reimschema innerhalb jeder Strophe ist ab ab cc. Der Gesamt-Eindruck der äußeren Gestalt ist streng, harmonisch und ausgewogen, rhythmisch wunderbar leicht wie die feinsten der »Geistlichen Lieder«.

Dazu tragen auch markante plazierte Schlüsselwörter bei: Die letzten Worte des ersten und die letzten Worte des sechzigsten Verses sind identisch und gleich gewichtig: »Schooß« (der Erde Schooß) und (des Vaters Schooß); das erste, signalartige Adverb der ersten Strophe, damit des ganzen Gedichts, und das erste Wort der zehnten Strophe lauten gleich und sind entsprechend signifikant: »Hinunter«. Die ausgewogene Vers-, Reim- und Strophen-Struktur bändigt den bebenden Inhalt des Gedichts.

Die siebzehnfache Verwendung der Personal- und Possessivpronomina erste Person Plural deutet auf die menschheitlich-transzendente Dimension der »Hinunter«-Fahrt im engen Kahn (dem Sarg?), der »geschwind am Himmelsufer« ankommt und dessen ersehntes Reich sogleich zweifach gefeiert wird:

Gelobt sey uns die ewge Nacht,
Gelobt der ewge Schlummer.

Noch in derselben, der zweiten Strophe »erwärmt« der Dichter die gleichermaßen ort- wie zeitlose Befestigung im Attribut »ewge« durch die warmherzige, humane, auch kindnahe Ankündigung »Zum Vater wollen wir nach Haus«; sie wird einerseits durch das doppelte Gottesbild – »Des Vaters Hand« (Strophe 4) und »des Vaters Schooß« –, andererseits durch zwei dicht beieinander liegende Ansagen ergänzt und verlockend gemacht: »Wir müssen nach der Heimath gehen« (Strophe 7) und »Was hält noch unsre Rückkehr auf« (Strophe 8). (Daß die Vision von »nach Haus« und »Heimath« obendrein mit einer der berühmtesten Novalis-Fügungen korrespondiert, sei im Vorgriff erwähnt: »Wo gehn wir denn hin?« fragt der Pilger im zweiten Teil des »Heinrich von Ofterdingen«, und das junge Mädchen antwortet: »Immer nach Hause«).

Ein kompakter Mittelblock, die Strophen 3 bis 7, setzt mit einer lapidaren, historisch rückwärts gewandten Klage ein:

Was sollen wir auf dieser Welt
Mit unsrer Lieb' und Treue.
Das Alte wird hintangestellt,

Was soll uns dann das Neue.
O! einsam steht und tiefbetrübt,
Wer heiß und fromm die Vorzeit liebt.

Die schroffe Absage an die gegenwärtige, als »das Neue« abgewertete Welt ruft unwillkürlich politische Assoziationen hervor, Klischees über konservative, wenn nicht gar reaktionäre Romantiker-Attitüden werden wach und münden in die nahezu selbstmitleidigen Anklagen frommer Verteidiger der »Vorzeit«. Diese wird in drei anaphorisch eingeleiteten Strophen – »Die Vorzeit, wo ...« – mit demonstrativ eingesetztem Präteritum bis in die Lebenszeit Jesu zurück verherrlicht: Damals erkannten die Menschen noch »des Vaters Hand und Angesicht«, manche glichen sogar seinem Urbild; uralte Stämme – Völkerschaften? Bäume? Oder beides? – prangten blütenreich, gläubige Kinder verlangten gar Qual und Tod für das Himmelreich; Gott selbst gab »in Jugendglut« und »Liebesmuth« sein »süßes Leben«.

Die gegenwärtigen Menschen aber – »wir – erkennen mit banger Sehnsucht, daß sie, »um diese heilge Zeit zu sehn«, nach der Heimat gehen müssen. Der Absturz der einsamen Liebenden in Vorzeiten scheint, achte Strophe, unrettbar tief, ihre Liebsten ruhen schon lange in den Gräbern, das Herz ist satt, die Welt leer – und, nicht ausgesprochen, aber deutlich wahrnehmbar: Gott scheint fern, schweigt unerreichbar.

An dieser Stelle vor den beiden letzten Strophen setzt der Dichter zum einzigen Mal in der ganzen Hymne das »Ich«:

Mir däucht, aus tiefen Fernen scholl
Ein Echo unsrer Trauer.
Die Lieben sehnen sich wol auch
Und sandten uns der Sehnsucht Hauch.

Es ist die Sehnsucht aus der Überschrift; die Schlußstrophe bringt die Erfüllung:

Hinunter zu der süßen Braut,
Zu Jesus, dem Geliebten –

Getrost, die Abenddämmrung graut
Den Liebenden, Betrübten.
Ein Traum bricht unsre Banden los
Und senkt uns in des Vaters Schoos.

Zusammen mit den Romanfragmenten »Die Lehrlinge zu Saïs« und »Heinrich von Ofterdingen« sowie den »Geistlichen Liedern« sind die »Hymnen an die Nacht« die dichterischen Gipfelwerke von Novalis, und seine schwierigsten Texte. Sie provozieren weit auseinanderliegende Deutungen. Zwei der bekanntesten Romantikkenner behaupten geradezu exemplarisch radikal Kontroverses: »Der hohe literarische Rang von Novalis' Dichtung beruht darauf, daß hier eben keine Religion verkündet und kein Mythos geboren wird«, urteilt Gerhard Schulz; dagegen Herbert Uerlings: »Die ›Hymnen an die Nacht‹ entfalten eine neue, frühromantische Mythologie, die wiederum poetisiert wird.«

Die »Hymnen an die Nacht« sind sowohl biographisch-persönlich als auch poetisch-fiktional bestimmt, und zwar so, daß beide Ströme ständig ineinander fließen. Hinzu kommt, daß der Dichter an manchen Stellen spielt, vexiert, romantisch ironisiert, verrätselt, hermetisiert – wie schon in den »Geistlichen Liedern«: »Die Anreden wechseln häufig, aber überlegt«, konstatiert Max Kommerell und hebt eine weitere Eigenart des Zyklus hervor: »Nie vorher unternahm es jemand, in einem hymnischen Gedicht von übersehbarem Umfang, in hymnischem Ton und hymnischer Haltung das Weltall von innen dichterisch zu begreifen.«

Auf einen ähnlich tiefgreifenden, ins Auge springenden Wesenszug von Hardenbergs hymnischer Lebens- und Weltsicht hat Lothar Pikulik exmplarisch hingewiesen: »Mit der ›Nachtbegeisterung‹ seiner Dichtung, die zugleich den Wert des Tageslichts herabstimmt, setzt sich Novalis in Gegensatz zu traditionellen Bedeutungen und Wertungen von Nacht und Licht.« Auch wenn diese Abwertung der Tageshelle niemals total ist und mehrfach in den Hymnen die Herrlichkeit und Wärme des Lichts energisch und sprachmächtig geschildert wird, bleibt die Dominanz alles Nächtlichen bestehen und ruft die im Kontext ungelöste, vielleicht auch unlösbare Frage nach dem Verhältnis von individueller mystischer und zeitloser Vision und menschheitsgeschichtlicher, ja: akut-gesellschaftlicher Zukunftssicht hervor.

»Nach Innen geht der geheimnißvolle Weg«, verkündete der Poet kaum zwei Jahre zuvor, jetzt führt er in die Nacht, über den Tod hinaus in ein anderes, ins ewige Leben, das wir, so sagt der Schöpfer der Hymnen geheimnisvoll, nur durch den physischen Tod erlangen. Dazu Gerhard Schulz: »Der Tod, von dem hier gesprochen wird, ist nicht Auslöschen der physischen Existenz, sondern mystischer Übergang in eine höhere. Zu Jesus, der Braut, dem Himmel und schließlich Gott selbst geht es hinunter, in die Tiefen des eigenen Selbst.« Und Herbert Uerlings: »Das zielt nicht auf eine Verdrängung der unaufhebbaren Faktizität des Todes, sondern im Gegenteil auf eine Intensivierung des Lebens durch ein bestimmtes Bewußtsein vom Tode.« Und noch einmal Uerlings: »Christi Geburt wird dann schließlich als Beginn einer neuen Zeit und angemessenere Deutung des Todes verstanden: ›Im Tode ward das ewge Leben kund. Du bist der Tod und machst uns erst gesund.‹« Zugespitzte Formulierungen wie diese und, selbstverständlich, die radikale Titulierung der sechsten Hymne als »Sehnsucht nach dem Tode« haben das Pauschalurteil über den todessüchtigen Jüngling Novalis im 19. Jahrhundert mit geschaffen oder doch bekräftigt, wogegen auch die zitierten Ent-Kräftigungen und Neu-Deutungen nicht völlig aufkommen.

Immerhin leuchtet Uerlings' Würdigung von Hardenbergs Christusbild ein: »An die Stelle des alten Todes tritt eine romantische Unendlichkeit, die auch die christliche Auffassung umdeutet. Hardenbergs Christusauffassung in der fünften Hymne ist, pointiert gesprochen, ein romantischer Mythos, keine christliche Offenbarung ... Hardenbergs Christus ist eine romantische Idealfigur ..., allerdings gewissermaßen mit dem unschätzbaren Vorteil, von vielen ›geglaubt‹ zu werden.«

Das ewige Leben, das sein Tod einleiten soll, kann nicht beschrieben oder geschildert, es kann nur gesetzt werden, so wie Novalis es tut – gesetzt und geglaubt oder nicht geglaubt. Die Auferstehung, die Christus auch bei Novalis erfährt, fehlt bei den gewöhnlichen Sterblichen; das einzige vorstellbare »Organ« zur Ewigkeit, die Seele, spielt in Novalis' postmortaler Vision keine Rolle. Der »Inhalt« dieser Jenseitsvision, vielgestaltig und an einigen Stellen deutlich erotisch, ist die in allen Teilen des Zyklus erscheinende Liebe, für das lyrische Ich verkörpert durch die »süße Braut«, seine Mittlerin zu »des Vaters Schooß«. Die erste Hymne endet mit der imaginierten Begegnung der Liebenden unter dem Schirm Marias:

> Preis der Weltköniginn, der hohen Verkündigerinn heiliger Welten, der Pflegerinn seliger Liebe – sie sendet mir dich – zarte Geliebte – liebliche Sonne der Nacht – nun wach ich – denn ich bin Dein und Mein – du hast die Nacht mir zum Leben verkündet – mich zum Menschen gemacht – zehre mit Geisterglut meinen Leib, daß ich luftig mir dir inniger mich mische und dann ewig die Brautnacht währt.

Wer wollte der Deutung einer solchen Wunsch-Vision widersprechen, daß hier neuerlich der Willensentschluß des Nachsterbens auflebe – es sei denn, man nähme diese sechste Hymne oder das ganze Hymnen-Gebäude als Poesie jenseits aller Biographie.

Der weltliterarische Rang des Hymnen-Zyklus und seines Schöpfers wird vor allem durch die außergewöhnliche poetische Form bestimmt, und das heißt: durch die außergewöhnliche sprachliche Schönheit und Radikalität. Nach Herbert Uerlings entsteht die erwähnte frühromantische Mythologie aus poetisierter Privat- und christlicher Mythologie: »Entscheidend ist dabei die unerhörte Dynamik des Sprechens in den Hymnen, die aus der Bildung und unaufhörlichen Umwandlung von Polaritäten entsteht: von Licht und Nacht, Leben und Tod, Diesseits und Jenseits, von kollektivem Jubel und individueller Bangigkeit, Götternähe und Götterferne, geschichtlicher Zukunftserwartung und mystischer Gegenwartserfahrung ... Keine zweite Dichtung der Frühromantik führt die Aufhebung aller Ordnungen und Trennungen so suggestiv vor wie die ›Hymnen an die Nacht‹.« Hans Jürgen Balmes hebt die Besonderheit der lyrischen Prosa oder der prosaischen Gedichtgestalt fast wie eine neuartige dichterische Gattung hervor: In seiner Sicht »bleiben die ›Hymnen an die Nacht‹ eine für ihre Zeit singuläre Erscheinung, die in ihrer formalen Lösung eines individuellen Problems weniger auf Gattungen des 18. Jahrhunderts zurückweisen als auf das moderne ›poème en prose‹ vorausdeuten.«

Max Kommerell schließlich hat in seinem Essay »Novalis: Hymen an die Nacht« etwas irritiert verkündet: »Wenn die Dichtung in dieser verwegenen Weise transzendiert, so tut sie dies im überkühnen Vertrauen auf ihre dichterischen Mittel, auf ihre Fähigkeit, beschwörend und bezwingend zu werden.« Das sieht dann so aus: »Die Mischung verschiedener, teils gesonderter, teils ineinander hineingebauter Formen: der gereimte Choral, kurze gereimte Einlagen, streng gebaute Stanzen, freie Rhythmen, rhythmisierte Prosa und völlige Prosa wird durchkreuzt von verschiedenen Tönen, die ein verschiedenes Verfahren des Geistes andeuten, ohne daß ein bestimmter Ton und eine bestimmte Form immer zusammen aufträten.« Der Kritiker nennt zum Beispiel »den Ton des Berichts, den Ton der reinen Reflexion ..., den-Ton des esoterischen Wissens ..., den Ton des Übergangs« und »den seherischen Ton des enthüllten Mysteriums.« Indem Kommerell den Wechsel dieser Töne »als Wechsel von Sicherheit und Unsicherheit« des Dichters kritisiert und nicht als das zuläßt, was er ist, nämlich »ein Wechsel zwischen Verfahrensarten«, gesteht er ungewollt eine inmitten tiefgehender Analyse zitternde eigene Beunruhigung ein.

Eigene Erwähnung verdient ebenso filigrane wie kühne Handhabung der Enjambements in der »reinen« Verslyrik: Fast alle zweihebigen Jamben-Zeilen des Gedichts »Hinüber wall ich« in der vierten Hymne zeigen subtil nuancierte Zeilensprünge fließenden Charakters; ebenso schön geformt, wenn auch weniger zahlreich stehen die Enjambements in den drei Stanzen der fünften Hymne; sowohl im letzten rein lyrischen Text dieser Hymne als auch im abschließenden sechsten Hymnus stellen die Zeilensprünge tragende Form-Elemente dar, die besonders dem strömenden Fluß der Bilder, Empfindungen und Gedanken dienen.

Ein zweites konstituierendes Element ist der Satzbau, der bis in die feinsten Verästelungen das »überkühne«, das geniale Vertrauen des Dichters Novalis in seine Kunstmittel bezeugt. Die Ouvertüre der ersten Hymne, die funkelnde Lobpreisung des Lichts, ist eine hochkomplizierte, orchestrale, aber pure Parataxe, die aus sich heraus eine Schatzkammer von Hardenbergs überreichem, schwellendem, schwebendem Feste kühner Bildlichkeit und Metaphorik feierndem Wortschatz öffnet. Dem steht mit dem dritten lyrischen Prosastück der gleichen Hymne, eingeleitet durch ahnungsvoll-staunende Fragesätze, ausgebreitet als Zeile für Zeile gesteigerte Verdrängung des Lichts durch die Nacht, aufsteigend zum erträumten, phantasierten Wiedersehen mit der Geliebten, eine wundervolle Kombination aus gleichgewichtigen Parataxen und Hypotaxen gegenüber. Ein syntaktisches Glanzstück, vielleicht das Feinste vom Feinen an Satzbau-Kunst in diesem singulären Opus, gibt die schon zitierte einteilige dritte lyrische Prosa-Hymne: Aus einer stimmungsmäßig düsteren, von Angst, Einsamkeit, Kraftlosigkeit beherrschten Hypotaxe schwingt sich der Diskurs mit dem Einsetzen der angerufenen Nacht-Begeisterung unter varianter Wiederholung der alle Zeiträume sprengenden Szenerie an Sophies Grab zu einer triumphalen Parataxe auf, die den »ewigen, unwandelbaren Glauben an den Himmel der Nacht und sein Licht, die Geliebte« traumhaft verkündet.

Gleichzeitig mit den »Geistlichen Liedern« und den »Hymnen an die Nacht« enstehen zwei weitere Gruppen von Gedichten: an die zwanzig lyrische Texte, die fest in das Romanwerk »Heinrich von Ofterdingen« eingebaut sind, dazu zwei Paralipomena, und eine Anzahl »Vermischter Gedichte«, die diesen Sammeltitel von Tieck erhielten und thematisch wie qualitativ unterschiedlich sind. Manche von ihnen haben, wie schon zahlreiche Texte im Jugendnachlaß, biographische Anlässe; eine letzte, fragmentarische Horaz-Nachdichtung – »Quo me, Bacche« – »Wohin ziehst du mich?« – glänzt vor allem durch lebendige Naturbilder.

Mehrere Gedichte haben Adressaten. Die fünfzehn jambischen Vierzeiler von »An Tieck«, in zwei Fassungen erhalten, poetisieren die frühromantische Dichterfreundschaft einerseits in der Figur eines klugen Kindes, das »auf einer längst verfallnen Bank / Ein altes Buch mit Gold verschlossen, / Und nie gehörte Worte drinn« findet, andererseits in Gestalt eines alten Mannes: »Bekannt doch heimlich sind die Züge, / So kindlich und so wunderbar«; Kind und Greis verkörpern die romantische Poesie selbst, das Kind wird »Verkündiger der Morgenröthe, des Friedens Bote ... seyn«, der Alte erscheint ihm zuletzt als Jakob Böhme: Huldigung von Novalis an den Freund für dessen reiches Geschenk: das spröde Werk des Görlitzer Schuhmachers.

Das Poem »An Dora – Zum Dank für das Bild meiner Julie« vom Sommer 1800 ist die in acht Stanzen abgefaßte Huldigung für Körners Schwägerin Dora Stock, die wahrscheinliche Schöpferin der zarten Kreidezeichnung Julie von Charpentiers; Novalis gibt in der vertrauten Strophenform ein von ahnungsvollen Fragen durchwobenes Porträt der Geliebten im Spiegel der beiden zu subtiler Verwandtschaft fähigen Künste.

Auch die Braut selbst wird lyrisch angesprochen. Bereits aus der Freiberger Zeit, vom Januar 1798 datiert ein leitmotivisches Gedicht, das Julies künftiger Verlobter aus schwer erkennbaren Gründen »der Frau Bergräthin von Charpentier«, Julies Mutter, zu deren Geburtstag gewidmet hat: »Der Fremdling«, ein künstlerisch wie biographisch wichtiges Poem. Von einem nur einmal als Ich auftretenden Sprecher in der zweiten Person Singular angeredet, erscheint der Fremdling einerseits als in dieser Welt Ausgesetzter, andererseits als ein – vorübergehend? – häuslicher Gast der Gewidmeten zu ihrem Geburtstag. Mitten im nach dem vierten asklepiadischen Maß konstruierten, reichlich gestelzt wirkenden lyrischen Corpus wird der Fremdling vom Dichter, der die festtäglich Versammelten freundschaftlich anspricht, in die dritte Person Singular gestellt. Vieldeutig der Schluß dieses Gedichts, dessen Wirkung auf Hardenbergs virtuelle Schwiegermutter, aber auch auf Julie zunächst nicht erkennbar, weil nicht dokumentiert ist:

> Bleibt dem Fremdlinge hold – spärliche Freuden sind
> Ihm hienieden gezählt – doch bey so freundlichen
> Menschen sieht er geduldig
> Nach dem großen Geburtstag hin.

Etwa ein Jahr später wird Novalis die schillernde Vision vom alleinigen Fremdling, der er vielleicht auch selbst sein könnte, im Stile der »Geistlichen Lieder« poetisch aufheben: im Gedicht »Der müde Fremdling ist verschwunden«:

> Auf immer nun mit euch verbunden,
> Von keinem Kummer mehr bewacht,

Hat er sich wieder selbst gefunden,
Und manches, was er nicht gedacht.

Diese Entwicklung wird biographisch und dichterisch bekräftigt und religiös gebunden in zwei makellosen zehnversigen Strophen mit vierfüßigen Jamben »An Julien«, wohl Mitte 1800:

Daß ich mit namenloser Freude
Gefährte deines Lebens bin
Und mich mit tiefgerührten Sinn
Am Wunder deiner Bildung weide –
Daß wir aufs innigste vermählt
Und ich der Deine, Du die Meine,
Daß ich von allen nur die Eine
Und diese Eine mich gewählt,
Dies danken wir dem süßen Wesen,
das sich uns liebevoll erlesen.

O! laß uns treulich ihn verehren,
So bleiben wir uns einverleibt.
Wenn ewig seine Lieb uns treibt,
So wird nichts unser Bündniß stören.
An seiner Seite können wir
Getrost des Lebens Lasten tragen
Und selig zueinander sagen:
Sein Himmelreich beginnt schon hier,
Wir werden, wenn wir hier verschwinden,
In seinem Arm uns wiederfinden.

Drei weitere Texte dieser heterogenen Gruppe belegen sowohl die poetische als auch die selbstdarstellerische Vielfalt des Dichters. Das teils daktylische, teils trochäische Poem mit dem programmatisch erscheinenden Titel »Das Gedicht« liest sich als ein Experiment hermetischer romantischer Buntheit, rabiater Sprünge und Würfe, chaotischer künstlerischer Selbstaussage, die aller Novalis-Forschung spottet (Oktober 1799). Der wie ein Abschiedsgesang wirkende Text »Alle Menschen seh ich leben« vom Spätherbst 1800 setzt abwägend, doch nicht entscheidend drei Lebens-Lehren in Verse: »Leichtes Leben, schwebend leben« zuerst, vielleicht zuoberst; »Endlich unters Joch gebogen / Muß des Weisen Macht vermehren«, schließlich, mit derselben Haupt-Vokabel: »Doch für uns ist Handeln Leben / Macht zu üben nur Genuß«. Das vermutlich letzte Gedicht von Novalis, das – nicht durch ihn – so benannte Sonett »An Karl von Hardenberg« (Ende November 1800, wohl in Dresden) rühmt den in seiner geschwisterlichen Treue zum Todkranken unübertroffenen, als dilettierender Poet Rostorf vergessenen Bruder mit liebenswert-dankbarer Prophetie:

Zum Meister wird der treue Lehrling reifen
Und um sich her ein neues Reich gestalten.

Siebzehntes Kapitel

»Heinrich von Ofterdingen«

»Wenn Du die mannichfaltigen Zerstreuungen, Zeitverluste und Geschäfte meines Berufs kenntest, so würdest Du mir ein gutes Lob ertheilen, daß ich soviel nebenbey gemacht habe«, schreibt Hardenberg am 23. Februar 1800 aus Weißenfels an Tieck nach Jena. Wie schon in früheren Äußerungen ist das Adverb »nebenbey« nicht als Rang- und Werturteil zwischen Berufsarbeit und Dichtung, sondern zeitbezogen gemeint: Der Schriftsteller staunt stolz, wieviel Poetisches er trotz der enormen Belastung durch die zeitfressende Salinentätigkeit geschaffen hat. Der zitierte Satz steht mitten im Arbeits-Prozeß des »Ofterdingen«-Romans, über dessen Entstehungsgeschichte zumindest einige Details gesichert sind: Die Verschränkung und Gleichzeitigkeit mit dem Schreiben der »Lehrlinge zu Saïs« sowie der »Geistlichen Lieder« und der »Hymnen an die Nacht« stehen fest, ebenso die schon erwähnte, Caroline Schlegel im Februar 1799 angekündigte Idee, er habe vor, sein »ganzes Leben an Einen Roman zu wenden – der allein eine ganze Bibliothek ausmachen« soll.

Zusammen mit der Sendung des »langen Gedichts« hatte Novalis schon am 31. Januar Friedrich Schlegel überrascht: »Das Neueste von mir ist ein bald fertiger Roman – Heinrich von Afterdingen. Wenn nicht alles entgegen ist, kommt er schon Ostern.« Und im Brief mit dem Stolz auf das »nebenbey« Geschaffene wird der Dichter Tieck gegenüber deutlicher: »Mein Roman ist im vollen Gange. 12 gedruckte Bogen sind ohngefähr fertig, der ganze Plan ruht ziemlich ausgeführt in meinem Kopfe ... Das Ganze soll eine Apotheose der Poesie seyn. Heinrich von Afterdingen wird im 1sten Theile zum Dichter reif – und im Zweyten, als Dichter verklärt ... Es ist ein erster Versuch in jeder Hinsicht – die erste Frucht der bey mir wieder erwachten Poesie, um deren Entstehung Deine Bekanntschaft das größeste Verdienst hat.«

Beide Dichterfreunde erfahren in Briefen vom 5. April 1800, daß der erste Teil des Romans – wenn auch noch nicht in Reinschrift – abgeschlossen ist, nach nur vier Monaten Schreibzeit. Der zweite, unvollendete Teil wird Anfang Mai in einer Aufzeichnung angedeutet, vermutlich aber erst nach der geologischen Expedition im Juni weiter ausgeführt; der krankheitsbedingte Abbruch des Werkes ist für Oktober/November anzusetzen.

Novalis präsentiert im Roman »Heinrich von Ofterdingen«, ganz im Geist der Frühromantik, ein idealisiertes Mittelalter, wozu ihm zumindest ästhetisch-atmosphärisch auch die Wackenroder-Tieckschen Publikationen »Herzensergießungen eines kunstliebenden Klosterbruders« und »Phantasien über die Kunst für Freunde der Kunst« sowie »Franz Sternbalds Wanderungen« und die anhaltende Böhme-Lektüre Anregungen gaben. Novalis nutzte obendrein historische Quellen; ein Glücksfall war dabei das häufige Zusammentreffen mit dem Berufsoffizier und Historiker Karl Wilhelm Ferdinand von Funk in Artern; dieser war seit 1796 als Rittmeister in Hardenbergs Salinen-Städtchen stationiert, hatte 1792 eine umfangreiche »Geschichte Kaiser Friedrichs II.« publiziert und öffnete Novalis seine reichhaltige Bibliothek. Genaueres zur Biographie Ofterdingens, konstatiert Balmes, habe der Dichter eher bei antiquarischen Quellen gefunden, zum Beispiel in Johannes Rothes Opera »Cronicon Turingae« und »Vita S. Elisabethae«, beide aus dem frühen 15. Jahrhundert – die Handschrift der Chronik Thüringens befand sich sogar in der Weißenfelser Bibliothek. In Rothes Schriften wie auch in Cyriacus Spangenbergs »Mansfeldischer Chronica« von 1572 fand Novalis zahlreiche Einzelheiten und so etwas wie ein Persönlichkeitsbild Ofterdingens, der im übrigen, so Uerlings, um 1800 unter Gebildeten »nicht als fiktive, sondern als historische Figur und als bedeutender mittelalterlicher Dichter« galt und als solcher im »Sängerkrieg auf der Wartburg« erscheint, einem Mitte des 13. Jahrhunderts entstandenen mittelhochdeutschen Gedichtzyklus, »der von dem sagenhaften Wettstreit u. a. der Dichter Wolfram von Eschenbach, Walther von der Vogelweide, Reinmar von Hagenau und Heinrich von Ofterdingen berichtet« – einem Wettkampf, der im überlieferten Text von Novalis nicht vorkommt. In den erwähnten Quellen wie auch in seinen Äußerungen heißt der Minnesänger immer »Afterdingen«; die Schreibweise »Ofterdingen« erscheint erstmals in der Ausgabe von 1802 und ist seither beibehalten worden – offenbar folgten die Editoren Tieck und Schlegel der Version von Bodmers Edition der Großen Heidelberger Liederhandschrift, der sogenannten Manessischen Handschrift.

Der Roman wird mit einer unvermittelt gesetzten realistischen Szenerie eröffnet: »Die Eltern lagen schon und schliefen, die Wanduhr schlug ihren einförmigen Takt, vor den klappernden Fenstern sauste der Wind; abwechselnd wurde die Stube hell von dem Schimmer des Mondes.« Ebenso plötzlich blendet der Dichter in den inneren Monolog eines »unruhig auf seinem Lager« liegenden Jünglings um: Eines Fremden und seiner Erzählungen gedenkend, spricht dieser zu sich selbst: »Die blaue Blume sehn' ich mich zu erblicken. Sie liegt mir unaufhörlich im Sinn, und ich kann nichts anders dichten und denken.« Nach beunruhigendem Grübeln zur Herkunft des Fremden befällt ihn »so ein tiefes, inniges Treiben«, auch zu Reden »von alten Zeiten, wie da die Thiere und Bäume und Felsen mit den Menschen gesprochen hätten«. So plötzlich wie begonnen, springt der Ich-Monolog in die dritte Person Singular über und in einen Traum, also ins Irrationale und Surreale, der Jüngling erfährt »ein unendlich buntes Leben«, er träumt »von unabsehlichen Fernen« und wandert »über Meere mit unbegreiflicher Leichtigkeit«, gelangt endlich zu einem in Felsen gehauenen Gang, zu einer Höhle, wo ein Springquell lautlos an die Decke des Gewölbes steigt und ein Wasserbecken füllt. »Ein unwiderstehliches Verlangen« läßt ihn nackt hineinsteigen, »jede Welle des lieblichen Elements schmiegte sich wie ein zarter Busen an ihn«, die Flut erscheint ihm wie »eine Auflösung reizender Mädchen«. Noch später führt ihn der Traum zu einer Quelle bei dunkelblauen Felsen, wo »eine hohe lichtblaue Blume ... ihn mit ihren breiten, glänzenden Blättern berührte ... Er sah nichts als die blaue Blume, und betrachtete sie lange mit unnennbarer Zärtlichkeit ... die Blume neigte sich nach ihm zu, und die Blüthenblätter zeigten einen blauen ausgebreiteten Kragen, in welchem ein zartes Gesicht schwebte.« Nach dem Erwachen, als Novalis erstmals den Namen Heinrich verwendet, entsteht ein freundliches Streitgespräch, wobei der handwerklich tätige, durchaus bürgerlich wirkende Vater die Position »Träume sind Schäume« vertritt, Heinrich aber die Sicht seines Schöpfers einnimmt: »Mich dünkt der Traum eine Schutzwehr gegen die Regelmäßigkeit und Gewöhnlichkeit des Lebens, eine freye Erholung der gebundenen Fantasie«.

Das zweite Kapitel beginnt mit einen erneuten Themen-Wechsel: Heinrichs Mutter bricht mit dem Sohn und Kaufleuten zu einer Reise aus seiner Heimatstadt Eisenach zu ihrem Vater Schwaning ins idealisierte Augsburg auf. An dieser Stelle setzt Novalis eine erste, ernüchternde Charakteristik Heinrichs ein: »Heinrich war eben zwanzig Jahr alt geworden. Er war nie über die umliegenden Gegenden seiner Vaterstadt hinausgekommen; die Welt war ihm nur aus Erzählungen bekannt. Wenig Bücher waren ihm zu Gesicht gekommen.« Er hofft, durch die Reise aus der einfachen, stillen Hofhaltung seines Landgrafen in ein gefühltes »irdisches Paradies« zu gelangen, wozu auch die Ruhmreden der Kaufleute auf Schwaben beitragen: auf den vielfältigen Fleiß der »Künste und Handwerke«, auf die anmutigen Sänger, die herrlichen Maler, die »Gastfreyheit des alten Schwaning«, die »schönen Landsmänninen« der Mutter, unbescholtene Mädchen, treue Frauen, vielerlei Geselligkeit. In den schwungvollen, geistreichen Gesprächen unterwegs reden und argumentieren die Kaufleute stets als Kollektiv; Heinrich seinerseits, der im Moment des Ausritts mit dem Abschied vom Vater, vom Hofkaplan, von der Landgräfin, seiner Patin, diese Trennung wie eine erste Ankündigung des Todes empfindet, spricht im krassen Gegensatz zur zitierten Charakteristik des schlichten Unerfahrenen sofort druckreifen Diskurs, so daß die Reisegefährten vermuten: »Es dünkt uns, ihr habt Anlagen zum Dichter. Ihr sprecht so geläufig von den Erscheinungen eures Gemüths, und es fehlt Euch nicht an gewählten Ausdrücken und passenden Vergleichungen. Auch neigt Ihr Euch zum Wunderbaren, als dem Elemente des Dichters.« Zwar zweifelt der junge Mann diese hohe Einschätzung an, da er von Dichtern und Sängern nur gehört, doch noch nie einen von ihnen, ja: noch nicht einmal ein Gedicht gesehen habe; er bekennt aber »eine große Sehnsucht davon zu hören«, lauscht den Überlegungen der Kaufleute über das besondere, wundersame, schon vor uralten Zeiten geborene Wesen der Poesie und ist beglückt über das Angebot der Reisenden, »einige artige Geschichten von Dichtern zu hören, die wir auf unsern Reisen erfuhren«.

Also erzählen die Kaufleute: »Einer jener sonderbaren Dichter oder mehr Tonkünstler« habe »reich an schönen Kleinodien und köstlichen Dingen ... übers Meer in ein fremdes Land reisen« wollen; die habgierigen Schiffer bedrohten ihn mit Beraubung und Ertränken; es gelang ihm, vor der Untat einen Schwanengesang »mit seinem schlichten hölzernen Instrumente« zu spielen; die Schiffer verstopften ihre Ohren, aber »aus den grünen Fluten tauchten tausende Schaaren von Fischen und Meerungeheuern hervor«, bezaubert von seinem Gesang. Auf dem Rücken »eines dankbaren Unthiers« gelang dem Dichter die Rettung; es brachte ihm später sogar seine Schätze zurück, derentwegen die Verbrecher einander in einem »mörderischen Kampf« großenteils umgebracht hatten. Novalis setzt hier die abgewandelte Geschichte des griechischen Sängers Arion aus Lesbos (ca. 620 v. Chr.) ein, einen Stoff, den Tieck in den »Phantasien über die Kunst« 1799 mit 26 Stanzen als »Der Traum. Eine Allegorie« publiziert hatte.

Übergangslos füllt Novalis das gesamte dritte Kapitel mit einer zweiten Geschichte der Kaufleute: Sie ist klar strukturiert: »Ein alter König hielt einen glänzenden Hof«: »er, der sonst ein strenger und ernster Mann war, hatte zwey Neigungen ... Eine war die Zärtlichkeit für seine Tochter, die ihm als Andenken seiner früh verstorbenen Gemahlin und als ein unaussprechlich liebenswürdiges Mädchen unendlich theuer war ... die Andere war eine wahre Leidenschaft für die Dichtkunst und ihre Meister ... Von allen Enden zog er sie an seinen Hof und überhäufte sie mit Ehren.« Hier nun schürzt Novalis den unvermeidlichen Konflikt: »Die einzige Sorge der Bewohner ... betraf die Vermählung der aufblühenden Prinzessin«, zumal alle Prinzen aus andern Ländern »tief unter ... der wie ein überirdisches Wesen» wirkenden Schönen blieben.

Sie reitet eines Tages allein in den Wald, um ihre Stimme für Gesänge zu üben, und trifft an einem einsamen Landgut auf ein Vater-Sohn-Paar von Naturforschern. Unterwegs verliert sie einen kostbaren Karfunkel, den der Jüngling findet und zurückgibt. Beide sind bei weiteren Besuchen zutiefst voneinander ergriffen: »Die Prinzessin hatte sich nie in einem ähnlichen Zustande befunden, wie der war, in welchem sie langsam nach Hause ritt ... Ein magischer Schleyer dehnte sich in weiten Falten um ihr klares Bewußtsein. Es war ihr, als würde sie sich, wenn er aufgeschlagen würde, in einer überirdischen Welt befinden«, schreibt Novalis über sie, und über den jungen Forscher: »Wie angefesselt blieb er eine Weile stehn, und blickte unverwandt sie an, gleichsam um sich zu überzeugen, daß ihre Erscheinung wirklich und keine Täuschung sey.« Die heimlichen Treffen setzen sich fort; in einer wüsten Unwetternacht überwältigt die Liebenden die »Macht ihrer süßen Leidenschaft ... und wiegte sie unter dem Brautgesange des Sturms und den Hochzeitsfackeln der Blitze in den süßesten Rausch ein, den je ein sterbliches Paar beseligt haben mag.« Die Prinzessin enthüllt ihre Herkunft; unter dem Schutz des Forscher-Vaters bleibt sie beim Geliebten, besorgt wegen des Schmerzes ihres Vaters, aber auch wegen seines Stolzes und seiner Strenge, die sie treffen könnte. Unterdessen »klagte der König in den Stunden der heißesten Sehnsucht«, und »die ganze Stadt und das ganze Land weinten und klagten von ganzem Herzen mit ihm.« Ein ganzes Jahr verstreicht, und immer geht die Sage umher, »die Prinzessin lebe noch, und werde bald mit einem Gemahl wiederkommen.«

Den glücklichen Ausgang der Geschichte inszeniert Novalis wie ein erfahrener Theaterregisseur: Bei einem Dichterfest am Hofe läßt er einen Jüngling überraschend auftreten; dieser singt »mit einer unbekannten schönen Stimme« zunächst ein Poem »von dem Ursprunge der Welt, von der Entstehung der Gestirne, der Pflanzen, Thiere und Menschen, von der allmächtigen Sympathie der Natur ... und endlich ... von dem Ende der Trübsale, der Verjüngung der Natur und der Wiederkehr eines ewigen goldenen Zeitalters«, sodann bittet er den König, der sich mit allen Feiernden »wie auf einem Strom des Himmels weggetragen« fühlt, ein weiteres Lied vortragen zu dürfen. Es ist zweigeteilt mit jeweils fünf Stanzen und erzählt, kunstvoll eingekleidet, die Geschichte des Wald-Paares mit dem Sänger als handelndem Subjekt; die erste Hälfte beginnt hart:

Der Sänger geht auf rauhen Pfaden,
Zerreißt in Dornen sein Gewand;

Und endet euphorisch:

Der Dichter steigt auf rauhen Stufen
Hinan, und wird des Königs Sohn.

Während des Vortrags erscheint zum Erstaunen der Versammelten »ein alter Mann mit einer verschleyerten weiblichen Gestalt von edlem Wuchse, die ein wunderschönes Kind auf dem Arme trug, das freundlich in der fremden Versammlung umhersah, und lächelnd nach dem blitzenden Diadem des Königs die kleinen Händchen streckte«. Der Jüngling singt den zweiten Teil seines Liedes; die letzte Stanze beschwört das künftige Glück der ergriffenen Versammelten:

Geist des Gesangs, komm du hernieder,
Und steh auch jetzt der Liebe bey;
Bring die verlorne Tochter wieder,
Daß ihr der König Vater sey! –
Daß er mit Freuden sie umschließet,
Und seines Enkels sich erbarmt,
Und wenn das Herz ihm überfließet,
Den Sänger auch als Sohn umarmt.

Alles Erwünschte tritt ein, Monarch, Familie und Volk feiern ein nicht endendes Fest, erst im letzten Satz des Kapitels fällt der Name: Atlantis. Eine Äußerung Heinrichs zu dem erzählten Märchen gibt Novalis nicht.

Auf der weiteren Strecke nach Süden rasten die Eisenacher auch im Schloß eines alten Kriegsmannes bei heiterer, trinkfreudiger Gastlichkeit. Dabei baut der Autor, nach dem Fichteschen Modell der »Hin und her Direction«, eine konträre Doppel-Erfahrung seines jungen Helden auf: Einerseits im Schloß die Ritter, die zur Befreiung des von heidnischen Ungläubigen besetzten heiligen Grabes aufrufen und mit schroffem Kreuzgesang für einen vom (namenlosen) Kaiser selbst geführten neuen Kreuzzug trommeln, andererseits bei einem Gang im Freien, angekündigt durch den zarten, eindringlichen »Gesang einer weiblichen Stimme von wunderbaren Tönen«, das Elend einer bleichen, abgehärmten gefangenen Morgenländerin namens Zulima, welche die Vorzüge ihrer Landsleute preist, deren angebliche Grausamkeit bestreitet und die meisten Jerusalempilger als nichtsnutzige, böse Menschen beschuldigt. Heinrich sucht sie, die ein Mädchen von zehn bis zwölf Jahren versorgt und nur des Kindes wegen am Leben bleibt, zu trösten und tauscht, selber aufgewühlt, zum Abschied Geschenke mit ihr.

Starke Reiseeindrücke sammelt Heinrich auf direkte und indirekte Weise, durch eigenes Erleben und die Erzählungen anderer Personen, in einem Bergbau-Gebiet. Hier setzt Hardenberg Freiberger Erfahrungen in künstlerische Sujets um, projiziert ins poetische Mittelalter und selbstverständlich ohne die Technologie des späten 18. Jahrhunderts, dargeboten aber in der Kunstgestalt eines Gesprächs, dem Heinrich nur zuhört. In einem Dorfwirtshaus treffen die Reisenden auf einen alten Mann »in fremder Tracht«; der gebürtige Böhme erzählt ihnen, wie seine »heftige Neugierde zu wissen, was in den Bergen verborgen sein müsse«, ihn zum Beruf des Bergmanns geführt habe; vor nunmehr 45 Jahren, am 16. März (Julies Geburtstag), habe er erstmals unter der Erde »den König der Metalle in zarten Blättchen zwischen den Spalten des Gesteins gesehen«. Auf Heinrichs Frage, ob ihn seine »gewählte Lebensart« nie gereut habe, entgegnet der Alte: »Ich bin immer glücklich in meinen Verrichtungen gewesen, und unser aller Vater im Himmel hat mich vor dem Bösen behütet.« Er rühmt sodann seinen alten Meister: »Er war ein Mann aus der alten Zeit nach dem Herzen Gottes ... Durch ihn ist das Bergwerk in großen Flor gekommen, und hat dem Herzog von Böhmen zu ungeheuren Schätzen verholfen. Die ganze Gegend ist dadurch bevölkert und wohlhabend, und ein blühendes Land geworden ... Er war seiner Geburt nach ein Lausitzer und hieß Werner.« Der Leser erkennt die dezente Huldigung Hardenbergs für seinen verehrten Freiberger Lehrer.

Die folgende monologische Rede des alten Bergmanns gehört als aus tiefster Kenntnis geschöpftes, echt romantisches Idealbild seines Berufs zu den schönsten Prosastücken des großen poetischen Arbeiters. Ein paar Zitate daraus:

> Arm wird der Bergmann geboren, und arm gehet er wieder dahin. Er begnügt sich zu wissen, wo die metallischen Mächte gefunden werden, und sie zu Tage zu fördern; aber ihr blendender Glanz vermag nichts über sein lautres Herz.

…

Sein einsames Geschäft sondert ihn vom Tage und dem Umgange mit Menschen einen großen Theil seines Lebens ab. Er gewöhnt sich nicht zu einer stumpfen Gleichgültigkeit gegen diese überirdischen tiefsinnigen Dinge und behält die kindliche Stimmung, in der ihm alles mit seinem eigenthümlichsten Geiste und in seiner ursprünglichen bunten Wunderbarkeit erscheint. Die Natur will nicht der ausschließliche Besitz eines Einzelnen seyn …

…

Sein Beruf lehrt ihn unermüdliche Geduld und läßt nicht zu, daß sich seine Aufmerksamkeit in unnütze Gedanken zerstreue. Er hat mit einer wunderlichen harten und unbeugsamen Macht zu thun, die nur durch hartnäckigen Fleiß und beständige Wachsamkeit zu überwinden ist. Aber welches köstliche Gewächs blüht ihm auch in diesen schauerlichen Tiefen, das wahrhafte Vertrauen zu seinem himmlischen Vater, dessen Hand und Vorsorge ihm alle Tage in unverkennbaren Zeichen sichtbar wird.

Mit einer geschickten Frage entlockt Heinrich dem Alten zwei Bergmannslieder: Zuerst singt er »Der ist der Herr der Erde«, elf Strophen im schlichten Vierzeiler-Volksliedton, eines der schönsten, populärsten, in zahlreiche Bergmannslieder-Sammlungen eingegangene Gedichte von Novalis, und danach »Ich kenne wo ein festes Schloß«, sieben sprachlich makellose Stanzen um einen stillen König mit hermetischen Schönheiten, »beynah so dunkel und unverständlich, wie die Musik«, aber doch unbegreiflich anziehend, sagen die Zuhörer.

Sodann führt der Bergmann die Wirtshausgäste zu einigen Höhlen, wo die Einheimischen aber zurückbleiben, denn »die unzählige Menge von Knochen und Zähnen, die den Boden bedeckten …, hielten sie für deutliche Spuren naher Raubthiere«, obwohl der Alte sie überzeugend als ungefährliche »Überbleibsel einer uralten Zeit« ausweist, was Heinrich tief nachdenklich stimmt. Dann aber: In einer anderen Höhle, die »eben so reich an thierischen Resten« war, geschieht Unerwartetes, denn eine frische Menschenspur ist eben entdeckt, »als auf einmal, wie unter ihren Füßen, aus einer fernen Tiefe ein ziemlich vernehmlicher Gesang anfing.« Über einen »abwärts gesenkten Gang« finden die vom Lied »auf das angenehmste« überraschten Besucher den Sänger in einem unterirdischen Gewölbe: Einen Mann nicht erratbaren Alters, einen freundlichen Gastgeber, der sofort erklärt, er sei kein Menschenfeind in der Einöde, der die Welt geflohen habe, er habe nur eine Ruhestätte gesucht wo er ungestört seinen Betrachtungen nachhängen konnte; er gehe täglich mehrere Stunden oberirdisch umher, um sich bewegend gesund zu erhalten, betreibe Korbflechten und Schnitzen zum Tausch gegen Lebensmittel und habe Bücher mitgebracht.

Der Einsiedler stellt sich als Friedrich von Hohenzollern vor; er war lange Zeit »Kriegsmann«, verlor beide Kinder und seine Frau, setzte ihr ein Grabmal im unterirdischen Exil und führt nun mit dem alten Bergmann ein Gespräch auf philosophischer Höhe, dem Heinrich und die Kaufleute andächtig lauschen; es umkreist auch das Verhältnis zwischen Geschichtsschreibung und Poesie: »Wenn ich das alles recht bedenke«, sinniert der Einsiedler, »so scheint es mir, als wenn ein Geschichtsschreiber nothwendig auch ein Dichter seyn müßte, denn nur die Dichter mögen sich auf jene Kunst, Begebenheiten schicklich zu verknüpfen, verstehn.«

Der Alte stimmt zu; beide Sprecher schlagen dann, angeregt durch Höhlengestein und Skelett-Massen, ein gleichermaßen urgeschichtliches wie modernes Thema an: die »allmählige Beruhigung der Natur« von den Urzeiten her bis zur Gegenwart: »Mag es seyn«, überlegt der Bergmann, »daß die Natur nicht mehr so fruchtbar ist, daß heut zu Tage keine Metalle und Edelsteine, keine Felsen und Berge mehr entstehn, daß Pflanzen und Thiere nicht mehr zu so erstaunlichen Größen und Kräften aufquellen; je mehr sich ihre erzeugende Kraft erschöpft hat, desto mehr haben ihre bildenden, veredelnden und geselligen Kräfte zugenommen, ihr Gemüth ist empfänglicher und zarter, ihre Fantasie mannichfaltiger und sinnbildlicher, ihre Hand leichter und kunstreicher geworden.«

Gegen Ende des Höhlenbesuchs macht Heinrich eine verwirrende Entdeckung. Mit Erlaubnis des Einsiedlers betrachtet er dessen Bücher und findet ein titelloses Werk in unbekannter Sprache; darin stößt er auf Bilder, in denen nicht nur die Eltern, Zulima, Landgraf, Landgräfin und Hofkaplan erscheinen, sondern auch – er selbst. »Er sah sein Ebenbild in verschiedenen Lagen«: die Gitarre in den Armen, einen Kranz von der Landgräfin überreicht, »er sah sich am kayserlichen Hofe, zu Schiffe, in trauter Umarmung mit einem schlanken, lieblichen Mädchen, in einem Kampf mit wildaussehenden Männern und in freundlichen Gesprächen mit Sarazenen und Mohren.« Schamhaft verschweigt er das übersinnliche Erlebnis, erfährt aber vom Besitzer des Buches, daß es in provençalischer Sprache verfaßt sei und romanhaft »von den wunderbaren Schicksalen eines Dichters« handle.

Vor dem endlichen Einzug der Reisenden in Augsburg eröffnet Novalis das 6. Kapitel mit Betrachtungen zu zwei Menschentypen, die man – nicht in seinen Worten, aber dem Sinn nach – als »homines activi« und »homines contemplativi« – bezeichnen könnte. Danach setzt er, so unvermittelt wie andere Sujets, Personen und Text-Eröffnungen, die These: »Heinrich war von Natur zum Dichter geboren.« Immerhin fügt er dieser apodiktischen Gründung die innerpoetische Ankündigung hinzu: »Schon nahte sich ein Dichter, ein liebliches Mädchen an der Hand«, wodurch zwei Hauptthemen des Romans wie der Novalisschen Weltsicht aufgerufen sind: die Poesie und die Liebe.

Im weiteren Verlauf des Kapitels überstürzen sich die Ereignisse für Heinrich wie für den Leser: Die unangekündigte Ankunft beim Großvater am Abend eines menschenreichen Festes in dessen Haus, die Begeisterung Schwanings über Tochter und Enkel, die Freude der Gäste über die Ankömmlinge, das Auftreten eines Mannes aus dem provençalischen Buch, den der Gastgeber als seinen trefflichen Freund, den Dichter Klingsohr vorstellt, dessen erstes Gespräch mit Heinrich, das (schicksalhafte) Erscheinen von Klingsohrs schöner Tochter Mathilde, beider Annäherung in Tanz und Rede, Schwanings Vortrag eines herrlich-liebevollen Spottliedes auf die von den Älteren kujonierten Jungfrauen, Klingsohrs Preislied auf den Wein als »Geist der goldnen Zeiten«, allgemeines Wohlgefallen »über des Jünglings Beredsamkeit, über die Fülle seiner bildlichen Gedanken«, das rasche Einigsein mit Mathilde und Heinrichs Nachsinnen: »Ist mir nicht zu Muthe wie in jenem Traume, beim Anblick der blauen Blume? Welcher sonderbare Zusammenhang ist zwischen Mathilden und dieser Blume? Jenes Gesicht, das aus dem Kelche sich mir entgegenneigte, es war Mathildens himmlisches Gesicht.« Dem Staunen folgt der Schwur, als steige noch einmal der 17. November 1794 herauf: »Für Mathilden will ich leben und ewige Treue soll mein Herz an das ihrige knüpfen.«

Dem Schwur bei Besinnung läßt Novalis einen Angsttraum gegen Morgen folgen: Heinrich sieht Mathilde singend in einem Kahn rudern; der Kahn dreht sich, sie lächelt »mit einer unsäglichen Innigkeit«, schaut heiter in den Wasserwirbel: »Auf einmal zog es sie hinunter.« In entsetzlicher Angst wird Heinrich ans Ufer getragen. Er findet sie schließlich wieder, liebevoll zu ihm sprechend, tief atmend und mit blauen Wellen des Stromes »über ihrem Haupte«, der Text läßt offen, ob das Possessivpronomen nur Singular oder doch Plural anzeigt – absichtliche Verrätselung oder Vorankündigung von Mathildes Tod, mit ihrer Versicherung, daß sie ewig zusammen bleiben werden, also im Jenseits, in des Vaters Schoß? »Sie sagte ihm ein wunderbares geheimes Wort in den Mund, was sein ganzes Wesens durchdrang« – und vergessen ist, als Großvaters Ruf ihn morgens weckt.

Die beiden folgenden Kapitel 7 und 8 sind zweigleisig-zeitgleich angelegt. Die eine Strecke zeigt Klingsohr und Heinrich im Gespräch über Natur und Poesie, wobei die Empfehlungen des erfahrenen Autors alles andere als schwärmerisch-romantisch ausfallen, was dem Text eine subtile Spannung verleiht: Der junge Dichter könne nicht kühl, nicht besonnen genug sein; reißender Strom in der Brust führe nur zu verworrenem Geschwätz; der Dichter solle reiner Stahl sein; der Stoff sei nicht Zweck der Kunst, aber die Ausführung sei es – Überlegungen, die von verklärender Romantisierung weit entfernt sind.

Die zweite Strecke zeigt die ebenso rasche wie tiefe Liebeserfüllung zwischen Mathilde und Heinrich; sie mündet in einem mehr als zwei Druckseiten umfassenden Dialog voller kühner Pathetik und dem Flug ins Transzendente; »Die höhere Welt ist uns näher, als wir gewöhnlich denken«, spricht der junge Liebende, »schon hier leben wir in ihr, und wir erblicken sie auf das Innigste mit der irdischen Natur verwebt.« Das Gespräch endet mit dem beiderseitigen Schwur ewiger Liebe und Treue.

Der erste Teil des Romans mündet sodann in das stärkste, dichteste, schwierigste, oft am Rande der Unverständlichkeit tanzende, wirbelnde Kapitel: Klingsohrs Märchen, ein in der deutschen Literatur einzigartiges Stück Prosa, an dessen Ende die Hauptfigur »Fabel« das folgende Lied singt:

Gegründet ist das Reich der Ewigkeit,
In Lieb' und Frieden endigt sich der Streit,
Vorüber ging der lange Traum der Schmerzen,
Sophie ist ewig Priesterin der Herzen.

Damit endet der erste Teil des Romans »Heinrich von Ofterdingen«: nahezu chaotisch – also romantisch? Emil Staiger erklärte Klingsohrs Märchen als unverständlich und nahm es nicht in seine Novalis-Ausgabe auf. Wirklich zu entschlüsseln ist es wegen seiner unglaublichen Dichte und seiner anarchischen Phantastik nicht. Eine Reihe von Bauelementen ist aber zu verzeichnen, die zum sprachlichen Glanz, zur Widerborstigkeit, zur offenkundigen Unabschließbarkeit des Märchens beitragen: Diskontinuierliche, scheinbar willkürliche, chaotische Handlungsabläufe, die Preisgabe jeder logischen Komposition, die Verrätselung menschlicher Charaktere, Beziehungen und Konflikte, eine umfassende Allegorisierung des ganzen Textes, radikale Freiheit in erotischer und sexueller Hinsicht, die Vermischung antiker und nordischer Mythologie, des feenreichen Morgenlandes und der modernen Naturwissenschaften, eher verdeckte Anklänge von Galvanismus und Magnetismus, die durchschimmernde Sehnsucht nach Wiederkehr der goldenen Zeiten, die enorme Spannung zwischen kristallklarer Stilistik und Orgien exzessiver, verwirrender Phantasie, dazu, wie in allen anderen Teilen des Romans, Ausbrüche und Aufstiege ins Surreale und Übersinnliche, vom Endlichen ins Unendliche, ins Absolute. Ein besonderer Hinweis gilt der Sophien-Gestalt am Ende des Märchens: Sie ist die Weise und Heilige, der Novalis wohl vor allem bei Jakob Böhme begegnete, so in der Darstellung der göttlichen Sophie in dessen zweitem Hauptwerk »De Tribus Principiis oder Beschreibung der Drey Principien Göttlichen Wesens« von 1619.

Das letzte Stück des Werkes ist das mehrgliedrige Fragment »Die Erfüllung«. Obenan steht ein zweigeteiltes, prologartiges Gedicht »Astralis«, als Sterngeist eine Verkörperung der Poesie. Dessen beide Teile sind fast auf den Vers genau gleich lang, haben durchweg jambisches

Metrum und stellenweise knittelversartige Rhythmik. In der ersten Hälfte erhebt sich ein lyrisches Ich, vielleicht der Dichter selber, in stark emotionaler Selbstfindung zu Höhenflügen erotisch getragenen Glücks, das am Ende der Reise ins Übersinnliche bis zum »seligen Verklärungsaugenblick« aufsteigt. Dabei gibt es, vor allem mit dem Versinken in Blumen und der Nennung der vereinten Heinrich und Mathilde, kräftige Rückbezüge zum ersten Teil des Romans.

Das euphorische Ich verschwindet jäh mit dem Anfang des zweiten Prolog-Teils, der durch eine Serie von hell-dunklen Kontrasten konstituiert ist:

Es bricht die neue Welt herein
Und verdunkelt den hellsten Sonnenschein.

Obwohl mittendrin auch »der Liebe Reich ... aufgethan« ist, endet der zweite Monolog düster:

Der Leib wird aufgelöst in Thränen,
Zum weiten Grabe wird die Welt,
In das, verzehrt von bangen Sehnen,
Das Herz, als Asche, niederfällt.

Das Bemerkenswerteste dieses zweiten Astralis-Teils sind einige Verse, die, skizzenhaft hingesetzt, eine Art Entwurf von romantischer Universalpoesie darstellen, vorläufig und fast ungeschickt formuliert, aber treffend:

Alles muß in einander greifen
Eins durch das Andre gedeihn und reifen;
Jedes in Allen dar sich stellt
Indem es sich mit ihnen vermischet
Und gierig in ihre Tiefen fällt ...

Erneut setzt Novalis den Text mit einem plötzlichen narrativen Umbruch fort: Ein einsamer Pilger geht in tiefen Gedanken zum Gebirge hinauf; er hört Stimmen, »die entsetzliche Angst und dann die trockne Kälte der gleichgültigsten Verzweiflung« treiben ihn, »die wildesten Schrecknisse des Gebürgs aufzusuchen«. Hin und her gerissen zwischen Tränenausbrüchen und tröstlichen Gedanken, erblickt er Augsburg mit dem »Spiegel des furchtbaren, geheimnißvollen Stroms« – der Dichter zeigt den Schwankenden mit unter breitem Hut verdeckten jugendlichen Gesicht, das bleich wie eine Nachtblume ist: »In ein fahles Aschgrau waren alle seine Farben verschossen.« Satz für Satz wird deutlicher, wer der Pilger ist, der unterwegs einen Felsen für einen Mönch hält und schließlich ein Kinderlied hört, von klaren Stimmchen gesungen, ein Lied von Mutter und Kind, durch das eine andere, aus einem Baum sprechende Stimme angekündigt wird; sie redet den Pilger unmittelbar an: Er möge ein Lied ihr zu Ehren auf der Laute singen; sie wohne an dieser Stelle mit ihrem Kindlein, das den Tod überwunden habe – wohl wie sie selbst, die offenbar wirklich im Strom ertrunken ist und die der Pilger an der Stimme als Mathilde erkennt. Er sieht sie danach unter »schönsten menschlichen Gestalten«, ohne daß er ihr nahe kommen kann, jedoch »Stimme und Sprache waren wieder lebendig bey ihm geworden, und es dünkte ihn nunmehr alles viel bekannter und weissagender, als ehemals, so daß ihm der Tod, wie eine höhere Offenbarung des Lebens, erschien, und er sein eignes, schnellvorübergehendes Daseyn mit kindlicher, heitrer Rührung betrachtete« – Vorstellungen, die sich wie Fortführungen der »Hymnen an die Nacht« lesen und auf einem heiklen Ineinander realer und surrealer Phänomene beruhen. So im folgenden, von Mathilde angeregten Gesang »Liebeszähren, Liebesflammen«, wo das Ineinander in einem Doppelvers durch den Mehrfachsinn des Nomens »Sinnen« schön hervortritt:

O! ich weiß du bist Mathilde
Und das Ziel von meinen Sinnen.

Offensichtlich ins Reich des Surrealen gehört die anschließende, rasch zärtliche Begegnung des Pilgers mit der jungen Zyane: In einem schwebenden, teilweise verschlüsselten Dialog spricht sie wie eine aus dem Grab Gekommene und behauptet, sie hätten eine gemeinsame Mutter, die ihrige sei die Mutter Gottes, ihrer beider Vater der Graf von Hohenzollern; das sprachlich wunderbar schein-schlichte Gespräch endet mit seiner Frage »Wo gehn wir denn hin?« und mit ihrer vieldeutig-offenen Antwort »Immer nach Hause«.

Die folgenden Gespräche zwischen dem Pilger, den Novalis durch Zyanes Rede erstmals Heinrich nennt, und dem bei ihr wohnenden, ganz in die üppige Welt seines Gartens versunkenen alten Arzt Sylvester, verlaufen auf der realen Ebene: Die übereinstimmende Kritik an Heinrichs Vater, den Sylvester als jungen Mann in Italien gekannt, der die Chance, ein großer »Bildkünstler« zu werden, vertan und Jahrzehnte als Handwerker in »stillem Mißmuth« hingebracht hat; die gemeinsamen Reflexionen über die Beschaffenheit verschiedener Gegenden, über die Lebendigkeit der Natur, die Besonderheit von Blumen, die »über die ganze trockne Welt« einen grünen, geheimnisvollen »Teppich der Liebe« ziehen; über die glücklichsten Stunden von Heinrichs Vater, die auch er als »ein großer Freund des Gartenlebens« unter Blumen zubringt. Den Höhepunkt der Gespräche bildet die Antwort Sylvesters auf Heinrichs beklommene Frage, wann es wohl »gar keiner Schrecken, keiner Schmerzen, keiner Noth und keines Übels mehr im Weltall bedürfen« werde. Die Antwort lautet: »Wenn es nur Eine Kraft giebt – die Kraft des Gewissens.« Im folgenden philosophisch-theologischen Dialog erweist sich der Pilgrim als sehr genau fragender, aber gleichwertiger Partner des alten Mannes, dessen Deutung von Gewissen auf hohem gedanklich-moralischem Niveau geschieht, doch nirgends ins Surreale abhebt, auch wenn sie religiöse Bereiche berührt wie im »Blüthenstaub«: »Das Gewissen erscheint in jeder ernsten Vollendung, in jeder gebildeten Wahrheit ... Allerdings ist das Gewissen ... der eingeborne Mittler jedes Menschen. Es vertritt die Stelle Gottes auf Erden, und ist daher so Vielen das höchste und lezte ... Das Gewissen ist der Menschen eigenstes Wesen in voller Verklärung, der himmlische Urmensch.« Nach diesem Gespräch bricht der »Ofterdingen«-Roman mitten in einer erzählten Kindheits-Erinnerung Sylvesters an »Sizilien unweit dem weltberühmten Berge Aetna« ab.

Achtzehn Gedichte sind alle nahtlos und sachgerecht ins Gerüst des Prosawerkes eingebaut, fünfzehn davon werden gemäß dem Handlungsverlauf gesungen – romantische Musikalität. Vom Solitär »Astralis« abgesehen, lassen sich die Lieder in sieben Gruppen einteilen. Zwei Sonette bilden die »Zueignung«, das eine gilt der Geliebten als

Schutzengel der Dichtung, das andere begrüßt »des Gesangs geheime Macht«, die Muse der Poesie. Eine einzelne Stanze zum Karfunkelstein und das schon zitierte balladeske Doppellied des Sängers mit 11 Stanzen ergeben die zweite, das wilde Ritter-Poem »Das Grab steht unter wilden Heyden« und das Trauerlied Zulimas die dritte Gruppe. Eng zusammen gehören die »unterirdischen« Gesänge des alten Bergmanns und des Einsiedlers als vierte. Schwanings und Klingsohrs fröhliche Festlieder als fünfte Einheit. Mit vier gesungenen Liedern – dem Grußgesang des schönen Vogels Phönix für den König, dem Ginnnistan-Eros-Liebeslied hinauf zum Mond auf dem Silberthron, den zitierten zwei Fabel-Liedern »Erwacht in euren Zellen« und »Gegründet ist das Reich der Ewigkeit« – schmückt Lyrik das Märchen; das Kinderlied »Ihr Herz war voller Freuden« und Heinrichs »Liebeszähren« stellen die siebente Gruppe dar.

So vorzüglich, wie Novalis die Gedichte inhaltlich-thematisch im Prosa-Diskurs verankert, so meisterhaft handhabt er Strophenbau, Versgestaltung, Metrik und Reim. Alle lyrischen Texte sind gereimt; Stanzen mit ihrer achtzeiligen Fülle und Breite, Buntheit und Intonation, sowie vierzeilige leichte und springende Volksliedstrophen werden bevorzugt; antikisierende Muster und Übernahmen fehlen ganz. Diese Darstellungsmittel strukturieren eine Lyrik, die sich durch Plastizität und emotionsgeladene Anschaulichkeit auszeichnet – bei gleichzeitiger, den ganzen Roman durchziehender Neigung, das Wirkliche ins Überwirkliche, das Endliche ins Unendliche zu heben. In allen Gedichten stellt der Dichter die handelnden und redenden Personen in vielgestaltige Naturpanoramen; die Vision vom goldenen Zeitalter und seiner möglichen Wiederkehr scheint an mehreren Stellen durch; Leitthema ist die Erotik. Metaphorik und Bildlichkeit blühen kräftig und erfindungsreich, wovon einige Beispiele zeugen mögen; so malt Novalis ein kühnes Bild vom Karfunkelstein der Prinzessin: »Es ist dem Stein ein rätselhaftes Zeichen / Tief eingegraben in sein glühend Blut.« Das Warten des Sängers vor dem Königspalast wird doppelmetaphorisch eingefangen: »Die Mauern sind wie Stahl geschliffen, / Doch sie erklimmt sein Lied geschwind.« Die Kreuzfahrer singen mit lauten Stimmen: »Wir waschen bald in frohem Muthe / Das heilige Grab in Heydenblute.« Äußerst friedlich besingt dagegen der alte

Bergmann den »Schooß« der Erde und »ihrer Felsenglieder / Geheimen Bau.«

Zwei Gedichte hat Hardenberg mit guten Gründen nicht in den Roman aufgenommen; sie sind als Paralipomena gedruckt. Der titellose Zwölfzeiler »Wenn nicht mehr Zahlen und Figuren« erweist sich als unfertiger Entwurf. Festgehalten seien die semantische Verschwommenheit des Nomens »Figuren«, die unklare Pauschalität des Substantivs »Kreaturen«, das altertümliche Relativpronomen »so«, die Welt, die sich in die Welt zurück begebe, die metrisch-rhythmische Holprigkeit von Vers 6, die ungeschickte Doppelung des Adverbs »wieder« Vers 7/8, die Unklarheit des pathetischen Ausdrucks »Einem geheimen Wort« sind Mangel-Stellen, und »Zahlen« wird der Salineningenieur Hardenberg aus Berufsgründen wohl schwerlich verbannen können. Dem anderen dieser titellosen Poeme gab Jakob Minor 1911 die Überschrift »Das Lied der Toten«, anklingend an den einzeln in der Handschrift stehenden Satz »Selig sind allein die Todten«. Das Poem, das man wie eine radikalisierende und konkretisierende Fortsetzung der »Hymnen an die Nacht« lesen kann, besteht aus 15 Stanzen, deren Reihenfolge der Dichter mehrmals veränderte; es ist metrisch, reimtechnisch und stilistisch ein Meisterstück; es feiert, appellativ an die Lebenden gewandt, die gefühlten Herrlichkeiten des Lebens im Jenseits mit orgiastischer Vitalität und Sinnlichkeit, mit explosiver Bilder- und Metaphern-Lust, mit einem Feuerwerk von chaotischen Sprüngen, Stimmen-Wechseln, Lock-Gesängen. Novalis stellte das Gedicht nicht in die bis dahin geschriebenen Romanpartien; ob er es überhaupt zur Publikation vorsah, bleibt zweifelhaft, vielleicht empfand er Scheu; erstveröffentlicht 1802 in Tiecks Überschau zur vermeintlichen Fortsetzung des Romans, trug es zumindest im 19. Jahrhundert zum Klischee-Bild vom todessüchtigen Jüngling bei: ungeachtet der Annahme, daß es ein genialer poetischer Wurf ist.

Schon zur Vorgeschichte des »Ofterdingen«-Romans und zur langdauernden Beschäftigung Hardenbergs mit dieser Prosagattung gehört seine Beschäftigung mit Goethe, dessen Rang als »der wahre Statthalter des poetischen Geistes auf Erden« Novalis auch durch »Wilhelm Meisters Lehrjahre« begründet sah. Die Auseinandersetzung mit dem großen Vorbild begann schon mit dessen Erscheinen gegen Ende 1795, setzte sich im »Journal« vom Frühjahr 1797 und in den folgenden Aufzeichnungen fort. Jahrelang war »Wilhelm Meister« für Novalis der »Roman schlechtweg«, worin sich, wie Balmes trefflich urteilt, »die Morgenröte einer kommenden Poesie ankündigt und von dem sich die Frühromantiker zu eigener Produktion angeregt fühlten.«

Eine Studie zu Goethes bewundertem Roman, an der Novalis arbeitete, wurde allerdings nie abgeschlossen – soll man dies als Vor- oder Anzeichen seiner Meinungsänderung gegenüber den »Lehrjahren« deuten? Denn je näher der Beginn der Niederschrift des »Ofterdingen«-Romans rückte, desto kritischer betrachtete und beurteilte der Romantiker das einstige Vorbild: Plötzlich schienen sich, in einer Art Gleichzeitigkeit des Ungleichzeitigen, zwei verschiedene literarische Generationen gegenüberzustehen. Zwei Äußerungen Hardenbergs aus den »Fragmenten und Studien« zwischen Ende 1799 und April 1800, also exakt aus der Schreibzeit seines Romans, bedürfen in ihrer Schärfe kaum eines Kommentars:

> Wilhelm Meisters Lehrjahre sind gewissermaaßen durchaus prosaisch – und modern. Das Romantische geht darinn zu Grunde – auch die Naturpoesie, das Wunderbare – Er handelt blos von gewöhnlichen menschlichen Dingen – die Natur und der Mystizism sind ganz vergessen. Es ist eine poetisirte bürgerliche und häusliche Geschichte. Das Wunderbare darinn wird ausdrücklich, als Poesie und Schwärmerey, behandelt. Künstlerischer Atheismus ist der Geist des Buchs. Sehr viel Oeconomie – mit prosaischen, wohlfeilen Stoff ein poetischer Effect erreicht.
>
> Gegen Wilhelm Meisters Lehrjahre. Es ist im Grunde ein fatales und albernes Buch – so pretentiös und pretiös – undichterisch im höchsten Grade, was den Geist betrift – so poetisch auch die Darstellung ist. Es ist eine Satyre auf die Poesie, Religion etc. Aus Stroh und Hobelspänen ein wolschmeckendes Gericht, ein Götterbild zusammengesezt. Hinten wird alles Farce. Die Oeconomische Natur ist die wahre – Übrig bleibende. Göthe hat auf alle Fälle einen widerstrebenden Stoff behandelt. Poetische Maschinerie ... Die Freude, daß es nun aus ist, empfindet man am Schlusse in vollem Maaße. Das Ganze ist ein nobilitirter Roman. Wilhelm Meisters Lehrjahre, oder

die Wallfahrt nach dem Adelsdiplom. Wilhelm Meister ist eigentlich ein Candide, gegen die Poesie gerichtet.

Bei der Einschätzung dieses heftigen Affronts, dieser anscheinend radikalen Kehrtwendung gegen den »Statthalter«, wären mehrere Aspekte zu berücksichtigen: Eine gewisse Enttäuschung des jüngeren Autors über Goethes Abwehr gegen engere persönliche Kontakte mag mitgewirkt haben; die zitierten Schroffheiten sind weder zu Hardenbergs noch zu Goethes Lebzeiten veröffentlicht worden; der Konflikt zwischen Ökonomie und Poesie mit dem Sieg der ersteren schließt bei Goethe keinesfalls die totale Verbannung des Wunderbaren ein; vor allem aber: Hardenbergs Kritik am »Wilhelm Meister« gilt nur dem Geist, der Weltsicht und der künstlerischen Grundposition Goethes, die gesamte dichterische Form der »Lehrjahre« bleibt unangetastet und vorbildlich: »Wie scharf auch Novalis über den Geist der ›Lehrjahre‹ urteilt, vor ihrer Form beugt er sich«, schreibt Oskar Walzel schon 1915 in seinem noch immer maßgebenden Essay »Die Formkunst von Hardenbergs Heinrich von Ofterdingen« und weist nach, daß Novalis etliche charakteristische Formelemente von Goethe gelernt hat, zum Beispiel »den beständigen Wechsel von Gespräch, Beschreibung und Reflexion, die retardierende Natur des Romans, die Darstellung des Bedeutenden und Unbedeutenden in romantischer Ironie«, ebenso »die dramatische, unvorbereitete Einführung der Figuren«.

Über solche Entlehnungen hinaus erscheinen weitere gewichtige Darstellungsmittel des »Ofterdingen«-Romans in Walzels Untersuchung, so die klare Komposition und »die Trennung in deutlich voneinander geschiedene, chronologisch geordnete, in sich abgerundete Kapitel, die jeweils im Sinne einer Steigerung gebaut sind und ihren eigenen Rhythmus haben.« Walzel hebt auch die vielfach verwendete Antithetik, »das Diskontinuierliche, Unvermittelte und Sprunghafte in Hardenbergs Stil«, die sprachliche Musikalität des Werkes hervor; die Dominanz einer vielfach behaupteten, doch allenfalls streckenweise vorkommenden Simplizität von Hardenbergs Stil hat leider auch Walzel überschätzt.

Der Schweizer Germanist Oskar Serge Ehrensperger interpretiert die epische Struktur des Romans als »die Verwandlung der kaum geschaffenen Wirklichkeit in eine poetisch-verflüssigte Welt des Traums. Die wenigen Dinge, die genannt sind, führen uns nur vom Gegenständlichen weg.« Alles, was Heinrich begegne, müsse geläutert und poetisiert werden: »Den Boden des Wirklichen betritt er einzig, um von neuem ins Absolute zu gelangen, und zwar immer mit denselben Mitteln ... Es ist aber wichtig zu beachten, daß dieser Idealzustand keineswegs einer völligen Auflösung, keinem Verfließen alles Gegenständlichen, keiner wesenlosen Vermischung gleichkommt.«

Immer wieder wird in der Novalis-Forschung darauf verwiesen, daß der Dichter auf die Dominanz der Ökonomie im »Meister«-Roman antwortet mit der Apotheose der Poesie, mit ihrer Verklärung und der Erhebung zur Eintrittspforte in die höhere Welt. Dieses Apotheose-Ziel hatte er bereits im Brief vom 23. Februar 1800 an Tieck angekündigt.

Unüberhörbar sind aber auch Stimmen, die auf Schwächen des »Ofterdingen«-Unternehmens verweisen. Die Einwände zielen auf poetisch-ästhetische wie inhaltliche Defizite in der Präsentation der höheren Welt, des Übersinnlichen, Absoluten und Unendlichen. So warnt Hannelore Link in ihrer Schrift »Abstraktion und Poesie im Werk des Novalis«: Die beabsichtigte poetische Realisation des Unendlichen sei inhaltlich-bildlich nicht zu leisten; Herbert Uerlings resümiert im gleichen Kontext, daß »der Ofterdingen ... für die meisten Interpreten« in die Überführung der Wirklichkeit »in eine höhere Welt« münde, über die sich kaum noch etwas sagen lasse – auch durch die sie fordernden Dichter nicht, sei hinzugefügt.

Der Haupt-Mangel des »Ofterdingen«-Romans ist, daß Hardenbergs programmatische Ankündigung an den Freund Tieck nicht realisiert wird, der Held werde »im 1sten Theile zum Dichter reif«. Es wird im Roman nicht gezeigt, wie Heinrich zum Dichter reif wird; wie er lernt, wie er liest, wie er an Vorbildern arbeitet, welche Stoffe, poetischen Gattungen und künstlerische Formen er wählt und erprobt, wie er schreibend zum Dichter heranwächst. Mit der einzigen Ausnahme des gesungenen Liedes »Liebeszähren« bringt Heinrich nichts hervor; kein anderer Text im Roman stammt von ihm – mit anderen Worten: Heinrich ist ein Dichter, der nicht dichtet, nichts Poetisches schafft, künstlerisch völlig unreif bleibt – wohl aber mehrmals, so von den Kaufleuten, als der geborene Dichter, sogar als der

Bewohner der höheren Welt deklariert wird. Das aber ist keine künstlerische Reifung und Entwicklung, sondern eine Setzung von Fichtescher Schroffheit. Dieser Eindruck wird verstärkt durch die jeden einleuchtenden Wandel, jeden gewachsenen Fortschritt überspringenden Auftritte Heinrichs in Gesprächen: Der unerfahrene Zwanzigjährige ist binnen kurzer Frist zum hochgelehrten, souveränen, eloquenten – altklugen –Disputanten geworden, der in Dialogen mit Klingsohr und Sylvester verbal wie ideell theoretisierend, in makelloser Rede doziert und philosophiert. Wie diese »Reife« zustande gekommen ist, zeigt Novalis nicht; wunderlicherweise wird Heinrich bis zum Abbruch der Erzählung sogar weiterhin als »Jüngling« bezeichnet.

»Heinrich von Ofterdingen« ist kein Bildungs- oder Entwicklungsroman; Novalis hat sich dieser formalen Vorgabe durch Goethes »Lehrjahre« nicht gebeugt. Wahrscheinlicher als das Mißlingen einer versuchten (und in dieser Kürze gewiß schwierigen) Darstellung von Heinrichs Entwicklung ist, daß Novalis die Konzeption des Bildungsromans bewußt aufgab, um die dem Goetheschen Triumph der Ökonomie entgegengesetzte Apotheose der Poesie zu befestigen; mit der damit stattfindenden »weitgehenden Ausblendung der Realität« entfiel die Notwendigkeit den realen Reifungsprozeß Heinrichs darzustellen.

Oder taucht Novalis den Dichter Heinrich ins schillernde Licht romantischer Ironie, indem er ihm keine poetische Entwicklung beigibt, ihm sogar im ganzen Text den Nachnamen versagt und ihn mit dem Allerwelts-Vornamen laufen läßt? Führt der Romancier sein Publikum solcherart in die Irre, vielleicht sogar mit einem verstohlenen Lächeln?

Achtzehntes Kapitel

Dichterruhm – Zwei Familien um einen sterbenden Bräutigam – Kleine Ehrenrettung für den Vater – Woran ist Novalis gestorben?

Mit dem Erscheinen der »Hymnen an die Nacht« im »Athenaeum« im Sommer 1800 ist Friedrich von Hardenberg, genannt Novalis, auf dem Höhepunkt seines dichterischen Schaffens; literarischer Ruhm steht bevor. Zum künstlerischen Aufstieg und zur salinistischen Karriere tritt das persönliche Glück mit der feinsinnigen und gebildeten Julie von Charpentier. »So oft er sie von neuem sieht«, schrieb Sidonie von Hardenberg schon am 17. Juli 1799, »fühlt er es lebhafter und inniger, was sie ihm alles ist und welche unbeschreibliche Seligkeit ihm ihr Umgang gewährt, er fühlt, daß nur Julchen ihn glücklicher machen kann.« Ein Jahr später gibt die Schwester in einem Brief an ihre Freundin Wilhelmine Thielmann eine delikate Meinungsäußerung des Bruders wieder, die von ihm selbst nicht überliefert ist: Sidonie und Amalie Tieck hatten darüber gesprochen, daß Zweitehen als unmoralisch und meineidig zu verurteilen seien: »Darin hat mich mein Bruder bestärkt, der mir bekannte, daß er seinen Fall, daß zwei sehr liebenswürdige Wesen ihn gefesselt hätten, für einzig in seiner Art hielt, und daß er außer diesen ganz besonderen Verhältnissen jede zweite Verbindung für eine große Versündigung an der ersten hielt.« (7. Juli 1800)

Der künftige Bräutigam selbst bekräftigt seine Liebe zu Julie: Im Brief vom 31. Januar an Friedrich Schlegel, worin er erstmals »Heinrich von Afterdingen« ankündigt, heißt es zuversichtlich: »Indeß bin ich heiter und rüstig und habe keinen anderen Wunsch, als Julien zu besitzen und gesund zu seyn, um meine Zeit so gut und ruhig, als möglich, benutzen zu können.« Längerzeitige Bedenken des Salinendirektors, der seine Zustimmung wegen eingestandenen Fehlens einer ansehnlichen Mitgift für die Braut verzögert, werden schließlich fallen gelassen, wozu sein erstes Zusammentreffen mit Julie am 18. August

1799 in Dresden beiträgt. Ein einmaliger, aber äußerst inniger Briefwechsel im späten Frühjahr 1800 zwischen Julie, die ehrfurchtsvoll, gefühlsgetragen und beredt um die Zuneigung der künftigen Schwiegermutter bittet, und der beruhigenden, Gottesfurcht beschwörenden Mutter des Dichters vertieft das beiderseitige Wohlwollen, auch im Hinblick auf das, was in der Sicht der Braut »ein gänzlicher Mangel an Vermögen« ist.

So scheint wahr zu werden, was der Dichter am 1. Januar 1800 dem Freund Hans Georg von Carlowitz als Glücksvision ausgemalt hat: »Dann wenn Du auch Bräutigam oder gar Gatte bist, dann wollen wir einmal in Oberschöna – an der Seite unsrer Frauen von den stürmischen und wunderbardüstren Zeiten reden, die dieser Ruhe vorausgiengen.«

Hardenbergs Eheschließung ist für August 1800 vorgesehen. Sie findet nicht statt: Offensichtlich haben sich schon Ende Juli ernste Symptome der unheilbaren Erkrankung gezeigt, die Novalis am 1. Januar 1801 als »eine langwierige Kranckheit des Unterleibes und der Brust« bezeichnen wird. Bereits am 28. Juli 1800 sind Tagebuch-Eintragungen von Vorahnungen überschattet: »Alle Ängstlichkeit kommt vom Teufel. Der Muth und die Freudigkeit ist von Gott. Was ist eine ängstliche Stunde, eine peinvolle Nacht, ein trüber Monat gegen die lange, glückliche Ewigkeit. Ist denn Julie glücklicher und sichrer mit mir, als mit Gott?

Nur Glauben, Herr und Zuversicht
So fürcht' ich mich für mich und die Geliebte nicht ...
Wo Sofie und Erasmus wachen, kann ich wohl ruhig seyn.«

Eine Zeitlang setzt der leidende Salinenassessor seine Arbeit fort. So protokolliert er am 16./17. August in Artern die Sitzung des Direktoriums, gibt unter dem 20. August einen detaillierten »Bericht über den Ankauf von Kohlengrundstücken zu Mertendorf« (südwestlich von Weißenfels) und arbeitet die Probeschrift zur Erlangung der Stelle des Amtshauptmanns aus; sie geht am 28. September an den Kurfürsten ab. Karl von Hardenberg, der bewundernswerte treueste Pfleger von »Fritz«, berichtet in seiner Kurzbiographie des großen Bruders (1802): »Im August, da er gerade zu seiner Hochzeit nach Freyberg reisen wollte, zeigte sich bey ihm einiges Blutspeyen, ... dies wiederholte sich immer periodisch«, obwohl es die Ärzte für unbedeutend erklärten. Dorothea Schlegel alarmierte August Wilhelm gegen Ende September aus Jena: »Unser Hardenberg war krank und hat uns eigentlich mit Sorge erfüllt; er kam uns ganz elend vor und läßt sich vom Hofrath Starke kurieren. Er führt ein ganz mechantes Leben.« Starke, Sophies Arzt und Operateur, konnte auch ihm offensichtlich nicht helfen.

Bis zum Mitte Oktober stattfindenden Ortswechsel gibt es direkte diaristische Notizen des Dichters; die erste, schon vor der Erkrankung begonnene Gruppe reicht als »Tagebuch« von viereinhalb Seiten bis zum 6. September, die zweite, vom 8. bis 16. Oktober, trägt für etwa zwei Druckseiten den anspruchsvollen Titel »Lehrjahre der höheren Lebenskunst; Studien der Gemüthsbildung«. Mehrere Leitmotive durchziehen die Texte, stellenweise in der Form, daß sich der Schreibende selbst als Du anredet: Der anhaltende Widerstand gegen die »ängstlichen Gedanken«; die Bitten an Gott um Beistand in diesen Kämpfen: »Geduld und Ergebung in den Willen Gottes« als »die besten Hülfsmittel«; die bohrende Analyse der Angst als »ein Schwanken, eine Ungewisheit, meist körperlich«; die Ruhe als »der wahre Zustand des Menschen«; das Gebet als »eine universale Arzeney.« Nur wenige Stellen sprechen vom physischen Leiden: Magenbeschwerden, Blähungen, Auswerfen von Blut. Einmal, immerhin, rührt Hardenberg an das ursprüngliche Ziel des Jahres und sinnt »1. Auf den Fall, daß ich heirathe ———— 2. daß ich nicht heirathe.«

»Übermorgen geht unsre Auswanderung vor sich«, schrieb Sidonie der Freundin Wilhelmine am 11. Oktober 1800: gemeint ist damit die Übersiedlung des Schwerkranken nach Dresden, wo er Heilung suchen wollte. Die Reise ging über Siebeneichen, wo Novalis, die Eltern, Sidonie und Karl wohl einige Tage bei den Verwandten von Miltitz verbrachten; ob der Dichter, wie im Tagebuch angedeutet, zugleich den Meißener Arzt Dr. Weigel, einen Schüler von John Brown, konsultierte, ist unklar, ebenso das exakte Ankunftsdatum in Dresden und die Lage der dortigen Wohnung. Das zitierte Tagebuch des Kranken endet jedenfalls mit dem Eintreffen in der Landeshauptstadt. Behandelnder Arzt wurde für das Vierteljahr bis Mitte Januar 1801, seinen längsten Dresdner Aufenthalt, Dr. Johann Nathanael Petzold (1739–1813), in der Scheffelgasse 151. Der angesehene Mediziner war Anhänger der Magnetismus-Theorien des Schweizers Franz Anton Mesmer; Petzolds Ansichten, seine hypnotischen Experimente, fanden unter anderem bei Schiller, Goethe und Alexander von Humboldt starkes Interesse; ob er auch Hardenberg durch Versenken in Tiefschlaf zu heilen versuchte, läßt sich vermuten, ist aber dokumentarisch nicht belegt. Friedrich Schlegel schrieb seinem Bruder am 6. März 1801, Petzold habe Hardenberg mit »China«, also wohl Chinarinde oder Chinin behandelt – vorübergehend, der Patient sei dabei zu sehr purgiert worden. Letzten Endes scheiterten Petzolds Heilungsversuche wie auch die schon von der antiken Medizin her bekannte Behandlung mit Eselsmilch; lange, oft vierstündige Ausfahrten, auch bei Winterkälte, die der Entschleimung der Atemwege und der Lunge dienen sollten, schlugen ebenfalls nicht an.

Die Diagnose ist eindeutig: Trotz aller ärztlichen Bemühungen und ungeachtet kurzzeitig bei Angehörigen und Freunden aufkommender Hoffnungen und Zeichen von Besserung verschlechtert sich der Zustand des Kranken während der Dresdner Monate unaufhaltsam. Kurz nach dem Tod seines geliebten dreizehnjährigen Bruders Bernhard, der am 28. Oktober offenbar durch Unvorsichtigkeit in der Weißenfelser Saale ertrinkt, erleidet Novalis einen Blutsturz, wohl durch psychische Erregung. Vom 20. bis 30. November besuchen ihn die Eltern; am 28. November schreibt die Mutter an Sidonie: »In Dresden habe ich 8 schwere Tage verlebt. Fritz fährt wieder aus, täglich 2 mahl und will auch reiten, doch ist er schwach, sehr abgezehrt, und das Blutspeien hört nicht auf.« Caroline, das älteste der Hardenberg-Geschwister, deren glückliche Ehe mit dem Gutsbesitzer von Rechenberg aus Oberhalbendorf/Oberlausitz Novalis 1799 gestiftet hatte (die Hochzeit wurde im November 1799, vor dem Jenaer Dichtertreffen, auf Gut Schlöben gefeiert!) – Caroline versucht die Mutter zwei Tage später durch »erträgliche Nachrichten« von Karl zu trösten; dabei scheint erstmals das offensichtlich von den Eltern angestrebte Ziel auf: Rückkehr des Kranken nach Weißenfels. Tröstlich sind für ihn auf jeden Fall neben der aufopferungsvollen Pflege durch Karl die Besuche von Charlotte Ernst, von Tiecks Schwägerin, der Madonnenmalerin Maria Alberti, und von Julies Schwager Thielmann: »Wenn ich aber an Julchen und Hardenberg denke«, schreibt dieser gegen Jahresende 1800 an Julies ältere

Schwester Caroline von Charpentier, »dann bricht mir das Herz. Dieses herrliche Gefäß zerbrochen zu sehen, und das schwächere, leidende Julchen.« Die Braut ist seit Anfang November in Dresden. Novalis hat Gott schon am 1. September »herzlich gedankt ... um meiner guten Julie wegen; auch wegen meiner andern Lieben«. Dankbarkeit mischt sich da mit seinem Leiden am Mitleiden der geliebten Menschen.

Spätestens hier ist festzuhalten, daß es so gut wie keine Äußerungen von Julie selbst gibt. Ob, wann und wie sie auf die im August erschienenen »Hymnen an die Nacht« reagiert hat, ob sie und der geliebte Dichter darüber gesprochen haben, ist unbekannt. Jedenfalls gerät sie in eine problematische Situation, als ihre Mutter die Eltern Hardenberg deutlichen Widerstand gegen die Beziehung zu Novalis spüren läßt, wogegen sich wohl vor allem die Mutter des Bräutigams wehrt. Es bleibt unklar, was Frau von Charpentier, die ansonsten in den Zeitzeugnissen eher schemenhaft erscheint, Ende 1800 selbst offenbar psychisch erkrankt und im September 1800 sterben wird, zu dieser Abwehr veranlaßt: Hat sie, anders als beim Empfang des Gedichts »Der Fremdling«, dieses Poem später nicht als ein Stück Rollendichtung gelesen, sondern Novalis selbst als Fremdling, Außenseiter, Gefährdeten, die Tochter in die Gefährdung Hineinziehenden betrachtet? Oder sieht sie im Schwerkranken eine direkte physische, infizierende Bedrohung für die sensible Braut? Sichere Antworten auf diese Fragen gibt es nicht.

Zwei weitere Konfliktsituationen bestehen zwischen den Familien. Caroline von Rechenberg hat einen Brief des Hofpredigers Reinhard in die Hand bekommen, worin dieser die Eltern von Novalis beschuldigt, Julie schlecht behandelt zu haben – eine offenkundige Verleumdung, die von der Oberlausitzer Gutsherrin zu Recht als »die Stimme beleidigten geistlichen Hochmuths« eingeschätzt wird; dabei dürfte die bekannte Aversion Reinhards gegen den Fichte-Verteidiger Hardenberg nachgewirkt haben. Ganz im Gegenteil rühmt Sidonie ihre Eltern am 7. Februar für die herzliche Aufnahme Julies in Weißenfels. Im übrigen gelingt es dem Salinendirektor mit Hilfe des Geheimen Kammer- und Finanzrates von Wagner, »die Sache mit Reinhard« beizulegen, wie er seiner Frau am 16. Januar 1801 aus Dresden mitteilen wird. Wir greifen nochmals voraus: Der Vater des Dichters setzt sich auch in einem zweiten Streit durch – Julies Vater und Reinhard widersetzen sich zunächst der auch von Petzold geförderten Absicht der Weißenfelser, die Braut des Unheilbaren in dessen Heimatstadt, zur Familie mitzunehmen, geben aber schließlich nach; vermutlich wird auch Julie darauf bestanden haben. Von allen diesen Unannehmlichkeiten ist Novalis sicher verschont und abgeschirmt worden.

Mit dem gesundheitlichen Verfall werden Hardenbergs schriftliche Äußerungen spärlicher. Im schon zitierten Brief an Tieck vom 1. Januar 1801 lobt er Karls und Julies Anwesenheit und Hilfe, bezeichnet den Winter als großes Hindernis für seine Genesung und erwähnt »die traurigsten Ereignisse für meine und Juliens Familie«, also Bernhards Tod und Frau von Charpentiers Beschwerden. »An Arbeit ist jezt nicht zu denken«, konstatiert er, doch hat er sich »viel mit Poesie in Gedanken und im Lesen beschäftigt«. Eine ernste Klage gilt einer Verordnung Petzolds: »Was mich sehr plagt, daß ich nicht viel sprechen darf und das war mir zum Denken fast unentbehrlich.«

Mitteilungen aus der unmittelbaren Umgebung dokumentieren den Zustand des Kranken. Am 2. Januar dankt der stark angespannte Bruder Karl Ludwig Tieck: »Ein jeder Freund, und nun besonders so ein seltener wie Sie, l. Tiek, ist mir jetzt doppelt willkommen, da Alles schwankend um mich wird, und auch das Liebste mir zu entfliehen scheint ... Ich lebe jetzt in den traurigsten Erwartungen, und nur die gewisse Ueberzeugung, daß unser jetziges Leben nur eine flüchtige Reise ist, und ein inniges Vertrauen auf Religion, die meine tröstende Freundin bleibt, erhalten mich in leisen Hoffnungen.« Wenig später berichtet Charlotte Ernst ihrem Bruder August Wilhelm: »Hardenberg kaum noch ein Schatten, es würde Dich jammern diesen jungen Mann zu sehn, es ist sehr wenig Hoffnung zu seinem Aufkommen, er ist so ganz erschlaft von Geiste daß er gar nicht mehr kennbar ist, ich sehe ihn fast täglich mit seiner Braut, es afficirt mich sehr, er mischt sich selten ins Gespräch, hört nur zu, das sprechen wird ihm sehr sauer, und oft schläft er ein, wo er dann ganz einen Todten ähnlich sieht.«

Alle um Novalis Besorgten sind zu diesem Zeitpunkt überzeugt, daß nur die Rückkehr nach Weißenfels sinnvoll ist. Am 13. Januar trifft Vater Hardenberg in Dresden ein, um den Umzug zu arrangieren. Er berichtet darüber seiner Frau am 14., 15., 16., 18. und 20. Januar. Dr.

Petzold hat zum ersten Datum »seinen Consensus zur Reise von Fritz gegeben, wenn wir Julien mitnehmen wollten, damit er die Reise gern thaete. Er giebt wenig Hoffnung, aber doch noch einige, aus einem Falle, den er auf gleiche Weise behandelt hat«. Zwischen sehr ernster Sorge und leiser Hoffnung schwanken alle Beobachtungen des Salinendirektors aus den letzten Dresdner Tagen: »Das Fieber war gestern Abend kaum zu spüren, die Beängstigungen kommen nicht alle Tage, und das Aussehen hat sich seit unserer Abreise Ende November nicht sehr verändert. Allein der Husten und der kurze Athem sind schlimm, so daß ihm das Sprechen schwer wird«, schreibt der Vater zum Ankunftstag; zum 14. Januar heißt es: »Gestern abend war mir das Fieber bemerckbarer als den ersten Tag, aber sonst ging alles gut, und der Humeur war noch heiterer.« Vom 16. Januar, einem Freitag, berichtet der Schreibende: »Fritz befindet sich recht hübsch. Der Husten nimmt eher ab als zu.« Am Sonntag muß der Berichterstatter freilich ergänzen: »Fritz hat seinen Anfall von Freytag Abend wieder gehabt, und war den Sonnabend nicht wohl. Heute geht es beßer.« Und am Abend des 20. Januar, des ersten Reisetages, aus Meißen: »Ich melde dir heute nur mit der eben abfahrenden Post, daß mein Fritz, ungemein wohl, unsere heutige Reise zurückgelegt hat. Gebe doch der gnädige Gott, daß es ferner so gut gehen möge.«

Am 24. Januar ist Novalis wieder zu Hause. Der gebetsartige Wunsch des Salinendirektors wird sich nicht erfüllen – seine brieflichen Berichte sind auf jeden Fall beherrscht von hoher gedanklicher und sprachlicher Klarheit und Genauigkeit; nie vorher erscheint der Vater des Dichters souveräner, sympathischer, humaner als jetzt.

Zum Persönlichkeitsbild Heinrich Ulrich Erasmus von Hardenbergs gibt es im Gefolge der Ausstellung 2009/10 im Novalis-Museum Oberwiederstedt differenzierende Erkenntnisse: Der Vater des Dichters habe nach 1790 als Mansfelder Berghauptmann während der schweren Wirtschaftskrise im dortigen Montanrevier mit Energie und sozialem Verständnis den Arbeitslosen zu helfen verstanden; er habe nicht nur die Ausbildung des jungen Fichte, sondern auch die des angehenden Arztes Dr. Langermann gefördert; er habe schon 1788 für einen jüdischen Gewerbetreibenden, »wegen seiner Rechtschaffenheit bey Handel und Wandel«, vom Fürsten zu Anhalt-Dessau einen

Schutzbrief erwirkt und noch 1809 dem armen genialen Forscher Ritter physikalische Instrumente bezahlt – ein Dankbrief des Beschenkten ist überliefert. Dem strengen und schwierigen Familienvater attestiert Gabriele Rommel, er habe »als Landwirt, Berghauptmann und Salinendirektor mit einem für die zweite Hälfte des 18. Jahrhunderts relativ modernen Konzept der Verbindung von urbanem und ländlichem Leben« gearbeitet; er sei »vielseitiger als nach bisherigem Kenntnisstand angenommen und vor allem von großem öffentlichen Einfluss und starkem sozialen Wirken« gewesen.

Was Louise Brachmann (1777–1822) geschrieben hat, könnte man ein Satyrspiel nennen, wenn das für dieses Lebensende nicht zu grell erscheint. Sie war die Schwester von Hardenbergs Weißenfelser Freund Christian; die Mütter Brachmann und Hardenberg waren Jugendfreundinnen; beide Familien verkehrten in Weißenfels miteinander. Louise hat 1815 für die vom »Freischütz«-Librettisten Friedrich Kind edierte Zeitschrift »Die Harfe« ein hymnisches Gemälde der Hardenbergs entworfen, die darin sämtlich wie vergoldet erscheinen; Novalis aber war ihr geistig-künstlerischer Lehrmeister, den sie anbetete und der für ihre talentierten, oft pathetischen Gedichte den Weg zu Schillers »Musenalmanach« und zu den »Horen« bahnte. »Er kam oft in unser Haus«, erzählt Louise, »seine aufmunternde Freundlichkeit, die Aufmerksamkeit und der Beifall, den er schon den frühesten meiner dichterischen Versuche schenkte, trugen sehr viel dazu bei, mein schüchternes Talent zu heben.« Sehr lässig in der Behandlung von Daten, zumal bei Angaben zum eigenen Alter, verfaßte die labile, von vielerlei Unglück verfolgte, zeitweilig für geistesgestört gehaltene junge Frau, die 1822 in der Saale bei Halle Selbstmord beging, 1799 eine »Nänie auf Novalis« in 54 Hexameter-Versen, einen Trauergesang auf den vergötterten Dichter und Mentor, als sei er gestorben:

> Musen, beginnet den Trauergesang! Beginnt ihn, o Musen!
> Hin ist Novalis, ach, Euer Geliebter ist hin!

Die Erfinderin beklagt seine vermutete Preisgabe der Poesie zugunsten des Abstiegs ins unterirdische, bergmännische Reich:

Er, der aus göttlichem Stoff einst Funken des Lichts uns lockte,
Schlägt nun aus steinigtem Erz Funken des edeln Metalls.

Vor allem die »Söhne des Liedes« sind von diesem Wechsel betroffen:

Nicht mehr höret er euch, der also euch liebte; der Klang nur,
Ach, des gedignen Metalls dünket ihm jetzo Musik!

Louise Brachmann beklagt weniger den realen, physischen, sondern den poetischen Tod des Verehrten – die Dichterin, die ihn aus dem unterirdischen Reich zurückholen möchte, ruft dazu die Liebe auf:

Liebend harren auch alle wir dein; o steige vom Dunkel,
Novalis, herrlicher Geist, steige von neuem an's Licht!

Die Autorin schrieb diese Nänie, nach eigener Aussage, als – Scherz und schien darüber erst bei Hardenbergs wirklichem Tod zu erschrekken; sie reagierte darauf mit dem Gedicht »Sonett«, in dessen achtem Vers sie bekennt:

In Wahrheit kehrte sich der frevle Scherz.

Im zweiten Terzett sucht sie sich über ihren makabren Streich und über das Ableben des großen Freundes zu trösten:

Doch nein, nicht zu dem freudenlosen Strande
Ist er gegangen, nein, zum Vaterlande
Der ew'gen Töne und des ew'gen Lichts.

Wohl habe der Schwerkranke die fünftägige Fahrt glücklich überstanden, er sei aber »ganz hoffnungslos« abgereist, schreibt Charlotte Ernst an August Wilhelm. Sie lobt Karl, der geradezu ein »Bild der brüderlichen Liebe« abgebe; dann folgt ein etwas überraschendes Bild von Julie: Sie, die ihn gar nicht verlasse, schwinde in stillem Kummer dahin, sie dränge die Tränen, die beständig in ihren Augen stünden, zurück, um ihm ein freundliches Lächeln zu zeigen: »Der armen Julie ihre Mutter ist melancholisch geworden, und sie hat nun gar keine Ruhestätte für ihre Gedanken. Sie reiste ungern mit«, weil sie die Eltern des Geliebten fürchtete, doch sei es ihr unmöglich, ihn zu verlassen. Der Vermutung, Mutter Hardenberg sei wegen des Ertrinkungstodes ihres Lieblingssohnes ebenfalls melancholisch geworden, folgt »immer noch eine kleine Hoffnung« der Schlegel-Schwester, denn der Kranke »hat viel Hypochondrie und sieht alles von der schlimmern Seite an«.

Man kann Äußerungen wie diese oder die Behauptung, Julie sei ungern mitgereist, obwohl doch um die Jahresmitte 1800 eine innige Verbindung zur künftigen Schwiegermutter geschaffen schien, nur als Versionen stehen lassen; immerhin war Charlotte Ernst in der Dresdner Phase besonders nahe am Ort des Leidens. Daß auch Julie zwischenzeitlich in Weißenfels erkrankt sei, entnimmt man einer brieflichen Nachricht Karls vom 13. Februar; inzwischen gehe es ihr aber wieder besser. Friedrich Schlegel berichtet dem Bruder aus Jena, daß Starke Novalis etwa Mitte Februar in Weißenfels untersucht habe: »Er gibt ihn völlig auf.« Karl, der Unermüdliche, aber auch Erschütterte aus nächster Nähe, beklagt den Verfall des geliebten und bewunderten Bruders: »Mit Friz geht es nicht gut; die Aussichten werden mit jedem Tag trüber; Wenn nur seine Leiden nicht gemehrt werden; denn jezt sind doch diese noch erträglich«, schreibt er am 15. Februar an Tieck, und vier Tage darauf an Dietrich von Miltitz: »Die üblen Anzeichen vermehren sich und die Kräfte sinken. Doch er glaubt sich jetzt besser.« Die letzte erhaltene Selbstdarstellung des Darniederliegenden stammt schon vom 1. Februar; sie ist an Just gerichtet: »Erst jetzt scheint es mir wieder vorwärts zu gehen. Die Milch scheint mir gut zu bekommen, deren alleiniger Genuß jetzt meine Kur ausmacht ... Mit dem Schreiben gehts noch schlecht, aber Lesen, Denken und Theilnehmen kann ich wieder etwas«, ja, Novalis meint sogar, Just »auf die Messe« sehen zu können.

Von wahrhaft universalem Zorn bebt Tiecks Nachricht an Friedrich Schlegel von Mitte März: »Um Hardenberg bin ich sehr betrübt, ich verberge es vor mir selber, was ich befürchte und wie ich mich härme, es hat mir diesen Winter verdorben. Die rechten Menschen sterben, die Lumpen leben Gott und dem Teufel zum Trotz.« Die hochschwangere Caroline von Rechenberg, die selbst am 14. April nach der Geburt ihres Sohnes im Kindbett sterben wird, versichert am 4. und 16. März der auch durch die Krankenpflege erschöpften Mutter und dem hochgelobten Bruder Karl ihre innige Teilnahme »an den leider fortwährenden Leiden meines guten geliebten Fritzen«, für den sie Gottes beistehende Gnade erbittet. Hans Georg von Carlowitz meldet seiner Braut am 14. März: »Hardenberg bittet mich, ihn in Weißenfels noch einmal zu besuchen, er läßt mir schreiben, daß alle Ärzte sein Leben nur noch auf wenig Tage berechnet haben, daß er ruhig sey über den Eintritt in die Ewigkeit und daß der Abschied von mir einer der wenigen ihm noch übrigen Wünsche sey.« Der Freund aus Oberschöna ist vom 20. bis 22. März bei Novalis. Am 23. März eilt Friedrich Schlegel, »durch die Nachricht von Hardenbergs Gesundheit bewogen«, von Jena nach Weißenfels; tags darauf schreibt er dem Bruder: »Alle Aerzte haben Hardenberg aufgegeben. Er selbst scheint seine Gefahr durchaus nicht zu sehn ... Hardenberg ist sehr freundlich und liebevoll gestimmt, nur äusserst matt.«

Der Dichter Georg Friedrich Philipp von Hardenberg, genannt Novalis, stirbt am 25. März 1801 im Weißenfelser Haus der Familie; Karl von Hardenberg und Friedrich Schlegel sind in seinen letzten Stunden bei ihm.

Karl führt eine doppelte Niederschrift: Im »Täglichen Taschenkalender für alle Stände auf das Jahr 1801« gibt er Stichworte, in seinem Tagebuch, das er auch während des letzten Vormittags von Novalis schreibt, fortlaufenden Text. Im Kalender steht über den Sterbenden: »Mittwoch 25. Früh sehr matt; um 1/2 8 Uhr wieder eingeschlafen, 4 mal aufgewacht; um 10 Uhr ruhig geschlafen. 1/2 1 Uhr verschieden. Geboren 1772.« Im Tagebuch ist auch der Arzt erwähnt, der ansagt, »daß heut sein Lebensende sein könnte«. Nach dem Einschlafen notiert Karl: »Nur mannichmal ist er bei sich, aber überaus ruhig und dem Ansehen nach ganz ohne Schmerzen.« Der Schilderung folgt eine aufgeschriebene Anrufung Gottes. Daran erinnernd, daß er diesem Tag im siebten Monat (also seit August 1800) entgegengesehen hat, bittet Karl den Herrn, daß dieser ihm weiterhin wie bisher Kräfte gebe und seinen Segen, »daß ich der armen Julie, die nur Du allein trösten wirst, beistehen kann. – Um $^1/_2$1 Uhr starb er sanft und ohne alle Bewegung.«

Friedrich Schlegels Schilderung vom Heimgang des Freundes wurde erst am 27. März in Jena für August Wilhelm verfaßt: »Es ist gewiß, daß er keine Ahndung von seinem Tode hatte, und überhaupt sollte man es kaum möglich glauben so sanft und schön zu sterben. Er war so lange ich ihn sah von einer unbeschreiblichen Heiterkeit, und obgleich die große Kraftlosigkeit ihn den letzten Tag sehr hinderte selbst zu sprechen, so nahm er doch an allem den liebenswürdigsten Antheil und es ist mir über alles theuer, ihn noch gesehen zu haben.«

Beide Sterbezeugen erklären – Karl freilich nicht in seinen direkten Aufzeichnungen, sondern nur in der Nachricht an Dietrich von Miltitz vom 26. März –, daß Novalis nichts von seinem Tod geahnt habe. Das steht im Widerspruch zu seiner Begründung für den Wunsch, Carlowitz noch einmal zu sehen; der Widerspruch scheint nicht auflösbar, zumal Schlegel ja am 24. März einschränkend formuliert hat: der Freund scheine seine Gefahr nicht zu sehen.

Die Beisetzung fand am 28. März auf dem Gottesacker Weißenfels statt; Julie, die laut Thielmanns Brief an Vater Charpentier vom gleichen Tag mit Karl und ihrem Bruder Hans »seit heute früh« in Eisenach war, kann also, wie auch ihre Begleiter, nicht an der Beerdigung teilgenommen haben.

Sowohl die Eintragung im Kirchenbuch der Weißenfelser Pfarrkirche als auch die vom Salinendirektor unterzeichnete Anzeige in der »Leipziger Zeitung« vom 1. April erklären, daß Novalis »an der Auszehrung« gestorben sei. Auch wenn dieser Ausdruck in den wenigen erhaltenen Dokumenten von seiner Hand nicht vorkommt, auch wenn keine direkten medizinischen Dokumente der behandelnden Ärzte überliefert sind, hat es sich doch mit hoher Wahrscheinlichkeit um Tuberkulose gehandelt, die zu einer schnell fortschreitenden Schrumpfung des Lungengewebes führte; der Bluthusten deutet darauf hin, auch die vom Kranken beklagten Unterleibsbeschwerden könnten tuberkulös gewesen sein. Neuere Vermutungen, er könnte an der genetisch bedingten Stoffwechselkrankheit Mukoviszidose gestorben sein, bleiben demgegenüber vage.

Im Rahmen der ohnehin spärlichen späten Notizen Hardenbergs gibt es von ihm selbst keine Überlegungen und Urteile zum Ursprung seines Leidens – obwohl er doch seit Sophies Ableben häufig grundsätzliche Reflexionen über Krankheiten anstellte und aufschrieb. Kein Wunder, daß die Kardinalfrage nach den wirklichen Ursachen für das frühe Ende dieses Ausnahme-Lebens bis heute immer wieder gestellt wird.

Selbstverständlich muß die Antwort von dem unbestreitbaren Faktum ausgehen, daß die Menschen vor zweihundert Jahren in größerer Nähe zum Tod lebten und die Lebenserwartung viel kürzer war als heutzutage. Selbstverständlich gab es bei Friedrich von Hardenberg Umstände und Anlässe, die auf gesundheitliche Gefährdung und begrenzte Lebenserwartung hindeuteten: Die Mehrzahl seiner Geschwister starb früh und jünger als er; seine Lebensdokumente verzeichnen immer wieder Kränklichkeiten und Versuche, diese zu bewältigen; das Maß der technischen, wissenschaftlichen und poetisch-philosophischen Anstrengungen des großen Arbeiters lag weit über »Normalität« und Durchschnitt; nach seinem schon dargestellten Bekunden lag die Arbeitsleistung um 1800, vor allem auch durch die geologischen Aktivitäten, besonders hoch – aber ohne daß er durch sie ernsthaft angegriffen oder gar erschöpft wurde; zwar beschrieb er die starke Arbeitsbelastung offen, doch beklagte er sich nie darüber.

Die angeführten Anspannungen waren also allenfalls mitwirkenden oder verstärkenden Charakters, sie hätten nicht zur tödlichen Erkrankung geführt ohne den Ausbruch des Unbewußten: Hardenbergs Wunsch, Sophie nachzusterben, hatte sich nicht verwirklichen lassen, weil er den einzigen Weg neben dem verworfenen Selbstmord: die Krankheit, nicht gehen wollte oder konnte. Drei Jahre später holte ihn die lebensgefährliche Krankheit ein, genauer gesagt: Der ins Unbewußte abgesunkene, dort ruhende Todeswunsch entfaltete sich jäh als todbringende Krankheit – mit den ersten Anfällen des Blutspeiens genau zu dem Zeitpunkt, da Novalis die »neue Liebe« heiraten und Sophie sozusagen »untreu« werden wollte. Der Ursprung von Hardenbergs frühem Sterben lag also in der Vergangenheit, das Elementare seiner ersten Liebe hatte die Oberhand behalten.

Die spätere Heiligung Sophies als Mittlerin neben Christus, Hardenbergs Überzeugung, daß er nicht Liebe, sondern Religion zu Sophie habe: nämlich absolute Liebe, auf Glauben gegründet, vom Herzen unabhängig – diese Überzeugung hat ihm den irdischen Weg zu Julie, in die »angewandte Liebe«, wie er einmal schrieb, nämlich zu »Brautnacht, Ehe und Nachkommenschaft« nur scheinbar erleichtert. Denn der Entschluß zum Nachsterben war nie aufgehoben. Mit der beschlossenen Heirat brach ein Konflikt auf, dessen Schärfe Novalis nicht erwartete oder zu spät erkannte. Gefangen im psychisch-emotionalen Widerstreit, erlag er der physischen Gewalt der Krankheit, die ihm die Sprache nahm, in Rede und Schrift. So kann auch die hier vorgelegte Erklärung der Todesursache, von deren hoher Wahrscheinlichkeit auszugehen ist, durch kein Schriftstück von der Hand des Frühverstorbenen bestätigt werden.

Caroline Schlegel hat das schon zwei Monate vor seinem Tod so gesehen: »Ich kann ihn nur beneiden, wenn er ihr nachfolgt, um derentwillen er lange schon zwischen Tod und Leben geschwebt hat. Er wollte sich endlich für das Leben entscheiden und durch Liebe eines sehr liebevollen Wesens, wie seine jetzige Braut ist, wieder daran knüpfen, aber es scheint nicht zu gelingen, und er wird vielleicht der Braut entrissen wie die Braut ihm« (an Luise Gotter, 23. Januar 1801). Wenig später, im Brief an ihren Geliebten Schelling vom 13. Februar, findet sie nur harsche Worte: »Er wird mir auch gram seyn, und uns beyden einen um des andern willen, dazu wird man ihn schon gestimmt haben. Wir können ihm nicht helfen, wenn ihm Gott nicht hilft, es sey zum gesunden Leben, oder zum freudigen Tode. Ich kann ihn nicht beklagen, wenn er dahin ist. Er hat die Schranken gebrochen.« Eine dritte Aussage Carolines, die acht Monate zuvor ihre Tochter Auguste verloren hat, ist friedlich; am 10. April schreibt sie an August Wilhelm Schlegel: »Hardenberg ist also in Ruhe, wohin meine Seele auch so gern gelangen möchte. Er ist sehr glücklich, aber die arme Julie.«

Heinrich Ulrich Erasmus Freiherr von Hardenberg wird den Kurfürsten unter Hinweis auf den Verlust des Sohnes sowie zweier weiterer Kinder – Bernhards und Carolines – bitten, ihm den Geheimen Finanzrat von Witzleben im Salinendirektorium zur Entlastung an die Seite zu stellen, was Friedrich August III. am 5. September genehmigt.

Anhang

Nachbemerkung

Meine erste Spur zu ihm war früh gelegt: Nach Ostern 1935 kam ich sechsjährig in die Weißenfelser Neustadtschule. Sie stand und steht noch heute in der Novalisstraße, die ihren Namen 1901 bekommen hat – ihm konnten die Zeitläufte nichts anhaben. Mein Grundschullehrer Bergmann, der großen Wert auf Heimatgeschichte legte und dem ich viel verdanke, erzählte uns von Novalis, zeigte uns das Novalishaus in der Klosterstraße, führte uns zum Grab des Dichters im jetzigen Stadtpark, wo auch sein Vater und mehrere Geschwister ihre letzte Ruhestätte fanden, wo die idealisierende Novalis-Büste des Bildhauers Schaper von 1872 auf ihrer Stele auch heute noch die Besucher beeindruckt und ein schlichter, klotziger Grabstein an den weniger bedeutenden Weißenfelser Autor Adolf Müllner (1774–1829), einen Neffen Gottfried August Bürgers, erinnert, nach dem in der Neustadt ebenfalls eine Straße benannt ist. Im Stadtmuseum, das sich damals im früheren St. Claren-Kloster befand, sahen wir das Porträt des jungen Dichters, eine gute Kopie, das Original hing, wie heute, in Oberwiederstedt. Ich kann mich nicht erinnern, daß in der Schule Texte von Novalis behandelt wurden, auch in der Oberschule nicht. Während meiner eigenen Arbeit als Lehrer habe ich sowohl in Schulpforta als auch in Bielefeld mehrmals Gedichte von Novalis besprochen.

Aus heutiger Sicht erscheint das, was der Weißenfelser Novalisstraße, die außer der Schule großenteils aus dreistöckigen Wohnhäusern besteht, in der Zeit des Nationalsozialismus widerfuhr, sicher grotesk: Die Straße war nämlich nicht nur die Adresse der Neustadtschule, sondern diese beherbergte auch das uniformierte Jungvolk-Fähnlein, dem ich seit 1939 angehörte. Jeden Mittwoch- und Samstagnachmittag, mit Ausnahme der Schulferien, traten wir vor der Vorderfront des langgestreckten, streng symmetrischen Backsteingebäudes, mitten auf der Straße, nach einem festgelegten Ritual zum obligatorischen Dienst an. Das Schulhaus diente mit seinen Klassenzimmern zum Innendienst, zum Beispiel für »weltanschauliche Schulung« und Singen von

Marschliedern, der mit feinem Kies bedeckte Schulhof hinten hinaus war ideal für Exerzieren, Ballspiele und Luftgewehrschießen, die Turnhalle für das mir verhaßte Geräteturnen. Die Fahrbahn der Straße mit dem Namen des Dichters war außerdem Sammel- und Ausgangspunkt für Aus- und Aufmärsche mit Trommeln und Fahne über die Saale hinüber zur Altstadt. Niemand schien sich daran zu stoßen, daß die uniformierte und kommandierte Hitlerjugend und die ferne, aber durch die ehrende Namensgebung wiederum auch gegenwärtige Persönlichkeit des Dichters nicht zueinander paßten. Was hinter den Gardinen in mancher Wohnung über die uniformierten Auftritte und Märsche gedacht und gesprochen wurde, weiß man freilich nicht.

Literaturverzeichnis

1. Werkausgaben und Dokumente Novalis

HKA Novalis. Schriften. Historisch-kritische Ausgabe. Die Werke Friedrich von Hardenbergs. Hg. v. Richard Samuel, Hans-Joachim Mähl und Gerhard Schulz.

HKA 1 Band HKA 1: Das dichterische Werk. Hg. v. P. Kluckhohn und R. Samuel unter Mitarb. v. H. Ritter und G. Schulz. 3. Aufl. Stuttgart 1977.

HKA 2 Das philosophische Werk I. Hg. v. R. Samuel mit H.-J. Mähl und G. Schulz. 3. Aufl. Stuttgart 1981.

HKA 3 Das philosophische Werk II. Hg. v. R. Samuel mit H.-J. Mähl und G. Schulz. 3. Aufl. Stuttgart 1983.

HKA 4 Tagebücher, Briefwechsel, zeitgenössische Zeugnisse. Hg. v. R. Samuel mit H.-J. Mähl und G. Schulz. 2. Aufl. Stuttgart 1998.

HKA 5 Materialien und Register. Hg. v. H.-J. Mähl und R. Samuel. Stuttgart 1988.

HKA 6.1 Der dichterische Jugendnachlaß (1788–1791) und Stammbucheintragungen (1791–1793) Text. Hg. v. H.-J. Mähl mit Martina Eicheldinger und Ludwig Rommel. Stuttgart 1998.

HKA 6.2 Der dichterische Jugendnachlaß (1788–1791) und Stammbucheintragungen (1791–1793) Kommentar. Hg. v. H.-J. Mähl mit Martina Eicheldinger und L. Rommel. Stuttgart 1999.

HKA 6.3 Schriften und Dokumente aus der Berufstätigkeit. Text. Hg. v. Gabriele Rommel und Gerhard Schulz. Stuttgart 2006 – die sogenannten »Salinenschriften«.

HA Novalis: Werke, Tagebücher und Briefe Friedrich von Hardenbergs. Hg. v. H.-J. Mähl und R. Samuel. München/Wien 1978 (Hanser-Ausgabe).

HA 1 Das dichterische Werk, Tagebücher und Briefe. Hg. v. R. Samuel. München Wien 1978.

HA 2 Das philosophisch-theoretische Werk. Hg. v. H.-J. Mähl. München/Wien 1978.

HA 3 Kommentar. Von Hans Jürgen Balmes. München/Wien 1987.

2. *Werkausgaben und Dokumente anderer Autoren*

ATH	Athenaeum. Eine Zeitschrift von August Wilhelm und Friedrich Schlegel. Drei Bde., Berlin 1798, 1799, 1800. Nachdruck Darmstadt 1970.
D	Damm, Sigrid (Hg.): »Lieber Freund, ich komme weither schon an diesem frühen Morgen.« Caroline Schlegel-Schelling in ihren Briefen. Darmstadt/Neuwied 1980.
DG	Deutsche Gedichte des 18. Jahrhunderts. Hg. v. Klaus Bohnen. Stuttgart 1987.
F 1	Fichte, Johann Gottlieb: Über den Begriff der Wissenschaftslehre. Stuttgart 1972.
F 2	Fichte, Johann Gottlieb: Die Bestimmung des Menschen. Stuttgart 1981.
G 1	Goethe, Johann Wolfgang v.: Werke. Hamburger Ausgabe, Bd. 7; Romane und Novellen II, darin »Wilhelm Meisters Lehrjahre«. Hg. v. Erich Trunz. München 1982.
G 2	Derselbe: Bd. 6, Romane und Novellen I, ebenso.
HOM 1	Homer: Ilias. Übersetzung, Nachwort und Register v. Roland Hampe. Stuttgart 1979.
HOM 2	Homer: Odyssee. Ebenso.
HORAZ	Sämtliche Werke – Oden, Epoden, Satiren, Briefe. Aus dem Lateinischen v. Manfred Simon und Wolfgang Rischel. Köln 2009.
HORAZ	Sämtliche Werke, Lateinisch/Deutsch. Hg. v. Bernhard Kytzler. Stuttgart 1992/2006.
JA	Jacobi, Johann Georg: Charmides und Theone, oder die sittliche Grazie. Halberstadt 1774.
K	Klopstock, Friedrich Gottlieb: Oden. Auswahl und Nachwort v. Karl Ludwig Schneider. Stuttgart 1999.
MU	Musen-Almanach für das Jahr 1802. Hg. v. A. W. Schlegel und L. Tieck. Tübingen 1802. Neudruck Heidelberg 1967.
PL	Plotin: Ausgewählte Schriften. Herausgegeben, übersetzt und kommentiert v. Christian Tornau. Stuttgart 2001.
RI	Ritter, Johann Wilhelm: Fragmente aus dem Nachlasse eines jungen Physikers. Heidelberg 1810; Faksimile Heidelberg 1969.
SW	Schiller, Friedrich: Werke und Briefe, Bd. 8: Theoretische Schriften. Hg. v. Rolf-Peter Janz u. a. Frankfurt am Main 1992.
SB	Schiller, Friedrich: Briefe I und II. Hg. v. Norbert Oellers. Frankfurt am Main 2002.

SCH Schelling, Friedrich Wilhelm Joseph: Ausgewählte Schriften, Band 1, 1794–1800; Neudruck Frankfurt am Main 1985.

SCHL Schlegel, August Wilhelm: Kritische Schriften und Briefe. Hg. v. E. Lohner. 7 Bde., Stuttgart 1962–1974.

SCHLE 1 Schlegel, Friedrich: Kritische Friedrich Schlegel Ausgabe. Hg. v. Ernst Behler. 35 Bde. Paderborn/Darmstadt/Zürich 1958 ff.

SCHLE 2 Schlegel, Friedrich: Schriften zur Literatur. Hg. v. Wolfdietrich Rasch. München 1972.

SCHLE 3 Friedrich Schlegel: Lucinde. Ein Roman. Studienausgabe Stuttgart 1999.

SCHLEI Schleiermacher, Friedrich: Über die Religion. Reden an die Gebildeten unter ihren Verächtern. Stuttgart 1969.

ST Steffens, Henrik: Was ich erlebte. München 1956.

T 1 Tieck, Ludwig: Werke in vier Bänden. Hg. v. Marianne Thalmann. Darmstadt 1963–65.

T 2 Tieck, Ludwig: Franz Sternbalds Wanderungen. Eine altdeutsche Geschichte. Stuttgart 1974.

WA Wackenroder, Wilhelm: Werke und Briefe. Hg. v. Gerda Heinrich. München/Wien 1984.

3. Sekundärliteratur (Auswahl)

A Apel, Friedmar: Die Zaubergärten der Phantasie. Zur Theorie und Geschichte des Kunstmärchens. Heidelberg 1978.

AR Arnaud, Claude: Chamfort. Die Frauen, der Adel und die Revolution (mit 70 bisher unpublizierten Texten). Berlin 2007.

B 1 Behler, Ernst: Friedrich Schlegel. Reinbek bei Hamburg 1966.

B 2 Behler, Ernst und Jochen Hörisch (Hg.): Die Aktualität der Frühromantik. Paderborn, München/Wien/Zürich 1987.

BÄN Bänsch, Dieter (Hg.): Zur Modernität der Romantik. Stuttgart 1977.

BE Benjamin, Walter: Der Begriff der Kunstkritik in der deutschen Romantik. In: Gesammelte Schriften. Erster Band. Erster Teil. Frankfurt am Main 1974.

BER Bergakademie Freiberg: Friedrich von Hardenberg (Novalis). Studierender an der Bergakademie Freiberg, Dezember 1797 bis Mai 1799. Zur 200. Wiederkehr seines Geburtstages am 2. Mai 1972. Freiberg 1972.

BL Blei, Franz: Novalis. Berlin 1904.

BOL Bollinger, Heinz: Die Lehrlinge zu Saïs. Versuch einer Erläuterung. Winterthur 1954.

BOR Borcherdt, Hans Heinrich: Der Roman der Goethezeit. Urach/Stuttgart 1949.

C Carlyle, Thomas: Novalis. In: Essays on Greater German Poets and Writers. London 1828.

DI Dietzsch, Steffen: Immanuel Kant. Eine Biographie. Leipzig 2003.

DO Dorfmüller, Petra/Eckart Kissling: Schulpforte. Zisterzienserabtei Sankt Marie zur Pforte. Landesschule Pforta. München/Berlin 2004.

E Ehrensperger, Oskar Serge: Die epische Struktur in Novalis' »Heinrich von Ofterdingen«. Eine Interpretation des Romans. 2. Aufl. Winterthur 1971.

FR 1 Frank, Manfred: Das Problem ›Zeit‹ in der deutschen Romantik. Zeitbewußtsein und Bewußtsein von Zeitlichkeit in der frühromantischen Philosophie und in Tiecks Dichtungen. München 1972.

FR 2 Frank, Manfred: »Unendliche Annäherung«. Die Anfänge der philosophischen Romantik. Frankfurt am Main 1997.

G Gallant, Christel: Der Raum in Novalis´ dichterischem Werk. Frankfurt am Main 1978.

GO Gold, Helmut: Erkenntnisse unter Tage. Bergbaumotive in der Literatur der Romantik. Opladen 1990.

GR Grieshaber, Arved: Natur, Mensch und Krankheit bei Novalis. Diss. Heidelberg 1983.

GÜ Günzel, Klaus: Romantik in Dresden. Gestalten und Begegnungen. Frankfurt am Main/Leipzig 1997.

GU Gundolf, Friedrich: Romantiker. Berlin-Wilmersdorf 1930.

H Hädecke, Wolfgang: Poeten und Maschinen. Deutsche Dichter als Zeugen der Industrialisierung. München 1993.

HAE Haering, Theodor: Novalis als Philosoph. Stuttgart 1954.

HAM Hamburger, Käthe: Novalis und die Mathematik. Eine Studie zur Erkenntnistheorie der Romantik. Stuttgart 1966.

HAR Hardenberg, Sophie von: Nachlese, Gotha 1873.

HAS Haslinger, Josef: Die Ästhetik des Novalis. Königstein/Ts. 1981.

HAY Haym, Rudolf: Die romantische Schule. Ein Beitrag zur Geschichte des deutschen Geistes. 1870. Neudruck Darmstadt 1961.

HE Hecht, Wolfgang: Deutsche Frühromantiker. Leipzig 1983

HEC Hecker, Jutta: Das Symbol der Blauen Blume im Zusammenhang mit der Blumensymbolik der Romantik. Jena 1931.

HED Hederer, Edgar: Novalis. Wien 1934.

HEF Heftrich, Eckhard: Novalis. Vom Logos der Poesie. Frankfurt am Main 1969.

HEI Heinrich, Gerda: Geschichtsphilosophische Positionen der deutschen Frühromantik. Kronberg/Ts. 1977.

HES Hesse, Hermann und Karl Isenberg (Hg.): Novalis. Dokumente seines Lebens und Sterbens. Frankfurt am Main 1982.

HET Hettner, Hermann: Die romantische Schule in ihrem inneren Zusammenhang, mit Göthe und Schiller. Braunschweig 1850.

HEY Heydenreich, Karl Heinrich: Opfer der weltbürgerlichen Gesinnung und des Patriotismus bey dem Eintritte des neunzehnten Jahrhunderts nach Christi Geburth. Weißenfels/Leipzig 1800/1801.

HI Hiebel, Friedrich: Novalis: Deutscher Dichter – Europäischer Denker – Christlicher Seher. Bern 1972.

HO Hocke, Gustav René: Das europäische Tagebuch. Wiesbaden 1963.

HOF Hoffmann, Rolf Josef: Hemsterhuis und Novalis. Diss. Erlangen 1921.

HÖ Hörisch, Jochen: »Die fröhliche Wissenschaft der Poesie. Der Universalitätsanspruch von Dichtung in der frühromantischen Poetologie. Frankfurt am Main 1976.

HU Huch, Ricarda: Die Romantik. Blütezeit, Ausbreitung und Verfall. Tübingen 1951.

IM Immerwahr, Raymond: Romantisch. Genese und Tradition einer Denkform. Frankfurt am Main 1972.

J Jacobs, Wilhelm G.: Johann Gottlieb Fichte. Reinbek bei Hamburg 1984.

JO John, Jürgen und Justus H. Ulbricht (Hg.): Jena. Ein nationaler Erinnerungsort? Köln/Weimar/Wien 2007.

K Kaiser, Gerhard: Geschichte der deutschen Lyrik von Goethe bis Heine. Ein Grundriß in Interpretationen. Frankfurt am Main 1988.

KAN Kantzenbach, Friedrich Wilhelm: Schleiermacher. Reinbek bei Hamburg 1967.

KAP Kapitza, Peter: Die frühromantische Theorie der Mischung. Über den Zusammenhang von romantischer Dichtungstheorie und zeitgenössischer Chemie. München 1968.

KAS Kasperowski, Ira: Mittelalterrezeption im Werk des Novalis. Tübingen 1994.

KI Kirchhoff, Jochen: Friedrich Wilhelm Joseph von Schelling. Reinbek bei Hamburg 1982.

KL 1 Kleßmann, Eckart: Die deutsche Romantik. Köln 1979.

KL 2 Kleßmann, Eckart: »Ich war kühn, aber nicht frevelhaft«. Das Leben der Caroline Schlegel-Schelling. Bergisch Gladbach 1992.

KO 1 Korff, Hermann August: Humanismus und Romantik. Leipzig 1924.

KR 2 Korff, Hermann August: Geist der Goethezeit. III. Teil: Frühromantik. Leipzig 1940.

KR Kremer, Detlef: Prosa der Romantik. Stuttgart/Weimar 1997.

KÜ Küpper, Peter: Die Zeit als Erlebnis des Novalis. Köln, Graz 1959.

KUR Kurzke, Hermann: Novalis. München 2001.

L Leibbrand, Werner: Die spekulative Romantik der Medizin. Hamburg 1956.

LI Link, Hannelore: Abstraktion und Poesie im Werk des Novalis. Stuttgart 1971.

LU Lukacs, Georg v.: Novalis. In: Die Seele und die Formen. Berlin 1911.

LÜ Lützeler, Paul Michael (Hg.): Romane und Erzählungen der deutschen Romantik. Neue Interpretationen. Stuttgart 1981.

M 1 Mähl, Hans-Joachim (Hg.): Novalis. Dichter über ihre Dichtungen. München 1976.

M 2 Mähl, Hans-Joachim: Novalis und Plotin. In: SCHU 2, Darmstadt 1986.

M 3 Mähl, Hans- Joachim: Die Idee des goldenen Zeitalters im Werk des Novalis. Studien zur Wesensbestimmung der frühromantischen Utopie und zu ihren ideengeschichtlichen Voraussetzungen. 2. Aufl. Tübingen 1994.

MA 1 Mager, Johannes: Die Saline Bad Kösen. Ein geschichtlicher Abriß. Bad Kösen o. J.

MA 2 Mager, Johannes: Johann Gottfried Borlach. Ein biographischer Abriß anläßlich seines 300. Geburtstages. Bad Dürrenberg 1990.

MAH 1 Mahoney, Dennis F.: Die Poetisierung der Natur bei Novalis. Beweggründe, Gestaltung, Folgen. Bonn 1980.

MAH 2 Mahoney, Dennis F.: Friedrich von Hardenberg (Novalis). Stuttgart/Weimar 2001.

ME Mennemeier, Franz Norbert: Friedrich Schlegels Poesiebegriff, dargestellt anhand der literaturkritischen Schriften. Die romantische Konzeption einer objektiven Poesie. München 1971.

N Neumann, Gerhard: Ideenparadiese. Untersuchungen zur Aphoristik von Lichtenberg, Novalis, Friedrich Schlegel und Goethe. München 1976.

P Paulin, Roger: Ludwig Tieck. Eine literarische Biographie. München 1988.

PA Paschek, Carl: Der Einfluß Jakob Böhmes auf das Werk Friedrich von Hardenbergs. Bonn 1966.

PE Peter, Klaus (Hg.): Die politische Romantik. Eine Textsammlung. Stuttgart 1985.

PF Pforr, Herbert: Freiberger Silber und Sachsens Glanz. Lebendige Geschichte und Sehenswürdigkeiten der Berghauptstadt Freiberg. Leipzig 2004.

PI Pikulik, Lothar: Frühromantik. Epoche – Werk – Wirkung. 2. Aufl. München 2000.

PR Prange, Helmut: Die romantische Ironie. Darmstadt 1972.

PRE Preitz, Max: Friedrich Schlegel und Novalis – Biographie einer Romantikerfreundschaft in ihren Briefen. Darmstadt 1957.

R Roder, Florian: Novalis. Die Verwandlung des Menschen. Leben und Werk Friedrich von Hardenbergs. 2. Aufl. Stuttgart 2000.

RE Rehm, Walther: Orpheus, der Dichter und die Toten. Selbstdeutung und Totenkult bei Novalis – Hölderlin – Rilke. 2. Aufl. Darmstadt 1972.

RIT Ritter, Heinz: Der unbekannte Novalis. Friedrich von Hardenberg im Spiegel seiner Dichtung. Göttingen 1967.

RO 1 Rommel, Gabriele (Hg.): Novalis. Das Werk und seine Editoren. Katalog zur Ausstellung. Schloß Oberwiederstedt 2001.

RO 2 Rommel, Gabriele (Hg.): Die Bildnisse des Novalis. Katalog zur Ausstellung. Schloß Oberwiederstedt 2003.

RO 3 Rommel, Gabriele (Hg.): All-Tags-Welten des Friedrich von Hardenberg. Das Buch zur Ausstellung. Schloß Oberwiederstedt 2009.

RÖ Röhr, Werner (Hg.): Appellation an das Publikum ... Dokumente zum Atheismusstreit um Fichte, Forberg, Niethammer, Jena 1798/99/Leipzig 1987.

S Safranski, Rüdiger: Romantik. Eine deutsche Affäre. München 2007.

SAM Samuel, Richard: Der berufliche Werdegang Friedrich von Hardenbergs. Halle/Saale 1929.

SAR Sarfert, Hans-Jürgen: Novalis in Dresden. Dresden 2002.

SAV Der junge Savigny. Kinderjahre, Marburger und Landshuter Zeit Friedrich Karl von Savignys, hg. v. Adolf Stoll. Berlin 1927.

SCHA 1 Schanze, Helmut: Romantik und Aufklärung. Untersuchungen zu Friedrich Schlegel und Novalis. Nürnberg 1976.

SCHA 2 Schanze, Helmut: Romantik-Handbuch. Stuttgart 1994.

SCHL Schlaf, Johannes: Novalis und Sophie von Kühn. Eine psychophysiologische Studie. München 1906.

SCHO Schorn-Schütte, Luise: Königin Luise – Leben und Legende. München 2003.

SCHR Schriftenreihe der Städtischen Sammlungen für Geschichte und Kultur Görlitz: Zum Maler geboren – Franz Gareis. Görlitz 2003.

SCHU 1 Schulz, Gerhard: Novalis. Reinbek bei Hamburg 1969.

SCHU 2 Schulz, Gerhard (Hg.): Wege der Forschung, Band 248: Novalis. Beiträge zu Werk und Persönlichkeit. 2. erw. Aufl. Darmstadt 1986.

SCHU 3 Die deutsche Literatur zwischen Revolution und Restauration. 1.Teil: Das Zeitalter der Französischen Revolution (1789–1806).

SCHU 4 Die Berufslaufbahn Friedrich von Hardenbergs (Novalis). Stuttgart 1963.

SE Seidel, Margot: Novalis' »Geistliche Lieder«. Frankfurt am Main/Bern/Nancy/New York 1983.

SEN Sent, Eleonore (Hg.): Bergbau und Dichtung. Friedrich von Hardenberg (Novalis) zum 200. Todestag. Weimar/Jena 2003.

ST Stadt Weißenfels (Hg.): Weißenfels – Geschichte der Stadt. Wettin 2010.

STE Stern, Carola: ›Ich möchte mir Flügel wünschen.‹ Das Leben der Dorothea Schlegel. Reinbek bei Hamburg 1993.

STF Steffens, Henrik: Was ich erlebte. Bd. IV. Breslau 1841.

STR Strack, Friedrich: Im Schatten der Neugier. Christliche Tradition und kritische Philosophie im Werk Friedrich von Hardenbergs. Tübingen 1982.

STRI Striedter, Jury: Die Fragmente des Novalis als ›Präfigurationen‹ seiner Dichtung. München 1985.

STRO Strohschneider-Kohrs, Ingrid: Die romantische Ironie in Theorie und Gestaltung. Tübingen 1960.

T Thalheim, Hans-Günther u. a. (Hg.): Geschichte der deutschen Literatur, 7 Bde. Berlin 1789–1830.

UE 1 Uerlings, Herbert: Friedrich von Hardenberg, genannt Novalis. Werk und Forschung. Stuttgart 1991.

UE 2 Uerlings, Herbert (Hg.): Novalis und die Wissenschaften. Tübingen 1997.

UE 3 Uerlings, Herbert: Novalis (Friedrich von Hardenberg). Stuttgart 1998.

UE 4 Uerlings, Herbert (Hg.): Theorie der Romantik. Stuttgart 2000.

UN Unger, Rudolf: Herder, Novalis und Kleist. Studien über die Entwicklung des Todesproblems in Denken und Dichten vom Sturm und Drang zur Romantik. Frankfurt am Main 1922. Neudr. Darmstadt 1968.

VI Vietta, Silvio (Hg.): Die literarische Frühromantik. Göttingen 1983.

VO Voßkamp, Wilhelm: Utopieforschung. Interdisziplinäre Studien zur neuzeitlichen Utopie. Frankfurt am Main 1985.

VW Volk und Wissen Verlag: Geschichte der deutschen Literatur, Bd. 7. Hg. v. Hans-Günther Thalheim u. Mitarb. Berlin 1978.

W Wehr, Gerhard: Jakob Böhme. Reinbek bei Hamburg 1971.

WE Weiss, Hermann F.: Unbekannte Zeugnisse zu Friedrich von Hardenberg und seinem Umkreis. In: »Literaturwissenschaftliches Jahrbuch« (Neue Folge). 42. Band, Berlin 2001.

WEI Weißenberger, Ivo, alias Ingo Bach: Die Bildnisse Friedrich von Hardenbergs. In: Aurora. Jahrbuch der Eichendorff-Gesellschaft. Sigmaringen 1987.

WI Wien, Alfred: Liebeszauber der Romantik. 6. Aufl. Berlin 1920.

WÜ Wührl, Paul-Michael: Das deutsche Kunstmärchen. Geschichte, Botschaft und Erzählstruktur. Heidelberg 1984.

Z 1 Ziolkowski, Theodore: Vorboten der Moderne. Eine Kulturgeschichte der Frühromantik. Stuttgart 2006.

Z 2 Zmegac, Viktor (Hg.): Geschichte der deutschen Literatur vom 18. Jahrhundert bis zur Gegenwart, Bd. I/2, 1700–1848, Königstein/Ts. 1984.

4. Romane über Novalis

Fitzgerald, Penelope: The Blue Flower. 1995. Dt. »Die blaue Blume«. Frankfurt 1999.

Kraft, Gisela: Prolog zu Novalis. Roman. Berlin und Weimar 1990.

Kraft, Gisela: Madonnensuite. Romantiker-Roman. Leipzig 1998.

Kraft, Gisela: Planet Novalis. Roman. Leipzig 2006.

Nachweis der Zitate

Erstes Kapitel

15 *Gnädigste Conferirung*: SEN, S. 171. – *seinen beständigen Aufenthalt*: SEN, S. 171. – 16 *Er liebte seine Gattin*: HAR, S. 3. – *Nach einem wüsten*: WE 1, S. 122. – 17 *Ich weiß es wohl*: WE 1, S. 85/86. – 19 *An den kleinen Fritz ... Der kleine Fritz*: R, S. 37. – 20 *So ist es vielleicht bemerkenswerth*: HKA 4, S. 531. – *Zuerst lernte ich*: HKA 4, S. 567/68. – 21 *Meines Onkels Charakter*: HKA 4, S. 308/09. – *So ergeben*: HKA 4, S. 309. – 22 *Es ist mir lieb*: HKA 4, S. 568. – *So freundschaftlich und warm*: HKA 4, S. 105. – 23 *Mons Blanc*: Bach in: SEN, S. 178. – 24 *Sie leben*: HKA 4, S. 79. – 25 *umfaßte der Kaufgegenstand ein amtssässiges Hauß*: Bach in: SEN, S. 173. – 26 *Investitionsvorhaben*: Bach in: SEN, S. 177. – *Bey dem seit*: HEY, S. 143. – 29 *die alten:* WE 2, S. 178. – *Außer den:* WE 2, S. 175f. – 30 *Ich leb'*: HKA 4, S. 98. – 31 *Der jugendliche Novalis:* WEI, S. 132.

Zweites Kapitel

33 *Die rund 480*: HKA 6.1, S. IX/X. – *Uebung*: HKA 6.1, S X. – *das breite Spektrum ... den Werdegang dieses Autors*: HKA 6.1, S X. – 34 *die äußerste Unreife*: HKA 4, S. 572. – *Überfluß an halbvollendeten ... zu wittern*: HKA 4, S. 572. – *Auch christliche Lieder*: HKA 4, S. 646. – 35 *Die Poesie darin*: HKA 4, S. 646. – 36 *mißlungenes Schofelzeug*: HKA 6.1, S. 440. – 37 *Es nahet sich*: HKA 6.1, S. 58/59. – 38 *Rundum bekränzt*: HKA 6.1, S. 122. – *Silberspiegel des Sees ... An einen Quell gegossen*: HKA 6.1, S. 547. – *Da lag sie sanft*: HKA 6.1, S. 232. – 39 *Sanft hob der Busen*: HKA 6.1, S. 233. – *das heiße Gewand ... Vielleicht daß sich hier*: HKA 6.1, S. 184. – *Hier sind Schattenalleen*: HKA 6.1, S. 527. – 40 *Hieher wanderte ... Sieh! ich führte ... Hinter uns drein*: HKA 6.1, S. 527. – *umschlang ihr weiches*: HKA 6.1, S. 121. – 41 *Wir armen Musensöhne*: HKA 6.1, S. 249. – *Wenn Könige mit Gunst*: HKA 6.1, S. 302. – 42 *unser Wohl*: HKA 6.1, S. 72. – *Nein! Freunde kommt*: HKA 6.1, S. 73ff. – 43 »*Ueber Anakreon und seine Dichtungsart*«: HKA 6.1, S. 439. – *Nimm alter Sänger*: HKA 6.1, S. 175. – *Wer den Pindar*: HKA 6.1, S. 522. – 44 »*An den Dellius*«: HKA 6.1, S. 55. – *Also redete Hektor*: HKA 6.1, S. 492f. – 45 *Denn den Cyclopen (Odyssee, 9. Gesang)*: HKA 6.1, S. 510. – 46 *Bis jetzt sang ich (Vergil: Georgica)*: HKA 6.1, S. 489. – 46ff. »*Der Harz*«: HKA 6.1, S. 144f.

Drittes Kapitel

51 *Hatte er bisher*: HKA 4, S. 538/39. – *Tante in Jena*: HKA 4, S. 127. – 52 *Hardenberg, der später*: HKA 4, S. 569. – 53 *Der brave Vater*: HKA 4, S. 570. – *Offenherzig war Ihre*: HKA 4, S. 90. – 54 *Ich kann Ihnen … daß ich endlich*: HKA 4, S. 90. – *Ermüdet von tausend Genüssen*: HKA 4, S. 91. – 55 *in das süße Gefühl*: HKA 4, S. 92. – *Von Schillern*: HKA 4, S. 93. – 56 *Aber er lebt*: HKA 4, S. 94. – *diese stille Größe … Ihm gab das Schicksal*: HKA 4, S. 95. – 57 *Die Nachwelt zeigt ihm*: HKA 4, S. 95. – *nach einer gänzlich*: HKA 4, S. 97. – *an Kopf und Herz*: HKA 4, S. 97. – *Ich habe jezt die Odyssee*: HKA 4, S. 99. – 58 *O! ich lerne*: HKA 4, S. 100. – *eine einzige, erhabene … Eine ächt erhabene*: HKA 4, S. 101. – *der Geist, der sich*: SW, Bd. 8, S. 979. – 59 *Eine der ersten Erfordernisse*: SW, Bd. 8, S. 981. – *Die Sitten*: SW, Bd. 8, S. 975. – *Bey Gelegenheit*: HKA 4, S. 100. – 60 … *wenn mich nur das Bewußtsein … das überschwänglich*: HKA 4, S. 90. – *um ein tieferes Eindringen*: SCHU 1, S. 31. – *Auslösung*: SCHU 1, S. 32. – *Brächte ich einst Werke*: HKA 4, S. 94/95. – 61 *Wenn noch einst*: HKA 4, S. 96. – *Könnt ich doch*: HKA 4, S. 101. – 62 *Wird es schlimmer*: HKA 4, S. 59. – 63 *die Tyrannei*: S, S. 34. – 64 *stille Rolle*: SCHU 3, S. 3. – *Ein solches Phänomen*: S, S. 31. – *die Revolution in ihren Anfängen*: SCHU 3, S. 84/85. – 65 *Die Französische Revolution, Fichtes Wissenschaftslehre*: UE 4, S. 80. – *Kants Verteidigung*: S, S. 33. – *daß keine andre Verschiedenheit*: UE 4, S. 297. – 66 *Vervollkommnung*: SCHLE 2, S. 196. – *Die unerschütterliche Notwendigkeit*: SCHLE 2, S. 202. – *samt allen ihren Greueln*: SCHLE 2, S. 203. – *Weltbürgerlichkeit*: SCHLE 2, S. 206. – 67 *die Zeit, da sich*: D, S. 36. – *schlechtes, zusammengelaufenes Gesindel*: HKA 4, S. 574. – 68 *Karl ist natürlich*: HKA 4, S. 123.

Viertes Kapitel

69 *Leipzig soll Deutschland's*: R, S. 111. – 70 *die Pandekten*: R, S. 129. – *Das Schicksal hat*: HKA 4, S. 571/72. – 71 *um zarte Behandlung*: HKA 4, S. 572. – *grenzenlose Flüchtigkeit … im ganzen … Alles aus ihm werden*: HKA 4, S. 572/73. – *Die Freude über … stumm*: HKA 4, S. 573. – 72 *Aber endlich*: HKA 4, S. 575. – *Meine ganze Leidenschaft*: HKA 4, S. 576. – *Sehnsucht nach dem Unendlichen*: B 1, S. 21. – *Unmöglichkeit … mich itzt*: VW, S. 377. – 73 *Wie viel glücklicher*: HKA 4, S. 355. – *Jezt wars, daß ich*: HKA 4, S. 106. – 74 *Meine Leidenschaft ist*: HKA 4, S. 107. – *Der kindische alte Mann*: HKA 4, S. 352/53. – *Soldat zu werden*: HKA 4, S. 104. – *alle mögliche Freyheit*: HKA 4, S. 107. – 75 *Männlichkeit*: HKA 4, S. 108. – *Die Erfahrung wird ihre Hand*: HKA 4, S. 109. – *Der Romanti-*

sche Schwung: HKA 4, S. 109/10. – *Was das Zerschießen*: HKA 4, S. 110. – *Mein Geist*: HKA 4, S. 110. – *Mit Geld ists überall*: HKA 4, S. 113. – *Meine Mutter*: HKA 4, S. 114. – 76 *den beyden altmodigen Köpfen*: HKA 4, S. 114. – *Uns beyden geht es*: HKA 4, S. 127. – *Ich wurde gewissermaßen gezwungen ... Mein Mißgeschick*: HKA 4, S. 310. – 77 *So entsteht aber eine*: R, S. 138. – *Fleißig bin ich jezt*: HKA 4, S. 121. – *Ich mache ziemlich beträchtliche Fortschritte*: HKA 4, S. 122. – *Staatsrecht, Statistik*: HKA 4, S. 136. – *ein paar Schwestern*: HKA 4, S. 122/23. – *der Philisterstand*: HKA 4, S. 123. – 78 *mit der ersten Censur*: HKA 4, S. 140. – *Du hast Dich selbst*: HKA 4, S. 355. – *Jetzt ist es ein Jahr*: HKA 4, S. 358. – *Daß ist das Schlimmste ... Du weißt vielleicht*: HKA 4, S. 357. – 79 *Mich dauert Dein*: HKA 4, S. 124. – *in einer glücklichen Ruhe ... Schöndenken ... keine 10 Blätter*: HKA 4, S. 125. – *Diese häusliche Familienbestimmung*: HKA 4, S. 125. – *kalte Bewunderung ... ganz treffend Wahres*: HKA 4, S. 359. – 80 *dringen doch Wenige*: HKA 4, S. 359. – *Deine Bestimmung*: HKA 4, S. 360. – *Opfer strengster Entsagung*: B 1, S. 29. – *können doch eine Bahn*: HKA 4, S. 140. – *Mit der ersten Censur*: HKA 4, S. 140. – 81 *Des jugendlichen Lärms*: HKA 4, S. 140. – *Bleib ich gesund*: HKA 4, S. 140. – *Es sind die Tage*: HKA 4, S. 140/141. – 82 *Die Familie ist mir*: HKA 4, S. 121. – *Schöndenken*: HKA 4, S. 125. – 83 *Fritzchen ... Ich vermied*: HKA 4, S. 144. – *Mein Amtmann*: HKA 4, S. 144. – *Sonderfälle*: R, S. 174. – 84 *Meinem Freunde*: HKA 4, S. 286. – *ging die Entwürfe*: R, S. 174. – *Wer würde aber*: HKA 4, S. 540. – 85 *Zu durchkreuzt*: HKA 4, S. 145. – *Ich sollte sein Lehrer*: HKA 4, S. 539/40. – 86 *Drey Dinge waren es*: HKA 4, S. 540. – *und Mensch, im edelsten*: HKA 4, S. 549. – *eine ruhige Vernunft*: HKA 4, S. 548. – *Herzlichkeit*: HKA 4, S. 549. – *Im Umgang mit Fremden*: HKA 4, SA. 549/50. – 87 *eine Viertelstunde*: HKA 4, S. 367.

Fünftes Kapitel

88 *Zwischen dem Schlagbaum*: HKA 4, S. 42. – 90 *früh sehr heiter*: HKA 4, S. 22... – *Grüninger Halseisen ... ein Geheimniß ... mochte mich wol*: HKA 4, S. 22. – 91 *Meinen Weg*: HKA 4, S. 23. – *Noch vor 1/4 auf 10*: HKA 4, S. 22. – 93 *Ein seltener, schöner Zufall*: HKA 4, S. 166. – 94 *Eure neue Familie*: HKA 4, S. 154. – *Beschreibung von Grüningen*: HKA 4, S. 390. – *Denke dir den Hauptmann*: HKA 4, S. 391. – *daß ich es täglich mehr*: HKA 4, S. 591. – *einen Brief aus dem Paradies*: HKA 4, S. 594. – 95 *Man liebt uns dort*: HKA 4, S. 594. – *der Hahn im Korbe*: HKA 4, S. 155. – *Du bist nie mehr geliebt*: HKA 4, S. 156. – *Alle Welt bedauert ... Mein Genius hat sich*: HKA 4, S. 165. – *Du mußt dir Gr... Die Leute*: HKA 4, S. 159. – 96 *So ward ich nicht*: HKA 4, S. 159. – *Leider ließ mein ... was*

Novalis' Beziehungen: HKA 4, S. 704. – 97f. *Ihre Frühreife*: HKA 4, S. 24/25. – 99 *das himmlische Geschöpf*: HKA 4, S. 391. – *Heute früh ritt Hardenb.*: HKA 4, S. 586/87. – *Husten und Schnuden*: HKA 4, S. 376. – 100 *Einst wird die Menschheit*: HA 1, S. 110. – *Mein Lieblingsstudium*: HKA 4, S. 188. – 101 *Sie will nichts seyn*: HKA 4, S. 24. – *Sophie von Kühn*: HKA 4, S. 541. – 102 *ob sie noch immer so gut ... Sakontala*: HKA 4, S. 596. – *So viel Entzückendes*: HKA 4, S. 148. – *Fragen Sie mich jezt*: HKA 4, S. 150. – 103 *Ich bin heiter*: HKA 4, S. 155. – *Er hätte gehört ... Ich war wie vom Blitz*: HKA 4, S. 399. – *Sie lacht mich immer*: HKA 4, S. 400. – 104 *daß in der alten räuchrigen Amtsstube*: HKA 4, S. 147. – 105 *das kalte entschlossene Wesen*: HKA 4, S. 368. – *in den längst ersehnten Port*: HKA 4, S. 369. – *dem Vater substituieren*: HKA 4, S. 370. – *ein Feind*: HKA 4, S. 370/71. – *die unendliche Verschiedenheit*: HKA 4, S. 371. – *Wenn aber deine sententia*: HKA 4, S. 368. – 106 Meine besten Wünsche: HKA 4, S. 368. – *Es sey ein Bote da*: HKA 4, S. 416. – *als Accessißten bey den*: HKA 4, S. 629. – 107 *eines Boten wegen*: HKA 4, S. 416. – *Sie hätten unß alle für toll*: HKA 4, S. 417. – *Mein Vater hat*: HKA 4, S. 163. – *Der Wunsch meines Vaters*: HKA 4, S. 286. – *Wiegleb*: HKA 4, S. 542. – 108 *ein Leben lang Autodidakt*: MA 2, S. 6. – *meist schwachprozentige Sole*: MA 2, S. 8. – *Sole ist ein Wasser*: M 2, S. 7. – 109 *Meine Zeit ist so getheilt*: HKA 4, S. 168. – *Ich bin Dir jetzt*: HKA 4, S. 171. – *Es geht mir übrigens*: HKA 4, S. 169/70. – *Kursächsichen Staatssalinen*: M 2, S. 9. – *Verzeichneten ward*: HKA 6.3, S. 106.

Sechstes Kapitel

111 *dies Leben, das*: HA 1, S. 59. – *Ich rücke manches Gedicht*: HA 3, S. 26. – 112 *Hinunter die Pfade*: HA 1, S. 108. – 113 *die heiterste Zukunft*: HA 1, S. 268. – *den zärtlichsten Antheil*: HA 1, S. 332. – *Wer ein holdes Weib*: HA 1, S. 113. – 114 *Bund der Herzen ... Ring der Ewigkeit ... im Himmel ist ... frisch und ledig*: HA 1, S. 113f. – *Auch ihr könnt freudig*: HA 1, S. 117/18. – 115 *So wird in süßer Reife*: HA 1, S. 117/18. – 117 *Fichte ist jetzt*: HA 3, S. 284. – *Das Ich weiß zunächst*: PI, S. 37ff. – *für die Vollendung*: F 1, S. 81. – 118 *Merke auf dich selbst*: UE 4, S. 43. – *Das reine Ich*: HA 2, S. 36. – *Er studierte Fichte nicht etwa*: UE 2, S. 198. – *Dringende Einleitungsstudien*: HKA 4, S. 159. – *Möglichkeiten des Selbsterfassens*: R, S. 209. – 119 *Der Wunsch, an den Konstruktionen ... Fichtes Ziel ... über die rohe Masse*: SCHU 1, S. 54/55. – *Die Fichtesche Filosofie*: HA 2, S. 182. – 120 *Alles unser Forschen*: F 1, S. 76. – *Die Moralität muß Kern*: HA 2, S. 177. – 121 *Das grössete Gut*: HA 2, S. 186. – *vom Ich gar nicht gesetzt*: PI, S. 37. – *Giebt es noch außersinnliche*: HA 2, S. 220. – 122 *daß das Fichtesche Ich*: HU, S. 151. –

Frey kann nur bestimmt: HA 2, S. 14. – *Hat Fichte nicht zu willkürlich*: HA 2, S. 12. – 123 *daß Ich sich als Ich sezt*: HA 2, S. 12. – *Was Du wircklich liebst*: HA 2, S. 159. – *Ich fühle in allem immer*: HKA 4, S. 188. – 124 *Eine konzise Theorie*: UE 2, S. 201. – 125 *Vergessen hab ich Dich*: HKA 4, S. 188. – 126 *Einmal für allemal*: HKA 4, S. 187. – *Gleich den ersten Tag*: HKA 4, S. 598. – *Doch habe ich ihn wieder*: HKA 4, S. 598/99. – 127 *Wenn ich oben von Herrnhuterey*: HKA 4, S. 599. – *endlich soweit organisiert*: HKA 4, S. 439. – *ein neues Leiden*: HKA 4, S. 487. – *Ich ... war ebenso glücklich*: B 1, S. 30. – *eine vollständige Naturgeschichte*: HKA 4, S. 186. – 128 *Bild vollendeter Menschheit ... Maximum und Kanon*: B 1, S. 33. – *Vollends die Ankündigung*: HKA 4, S. 186. – *Darstellung des Häßlichen*: B 1, S. 39. – *Gibt es reine Gesetze*: SCHLE 2, S. 85/86. – 129 *Die Freunde der modernen Poesie*: SCHLE 2, S. 85. – *Shakespeare aber ist*: SCHLE 2, S. 113/14. – 130 *wobey die Thränen ... gleich nach Julias*: HKA 4, S. 482. – *Hier ist alles Sinn*: HKA 4, S. 483. – *Er hat einen schönen Kranz*: HKA 4, S. 227. – *geistesgeschichtliche Wende*: GÜ, S. 29. – *Wer kann noch an der deutschen Dichtergabe*: SCHLE 2, S. 190. – *Die Französische Revolution*: SCHLE 2, S. 45. – 131 *Goethes Poesie*: SCHLE 2, S. 121. – 132 *Du hast dich mit Schlosser*: HKA 4, S. 194. – *Augen haben deine Schriften*: HKA 4, S. 226. – *Uebrigens wars mir*: HKA 4, S. 482. – 133 *Symphilosophie ist der eigentliche Nahme für unsere Verbindung*: HKA 4, S. 491. – *Mit Schelling*: HKA 4, S. 240. – *Freilich drängte Schelling*: B 1, S. 48. – 134 *Meine polemische Ansicht*: HKA 4, S. 487. – *etwas schief geratenen Idealismus*: B 1, S. 44/45. – *Auch hier ist die Darstellung*: B 1, S. 45. – 135 *königlich ergötzt*: B 1, S. 46. – *Man hat vortreffliche*: B 1, S. 46. – *Es hat mir Vergnügen*: B 1, S. 47.

Siebtes Kapitel

137 *zwar außer aller Gefahr*: HKA 4, S. 590. – *fest überzeugt*: HKA 4, S. 590. – 138 *Unsre Sofie*: HKA 4, S. 190. – *Söphchen ist wohl*: HKA 4, S. 436. – *am Donnerstag war Söphchen*: HKA 4, S. 446. – *unnöthige Sorgen ... Ich habe wieder*: HKA 4, S. 458. – 139 *Ich habe Deine Freundin*: HKA 4, S. 448. – *die Freundschaft*: HKA 4, S. 206. – *im ganzen eine hübsche Mans*: HKA 4, S. 596. – *Der berühmte Göthe*: HKA 4, S. 192. – *Vor einigen Tagen*: HKA 4, S. 453. – 140 *Anhänglichkeit an das erhabene*: HKA 4, S. 222. – *Kommen Sie hipsch*: HKA 4, S. 459. – *Ich dächte, Sie*: HKA 4, S. 462. – *welche Mühe es der armen*: HKA 4, S. 466. – *Ihre geschwollenen*: HKA 4, S. 466/67. – 141 *schrecklich ... Schicksal des Schönen*: HKA 4, S. 475. – *wie alle Menschen*: HKA 4, S. 475/76. – *Unsre gute Sophie*: HKA 4, S. 600. – *Sie läst Ihnen sagen*: HKA 4, S. 473. – 142 *so bald, als es ihre gesundheitsumstände*: HKA 4, S. 474. – *Dort blühn allein mir ... daß wir dann endlich*:

HKA 4, S. 201/02. – *Was ich bei diesem großen Kreuz:* HKA 4, S. 602. – 143 *das sie kein angenehmer Geschäfte:* HKA 4, S. 473. – *Die Wissenschaften:* HKA 4, S. 202. – 144 *Dein Brief hat:* HKA 4, S. 204/05. – *zum leztenmale:* HKA 4, S. 208. – *So sehr mich die Errinnerung:* HKA 4, S. 208/09. – 145 *auf einmal fängt Sie an:* HKA 4, S. 604. – *Mit einem Boten von Anton:* HKA 4, S. 28. – *Folgen ... Sie war ebenso gut ... Verblühe denn Du:* HKA 4, S. 603. – *elende Gesundheit ... Euch doch ... durch entsetzliche Grillen:* HKA 4, S. 215. – 146 *einige Monate:* HKA 4, S. 219. – *Hier tritt zugleich:* HAR, S. 137f. – 147 *Während ich dieses schrieb:* HKA 4, S. 211. – *ganz unwandelbar:* HKA 4, S. 48. – 148 *Gewanckt:* HKA 4, S. 29. – *argwöhnlich, daß:* HKA 4, S. 34. – *sonderbare Furcht:* HKA 4, S. 34. – *mein liebes Grab ... sehr glücklich:* HKA 4, S. 35. – *zum Grabe:* HKA 4, S. 39. – *einige wilde Freudenmomente:* HKA 4, S. 36. – *Am Grabe war ich nicht:* HKA 4, S. 37. – *Am Grabe war ich nachdenkend:* HKA 4, S. 38. – *Abends ging ich:* HKA 4, S. 35/36. – 149 *Versteinerung:* HKA 4, S. 207/08. – *Sie alle jezt mehr:* HKA 4, S. 219. – *Sechs Wochen haben 2:* HKA 4, S. 216/17. – *Den 2ten May:* HKA 4, S. 32. – *Frölich:* HKA 4, S. 215. – 150 *die ersten Tränen:* HKA 4, S. 215. – *Besonders ist mir lebhaft:* HKA 4, S. 41. – *Ich will nach Kösen:* HKA 4, S. 49. – *Allein das himmlische Auge:* HKA 4, S. 210. – 151 *recht lebhaft Söfchens ... im grünen Halstuch:* HKA 4, S. 33. – *ein großes Opfer ... bleibt sie starr vor Entsetzen:* HKA 4, S. 605. – *Was Sie von Sophieens:* HKA 4, S. 211. – *daß sie Eine der edelsten:* HKA 4, S. 222. – *Sie ist das Höchste ... Ich muß nur immermehr:* HKA 4, S. 37. – 152 *Ohne meine Sophie:* HKA 4, S. 44. – *Ich muß immer noch mehr:* HKA 4, S. 30. – *Sie umgiebt mich:* HKA 4, S. 218. – *ganz menschliche Verzweiflung ... nie bis zur Bewußtlosigkeit:* HU, S. 72. – *Meine Besonnenheit:* HKA 4, S. 48. – *unaufhörliches Denken an mich selbst:* HKA 4, S. 40. – *Xstus:* HKA 4, S. 48. – 153 *Ich habe zu Söfchen:* HKA 2, S. 395. – *Die Wissenschaften:* HKA 4, S. 215. – *Auch jezt noch:* HKA 4, S. 219. – 154 *Er ist für uns:* HKA 4, S. 608. – *Rath Schlegel:* HKA 4, S. 616. – *wenn es bey dieser Gelegenheit:* HKA 4, S. 256/57. – *unter den Übersetzungen:* HKA 4, S. 237. – *Übersetzen ist so gut:* HKA 4, S. 237. – 155 *Du glaubst nicht:* HKA 4, S. 480. – *Das ist herrlich:* HKA 4, S. 490. – 156 *die Geburtsstunde:* M 3, S. 286. – *doch das Ergebnis:* SCHU 1, S. 63. – 157 *das Unum des Universums:* HKA 3, S. 248. – *Das Wort des Dichters:* PI, S. 92. – 158 *Geschichte – Philosophie:* HA 2, S. 215. – *Künftig treib ich:* HKA 4, S. 252. – 159 *kam getröstet:* HKA 4, S. 533.

Achtes Kapitel

160 *sowohl die Anhörung*: HKA 4, S. 611. – 161 *für junge Leute*: PF, S. 64. – *Alle Schilderungen*: SCHU 4, S. 268. – 162 *Der Bergmann arbeitet*: PF, S. 33. – 163 *Es dauerte über 200*: PF, S. 33. – *Wir fahren jetzt*: SAV, S. 123. – 164 *Wir fuhren ein paar Mal*: STF, S. 219/20. – 165 *die ausgezeichnete zentrale ... sämtliche Gegenstände*: SAM, S. 93. – *Mit den romantischen Projecten*: HKA 4, S. 270. – *Jetzt leb ich ganz*: HKA 4, S. 275. – *dem ich nur sehr kurz*: HKA 4, S. 276. – 166 *Jetzt ist bey mir*: HKA 4, S. 281. – *Sie beginnen mit Erörterungen*: SCHU 4, S. 271. – Der volle Text der Nachschrift steht in der HKA 3, S. 713–737. – 169 *die Verwerfungen*: HA 3, S. 448. – *In dieser Situation*: HA 3, S. 449. – 170 *sehr mangelhaft*: HKA 3, S. 135. – *beweißt gegen ihn*: HKA 3, S. 137. – *als Gesetze der provisorischen*: HKA 3, S. 141. – *Mit den Krystallen*: HKA 3, S. 157. – *Gravitationslehre*: HKA 3, S. 279/80. – *In der vorliegenden Niederschrift*: HKA 3, S. 241. – 171 *heftartiges Manuskript*: HKA 3, S. 208. – *Hier wird aus der Beschäftigung*: SCHU 4, S. 273. – 172 *Wenn mein Unternehmen*: HKA 3, S. 356. – *Symorganisation*: HKA 4, S. 262. – *Die Theorie der Bibel ... eine vielumfassende Arbeit*: HKA 4, S. 263. – *Dies soll nichts anders*: HKA 4, S. 263. – *Soll es eine Recherche*: HKA 3, S. 278. – 173 *Jedes Stück meines Buchs*: HKA 3, S. 450. – *Freiberg wird in der Tat*: SCHU 4, S. 279. – 175 *Über den Schacht*: PF, S. 29. – *diesen liebenswürdigen Mann ... unersetzlichen Verlust ... war der Mittelpunkt*: HKA 4, S. 618/19. – *das Amalgamationswerk*: HKA 4, S. 619. – *in ihrem Gasthofe ... traf die Veranstaltung*: HKA 4, S. 619. – 176 *Werner hat die Theorie*: HKA 3, S. 437. – *einen Goethe*: HKA 3, S. 978. – *Im Classificiren*: HKA 3, S. 363. – *der große Systematiker*: SCHU 4, S. 277. – *umfangreiche Sprachstudien*: SCHU 4, S. 276. – *Eine, Verbindende*: SCHU 4, S. 274.

Neuntes Kapitel

178 *Die Hauptsache ... Journal von uns beiden*: ATH Bd. 3, Nachwort, S. 6. – *eine ganz neue Epoche*: ATH Bd. 3, Nachw., S. 8. – 179 *Mein Geist ist jetzt*: HKA 4, S. 235. – *Herrlich wär's*: HKA 4, S. 491. – *Hardenberg hat mir*: HKA 4, S. 609. – *noch einige Fristen ... Euer Journal*: HKA 4, S. 239. – *beykommende Fragmente ... sind ältern Ursprungs ... Steht Ihnen diese*: HKA 4, S. 251. – 180 *welcher Name ein alter*: HKA 4, S. 251. – *Er sieht nicht*: HKA 4, S. 503. – 181 *Die ersten Stücke*: ATH Bd. 1/1, ohne S. – 182 *der romantische Ausdruck*: ATH 1, S. 176. – 183 *Ja, Dank sey*: ATH 3, S. 233. – *ein sehr gebildetes*: ATH 2, S. 289. – 185 *Freunde, der Boden*: ATH 1/1, S. 70. – *Fragmente dieser Art*: ATH 1/1, S. 106. – *Was ich verstehn*

soll: ATH 1/1, S. 74. – *Wunder stehn*: ATH 1/1, S. 72/73. – 186 *Unsere Sprache*: ATH 1/1, S. 90. – *Das Interressante*: ATH 1/1, S. 84. – *Der wahre Brief*: ATH 1/1, S. 86. – *Majorität der kultivirten ... jetzt der wahre Statthalter*: ATH 1/1, S. 103. – *die Kunst Bücher*: ATH 1/1, S. 106. – *Lehrjahre im vorzüglichen*: ATH 1/1, S. 71. – 187 *Ganz begreifen werden*: ATH 1/1, S. 71. – *Der Weltstaat*: ATH 1/1, S. 70 ff. – *Die Fantasie setzt*: ATH 1/1, S. 74. – 188 *Der erste Schritt*: ATH 1/1, S. 77. – *Das willkührlichste Vorurtheil*: ATH 1/1, S. 75. –*Freylich ist die Besonnenheit*: ATH 1/1, S. 75/76. – 189 *Nichts ist zur wahren Religiosität*: ATH 1/1, S. 91/92. – *daß alles Organ*: ATH 1/1, S. 92. – 191 *Die romantische Poesie ist*: ATH 1/2, S. 204–206. – 192 *Zu herausgerissen eigenthümlich*: HKA 2, S. 623. – 193 *Ihr hättet euch in Kriegsstand*: ATH 3, Nachwort S. 37. – *zur Nahrrung ... die beiden Dioskuren*: HKA 4, S. 617. – 194 *gern bald irgendwo ... Am besten schickt*: HKA 4, S. 253. – *Ohne Glauben und Liebe*: HKA 4, S. 253. – *die Regierungstätigkeit*: SAM in: HKA 2, S. 475. – 195 *die Botschaft des neuen Königs*: SCHO, S. 31. – *Dieser Aufsatz*: HKA 4, S. 621. – *Kein Staat ist*: HKA 2, S. 494. – 196 *Das Prinzip des alten*: HKA 2, S. 494/95. – *Es ist an der Zeit*: GOE, Bd. 6, S. 216. – 197 *An den König, Die Alpenrose, Der König*: HKA 2, S. 483. – *Meine Geliebte ist*: HKA 2, S. 485. – *eine Tropen und Räthselsprache*: HKA 2, S. 485. – 198 *Macht nur die Berge*: HKA 2, S. 487. – *Die alte Hypothese*: HKA 2, S. 490. – *Ein einstürzender Thron*: HKA 2, S. 487. – *Der König ist das gediegne Lebensprinzip*: HKA 2, S. 488. – *Dieser König ist der Erste*: HKA 2, S. 494. – 199 *Erfleht Ihm Zeit*: HKA 2, S. 476. – *Die Königin hat zwar*: HKA 2, S. 491. – *Sie sollte ihre eigne Kanzlei*: HKA 2, S. 491. – *Von der öffentlichen Gesinnung*: HKA 2, S. 492. – 200 *Die edle Simplizität*: HKA 2, S. 496. – *Etiquette ... gekünstelte*: HKA 2, S. 489. – *der Künstler der Künstler ... Einen König sollte*: HKA 2, S. 497. – *hoffnungsvoller bedeutender Unternehmungen ... So würde dies ihn in Stand*: HKA 2, S. 497. – *Zur Erziehung ihres Geschlechts*: HKA 2, S. 491/92. – 201 *So wenig*: HKA 2, S. 491/92. – *Wer den ewigen Frieden*: HKA 2, S. 498. – *Jede gebildete Frau*: HKA 2, S. 493. – *Was sind Orden?*: HKA 2, S. 491. – *Die Gruppe von Schadow*: HKA 2, S. 494. – 202 *mir ist das beste Bild des Königs*: HKA 2, S. 254. – *Die vortrefflichsten Menschen*: HKA 2, S. 502. – *am ganzen Staate ... ächten Republikanismus*: HKA 2, S. 496. – *Der poetische Staat*: HKA 2, S. 468. – 203 *Eine wahre Demokratie*: HKA 2, S. 468. – *Familien – Formen – Monarchie*: HKA 2, S. 503. – *Der jetzige Streit*: HKA 2, S. 500. – *Republik ist das Fluidum ... Mit der Verheirathung*: HKA 2, S. 501. – *Diese Toleranz führt*: HKA 2, S. 503.

204 *Möchtest Du doch*: HKA 4, S. 524. – *Ein sehr interessantes und religieuses Mädchen*: HKA 4, S. 494. – *Ueber einige Äußerungen*: HKA 4, S. 497. – 205 *noch eine allerliebste Anekdote*: HKA 4, S. 497. – *Der kleine Unwille des Königs*: HKA 4, S. 499. – *Bloß die sclavische Furcht*: HKA 4, S. 499. – *Das, was Novalis*: HKA 4, S. 622. – 206 *Nicht in die politische Welt*: ATH 3/1, S. 22/23. – *Ich folge diesem Worte*: HKA 4, S. 492. – *die Grundlage der romantischen Staatsauffassung*: SAM in: HKA 2, S. 482. – 207 *in den Blättern Poesie*: SAM in: HKA 2, S. 510. – *Die Welt muß romantisirt werden*: HKA 5, S. 317. – 208 *Wenn man den Leuten*: HKA 2, S. 672. – *Nur der vernünftige Mensch*: HKA 1, S. 127. – 209 *Sie hat mir bey weiten*: HKA 4, S. 244. – 210 *Ich befinde mich*: HKA 4, S. 258. – *Wir haben die Antiken*: HKA 4, S. 259. – 211 *Die Gemälde Gallerie*: HKA 2, S. 648. – *Ihre Einladung*: HKA 4, S. 252. – *Eine Göttin kann ich die Maria*: ATH 2/1, S. 126. – *Die Kleidung verbirgt*: ATH 2/1, S. 127. – 212 *Es sitzt nach vorn gewendet*: ATH 2/1, S. 128/29. – *Hier, dächte ich*: ATH 2/1, S. 54. – 213 *Der Eindruck ist nur*: ATH 2/1, S. 47. – *Es fällt mir nicht ein*: ATH 2/1, S. 48. – 214 *eine abschließende Synthese*: PL (Tornau), S. 7. – *Ich weis nicht*: HKA 4, S. 269. – *An der Spitze*: PL (Tornau), S. 13. – 215 *Theologische Physik*: HKA 3, S. 129. – *diesen heiligen Weg ... Plotin betrat*: HKA 4, S. 276. – *aus der intellektuellen Region ... das poetische Verfahren*: M 2, S. 414. – *Plotin den Weg zur Gottheit*: M 2, S. 407. – *verborgenen und sehr verschlungenen*: M 2, S. 383. – *Was er aufzeichnete*: M 2, S. 383/84. – 216 *Die Triebfeder*: Fichte in: RÖ, S. 223. – 217 *Fichtes Apellation ans Publikum*: HKA 4, S. 277. – *Der wackere Fichte*: HKA 4, S. 514. – 218 *das Menetekel*: GÜ, S. 48. – *das Räthsel*: HKA 4, S. 516. – *Dein Bild von den Ständen*: HKA 4, S. 520. – *Nur Du könntest*: HKA 4, S. 520/21. – 219 *Die Errichtung eines litterairischen*: HKA 4, S. 268/69. – *Absolute Abstraction*: HKA 4, S. 274. – *Hardenberg ist bei mir*: HKA 4, S. 616. – 220 *Ich hatte noch oft Anwandlungen*: HKA 4, S. 312. – *das sanfteste, liebevollste*: HKA 4, S. 627. – *Ich ahnde viel*: HKA 4, S. 629. – *Julie von Charpentier, Tochter*: HKA 4, S. 545. – 221 *Die jüngste Tochter*: HKA 4, S. 638/39. – *Julchen ist ein schleichendes Gift*: HKA 4, S. 249/50. – *wie ich beyden Abends*: HKA 4, S. 250. – *Jetzt fiel mir der Gedanke*: HKA 4, S. 312. – 222 *Sie kennen Julien Charpentier*: HKA 4, S. 313. – *Die Liebe ist der Endzweck*: HKA 3, S. 248. – *Hardenbergs Schicksal*: HKA 4, S. 624. – *noch viele Zeiten*: HKA 4, S. 273. – *Ein sehr interessantes Leben*: HKA 4, S. 273. – *indeß aufrichtig*: HKA 4, S. 273.

225 *In sofern ich*: HKA 4, S. 529/30. – *Anlangend ... Dieser aber könnte*: HKA 4, S. 634. – 226 *Zu diesen Beschäftigungen*: HKA 4, S. 634. – *daß der dermalige*: HKA 4, S. 643. – *Damit gehörte*: SCHU 4, S. 298. – 227 *jedoch dergestalt*: HKA 6.3, S. 19. – *das Wettiner Steinkohlenwerk*: HKA 4, S. 299. – *ehrenvolle, geognostische*: HKA 4, S. 308. – *verehrungswürdigster Lehrer*: HKA 4, S. 325. –*in Ihrer Gesellschaft*: HKA 4, S. 325. – 228 *auf dem den Salinen*: HKA 4, S. 655. – *bituminösen Holzerdenlager*: HKA 3, S. 773. – *In 8–10 Tagen*: HKA 3, S. 798. – 229 *wenn derselbe seine Geschicklichkeit*: HKA 4, S. 662. – *Höchstdero weisester Dijudication*: HKA 4, S. 341. – *zum Supernumerar-Amtshauptmann*: HKA 6.3, S. XVI. – 230 *Die sächsischen Salinen*: HKA 6.3, S. 333. – *Zu viel Pumpen*: HKA 4, S. 30. – *durchzusetzende regelmäßige*: HKA 6.3, S. 25. – *Daß aber ihre Größe*: HKA 6.3, S. 218/19. – 231 *Herr Commissarius*: HKA 6.3, S. 221. – *in drey Abschnitte*: HKA 6.3, S. 331. – 232 *Die Gradirung*: HKA 6.3, S. 233. – *Die Siedung*: HKA 6.3, S. 264. – *Das Klima unserer Gegenden*: HKA 6.3, S. 242. – *Weigerung sein Mahlgerinne*: HKA 6.3, S. 25/26. – 233 *die Wichtigkeit dieser Fabriken*: HKA 6.3, S. 395. – *Seit anno 1790*: HKA 6.3, S. 184. – *die Unkosten der Salzfabrication*: HKA 6.3, S. 185. – *zweyerley Arten*: HKA 6.3, S. 184. – 234 *zeither die größte Beschwernis*: HKA 6.3, S. 184. – *Nur eine geringe Quantität*: HKA 6.3, S. 189. – *Es ist fast unmöglich*: HKA 6.3, S. 311. – *indeß wurde durch*: HKA 6.3, S. 335. –*Mangel an Menschen*: HKA 6.3, S. 336. – 235 *Steinkohlen ad regalia*: HKA 6.3, S. 471. – *Gestalt an dem*: HKA 6.3, S. 471. – *alle gegebene Vorschriften*: HKA 6.3, S. 464. – *Privatkohlenwerken*: HKA 6.3, S. 467. – *aller Turbationen*: HKA 6.3, S. 470. – *So wäre es doch äußerst wünschenswerth*: HKA 4, S. 302. – 236 *daß sie überhaupt die Kohlen*: HKA 6.3, S. 377. – *Wir müssen allerdings*: HKA 6.3, S. 377. – *Sollte die Gemeynde*: HKA 6.3, S. 378. – 237 *die anbefohlenen Notizen*: HKA 3, S. 773. – *geschwinder ... Die freye Briefform ... Die Hauptniederlagen*: HKA 3, S. 773. – *Der südliche Theil*: HKA 3, S. 775. – *Unter den Kohlenlagern*: HKA 3, S. 777. – 238 *meist in mehreren Schichten*: HKA 3, S. 778. – *Je besser die Kohle*: HKA 3, S. 779. – *theils über Tage*: HKA 3, S. 780. – *nur in Artern*: HKA 3, S. 781. – *Ein Tisch kann ... Den ganzen Sommer*: HKA 3, S. 786. – *mit allem Ernst Anstallt*: HKA 3, S. 789. – *im Stande waren*: HKA 3, S. 794. – 239 *der sorgfältigsten mündlichen ... Die Reise erfolgte*: SCHU 4, S. 290. – 240 *Ich habe mich diese Zeit über*: HKA 4, S. 297/98. – 241 *Auch Geschäftsarbeiten*: HKA 3, S. 654. – 242 *Noch den letzten Tag*: HKA 4, S. 683. – *Die Operation ist folgende*: HKA 3, S. 785/86. – 243 *Ehmals ward*: HKA 6.3, S. 188. – 244 *Bey allen Verschiedenheiten*: HKA 3, S. 758/59.

247 *Du würdest Dich*: HKA 4, S. 511. – *Mit der größesten Fassung*: HKA 4, S. 267/68. – *Dein herrlicher, liebevoller Brief*: HKA 4, S. 511. – 248 *Die Scheidung Dorotheas*: STE, S. 113. – *Du und Deine neuen*: HKA 4, S. 272/73. – *Auch über Friedrichs*: HKA 4, S. 274/75. – *Sie ist seitdem von Stufe*: HKA 4, S. 504. – 249 *Ihr alle*: HKA 4, S. 654. – *erschrecklich paradox ... dieses Delirium ... ganz kürzlich*: HKA 4, S. 644. – *ganz toll*: HKA 4, S. 644. – *Hardenberg ist hier*: HKA 4, S. 647. – 250 *Seine Freunde behaupten*: HKA 4, S. 647. – *Sie, Friedrich, Ritter ... Hardenberg rechne ich mit*: HKA 4, S. 664. – 251 *Als ein gebildeter Liebhaber ... den rohen Zufall*: SCHLE 3, S. 14. – *daß ich gleich Anfangs ... da der Stoff ... das schönste Chaos*: SCHLE 3, S. 14. – *entschiednen Hang ... mit kühner*: SCHLE 3, S. 78. – *die volle ganze Menschheit*: SCHLE 3, S. 15. – *Sie waren ganz hingegeben*: SCHLE 3, S. 80. – *Wir beide werden*: SCHLE 3, S. 18. – 252 *die dithyrambische*: SCHLE 3, S. 18. – *Eine unter allen ... Aber weißt du*: SCHLE 3, S. 19. – *Wir umarmten uns*: SCHLE 3, S. 12. – *Aber die volle Harmonie*: SCHLE 3, S. 85. – 253 *Und nun sieh!*: SCHLE 3, S. 23. – *Wenn ich seine Geliebte*: HKA 4, S. 523. – *daß das Innerste ... Ewig seyn*: STE, S. 125. – *eines der grösten Genie*: ZI, S. 44. – *Durch die Liebe wird das Werk*: KAN, S. 74. – 254 *Am Aufmercksamsten*: HKA 4, S. 243. – *Es ist weit phantastischer*: HKA 4, S. 522/23. – *plötzlich im Besitz*: HKA 4, S. 277/78. – *Spuren des ersten ... Friedrich lebt und webt*: HKA 4, S. 279. – 255 *das Unsittlichste ... der Sinnenrausch der Liebe*: HKA 4, S. 280. – *Ich prophezeye*: HKA 4, S. 279. – *Sollte dieser Roman*: HKA 4, S. 279. – *So viel seh ich unsre ... eine ganze Bibliothek*: HKA 4, S. 281. – *Daß Dich Lucinde*: HKA 4, S. 524. – 256 *Welche Seele*: SCHLE 3, S. 118. – 257 *so viel Schönes*: HKA 4, S. 275. – *Es war ein schöner Abend*: HKA 4, S. 632. – 258 *mit Liebe jenes frohen*: HKA 4, S. 293. – 259 *Die schönste der Abhaltungen*: HKA 4, S. 644. – *der alte Hardenberg ...*: HKA 4, S. 632. – *ein ganz reines und unverdorbnes*: HKA 4, S. 660. – 260 *wohl und heiter*: HKA 4, S. 556. – *Als ich von ihm Abschied*: HKA 4, S. 556. – *Deine Bekanntschaft*: HKA 4, S. 293/94. – 261 *Es thut mir herzlich leid*: HKA 4, S. 321/22. – *Sähen sie dann*: HKA 4, S. 328. – 262 *Ich höre, daß Du ... Dein Gedicht*: HKA 4, S. 322. – *Tieck, kein Kenner*: P, S. 94/95. – 263 *Man sieht durchaus*: P, S. 94/95. – *Ich habe jetzt nichts im Kopfe ... Ich bin mit Arbeiten*: HKA 4, S. 318. – *um deren Erstehung ... unter Speculanten ... ganz Speculation*: HKA 4, S. 322. – *einen größern Plan*: HKA 4, S. 328.

Dreizehntes Kapitel

264 *er ist nur drei Jahre*: KAN, S. 45. – *Ihr Wesen*: SCHLEI, S. 35. – 265 *Vom Anschauen*: SCHLEI, S. 37. – *Anschauen des Universums*: SCHLEI, S. 38. – *Religion ist Sinn und Geschmack*: SCHLEI, S. 36. – *vor einigen Tagen ... Hardenberg hat Dich*: HKA 4, S. 641. – *eine ungeheure Wirkung*: HKA 4, S. 641. – 266 *Hier geht's ziemlich*: HKA 4, S. 646. – 267 *christliche Lieder*: HKA 4, S. 646. – *Eine Analyse*: Balmes in HA 3, S. 87. – *auch wenn er Millionen*: HKA 4, S. 646. – 268 *Da die Menschen*: HKA 4, S. 646. – *Du weißt nun*: HKA 4, S. 648. – *Daß die Nicht-Einrückung*: HKA 4, S. 649. – 269 *Europa und Widerborst*: HKA 4, S. 648/49. – *Das Christenthum*: HKA 4, S. 647. – *Nun hören Sie!*: HKA 4, S. 647. – 270 *Hätte sie Anmuth*: Z 1, S. 131. – 271 *allenthalben für das Unbegreifliche*: STE, S. 161. – *diese abgeschmackten Huren*: Z 1, S. 175. – *In der Despoten*: Z 1, S. 199. – *Grüße diesen lieben*: HKA 4, S. 317. – *Probe eines neuen ... ein langes Gedicht*: HKA 4, S. 317. – *Afterdingen*: HKA 4, S. 318. – *ein Mensch um Mauern ... Aber wo wird Schelling*: KL 2, S. 171. – 272 *Was Schelling betrifft*: HKA 4, S. 519. – *Fälle von Misachtung*: Z 1, S. 120. – 273 *Je tiefer ich*: HKA 4, S. 261. – *wenig ... von eurem Wesen*: HKA 4, S. 518. – *Wir lieben Sie*: HKA 4, S. 503. – *mein liebster Freund*: HKA 4, S. 521. – *Die Madonna*: HKA 4, S. 261. – *Wilhelm und Augusten*: HKA 4, S. 276. – 274 *die Tiek*: HKA 4, S. 642. – *mit Reizmitteln wie Chinin*: KL 2, S. 224. – *Das seltsame Geschöpfchen*: HU, S. 34/35. – *Endlich hast Du doch*: HKA 4, S. 491. – 275 *Du hast mir*: HKA 4, S. 333/34. – *eine Erscheinung zum Erstaunen*: R, S. 602. – *Manche der Selbstversuche*: R, S. 598. – 276 *Er lebte damals*: HKA 4, S. 650. – *In solcher Einsamkeit*: HKA 4, S. 650. – *Ritter sucht*: HKA 3, S. 655. – 277 *die vermuthen ließen*: HKA 4, S. 299. – *Der Bittende*: HKA 4, S. 319. – *nicht mehr so wie früher ... wurde ruhiger*: HKA 4, S. 651/52. – 278 *Ritter ist Ritter*: HKA 4, S. 275. – *Ich kann Ritter*: HU, S. 217.

Vierzehntes Kapitel

279 *Um so besser ist es*: HKA 4, S. 323. – *Gespielen, dem Rosen*: HKA 1, S. 91. – 280 *merkwürdige Erinnerungen*: HKA 1, S. 106. – *Ein eigenes Licht*: HKA 1, S. 79. – 281 *In große bunte Bilder*: HKA 1, S. 80. – *Den Lehrer kann*: HKA 1, S. 82. – *Wenn kein Sterblicher*: HKA 1, S. 82. – *die sich kreutzenden ... fremden Ländern*: HKA 1, S. 93. – *den geheiligten Wohnsitz*: HKA 1, S. 93. – *Unter himmlischen Wohlgedüften ... und er stand*: HKA 1, S. 94/95. – *und unzählige Enkel*: HKA 1, S. 95. – 282 *Mannichfache Wege*: HKA 1, S. 79. – *Man steht mit der Natur*: HKA 1, S. 85. – *Das wunderbare Gespräch*: HKA 1, S. 93. – *so bemerkens-*

werth: HKA 1, S. 101. – *den alten einfachen Naturstand ... neue, mannichfaltige Verbindungen*: HKA 1, S. 83. – *Den Inbegriff dessen*: HKA 1, S. 97. – 283 *So wird auch keiner die Natur*: HKA 1, S. 105/06. – *Jüngling ... dieses erstgeborene Kind ... als Element der Liebe*: HKA 1, S. 104. – 284 *Wonne*: HKA 1, S. 104. – *Wie diese Wellen*: HKA 1, S. 104/05. – *Auch bleibe ... Wie ein Heiland*: HKA 1, S. 88. – *sey nicht alles*: HKA 1, S. 89. – 285 *Laßt unser Geschlecht*: HKA 1, S. 89. – *So scheint allmählich*: HKA 1, S. 86. – *die wesentlichen Erfordernisse*: HKA 1, S. 87. – 286 *Ein Verkünder*: HKA 1, S. 87. – *in allen Ständen*: HKA 1, S. 108. – *in den Werkstätten*: HKA 1, S. 108. – *Nur die Dichter*: HKA 1, S. 99. – 287 *Mannichfache Wege gehen*: HKA 1, S. 79. – 288 *So ist uns alles*: HKA 1, S. 90. – *Hätte man nur erst*: HKA 1, S. 88. – *Zeiten und Räume*: UE 1, S. 368. – *Ich bin so glüklich*: HKA 5, S. 153. – 289 *Den wiedergefundenen Aufsatz*: HKA 5, S. 153.

Fünfzehntes Kapitel

290 *Ein ähnlich turbulentes Schicksal*: HKA 3, S. 501 (SAM). – 291 *Es waren schöne glänzende Zeiten*: HKA 3, S. 507. – *zahlreiche Zunft ... die wohlthätige Macht*: HKA 3, S. 507. – *Trost oder Hülfe ... die gemeinen – Leute ... auserwählten ... waren wie Kinder ... die erfahrnen Steuerleute ... Sie predigten ... von längst ... schützende*: HKA 3, S. 507/08. – *die schönen Versammlungen*: HKA 3, S. 508. – 292 *diese mächtige*: HKA 3, S. 508. – *ihre Genossen*: HKA 3, S. 508. – *das weise Oberhaupt ... So wehrte er*: HKA 3, S. 508. – *Vater der Christenheit ... das gewaltige Emporstreben*: HKA 3, S. 509. – *Das waren die schönen*: HKA 3, S. 509. – *Noch war die Menschheit ... im Drucke ... Schädlichkeit ... aber getrübt, gelähmt ... keine Zeit zum stillen Sammeln*: HKA 3, S. 509. – 293 *In Collisions-Fällen ... und so fällt*: HKA 3, S. 509/10. – *Ueberdem haben wir*: HKA 3, S. 510. – *Gemeinheit und Niedrigkeit ... Leichnam*: HKA 3, S. 511. – *Was war natürlicher ... als daß endlich*: HKA 3, S. 511. – *Mit Recht nannten sich*: HKA 3, S. 511. – 294 *Sie trennten das Untrennbare*: HKA 3, S. 511. – *zur Befestigung*: HKA 3, S. 511. – *So wurde die Religion*: HKA 3, S. 511. – *heilige Allgemeingültigkeit der Bibel ... höchst fremde Wissenschaft ... dem religiösen Sinn ... absolute Popularität*: HKA 3, S. 512. – *Daher zeigt uns*: HKA 3, S. 512. – 295 *Mit der Reformation*: HKA 3, S. 513. – *Zum Glück*: HKA 3, S. 513. – *Ueberall legten sie*: HKA 3, S. 514. – 296 *Gegen die Lutheraner ... in armseliger Gestalt*: HKA 3, S. 514. – *Die Reformation*: HKA 3, S. 515. – *machte die unendliche schöpferische Musik*: HKA 3, S. 515. – 297 *Ruhig und unbefangen*: HKA 3, S. 517. – *Sie wird nie oben bleiben*: HKA 3, S. 517. – *Eine gewaltige Ahndung*: HKA 3, S. 519. – 298 *Noch sind alles nur Andeutungen*: HKA 3, S. 519. – *eine neue goldne Zeit*: HKA 3, S. 519/20. – *Angewandtes, lebendig gewordenes*:

HKA 3, S. 523/24. – 299 *eine sichtbare Kirche*: HKA 3, S. 524. – *Ihr werdet ... die heilige Zeit*: HKA 3, S. 523. – *Das Wesen der Kirche*: HKA 3, S. 524. –*Nur die Religion*: HKA 3, S. 523. 418–300 *Genossen meines Glaubens*: HKA 3, S. 524. – *Die Europa schikt mir*: HKA 4, S. 317. – *Wie heiter ... gewiß*: HKA 3, S. 507. – 301 *Frankreich war so glücklich*: HKA 3, S. 515/16. – *unter zahllosen Gestalten*: HKA 3, S. 520.

Sechzehntes Kapitel

302 *Geistliche Lieder*: HKA 1, S. 159 ff. – 303 *das innig liebte*: HKA 1, S. 163. – *Ward mir plötzlich*: HKA 1, S. 164. – 304 *Wir irrten*: HKA 1, S. 160. – *O! dann neigt*: HKA 1, S. 175. – *Hat er sich euch*: HKA 1, S. 172. – 305 *Nimm du mich hin*: HKA 1, S. 173. – *ein Heiland*: HKA 1, S. 160. – *tausend Gaben*: HKA 1, S. 159. – *als unser altes Vaterland ... wie ein sel'ger Traum ... ew'ger Lieb' ... Noch steht*: HKA 1, S. 161. – *Du stehst voll*: HKA 1, S. 166. – 306 *Wenn alle untreu*: HKA 1, S. 165. – *Wen ich sah*: HKA 1, S. 164. – *Wenn ich ihn nur habe*: HKA 1, S. 164/65. – 307 *Einfach müssen Lieder*: HKA 1, S. 178. – *Doch keins von allen*: HKA 1, S. 177. – *des Todes Richterschwerdter*: HKA 1, S. 159. – 308 *Und doch bist du verklungen*: HKA 1, S. 166. – *hat ein allbelebend*: HKA 1, S. 160. – *Hinunter*: HKA 1, S. 170. – *daß er in unsrer Mitte*: HKA 1, S. 170. – *Es schleichen*: HKA 1, S. 171. – *Anbetend sinkt*: HKA 1, S. 173. – *Die Zukunft lebt*: HKA 1, S. 163. – *Grün wird bald*: HKA 1, S. 169. – *Mußt dich immer*: HKA 1, S. 162. – *Fern in Osten*: HKA 1, S. 161. – 309 *eine freie Gestaltung*: SCHU 1, S. 131. – 310 *das allerfreuliche Licht ... Wie des Lebens*: HKA 1, S. 131. – *Abwärts wend ich mich*: HKA 1, S. 131. – 311 *arm und kindisch ... Himmlischer ... sie sendet mir dich*: HKA 1, S. 131. – *Zugemessen ward dem Licht ... Ewig ist*: HKA 1, S. 133. – *einsam am dürren Hügel ... einsam, wie noch*: HKA 1, S. 135. – 312 *in eine neue ... Du Nachtbegeisterung ... Zur Staubwolke wurde*: HKA 1, S. 135. – *wenn der letzte Morgen*: HKA 1, S. 135. – *Weit und ermüdend ... ... wer oben stand*: HKA 1, S. 137. – 313 *Gern will ich*: HKA 1, S. 137. – *Aber getreu der Nacht*: HKA 1, S. 137. – *Sie trägt dich ... die aufwögen ... Warlich ich war ... Spuren ... gegen den alten herrlichen ... Unerbittlich steht*: HKA 1, S. 139. – 314 *Hinüber wall ich*: HKA 1, S. 139. – *Über der Menschen*: HKA 1, S. 141. – *... ein ewig buntes Fest ... Das furchtbar zu*: HKA 1, S. 143. – *Es war der Tod*: HKA 1, S. 143. – 315 *Im Tode ward*: HKA 1, S. 147. – *Erwacht in neuer Götterherrlichkeit*: HKA 1, S. 149. – 316 *Nach dir, Maria*: HKA 1, S. 151. – *Getrost, das Leben schreitet*: HKA 1, S. 153. – 317 *geschwind am Himmelsufer ... Gelobt sey uns*: HKA 1, S. 153. – *Zum Vater ... Des Vaters Hand*: HKA 1, S. 153/54. – *Was sollen wir*: HKA 1, S. 155. – 318 *Mir däucht ... Hinunter zu der süßen Braut*: HKA

1, S. 157. – 319 *Die ›Hymnen an die Nacht‹ entfalten:* UE 3, S. 128. – *Die Anreden wechseln häufig:* SCHU 2, S. 174. – *Mit der ›Nachtbegeisterung‹:* PI, S. 187/88. – 320 *Nach Innen geht:* ATH 1/1, S. 74. – *Der Tod, von dem hier:* SCHU 1, S. 136. – *Das zielt nicht ... Christi Geburt:* UE 3, S. 149. – *An die Stelle des alten Todes:* UE 1, S. 315ff. – 321 *Preis der Weltkönigin:* HKA 1, S. 133. – *Entscheidend ist dabei:* UE 3, S. 128/29. – *bleiben die:* Balmes in: HA 3, S. 69. – 322 *Wenn die Dichtung:* Kommerell in: SCHU 2, S. 201. – *Die Mischung verschiedener ... den Ton des Berichts ... den seherischen Ton ... als Wechsel ... ein Wechsel zwischen:* Kommerell in: SCHU 2, S. 201. – 323 *auf einer längst verfallnen ... Bekannt doch heimlich:* HKA 1, S. 411. – *Verkündiger der Morgenröthe:* HKA 1, S. 412. – 324 *Bleibt dem Fremdling:* HKA 1, S. 400. – *Auf immer nun:* HKA 1, S. 405. – 325 *Daß ich mit namenloser Freude:* HKA 1, S. 418/19. – *Alle Menschen seh ich leben:* HKA 1, S. 420. – 326 *Zum Meister wird:* HKA 1, S. 421.

Siebzehntes Kapitel

327 *Wenn du die mannichfaltigen:* HKA 4, S. 322. – *ganzes Leben:* HKA 4, S. 281. – *Das Neueste:* HKA 4, S. 318. – *Mein Roman:* HKA 4, S. 322. – 328 *nicht als fiktive:* UE 3, S. 188. – 329 *Die Eltern lagen schon:* HKA 1, S. 195. – *unruhig auf seinem Lager ... Die blaue Blume ... so ein tiefes ... von alten Zeiten:* HKA 1, S. 195. – *ein unendlich buntes ... von unabsehlichen ... über Meere:* HKA 1, S. 196. – *Ein unwiderstehliches:* HKA 1, S. 196. – *jede Welle ... eine Auflösung ... eine hohe lichtblaue:* HKA 1, S. 197. – 330 *Mich dünkt:* HKA 1, S. 199. – *Heinrich war eben:* HKA 1, S. 203. – *Künste und Handwerke:* HKA 1, S. 206. – *schönen Landsmänninen:* HKA 1, S. 207. – *Es dünkt uns:* HKA 1, S. 208. – *eine große Sehnsucht:* HKA 1, S. 208. – 331 *Einer jener sonderbaren ... reich an schönen:* HKA 1, S. 211. – *mit seinem schlichten hölzernen Instrumente ... aus den grünen Fluten ... eines dankbaren Unthiers:* HKA 1, S. 212. – *Ein alter König:* HKA 1, S. 213. – *Die einzige Sorge:* HKA 1, S. 214. – *Die Prinzessin hatte:* HKA 1, S. 217. – 332 *Wie angefesselt:* HKA 1, S. 219. – *Macht ihrer süßen Leidenschaft:* HKA 1, S. 222. – *klagte der König ... die ganze Stadt ... die Prinzessin lebe:* HKA 1, S. 223. – *mit einer unbekannten schönen ... von dem Ursprunge:* HKA 1, S. 224/25. – *Der Sänger geht:* HKA 1, S. 225. – 333 *Der Dichter steigt:* HKA 1, S. 227. – *ein alter Mann:* HKA 1, S. 227. – *Geist des Gesangs:* HKA 1, S. 228. – *Gesang einer weiblichen Stimme:* HKA 1, S. 234. – 334 *in fremder Tracht ... den König der Metalle:* HKA 1, S. 242. – *Ich bin immer glücklich ... Er war ein Mann ... Durch ihn ... Er war seiner Geburt:* HKA 1, S. 243. – *Arm wird:* HKA 1, S. 244. – 335 *Sein einsames Geschäft ... Sein Beruf:* HKA 1, S. 245. – *Der ist der Herr:* HKA 1, S. 247ff. – *Ich*

kenne wo: HKA 1, S. 248 ff. – *die unzählige Menge*: HKA 1, S. 253. – *als auf einmal, wie unter ihren Füßen*: HAK 1, S. 254. – 336 *Wenn ich das alles*: HKA 1, S. 259. – *Mag es seyn*: HKA 1, S. 262. – 337 *Er sah sein Ebenbild*: HKA 1, S. 265. – *Schon nahte sich*: HKA 1, S. 268. – *Ist mir nicht zu Muthe*: HKA 1, S. 277. – 338 *Für Mathilden*: HKA 1, S. 278. – *Auf einmal zog es*: HKA 1, S. 278. – *Sie sagte ihm*: HKA 1, S. 269. – *Die höhere Welt*: HKA 1, S. 289. – 340 *Es bricht die neue*: HKA 1, S. 318. – *der Liebe Reich*: HKA 1, S. 319. – *Der Leib wird aufgelöst*: HKA 1, S. 319. – *Alles muß in einander*: HKA 1, S. 319. – *die entsetzliche Angst*: HKA 1, S. 320. – 341 *die wildesten Schrecknisse ... Spiegel des furchtbaren ... In ein fahles Aschgrau*: HKA 1, S. 320. – *schönsten menschlichen Gestalten*: HKA 1, S. 322. – *O! ich weiß*: HKA 1, S. 324. – 342 *Wo gehn wir*: HKA 1, S. 325. – *Bildkünstler, stillem Mißmuth*: HKA 1, S. 326. – *über die ganze trockne Welt ... Teppich der Liebe ... ein großer Freund*: HKA 1, S. 329. – *gar keiner Schrecken ... Wenn es nur Eine Kraft*: HKA 1, S. 330. – *Das Gewissen erscheint*: HKA 1, S. 331. – *Sizilien unweit*: HKA 1, S. 334. – 343 *Es ist dem Stein*: HKA 1, S. 218. – *Die Mauern sind*: HKA 1, S. 227. – *Wir waschen bald*: HKA 1, S. 233. – 344 *ihrer Felsenglieder*: HKA 1, S. 247. – 345 *die Morgenröte*: HA 3, S. 137. – *Wilhelm Meisters Lehrjahre*: HKA 3, S. 638/39. – *Gegen Wilhelm Meisters Lehrjahre*: HKA 3, S. 646. – 346 *Wie scharf auch*: SCHU 2, S. 45. – *den beständigen Wechsel ... die dramatische, unvorbereitete ... das Diskontinuierliche*: UE 1, S. 419 ff. – *die Verwandlung der kaum*: E, S. 5. – 347 *Den Boden des Wirklichen*: E, S. 5. – *im 1sten Theile*: HKA 4, S. 322.

Achtzehntes Kapitel

349 *So oft er sie*: HKA 4, S. 630. – *Darin hat mich mein Bruder*: HKA 4, S. 660. – *Indeß bin ich heiter*: HKA 4, S. 318. – 350 *ein gänzlicher Mangel*: HKA 4, S. 656. – *Dann wenn Du*: HKA 4, S. 303. – *eine langwierige Kranckheit*: HKA 4, S. 343. – *Alle Ängstlichkeit*: HKA 4, S. 54. – *Im August, da er*: HKA 4, S. 534. – 351 *Unser Hardenberg*: HKA 4, S. 664. – *ängstlichen Gedanken*: HKA 4, S. 55. – *Geduld und Ergebung ... ein Schwanken ... der wahre Zustand*: HKA 4, S. 57. – *1. Auf den Fall*: HKA 4, S. 59. – *Übermorgen geht*: HKA 4, S. 665. – 352 *In Dresden*: HKA 4, S. 666. – *erträgliche Nachrichten*: HKA 4, S. 667. – *Wenn ich aber*: HKA 4, S. 670. – 353 *herzlich gedankt*: HKA 4, S. 56. – *die Stimme beleidigten*: HKA 4, S. 668. – *die Sache mit Reinhard*: HKA 4, S. 672. – 354 *die traurigsten Ereignisse ... An Arbeit ... viel mit Poesie ... Was mich sehr plagt*: HKA 4, S. 343. – *Ein jeder Freund*: HKA 4, S. 670. – *Hardenberg kaum noch ein Schatten*: HKA 4, S. 672. – 355 *seinen Consensus*: HKA 4, S. 672. – *Das Fieber ... Gestern abend ... Fritz befindet sich*: HKA 4, S. 672. – *Fritz hat ... Ich melde dir*: HKA 4, S. 673. – *wegen*

seiner Rechtschaffenheit: RO 3, S. 182. – 356 *als Landwirt ... vielseitiger als*: RO 3, S. 182. – *Er kam oft in unser Haus*: HKA 4, S. 562 – *»Nänie auf Novalis«*: HKA 4, S. 563. – 357 *Er, der aus göttlichem Stoff*: HKA 4,S. 563. – *Nicht mehr höret*: HKA 4, S. 564. – *Liebend harren auch alle wir dein*: HKA 4, S. 564. – *In Wahrheit*: HKA 4, S. 565. – *Doch nein*: HKA 4, S. 565. – *ganz hoffnungslos*: HKA 4, S. 673. – *Der armen Julie*: HKA 4, S. 674. – 358 *immer noch eine kleine ... hat viel Hypochondrie*: HKA 4, S. 674. – *Er gibt ihn*: HKA 4, S. 677. – *Mit Friz geht ... Die üblen Anzeichen*: HKA 4, S. 676. – *Erst jetzt scheint*: HKA 4, S. 344. – 359 *Hardenberg bittet mich*: HKA 4, S. 678 f. – *durch die Nachricht*: HKA 4, S. 679. – *Mittwoch 25.*: HKA 4, S. 679. – *daß heut sein Lebensende ... Nur mannichmal*: HKA 4, S. 679. – *daß ich der armen*: HKA 4, S. 680. – 360 *Es ist gewiß*: HKA 4, S. 680. – *an der Auszehrung*: HKA 4, S. 680.

Personenregister